Asuntos
sociales

Asuntos sociales

Informes del
CQ Researcher en español

CQ PRESS

Una división de Congressional Quarterly Inc. Washington, D.C.

CQ Press
1255 22nd Street, N.W., Suite 400
Washington, D.C. 20037
202-729-1900; Número gratuito: 1-866-4CQ-PRESS (1-866-427-7737)

www.cqpress.com

Impreso y encuadernado en Estados Unidos de América

08 07 06 05 04   5 4 3 2 1

∞ El papel utilizado en esta publicación supera los requisitos de la American National Standard for Information Sciences—Permanence of Paper for Printed Library Materials, ANSI Z39.48-1992.

Library of Congress Cataloging-in-Publication Data

Asuntos sociales : informes del CQ researcher en español.
        p. cm.
    Translations from English of eight articles originally published in The CQ researcher
between 2000 and 2004.
    Includes bibliographical references and index.
    ISBN 1-56802-919-5 (pbk. : alk. paper)
    1. United States--Social conditions--1980- I. CQ researcher.

HN59.2.A88 2004
306'.0973--dc22

                                                                                2004051848

Contenido

Introducción

Dos fuerzas de peso han sacudido a Estados Unidos en años recientes: Los atentados al World Trade Center y el Pentágono del 11 de septiembre de 2001 y la creciente pérdida de empleos. A su vez, la preocupación resultante sobre terrorismo y empleo, ha concentrado nueva e intensa atención sobre la política inmigratoria de la nación.

La pérdida de miles de empleos durante los últimos tres años, incluso en medio del sólido crecimiento económico reciente, ha llevado a muchos economistas y políticos a criticar la tendencia creciente entre los negocios estadounidense de "tercerizar" el trabajo en el extranjero—y no sólo los empleos de manufactura con bajos salarios. India, China y muchas otras naciones en vías de desarrollo están tomando actualmente miles de empleos altamente capacitados en desarrollo de software y diseño de chips de computadoras los cuales solían tener los estadounidenses. Al mismo tiempo, se les ha permitido a innumerables profesionales extranjeros ingresar a Estados Unidos mediante visas especiales de trabajo, lo cual generó más quejas por parte de los estadounidenses.

El alto nivel de desempleo ha sido adjudicado a los entre 8 millones y 12 millones de inmigrantes ilegales que se calcula que viven actualmente en Estados Unidos, cuya mayor parte proviene de América Latina. La enorme migración ha ubicado a los latinos por sobre los afroamericanos como la minoría más grande de la nación. La noticia ha alterado a muchos negros, quienes temen que sus preocupaciones sobre el racismo persistente en Estados Unidos sean olvidadas mientras los latinos asumen su lugar como la "minoría de la nación". Los negros señalan la reciente solicitud realizada por la Casa Blanca de que el Congreso le brinde a aproximadamente 3 millones de trabajadores indocumentados un estado legal temporal en Estados Unidos.

Los grupos de libertades civiles, mientras tanto, han manifestado preocupación sobre algunas de las tácticas legales empleadas en la guerra contra el terrorismo, las que incluyen políticas de inmigración más severas y la incomunicación de nacionales extranjeros. Al mismo tiempo, los grupos civiles libertarios y de derechos de los homosexuales se vieron alentados por fallos de tribunales estatales que permitieron el matrimonio civil entre homosexuales.

Mientras tanto, otros cambios profundos también generan intensos debates y preocupaciones. Mientras la población de las áreas costeras sigue creciendo, el número de personas que vive en la región de las llanuras centrales del país disminuye. Otra preocupación es el aumento considerable de los juegos de azar, por Internet y mediante loterías estatales y casinos privados. Mientras la manía de los juegos de azar ha contribuido a llenar las vacías arcas estatales, los críticos afirman que las ganancias imprevistas han llegado a expensas de la gente pobre que se ha vuelto adicta a los juegos de azar que apenas pueden costear.

Los informes del *CQ Researcher en español* que componen este libro les permitirán a estudiantes y ciudadanos estudiar los antecedentes y el contexto de los debates sobre temas que afectan la vida estadounidense, y quizás entonces se conviertan en participantes informados en dichos debates.

ACERCA DEL *CQ RESEARCHER* EN ESPAÑOL

CQ Researcher en español es la elección de los investigadores que buscan información sobre temas de actualidad. Investigado y redactado por periodistas experimentados, cada informe del *CQ Researcher en español* ofrece un panorama profundo y equilibrado de un tema polémico. Actualmente en su octogésimo año, la edición en inglés del *CQ Researcher* recibió el presti-

gioso premio Sigma Delta Chi Award for Journalism Excellence en 1999 por una serie de 10 capítulos sobre atención médica y el premio American Bar Association's 2002 Silver Gavel Award por una serie de 9 partes sobre temas de libertad y justicia.

Cada informe del *CQ Researcher en español* comienza con una perspectiva general del tema, seguida de una discusión sobre dos o tres preguntas clave que fomentan el debate. Las respuestas provistas nunca son conclusivas, aunque sirven para resaltar la variedad de opiniones existentes entre las distintas partes. Luego de la perspectiva general y las preguntas sobre el tema se incluye una sección de "Antecedentes", la cual coloca al tema en un contexto histórico.

Luego "Situación actual" describe las actividades de legisladores, grupos de ciudadanos y otros que influencian el debate. "Perspectivas" ofrece predicciones realizadas por expertos sobre lo que podría ocurrir en el futuro. Además de una gran cantidad de esclarecedoras imágenes, cuadros y mapas, el informe ofrece una ilustración de lo que está "En tela de juicio" en forma de declaraciones realizadas por representantes de opiniones opuestas. El informe se resume mediante una "Cronología", la cual identifica los hitos del debate, así como también la bibliografía de los recursos clave para investigaciones adicionales.

Capítulo 1: El futuro de los latinos

Hace poco, los latinos sobrepasaron en número a los afroamericanos, convirtiéndose en la minoría más grande del país. Sin embargo, aunque los hispanos ya ejercen una enorme influencia en la vida diaria de los EE.UU. (hoy en día la salsa es más popular que el catsup) su influencia política todavía no ha alcanzado el mismo nivel de importancia. Algunos expertos afirman que la reciente derrota del vicegobernador Cruz Bustamante en la elección para la gubernatura de California indica que pasarán diez años, o más, antes de que la influencia política de los latinos alcance su apogeo. En cambio, otros dicen que el aumento en el número de latinos radicados en estados en donde la lealtad política del público oscila continuamente conducirá al incremento de su influencia en las elecciones presidenciales del próximo año. Por otro lado, algunos críticos de la inmigración favorecen la restricción de la entrada de más latinos hasta que se les haya inculcado los valores estadounidenses a los que ya viven aquí. No obstante, los hispanos afirman que el alto índice de dominio del inglés entre su población y el orgullo con el que se identifican como estadounidenses demuestran que ya han adoptado los valores del país.

Capítulo 2: Debate sobre inmigración

Más de 1 millón de inmigrantes ingresan a Estados Unidos cada año legal e ilegalmente. Varios expertos consideran que estos recién llegados han contribuido a crear y sostener la actual prosperidad económica que disfruta el país. Sin embargo, otros argumentan que mientras la inmigración les dé acceso a los empresarios a una fuerza de trabajo barata y abundante, los trabajadores estadounidenses sufrirán porque los nuevos les quitan empleos y suprimen niveles salariales. Algunos críticos de la política actual exigen límites más estrictos a la inmigración y medidas enérgicas contra los empresarios estadounidenses que contratan trabajadores indocumentados a sabiendas. Pese a ello, los partidarios de políticas de inmigración menos restrictivas advierten que limitar severamente la inmigración legal dañaría la economía y que, de cualquier manera, las sanciones a los empresarios no son efectivas.

Capítulo 3: Las relaciones raciales en Estados Unidos

Numerosas personas creen que el fin de la discriminación legal les brindó a los negros las mismas oportunidades de obtener éxito que a otros. De hecho, en muchos planos, la posición social, económica y política de los afroamericanos ha mejorado enormemente desde las agitaciones por los derechos civiles de los años 50 y 60. No obstante, en esos mismos planos—la riqueza, expectativa de vida, éxito escolar, índices delictivos—los negros permanecen muy rezagados con respecto a los blancos. Muchos afroamericanos, y no pocos blancos, opinan que la discriminación, ya sea debida a hábitos institucionales o prejuicios deliberados, les impide obtener viviendas y empleos iguales a los de los blancos. La reciente decisión de la Corte Suprema que confirma

la *affirmative action* le dio ánimos a muchos negros. Sin embargo, los incidentes con dejos raciales, tales como los ocurridos en Cincinnati y en Tulia, Texas, destrozan periódicamente la autocomplacencia de los estadounidenses acerca del racismo.

Capítulo 4: Debates sobre los derechos civiles

La administración Bush afronta severas críticas por parte de los defensores de los derechos civiles tanto de derecha como de izquierda por sus tácticas legales en la guerra contra el terrorismo. Los críticos culpan a la administración de violar los derechos constitucionales al retener a dos ciudadanos estadounidenses tildándolos de "combatientes enemigos" sin permitirles el acceso a abogados. Cientos de extranjeros capturados en Afganistán también están detenidos en la Base Naval de Guantánamo para ser enjuiciados por tribunales militares. Algunos miembros del Congreso están reformulando las disposiciones de la Ley USA Patriot de EE.UU., ley de gran cobertura aprobada después de los ataques del 11 de septiembre que ampliaron las facultades del gobierno para allanamiento y vigilancia en casos de terrorismo. El procurador general Ashcroft defiende vigorosamente esta ley como herramienta decisiva en la lucha contra el terrorismo. En general, hasta ahora los tribunales han ratificado las acciones de la administración, pero hay varias recusaciones pendientes.

Capítulo 5: Los juegos de azar en Estados Unidos

Los estadounidenses están apostando más que nunca—y pierden miles de millones de dólares. Las loterías estatales, casinos y otras operaciones legales de juego les ganaron más de $63 mil millones a los jugadores en el año 2001. Otros miles de millones de dólares se pierden en más de 1,800 sitios de apuestas en Internet, los cuales son considerados ilegales por el Departamento de Justicia. Quienes lo defienden afirman que el juego legal crea miles de empleos y ayuda a los estados a recaudar dinero para la educación y otras necesidades sociales. Pero los críticos aseguran que el gobierno no debería fomentar el juego entre los ciudadanos. Por otra parte, afirman que las loterías estatales intencionalmente buscan captar a los ciudadanos más pobres, con el fin de incrementar los ingresos de los juegos. Los críticos también temen que la accesibilidad a las loterías y otras formas del llamado juego accesible incrementen el número de jugadores patológicos y problemáticos.

Capítulo 6: Matrimonio entre homosexuales

Los defensores de los derechos de los homosexuales intensifican sus esfuerzos para lograr que las uniones entre homosexuales reciban el mismo reconocimiento legal que las uniones heterosexuales; sin embargo, la campaña enfrenta una fuerte oposición de los sectores conservadores. Los defensores del matrimonio entre homosexuales afirman que las parejas de gays y lesbianas necesitan, y tienen derecho, a que su relación disfrute de los mismos beneficios simbólicos y prácticos que los de las parejas heterosexuales. Por otro lado, los opositores dicen que el reconocimiento jurídico de estas uniones perjudicaría a las familias tradicionales en un momento en que el matrimonio ya está siendo afectado por el divorcio y otras tendencias sociales. Igualmente, unos y otros grupos están en fuerte desacuerdo sobre los efectos de criar niños en hogares de homosexuales. Entretanto, el presidente Bush busca formas de definir el matrimonio a través de leyes federales como sólo la unión entre un hombre y una mujer.

Capítulo 7: Crisis en las llanuras

Un éxodo de jóvenes provenientes de las Grandes Llanuras rurales anuncia la sentencia a muerte de cientos de pequeñas comunidades. Los expertos atribuyen el deterioro a factores tales como el aumento de la agroindustria, la falta de servicios culturales y el programa federal de subsidios agrícolas, el cual dicen que beneficia principalmente a las grandes haciendas. Mientras tanto, ha repuntado el número de indígenas estadounidenses y búfalos en las llanuras. Algunos expertos opinan que el gobierno federal debe tratar de atraer residentes y negocios a las áreas rurales mediante incentivos financieros, al igual que la ley Homestead Act atrajo a los colonos del siglo XIX con la promesa de terrenos gratuitos. Otros piden la reforma de los subsidios agrícolas. Sin embargo algunos opinan que es imposible frenar la despoblación de la región, y que ésta debe transformarse en una reserva natural para la fauna salvaje, los indígenas estadounidenses y los turistas.

Capítulo 8: La exportación de trabajos

La economía estadounidense se está recuperando, sin embargo el empleo aún va a la zaga. Los expertos culpan parte del desempleo al fenómeno de la exportación de empleos conocido como "contratación en el extranjero". Trabajadores bien capacitados, con bajos salarios, provenientes de India, China y otros países en vías de desarrollo hacen que exportar empleos estadounidenses sea atractivo, junto con la disponibilidad general de conexiones de alta velocidad a Internet. Además, millones de profesionales extranjeros han ingresado la fuerza laboral utilizando visas temporales, mientras millones de trabajadores extranjeros indocumentados de México y Latinoamérica han encontrado empleos con bajos salarios en Estados Unidos gracias a las normas poco estrictas de inmigración y control de fronteras.

Asuntos
sociales

1

El futuro de los latinos

David Masci

AFP Photo/Robyn Beck

Para algunos, la derrota del vicegobernador Cruz Bustamante por el actor Arnold Schwarzenegger durante el referéndum electoral para reemplazar al gobernador de California prueba que el poder político de los hispanos aún no coincide con el aumento numérico de su población. En cambio, otros dicen que la candidatura misma de Bustamante es una señal de su creciente influencia política. Sin embargo, existen pocas dudas acerca de la importancia de la influencia cultural de los hispanos y su progresivo fortalecimiento económico.

Para *The CQ Researcher;*
17 de octubre de 2003.

Cruz Bustamante, vicegobernador de California, llegó a la fiesta organizada en su honor la noche del día de las elecciones y fue recibido con el estruendo del clamor popular. "¡Viva Cruz!, ¡Viva Cruz!", gritaban cientos de personas en el concurrido salón de fiestas de un hotel de Sacramento.

Era evidente que el ambiente del lugar levantó los ánimos del robusto y casi calvo candidato. Aunque acababa de perder la elección para la gubernatura del estado ante el actor y candidato republicano Arnold Schwarzenegger en el referéndum revocatorio, mantuvo un tono desafiante en la derrota.

"No perdimos", le dijo al público que lo vitoreaba, integrado en su mayoría por latinos. "No ocuparé la oficina del gobernador, al otro lado del pasillo, pero tampoco me voy a ninguna otra parte".

Sin embargo, cuando los discursos y las ovaciones terminaron, Bustamante y sus partidarios se enfrentaron a la dura realidad: la humillación electoral ante el republicano Schwarzenegger. Bustamante, el político latino* más importante del estado y adalid del partido demócrata, sólo consiguió el 32 por ciento de los votos; mientras que su principal opo-

---

* Los términos "hispano" y "latino" se usan de manera indistinta para referirse a personas cuya procedencia personal o familiar tiene origen en México, Centroamérica, Sudamérica y los países de habla hispana del Caribe. Sin embargo, en Estados Unidos, las preferencias por un término u otro varían dependiendo de la zona. Por ejemplo, en California y Nueva York se prefiere "latino", mientras que "hispano" se usa más en Texas y Florida. Las organizaciones hispanas o latinas dicen que cualquiera de estos términos es aceptable para referirse a la población nacional de Estados Unidos.

nente, apodado "El Terminator" desde el inicio de las elecciones gracias a su popular película, logró quedarse con el 49 por ciento de los votos.

Nieto de inmigrantes mexicanos, Bustamante no pudo siquiera entusiasmar a los hispanos, quienes representaban el 17 por ciento de los votantes. Los latinos le dieron solamente el 52 por ciento de su apoyo, en un Estado en el que los candidatos demócratas frecuentemente obtienen entre el 70 y el 80 por ciento de esos votos.

Bustamante entró a la contienda electoral con grandes aspiraciones: las primeras encuestas indicaban que les llevaba la delantera a Schwarzenegger y los otros candidatos. Esa ventaja inicial entusiasmó a algunos comentaristas, quienes lo veían como un heraldo de la naciente fuerza política latina.

Frank del Olmo, columnista de *Los Angeles Times*, escribió durante la campaña: "Él representa el futuro de California, que para mediados de este siglo será un estado con una mayoría latina".[1]

En efecto, si Bustamante hubiera ganado, habría sido un momento histórico en la política estadounidense: un latino a la cabeza del estado más poblado del país.

Pero aún con esta derrota, muchos simpatizantes latinos afirman que la elección en el referéndum revocatorio fue una señal del creciente poder hispano. "Aumentaron su participación en la votación estatal, de un 13 por ciento de votantes apenas en noviembre pasado, a un 17 por ciento ahora", dice Marcelo Gaete, director general de programas para la National Association of Latino Elected Officials.

"Además, el solo hecho de haber tenido en la papeleta a un latino representado y que se le considerara un serio contendiente, es una señal de la realidad que se vive en el siglo XXI en Estados Unidos", agrega Gaete y señala que los candidatos hispanos también han sido contendientes de cuidado en las elecciones para las alcaldías en Nueva York, Los Ángeles y Houston.

Por otro lado, algunos expertos ven la derrota de Bustamante como una señal de que los latinos en todo el país todavía no han alcanzado una influencia política proporcional a su peso demográfico. "Su derrota dejó claro que el poder político hispano no es tan grande como algunos simpatizantes (latinos) lo hacen parecer", dice Mark Krikorian, director ejecutivo del Center for Immigration Studies, un centro de investigaciones partidario de limitar la inmigración.[2]

Krikorian y otros señalan que la fuerza política de los latinos se ve disminuida porque muchos no pueden votar: más o menos una tercera parte son menores de 18 años y otro tercio no tiene la ciudadanía. Además, afirma, la elección mostró que los hispanos, a diferencia de los afroamericanos, no están tan estrechamente ligados al Partido Demócrata y hasta están dispuestos a votar en contra de un candidato latino. "El voto hispano no es tribal", dice Krikorian.

Aun así, muchos latinos opinan que la candidatura de Bustamante es señal de lo que está por llegar, además de que es probable que la influencia política de la comunidad aumente dramática-

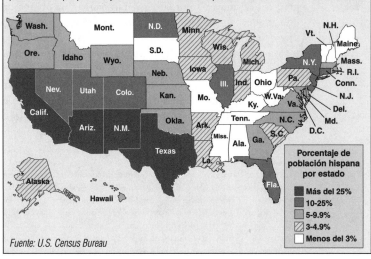

Niveles de afluencia de latinos en cada estado

En Estados Unidos viven casi 39 millones de latinos; dos terceras partes se concentran en el Suroeste. Mientras que en muchos estados como California, Texas, Nueva York y Florida los hispanos ya conforman distritos electorales clave, algunos expertos pronostican que pronto ejercerán una influencia importante en las elecciones nacionales.

Porcentaje de población hispana por estado
- Más del 25%
- 10-25%
- 5-9.9%
- 3-4.9%
- Menos del 3%

Fuente: U.S. Census Bureau

mente en las próximas elecciones. "Estamos al comienzo de un nuevo periodo, en el que nos convertiremos en la potencia política que debemos ser", afirma Cecilia Muñoz, vicepresidenta de National Council of La Raza, un grupo de fomento hispano.

Muñoz y otros argumentan que el número creciente de hispanos en muchos estados oscilantes, como Illinois, Missouri y Nuevo México, obligará a los dos partidos principales a prestar más atención a los votantes que hablan español. "Nos estamos convirtiendo en el voto oscilante", afirma Gaete. "Los latinos somos el nuevo grupo demográfico de moda".

Sin embargo, otros indican que la mayor parte de los latinos que se mudan a zonas políticamente competitivas son inmigrantes sin ciudadanía y, por lo tanto, tienen pocas probabilidades de votar en un futuro cercano. "Convengo que Bustamante es importante, pero las cifras totales necesarias [de personas aptas para a votar] todavía no existen, y no existirán por mucho tiempo", señala Roberto Suro, director del Pew Hispanic Center, un centro de estudios sin afiliación política.

Aunque los latinos ejerzan su poder político ahora o en el futuro, la mayoría de los observadores están de acuerdo en que inevitablemente representarán una fuerza considerable en la política estadounidense por una simple razón: su creciente número. De hecho, este verano los hispanos pasaron a ocupar el primer lugar como la minoría más grande de Estados Unidos.

"Es un acontecimiento importante en este país. . . [producto] del crecimiento de una población vibrante y diversa, vital para el futuro de Estados Unidos", dijo Louis Kincannon, director del Census Bureau, al anunciar que los 38.8 millones de latinos sobrepasan en número a los afroamericanos.[3]

Hasta hace cinco años, los demógrafos predecían que los hispanos no rebasarían a los negros hasta el año 2014. Sin embargo, la población latina se ha duplicado en sólo 20 años, anunció el Census Bureau; esto se debe en gran medida a las altas tasas de inmigración y de natalidad. Algunos pronósticos indican que en 2020 la población latina alcanzará los 60 millones.[4]

Muchos críticos de la política migratoria temen que el rápido crecimiento demográfico de los hispanos, sobre todo en el Suroeste, entorpezca la asimilación de tantos recién llegados a la cultura dominante, estimu-lando el separatismo y creando áreas donde se hable español de manera permanente, de manera similar a lo que ocurre en la "Pequeña Habana" de Miami.[5] Algunos críticos están a favor de restringir la inmigración de latinos hasta que se les inculque los valores y la cultura estadounidense a los que ya están aquí.

"Es necesario controlar más el aumento en el número de inmigrantes", dice Mauro E. Mújica, presidente de U.S. English, un grupo que apoya ratificar al idioma inglés como la lengua oficial de la nación. "Necesitamos tiempo para asimilar a la gente que ya tenemos".

Otros descartan esas ideas por considerarlas ridículas y señalan que las áreas que están dominadas por latinos son tan "estadounidenses" como cualquier otra parte del país. Además, la mayoría de los inmigrantes latinos, y prácticamente casi todos sus hijos, dicen que quieren aprender inglés y asimilarse a la sociedad estadounidense lo más pronto posible.

Mientras tanto, los expertos de ambos lados del debate sobre la asimilación reconocen que los hispanos están cambiando la sociedad y la cultura estadounidenses. Los latinos Jennifer López y Ricky Martin están entre los artistas más populares de la nación; el país transmite la programación de dos grandes cadenas de televisión hispanohablantes; y la salsa ha reemplazado al catsup como el condimento más usado de la nación. El romance entre los estadounidenses y la comida mexicana continúa, sin atenuarse, diariamente en miles de restaurantes Taco Bell, Chili's y fondas de comida casera en todo el país.

Por el momento, los hispanos están dando pasos agigantados en el aspecto económico. El número de pequeñas empresas que son propiedad de latinos está creciendo más rápidamente que entre blancos o afroamericanos; la proporción de latinos que son dueños de sus casas ha incrementado astronómicamente; y la mitad de los hispanos viven ahora en los suburbios.

"Se están mudando a los suburbios e integrándose a la clase media", dice el politólogo Michael Jones-Correa, becario del Woodrow Wilson Center, un instituto de investigaciones sobre política pública. "Se van para allá por la buena calidad de las escuelas y porque hay trabajos, al igual que todos los grupos anteriores".

Pero a pesar de su creciente éxito y aceptación dentro de la corriente dominante del país, los latinos tam-

El ingreso de los latinos es inferior con respecto al de otras comunidades

Un porcentaje más alto de latinos se encuentra en los rangos de ingreso más bajos, en comparación con los afroamericanos o los blancos, y muy pocos latinos se ubican en los rangos de altos ingresos.

Ingreso anual familiar de los latinos en EE.UU.
(Por raza y origen étnico)

Ingreso familiar	Latinos	Blancos	Afro-americanos
Menos de $30,000	50%	29%	44%
$30,000 - < $50,000	23	27	30
$50,000 +	17	42	22
No se sabe	11	3	4

Fuente: 2002 National Survey of Latinos, Pew Hispanic Center/Kaiser Family Foundation, diciembre de 2002

bién tienen sus problemas. Más de uno de cada cinco vive por debajo del nivel de pobreza (casi el doble del promedio nacional) y más del 20 por ciento de los estudiantes latinos a nivel secundario abandonan el colegio sin llegar a graduarse.[6] Por otra parte, más de uno de cada 10 hispanos reside ilegalmente en el país. Esa situación impide que reciban muchos servicios básicos y los deja a merced de prácticas laborales inescrupulosas de las cuales temen quejarse.

Aun así, la Equal Employment Opportunity Commission (EEOC) rutinariamente recibe quejas provenientes de latinos sobre discriminación y abusos en el trabajo que van desde la exigencia de que sólo hablen inglés, hasta la violencia.

"Cientos de miles vienen a este país en busca del sueño americano", dijo Monty Johnson, subdirector de la EEOC. "Con mucha frecuencia, lo que encuentran es extorsión. Ha habido incidentes de violación y hasta casos de personas que han perdido la vida".[7]

Entre tanto, el sentimiento antilatino de los estados que tienen gran cantidad de indocumentados estalla periódicamente. Por ejemplo, blancos iracundos protestaron durante el reciente referéndum revocatorio de California, cuando el gobernador Gray Davis aprobó leyes que permiten que los inmigrantes ilegales obtengan licencias de conducir.

Algunos observadores dijeron que el asunto dejaba ver corrientes de tensión racial más profundas en un estado donde la tercera parte de la población es hispana. Algunos blancos culpan de todo a los inmigrantes indocumentados: desde la delincuencia hasta la crisis presupuestaria del Estado. "No era necesario profundizar demasiado en el problema durante esta elección para sacar a flote todos estos factores", dijo Frank Gilliam, director del Centro de Comunicaciones y Comunidad de la Universidad de California (Center for Communications and Community at the University of California, Los Ángeles).[8]

A medida que la población de latinos crece en otros estados, los políticos podrían enfrentarse a la necesidad de tratar de influenciar a los nuevos inmigrantes (como lo hicieron Davis y Schwarzenegger) sin provocar el distanciamiento de los blancos y de otros votantes oscilantes no latinos, quienes se preocupan por el impacto de la inmigración en los impuestos y en la demanda por servicios sociales.

A pesar de estas inquietudes, los hispanos ven el futuro con optimismo. "Esto es lo que sucede naturalmente cuando hay una comunidad con tantos inmigrantes e hijos de inmigrantes", dice Luis Fraga, profesor de ciencias políticas en la Stanford University. "Aquéllos que se sacrificaron para venir aquí esperan un futuro más próspero".

Y mientras examinan ese futuro, los expertos se preguntan:

¿Llegará la influencia política de los latinos a equivaler a su peso demográfico en un futuro cercano?

El senador demócrata (Connecticut) Joseph I. Lieberman, el representante demócrata (Missouri) Richard

A. Gephardt, y otros recientes candidatos presidenciales del partido demócrata se han hecho bilingües. Algunos candidatos han incorporado palabras y frases en español en sus discursos, especialmente al dirigirse a grupos hispanos como el National Council of La Raza y la National Association of Latino Elected and Appointed Officials (NALEO). Los candidatos demócratas también llevaron a cabo su primer debate oficial en la ciudad predominantemente hispana de Alburquerque, en Nuevo México.

Mientras tanto, los republicanos también se esfuerzan por obtener el voto latino. El presidente Bush, que habla un español pasable, ha convertido las palabras "inclusión" y "diversidad" en temas de su gobierno y ha designado a varios hispanos para que ocupen puestos de alto nivel en la administración, como Mel Martínez, Secretario de Vivienda y Desarrollo Urbano; y Albert Gonzáles, Asesor Jurídico de la Casa Blanca.

La reciente atención que reciben los latinos es una señal de su creciente importancia política, afirma Arturo Vargas, director ejecutivo de NALEO. "De repente, nos han descubierto", dice. "Ahora, no puedes hacer campaña política a escala nacional sin tener una estrategia dirigida a los latinos. Es el nuevo elemento del panorama político".[9]

No obstante, algunos observadores argumentan que ser la minoría más grande no garantiza automáticamente a los latinos una influencia política equivalente. "Nunca fue. . . sólo cuestión de números", dijo Raúl Yzaguirre, presidente de La Raza, en el congreso anual de la organización, en julio. "Es cuestión de tratar de captar la atención de quienes tienen el poder de decisión; de tratar de cambiar la manera en que se distribuyen los recursos".[10]

¿De donde provienen los latinos?

Casi dos tercios de los latinos adultos que viven en EE.UU. son de origen mexicano, ya sea porque nacieron allá o porque sus ancestros vinieron de México.

Origen de los latinos adultos en EE.UU.
(Porcentaje de la población latina en EE.UU.)

México	64%
Puerto Rico	9
Centroamérica *	7
Sudamérica **	5
Cuba	5
República Dominicana	5
Otros	6

* 65 por ciento de El Salvador.
** 58 por ciento de Colombia.

Nota: A causa del redondeo de las cifras, el total no es 100 por ciento.

Fuente: 2002 National Survey of Latinos, Pew Hispanic Center/Kaiser Family Foundation, diciembre de 2002

Y en efecto, es claro que a pesar de su tamaño, la comunidad latina aún necesita adquirir influencia política trascendente. Por ejemplo, hay sólo 22 hispanos en la Cámara de Representantes, en comparación con 37 afroamericanos. Y mientras los candidatos presidenciales tratan activamente de hacerse con el voto hispano, los simpatizantes de los latinos dicen que rara vez hablan de asuntos cruciales, como la inmigración.

Los latinos tienen menos fuerza política de lo que sus números harían pensar, principalmente porque menos de la mitad de ellos puede votar. Más de la tercera parte del número total de latinos no son ciudadanos, y sólo los ciudadanos pueden ejercer el sufragio. Y hasta entre los ciudadanos hispanos, el registro para votar es un 20 por ciento más bajo que entre blancos o afroamericanos.

Además, los latinos, en promedio, son más jóvenes que otros grupos. "Aproximadamente un tercio de todos los latinos tienen menos de 18 años, lo cual diluye el poder de nuestro voto, al menos por ahora", dice Muñoz.

¿Lograrán unirse políticamente los afroamericanos y los latinos?

En tan sólo 10 años, los afroamericanos han pasado vertiginosamente de ser casi la mitad de los 150,000 habitantes de la población de Paterson, N.J., hasta representar menos de una tercera parte mientras que, durante el mismo periodo, los latinos han logrado constituir la mayoría.

El rápido cambio demográfico, que refleja cambios a escala nacional, ha creado tensiones en la ciudad, especialmente después de que en mayo pasado, José "Joey" Torres derrotara al primer alcalde negro de Paterson cuando éste último intentó conseguir una reelección. La elección del primer alcalde latino de la ciudad ha amargado a muchos afroamericanos.

"Aún cuando Joey ganó con todas las de la ley, algunos afroamericanos sienten que la elección fue una estafa", dice el reverendo Stafford Miller, pastor de la iglesia metodista unificada St. Philips, en Paterson, y líder de la comunidad negra. "También algunos negros se desaniman cuando escuchan español; ya sabe, cuando visitan la alcaldía o algún lugar similar, no se sienten a gusto rodeados de todas estas personas que hablan en otro idioma".

De acuerdo con Miller, ambos grupos tienen que trabajar con mayor empeño para aclarar malos entendidos. "En ambas comunidades existen problemas como el anterior, pero yo no lo veo como malicia, ni nada parecido", explica. "Es más como un caso de simple ignorancia".

En toda la historia del país se ha visto que cuando grandes grupos de nuevos inmigrantes comienzan a competir con las comunidades étnicas ya establecidas por el poder político, los recursos y la influencia social, es cuando surgen las tensiones. Ahora está sucediendo nuevamente en las ciudades más grandes del país, donde los afroamericanos ven cómo los hispanos se convierten en mayoría y amenazan disminuir el poder político que la comunidad negra luchó décadas por conseguir.

En Los Ángeles, por ejemplo, durante la contienda electoral de noviembre de 2001 por la alcaldía se destacó el forcejeo entre James Hahn, el candidato blanco; y el hispano Antonio Villaraigosa. Hahn ganó las elecciones, a pesar de que los latinos representan más de la mitad de la población de Los Ángeles "Los líderes afroamericanos se unieron y apoyaron a Hahn, ayudándolo a obtener el triunfo con el 80 por ciento del voto de los negros, en parte porque su familia ha tenido una larga relación con la comunidad y también por temor de que un alcalde latino pudiera desequilibrar la balanza del poder local perjudicándolos", según el columnista Ronald Brownstein.[1]

Roland Robuck, un activista político radicado en Washington D.C., que trabaja con negros e hispanos, prevé conflictos aún mayores entre los dos grupos, una vez que comiencen a expresar sus justificadas quejas.

Finalmente, los latinos tienen menos ingresos y educación que el estadounidense promedio, dice Fraga. "Estudio tras estudio ha demostrado que estos factores predicen la conducta del votante", señala. "Si tienes pocos ingresos y educación, es poco probable que votes".

Como resultado, los latinos simplemente no votan en los mismos porcentajes que otros estadounidenses: sólo un 27 por ciento de hispanos en edad para votar (5.9 millones) participaron en las elecciones del año 2000, en comparación con el 54 por ciento de los afroamericanos y el 60 por ciento de los blancos.[11] (*Consulte la gráfica, p. 16.*)

No obstante, la mayoría de los analistas políticos están de acuerdo en que el poder político de los latinos aumentará en un futuro próximo. Entre otras cosas, el crecimiento proyectado de la población latina producirá más votantes elegibles. Algunos expertos dicen que los latinos están a punto de obtener logros políticos considerables que llevarán la influencia de la comunidad a un nivel más acorde con su peso demográfico.

"El apogeo del poder latino está a una o dos elecciones de distancia", afirma Muñoz. "Nos convertiremos en la potencia que debemos ser".

"Los latinos van a exigir muchas cosas, mientras muestran los datos estadísticos recientes a miembros de la comunidad afroamericana", dice él. "Y los afroamericanos responderán: 'De acuerdo, pero desde una perspectiva activista ustedes aún no han demostrado ser lo suficientemente merecedores de estos beneficios'. De manera que sólo se podrá arreglar esto a través de un diálogo serio y estratégico".[2]

Toni-Michelle Tavis, profesora de asuntos gubernamentales y política en la George Mason University, en Fairfax, Virginia, está de acuerdo con lo anterior. "Existe mucha rivalidad y celos porque los afroamericanos fueron los primeros en llegar", dice ella. "Nadie quiere compartir el poder".

Otros dicen que ambos grupos deberían poder cooperar debido a que normalmente tienen agendas similares. "Con la excepción del tema de la inmigración, estamos luchando por lo mismo", dice Roderick Harrison, demógrafo del Joint Center for Political and Economic Studies, dedicado al estudio de temas afroamericanos. "Ambos [grupos] estamos a favor de un mayor gasto en educación, vivienda y servicios médicos".

Harrison pronostica que la convergencia de las agendas los llevará a la formación de coaliciones "verdaderas". "A medida que los integrantes de ambas comunidades continúen el cabildeo por asuntos parecidos, se darán cuenta de que obtienen mejores resultados uniendo sus recursos, energía y estrategias", concluye.

De hecho, el columnista Lawrence Aaron, del New Jersey's *Bergen County Record*, señala que los comités negros e hispanos del Congreso habitualmente trabajan juntos en temas como la educación y la salud.[3]

Pero Gregory Rodríguez, becario de la New America Foundation, un centro de estudios en Washington, dice que la demografía estadounidense no confirma lo que se dice sobre la elevada tensión interracial o mayor cooperación. "Para comenzar porque la mayoría de los latinos y los negros no viven en las mismas regiones", afirma. Además señala que mientras los latinos se desplazan hacia áreas no tradicionales del país, dos terceras partes de su población aún viven en el Suroeste, y más de la mitad de los afroamericanos viven en el Sureste.

Es más, los latinos no van a formar un "grupo minoritario" con valores políticos y sociales de la misma forma que los afroamericanos, principalmente porque no se consideran como una sola entidad racial, como los negros.

Señala que: "En el último censo, el 50 por ciento de los latinos dijeron que eran 'blancos' y 48 por ciento escogieron 'otro', así es que es demasiado simplista llamarlos un grupo. La idea de que van a haber dos grupos importantes liándose a puñetazos o formando grandiosas coaliciones no es realista".

---

[1] Ronald Brownstein, "Latinos Stir Tension in New Brand of Urban Politics," *Los Angeles Times*, 26 de noviembre, 2001, p. A11.

[2] Citado en: D'Vera Cohn, "Hispanics Declared Largest Minority," *The Washington Post*, 19 de junio de 2003, p. A1.

[3] Lawrence Aaron, "Common Goals Can Unite Blacks and Hispanics," *Bergen County* [New Jersey] *Record*, 4 de julio de 2003, p. L7.

Muñoz dice que su evaluación se basa en el aumento de la población latina en el Medio Oeste y en el Sureste, donde muy pronto pueden convertirse en el factor decisivo a la hora de ganar y perder las elecciones en muchos estados, y por ende, las elecciones a nivel nacional.

"En el pasado había grandes concentraciones de latinos en unos cuantos estados como California y Texas, estados cuyas tendencias política generalmente se dan por sentadas", dice. "Pero en los últimos 10 años hemos visto un crecimiento demográfico increíble de latinos en nuevos estados. En lugares como Georgia, la población latina ha crecido un 300 por ciento en los últimos 10 años".

El crecimiento de la población latina en los estados del Medio Oeste y del Sur, como Illinois, Iowa, Colorado, las Carolinas, Georgia y Arkansas, podría convertir a los hispanos en el segmento decisivo de votantes en la mayoría de estos estados, si no en todos, observa Muñoz. "Cuando la cantidad de votantes latinos empiece a afectar los resultados electorales en esos lugares, se verá un cambio en la manera en que nos perciben", agrega.

Fraga también señala que muchos latinos que son demasiado jóvenes para votar actualmente, serán mayores en futuras elecciones. "La mayor parte de

Generalmente los latinos son más conservadores que los blancos

La mitad tanto de latinos como de blancos están de acuerdo con el aborto, pero más latinos consideran que está bien tener hijos sin estar casado.

En general, lo siguiente es ¿aceptable o inaceptable?:

El divorcio

Latinos: 56%, 40%
Blancos: 74%, 24%
Afro-americanos: 59%, 40%

Las relaciones sexuales entre adultos del mismo sexo

Latinos: 25%, 72%
Blancos: 38%, 59%
Afro-americanos: 14%, 84%

Tener hijos sin estar casado

Latinos: 57%, 41%
Blancos: 55%, 43%
Afro-americanos: 55%, 43%

El aborto

Latinos: 20%, 77%
Blancos: 43%, 53%
Afro-americanos: 28%, 70%

Aceptable ▪ Inaceptable

Nota: No se incluyen los porcentajes de los entrevistados que no contestaron.

Fuente: 2002 National Survey of Latinos, Pew Hispanic Center/Kaiser Family Foundation, diciembre de 2002

ellos son ciudadanos y su potencial político va a ser muy grande".

Finalmente, explican los analistas, los latinos se beneficiarán de que, a diferencia de los afroamericanos, ellos no están vinculados a ningún partido. "Los latinos no son tan confiables para el Partido Demócrata como los afroamericanos", sostiene el politólogo Jones-Correa, y señala que más de un tercio de votantes hispanos están inscritos como independientes. "Esto les da la posibilidad de influir en la agenda política de ambos partidos, ya que tanto republicanos como demócratas tienen que competir por el voto latino".

Pero otros dicen que las predicciones de una marea política alta para los latinos no son más que ilusiones. "Mucho de lo que se pronostica sobre los aires de cambio que soplan viene de gente que ha desplegado las velas de sus barcos y están esperando a que el viento sople", afirma Krikorian, del Center for Immigration Studies. "Una buena parte de este cuento es aparentar

influencia, la cual, a su vez, esperan convertir en influencia real".

Los obstáculos actuales para los prospectos políticos de los hispanos, tales como números desproporcionados de jóvenes y personas que no tienen la ciudadanía, probablemente permanecerán inmutables en el futuro inmediato, dicen Krikorian y otros. "Uno no puede cambiar una realidad como esa en el curso de uno o dos ciclos electorales, ni siquiera en cuatro o cinco", dice Suro, del Pew Hispanic Center. "Estas tendencias cambian muy lentamente".

Aún cuando los adolescentes latinos de hoy estén en edad de votar en los años venideros, eso no cambiará mucho la dinámica política, afirma Suro. "Cada año, 400,000 latinos cumplen 18 años, y con eso aumentan automáticamente el tamaño de la población votante", dice. "Pero su conducta política es semejante a la de los adolescentes americanos de otros grupos: son políticamente apáticos. De modo que será difícil para los políticos latinos influenciar a ese grupo y movilizarlo".

Suro también cuestiona la noción de que las pujantes poblaciones latinas del Sur y del Medio Oeste vayan a tener un impacto político considerable en los próximos años. "No hay duda de que la población latina está creciendo fuera de las zonas tradicionalmente hispanas", manifiesta Suro; "pero los latinos sólo constituyen menos del 5 por ciento del electorado de esos lugares, y la mayoría nacieron en otro país y no son ciudadanos todavía. Uno siempre puede imaginar un escenario en uno de estos estados en el que el voto latino decide la elección, pero los números no son suficientemente robustos como para ser más que un factor entre un montón de factores decisivos".

Y es que hasta en el puñado de estados en donde los hispanos constituyen una porción respetable del electorado, no tienen tanta influencia a nivel nacional, agrega Krikorian. Por ejemplo, dice, California, que es marcadamente demócrata; y Texas, que es ampliamente republicano, ya han adoptado un partido para la próxima elección presidencial. "Sólo en Florida, que es un estado oscilante, los hispanos podrán verdaderamente influenciar los resultados electorales a nivel nacional", dice Krikorian.

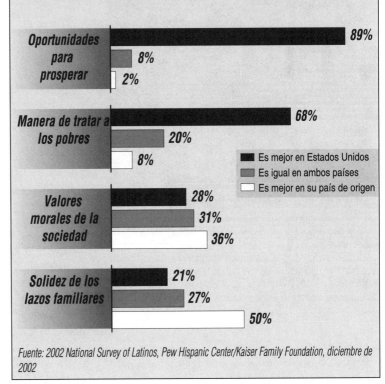

Los latinos de EE.UU. se preocupan por sus lazos familiares

Una abrumadora mayoría piensa que Estados Unidos ofrece mejores oportunidades para prosperar; pero sienten que los valores morales y los lazos familiares no son tan fuertes en EE.UU. como en sus países de origen.

EE.UU. vs. país de origen

Las siguientes condiciones son ¿mejores en Estados Unidos, mejores en su país de origen o el de sus ancestros, o más o menos igual en ambos?

Oportunidades para prosperar: 89% / 8% / 2%
Manera de tratar a los pobres: 68% / 20% / 8%
Valores morales de la sociedad: 28% / 31% / 36%
Solidez de los lazos familiares: 21% / 27% / 50%

- Es mejor en Estados Unidos
- Es igual en ambos países
- Es mejor en su país de origen

Fuente: 2002 National Survey of Latinos, Pew Hispanic Center/Kaiser Family Foundation, diciembre de 2002

La población latina de Estados Unidos, ¿está creciendo demasiado rápido?

La población hispana de Estados Unidos ha aumentado en más del doble desde 1980 y se espera que casi vuelva a duplicarse otra vez, para alcanzar 61 millones, en los próximos 20 años, según el Census Bureau.[12] Gran parte del crecimiento es resultado de la alta tasa de natalidad de los latinos, que está alrededor del 70 por ciento sobre el promedio nacional. Aunque la inmigración, incluso la inmigración ilegal, también tiene que ver.

Un agente de la patrulla fronteriza de EE.UU. examina a una mexicana, aquejada por la insolación, después de haber sido abandonada por su "coyote" (guía o pollero) en el desierto al oeste de Tucson, Arizona, al ingresar a territorio estadounidense. Los casi 600,000 mexicanos que cruzan la frontera ilegalmente cada año alimentan el debate sobre el acelerado crecimiento de la población hispana en Estados Unidos.

Según el nuevo Bureau of Immigration and Citizenship Services del Department of Homeland Security, aproximadamente 413,800 latinos emigraron legalmente a Estados Unidos el año pasado.[13] Se calcula que 600,000 más, llegaron ilegalmente. En total, cerca del 40 por ciento de residentes latinos no nacieron en este país y alrededor de un 40 por ciento de ellos están aquí ilegalmente.

Por otro lado, alrededor de un 65 por ciento de los hispanohablantes del país viven en el Suroeste, principalmente en California y Texas. Muchas ciudades fronterizas, como Los Ángeles y San Antonio, tienen una mayoría latina o mayorías relativas.

A ciertos expertos en inmigración les inquieta que la enorme y creciente afluencia de hispanos en el suroeste alimente el separatismo, dada su rapidez y tamaño.

"Estamos creando nuestro propio Quebec, porque estamos construyendo una nación dentro de una nación", sostiene Mújica, de U.S. English. "Si uno toma los niveles de inmigración de un grupo y concentra una gran parte en una zona del país, como hemos hecho con los hispanos, estamos destinados a crear enormes guetos".[14]

Esos "guetos", con su lengua propia y sus costumbres diferentes, inevitablemente querrán separarse, teme Mújica. "Claro que terminarán por identificarse con esa área más que con el país entero", afirma. "Es la naturaleza humana".

Mújica advierte que El Cenizo, Texas, (1,399 habitantes) es una señal inquietante del porvenir. En el año 2000, la comunidad declaró el español como su lengua oficial. "Entonces, el pueblo vecino hace lo mismo, y luego es todo el condado, y así por el estilo", dice. "Después de un tiempo, todo el suroeste declara el español como su lengua oficial. Y ahí es donde comenzarán los problemas".

Pero Kathy Culliton, abogada especialista en inmigración, rechaza esos argumentos porque son "alarmistas" y contraproducentes. "No veo qué tiene esto de aterrador", dice Culliton, una abogada que forma parte del personal jurídico del Mexican American Legal Defense and Education Fund (MALDEF), en Los Ángeles. "Desde hace tiempo, varias partes del país han cambiado radicalmente por la afluencia de inmigrantes. Fíjese en Nueva York con los irlandeses, o en California con la afluencia de inmigrantes asiáticos".

"Fíjese en Nuevo México", agrega Muñoz, del National Council of La Raza. "Ha estado absorbiendo grandes números de inmigrantes durante 500 años, y no es Quebec. Cuando uno va allá, uno puede ver que es un lugar muy estadounidense".

Y efectivamente, hasta en lugares con altas concentraciones de latinos, sus hijos empiezan a hablar inglés muy rápidamente, dice Jones-Correa. "Uno va a lugares que son 90 por ciento latinos, en Texas o en el sur de

CRONOLOGÍA

Siglo XIX *Los roces militares entre México y Estados Unidos conducen a la guerra y conquista de territorio.*

1848 Estados Unidos invade México y después de ganar la guerra con ese país, adquiere el estado de California y el Suroeste.

1898 Puerto Rico se convierte en territorio estadounidense, después de que Estados Unidos ganara la guerra contra España.

1900-1960 *Una mayor ingerencia de Estados Unidos en Latinoamérica estimula el incremento de la inmigración de latinos.*

1900 El Census Bureau informa que en EE.UU. viven medio millón de personas descendientes de mexicanos.

1942 La escasez de mano de obra causada por la Segunda Guerra Mundial da lugar a que el gobierno permita la entrada de más trabajadores mexicanos.

1959 Fidel Castro toma el poder en Cuba, provocando la huída de muchos anticomunistas cubanos hacia Estados Unidos.

1960 Estalla la Guerra civil en Guatemala. Durante los siguientes 30 años, el clima de intranquilidad en otros países centroamericanos, principalmente en El Salvador y Nicaragua, provoca una avalancha de inmigrantes latinos hacia Estados Unidos.

1961 La primera estación de televisión en español de EE.UU. inicia transmisiones en Texas.

1965 El presidente Lyndon B. Johnson firma la Ley de Inmigración y Nacionalidad, y así abre la puerta a más inmigrantes legales procedentes de Latinoamérica.

1970s-1980s *La comunidad latina de EE.UU. crece dramáticamente debido a la inmigración y a las altas tasas de natalidad.*

1975 El Congreso extiende la Ley del Derecho al Voto a los latinos.

1980 El Census Bureau dice que la población hispana en EE.UU. es de 12 millones de personas.

1984 El presidente Ronald Reagan obtiene más del 40 por ciento del voto latino, una cifra sin precedentes para un candidato republicano.

1986 El Congreso aprueba la Ley de Control y Reforma Migratoria, la cual permite que millones de inmigrantes ilegales soliciten la residencia.

1990s-2000s *Los latinos comienzan a lograr influencia política y económica.*

1990 El Census Bureau calcula que la población hispana es de 22.6 millones.

1994 Casi el 60 por ciento de los electores de California aprobaron la Propuesta 187, que requiere sacar de las escuelas públicas a los niños indocumentados y negarles servicios médicos de emergencia a los residentes ilegales. En 1998, un juez federal revoca dicha ley, por considerarla anticonstitucional.

2000 El Gobernador de Texas, George W. Bush, del partido republicano, gana el 35 por ciento del voto latino, revirtiendo de manera dramática la reciente caída del apoyo hispano para los candidatos presidenciales republicanos.

2002 El demócrata Tony Sánchez, empresario millonario de Texas, pierde la contienda electoral para convertirse en gobernador de su estado, pero se lleva el 80 por ciento del voto latino.

Junio de 2003 El Census Bureau dice que los latinos han alcanzado los 38.8 millones, convirtiéndose en la minoría más grande del país, eclipsando a los afroamericanos.

7 de octubre de 2003 El vice-gobernador de California, Cruz Bustamante, queda en segundo lugar ante Arnold Schwarzenegger, en la contiend a electoral ocasionada por el referéndum para destituir al gobernador.

2020 Se anticipa que la población hispana de EE.UU. llegará a los 60 millones.

2050 Se pronostica que los hispanos representarán la cuarta parte de la población total de EE.UU.

California, y encuentra que los niños hablan inglés y se consideran estadounidenses".

Hasta en El Cenizo, el español no es completamente dominante. "Uno va y claro, la mayoría de los adultos, que son inmigrantes, hablan español", dice Gregory Rodríguez, becario de la New America Foundation, un centro de investigación en Washington. "Pero los niños hablan inglés y saben quién es Bart Simpson".

Culliton y otros señalan que la gran afluencia de latinos se debe, en parte, a la demanda que hay por su trabajo. "Aceptan los trabajos que los estadounidenses no quieren, en parte porque la fuerza de trabajo de Estados Unidos está envejeciendo", dice. "Si todos ellos desaparecieran mañana, sectores completos de la economía desde la agricultura, pasando por los servicios de ali-mentación, hasta las empacadoras de carne tendrían que cerrar, literalmente".

Por otro lado, Krikorian argumenta que la afluencia continua de inmigrantes es mala para la economía de EE.UU. porque distorsiona el mercado laboral con mano de obra barata, y no crea incentivos para que se contraten trabajadores nativos. "No hay trabajos que los estadounidenses no quieran hacer o que no se harán si los inmigrantes que los llevan a cabo se van", dice.

Si la mano de obra inmigrante no estuviera disponible, afirma Krikorian, "los patrones empezarían a reclutar trabajadores entre la población activa existente. Probablemente mejorarían los salarios y eliminarían algunos de los trabajos con maquinaria. Se adaptarían".

Los oponentes a la inmigración también afirman que contratar latinos, especialmente trabajadores indocumentados, es esencialmente explotación. Dicen que los recién llegados aceptan los trabajos que requieren mayor esfuerzo físico, como cosechar o trabajos en la construcción, a menudo sin la protección y paga que disfrutan los trabajadores estadounidenses.

Victor Davis Hanson, autor del libro *Mexifornia: A State of Becoming* (publicado en 2003), que aboga por un mayor control de la inmigración ilegal hispana, dice: "Llegan aquí cuando tienen 18 ó 20 años, fuertes y llenos de esperanza, pero después de 20 ó 25 años de trabajo agotador, quedan incapacitados. . . ya no pueden trabajar más en eso. No tienen educación ni ninguna otra habilidad, entonces ¿a dónde van?".

"A ninguna parte", responde Hanson. Esos inmigrantes empiezan a depender de sus familias y de cualquier asistencia pública que puedan recibir, dice.

La población latina se incrementa con mayor rapidez en el Sur y en el Medio Oeste

Desde 1990, la población hispana ha aumentado más rápidamente en el Sur y en el Medio Oeste; pero la inmensa mayoría aún vive en los estados fronterizos y del Suroeste.

Los 12 estados con las mayores tasas de crecimiento de población latina

	Población latina		
	1990	2002	% Incremento
Carolina del Norte	76,726	444,463	479.29%
Arkansas	19,876	97,073	388.39
Georgia	108,922	516,530	374.22
Tennessee	32,741	139,861	327.17
Nevada	124,419	462,690	271.88
Carolina del Sur	30,551	109,285	257.71
Alabama	24,629	86,322	250.49
Kentucky	21,984	68,838	213.13
Minnesota	53,884	158,752	194.62
Nebraska	36,969	103,580	180.18
Oregon	112,707	312,442	177.22
Iowa	32,647	89,627	174.53

Fuente: U.S. Census Bureau

¿Deberían hacerse mayores esfuerzos para transmitirles los valores y la cultura estadounidenses a los latinos recién llegados?

Quizá más que en cualquier otro país, Estados Unidos ha tenido éxito en convertir a los recién llegados de naciones remotas en estadounidenses, ciudadanos que comparten los mismos valores y rasgos culturales básicos a pesar de sus orígenes tan distintos. En el pasado, esto se lograba con agresivas políticas de asimilación: los niños inmigrantes no solamente aprendían inglés, sino también la historia y los valores de Estados Unidos en un esfuerzo por vincularlos de manera irreversible a su nuevo país.

Los proponentes de la asimilación argumentan que el énfasis actual en el multiculturalismo, la diversidad y el orgullo étnico obstruye la integración de los inmigrantes a la sociedad estadounidense.[15] Sostienen que, además de aprender inglés, los niños inmigrantes necesitan adoptar la cultura y los valores de este país.

"¿Cuáles son los ingredientes tradicionales del éxito en Estados Unidos? ¿Acaso sentirse bien con uno mismo y tener orgullo étnico?" pregunta Hanson. "No. Son el dominio del inglés, el capitalismo estadounidense y el conocimiento de la cultura que nos rodea".

Cuando crecía en la parte central de California en la década de 1960, Hanson dice, él y sus compañeros — muchos de ellos hijos de inmigrantes mexicanos — recibieron esos conocimientos. La educación cívica, lejos de ser burdo patrioterismo, era un instrumento crucial para que los niños inmigrantes comprendieran a su nuevo país, dice.

"No solamente estudiamos los aspectos prácticos de la Constitución, o aprendimos canciones patrióticas y breves semblanzas de Washington, Jefferson y Lincoln", escribe. "Nuestras discusiones y clases sobre lo excepcional de Estados Unidos no tenían que ver con el triunfalismo de una raza blanca o de una religión cristiana específica, sino que enfatizaban nuestra propia apreciación profunda por cuán original ha probado ser la cultura de Estados Unidos durante más de dos siglos".[16]

En contraste, Hanson y otros dicen que las escuelas estadounidenses de hoy en día les fallan a los estudiantes latinos al sustituir la enseñanza de civismo por un programa educativo que enfatiza la conservación del orgullo étnico. "Los resultados de la declinación de la educación cívica son inequívocos", escribe. "No se trata sólo de que millones de estadounidenses no entiendan

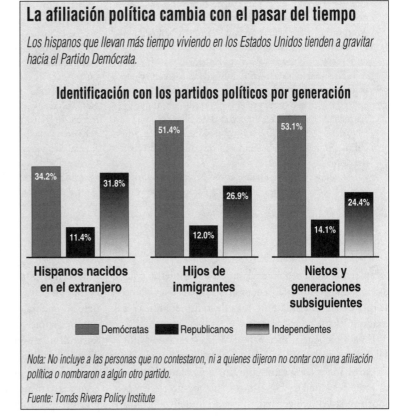

La afiliación política cambia con el pasar del tiempo

Los hispanos que llevan más tiempo viviendo en los Estados Unidos tienden a gravitar hacia el Partido Demócrata.

Identificación con los partidos políticos por generación

Hispanos nacidos en el extranjero: Demócratas 34.2%, Republicanos 11.4%, Independientes 31.8%

Hijos de inmigrantes: Demócratas 51.4%, Republicanos 12.0%, Independientes 26.9%

Nietos y generaciones subsiguientes: Demócratas 53.1%, Republicanos 14.1%, Independientes 24.4%

Leyenda: ▇ Demócratas ▇ Republicanos ▇ Independientes

Nota: No incluye a las personas que no contestaron, ni a quienes dijeron no contar con una afiliación política o nombraron a algún otro partido.

Fuente: Tomás Rivera Policy Institute

El Medio Oeste es la "nueva frontera" para los latinos

A diferencia de Texas o el sur de California, el Medio Oeste no tiene gran importancia histórica ni cultural para los latinos y tampoco les ofrece ni clima ni terreno similares.

Sin embargo, un número sin precedentes de mexicanos y otros latinos se están mudando a estados como Illinois, Minnesota y Iowa. "En toda la región, ha habido un crecimiento increíble, especialmente en la última década", dice Marcello Siles, asistente académico del Julian Samora Research Institute, un centro de estudios sociopolíticos que se especializa en los latinos del Medio Oeste y que está ubicado en East Lansing, Michigan.

Hoy en día, Chicago cuenta con la mayor población de estadounidenses de origen mexicano del país, después de la ciudad de Los Ángeles, sobrepasando comunidades radicadas de San Antonio, San Diego, Houston y otras grandes ciudades cercanas a la frontera entre Estados Unidos y México. Entre 1990 y 2000, el número de mexicanos en la ciudad de los vientos se incrementó en un 50 por ciento, para alcanzar la cifra de 530,000. Otro medio millón de latinos, en su mayoría mexicanos, viven en otras zonas de Illinois.[1]

Entre 1990 y 2002 las poblaciones hispanas de Minnesota, Wisconsin e Indiana han aumentado más del doble.[2]

En algunas comunidades, como St. James, Minnesota, (4,695 habitantes) los latinos pasaron de ser una rareza a representar un cuarto de la población; y Postville, Iowa, (2,273 habitantes), que no tenía ningún habitante latino en 1990, para el año 2000 ya tenía 469.[3]

"En muy pocos años, han cambiado completamente la composición demográfica de algunas áreas", sostiene William Frey, demógrafo de la University of Michigan en Ann Arbor.

"Los latinos se están mudando hasta a los pueblos rurales más pequeños", dice Siles. "Ahora, cuando usted viaja por estos lugares, cuya población fue alguna vez totalmente blanca, puede ver restaurantes de tacos y tiendas latinas de abarrotes".

Pero, ¿qué están haciendo los latinos en estos pueblitos, en una de las regiones más frías y con población predominantemente blanca del país, en lugares que por años han ido perdiendo a sus residentes nativos jóvenes?

"La razón llana y simple es: trabajo", dice Frey. Las regiones con grandes industrias de empaque de productos cárnicos atraen a los latinos. Los residentes originales de estas zonas se han alejado por el olor, los bajos salarios y el alto riesgo de accidentes. "La ética de trabajo de Iowa ya no es la misma", afirma Doug All, gerente de una planta en Postville. "Empacar carne no es atractivo y por eso no quieren el trabajo".[4]

En efecto, aunque el número de trabajos en esta industria disminuyó de 168,200 en 1975 a 150,600 en 2001, las empacadoras han estado reclutando mexicanos

completamente la mecánica de su propio gobierno o los acontecimientos fundamentales de su historia. . . sino de que tienen una idea muy vaga de lo que significa ser estadounidense".[17]

En consecuencia, dice Ernest W. Lefever, fundador del Ethics and Public Policy Center, un centro de investigaciones en Washington, los niños latinos están en gran desventaja. "Los niños hispanos no tienen la oportunidad de convertirse en estadounidenses hechos y derechos porque no pueden participar completamente en nuestra cultura y sociedad si no las entienden", comenta. "Tienen que conocer nuestra historia: quiénes somos, de dónde venimos y cómo llegamos hasta donde estamos. Es su historia también y no la están aprendiendo".

Varios defensores de los derechos de los latinos argumentan que la asimilación forzada sería ineficaz y contraproducente. "Uno no puede empujar a la

y latinos del suroeste de EE.UU. para trabajar en plantas en Nebraska y otros estados del norte.[5] La situación es tal, que Tyson Foods, la gigantesca empresa empacadora de productos cárnicos, ha sido acusada de traer extranjeros ilegales, aunque fue exonerada en marzo pasado.[6]

El personal de muchas de las plantas empacadoras de productos cárnicos está integrado casi en su totalidad por latinos. "En el sureste de Minnesota, este rubro se habría visto obligado a cerrar, si no fuera por ellos", afirmó James Kielkopf, presidente del grupo de desarrollo vecinal de St. Paul.[7]

Las empacadoras de carne y otros trabajos con bajos salarios y alto riesgo también han atraído latinos al sureste, otra zona que tradicionalmente no tenía pobladores latinos (a excepción de Florida). Desde 1990, la población de latinos en Tennessee, Arkansas, Georgia y Carolina del Norte creció más del 300 por ciento. (*Consulte la tabla de la p. 12.*)

Además de mudarse hacia el norte por el trabajo, los latinos también se están mudando porque sus asentamientos tradicionales están sobrepoblados. "California está llena", dice Jeffrey Passel, experto en asuntos de inmigración del Urban Institute, un centro de estudios sociopolíticos en Washington.

"El inmigrante pionero abandona México y llega a California", añade Passel. "Después de un tiempo, se va para Iowa y consigue un trabajo en una planta procesadora de carne de cerdo y entonces hace correr la voz en México: 'Oigan, aquí hay trabajo'".

Un informe reciente del Census Bureau confirma que cada vez menos inmigrantes se establecen en las zonas tradicionalmente latinas como California, Texas, Nueva York, Nueva Jersey e Illinois. Entre 1995 y 2000, sólo el 60 por ciento de los inmigrantes latinos se dirigieron a esos seis estados, en comparación con el 73 por ciento de la década anterior.[8]

Frey dice que probablemente la inmigración hacia el Medio Oeste continúe. "Parte de la población blanca está abandonando la región", dice, refiriéndose al hecho de que entre el año 1990 y el 2000, 640,000 blancos salieron de ahí.[9] "De modo que aquellas comunidades que quieran activar sus industrias locales, abrirán sus puertas a más hispanos para que ejerzan esos nuevos trabajos".

Siles está de acuerdo en que los latinos continuarán llegando, pero no sólo por el trabajo. "A los latinos les gusta el Medio Oeste", dice. "La gente es más abierta y amistosa y recibe bien a los recién llegados; eso hace que sea más fácil que se queden aquí".

---

[1] "Our Kinda Ciudad," *The Economist*, 11 de enero, 2003.

[2] U.S. Census Bureau, www.census.gov/Press-Release/www/2003/state-est-tb2.xls.

[3] Noel C. Paul, "A Farm-Belt Town Goes Global, and Thrives," *The Christian Science Monitor*, 20 de agosto, 2001, p. 16. Para estas ciudades todavía no se dispone de información por parte del censo.

[4] Citado en *Ibid*.

[5] American Meat Institute.

[6] Jeremy Olson, "Migrant Pipeline Fills Meatpackers' Needs," *Omaha* [Nebraska] *World Herald*, 4 de agosto, 2003, p. A1.

[7] Citado en "Our Kinda Ciudad," *op. cit.*

[8] "Migrations by Nativity for the Population 5 Years and Over for the United States and States," Bureau of the Census, www.census.gov/population/www/cen2000/phc-t24.html.

[9] Robert E. Pierre, "In Neb., 'Spanish Now Spoken Here,' " *The Washington Post*, 2 de septiembre, 2003, p. A3.

---

gente a la asimilación", dice John Logan, profesor de sociología en la State University of New York en Albany. "No es posible enseñar a alguien a ser estadounidense".

Según Culliton, de MALDEF, los partidarios de la asimilación luchan contra un problema que no existe. "Las encuestas muestran que los latinos ya se identifican más con Estados Unidos que con sus países de origen", dice. "Eso no es un problema".

Además, dice Jones-Correa, es natural que los inmigrantes valoren su cultura nativa y eso no representa un peligro para la sociedad. "Tenemos esta visión nostálgica de los grupos de inmigrantes que llegaron en un barco y se americanizaron muy rápidamente, pero eso tardó muchas generaciones en ocurrir", afirma.

"En el Día de San Patricio se celebra el orgullo y la cultura irlandeses, pero nadie piensa que los irlandeses americanos sean otra cosa que estadounidenses", dice Muñoz.

Por otro lado, dicen Muñoz y otros, cierta retención de la cultura tendrá un impacto positivo, y no sólo para los latinos. "Vivimos en una economía global, y para que Estados Unidos siga siendo fuerte, necesitamos ser capaces de entender e interactuar con otras lenguas y culturas", dice Culliton. "Los latinos nos ayudan a interactuar con el mundo de habla hispana, y eso nos da una ventaja".

Sin embargo, los partidarios de la asimilación responden que si los latinos retienen una parte sustancial de su lengua y de su cultura, seguirán considerándose diferentes. Como consecuencia, sostienen, los latinos serán percibidos como diferentes, y eso conducirá a la tensión étnica y a la segregación.

"Una nación es, en esencia, un pueblo con una memoria histórica y una herencia comunes", dice Lefever. "A menos que los recién llegados asimilen esta herencia, a la larga no se sentirán como si fueran parte de la nación, y el resultado será, inevitablemente, la fragmentación".

Sin embargo, Fraga, el politólogo de Stanford, dice que la realidad de hoy contradice el pronóstico de Lefever. "Los latinos de segunda generación hablan inglés, predominantemente, en parte porque sus padres saben que para tener éxito en este nuevo país, sus hijos tienen que hablar la lengua dominante y ser parte de la cultura dominante", dice. "Esta idea de fragmentación o separatismo no tiene ninguna relación con la realidad".

ANTECEDENTES

Sacudida demográfica

En el siglo XVI, antes de que los primeros colonizadores ingleses desembarcaran en la costa este, los españoles establecieron colonias en buena parte de lo que hoy es Centro y Sudamérica, y habían comenzado a explorar la península de Florida y el sureste y suroeste de lo que hoy se conoce como Estados Unidos. En 1565, los españoles establecieron la primera colonia europea en lo que hoy es St. Augustine, Florida. En 1610, en Santa Fe, Nuevo México, construyeron el Palacio de los Gobernadores, el edificio de gobierno más antiguo del país.

En los siglos XVII y XVIII, las colonias británicas de la costa oriental desplazaron a los españoles de gran parte del sureste. Sin embargo, la conquista española del suroeste continuó sin disputa hasta el s. XIX, cuando los colonizadores comenzaron su migración a Texas, originando tensiones con la región de Hispanoamérica que se conoce actualmente como México. Esas tensiones alcanzaron su punto crítico en 1848, cuando Estados Unidos invadió México, arrebatándole más de un tercio de su territorio, el cual incluía lo que se convertiría en California, Texas, Nuevo México, Arizona y Colorado.

La victoria de Estados Unidos en la corta guerra contra México, le dio el control de un enorme territorio de habla hispana. Aun así, durante los siguientes 100 años, los hispanos serían tan sólo una preocupación secundaria en la conciencia nacional de este joven país, principalmente porque el suroeste estaba escasamente poblado.

Hasta el año 1900, vivían solamente alrededor de 500,000 mexicano-americanos en Estados Unidos. Aunque la inmigración mexicana se incrementó durante la primera mitad del siglo XX, junto con la afluencia de inmigrantes de Cuba y Puerto Rico (conquistados durante la guerra entre España y Estados Unidos, en 1898), el número de hispanos palidecía en comparación con la gran afluencia de inmigrantes que llegaba de Europa.[18]

Sin embargo, desde la Segunda Guerra Mundial, ole-

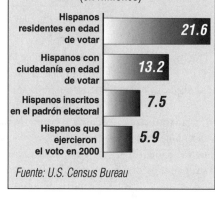

El surgimiento de un bloque de votantes

Menos de la tercera parte de los hispanos residentes votaron durante las elecciones de 2000, como resultado, dejaron una enorme circunscripción electoral a disposición del que quisiera tomarla.

Número de latinos aptos para votar
(en millones)

Hispanos residentes en edad de votar	21.6
Hispanos con ciudadanía en edad de votar	13.2
Hispanos inscritos en el padrón electoral	7.5
Hispanos que ejercieron el voto en 2000	5.9

Fuente: U.S. Census Bureau

adas de inmigrantes de Puerto Rico, Cuba, República Dominicana y México inflaron rápidamente la población latina del país: para 1980, Estados Unidos tenía cerca de 20 millones de hispanos.

En los siguientes 20 años, el número de latinos casi se duplicó, a medida que las insurgencias izquierdistas y la represión derechista de los gobiernos (especialmente en Centro América) forzaban a muchos hispanos a huir hacia "el Norte". Pero aún así, la mayoría de los recién llegados venían de México. Hoy en día, casi dos tercios del total de latinos que viven en EE.UU. provienen de México o son descendientes de inmigrantes mexicanos (*Consulte la tabla de la p. 5*).

En junio pasado, el Census Bureau anunció que los afroamericanos ya no son la minoría más grande, sino que hay 38.8 millones de latinos, que representan el 13 por ciento de la población de EE.UU., en comparación con 38.3 millones de negros o el 12.7 por ciento de la población. "La división entre blancos y negros ha constituido la estructura social básica en los últimos 300 años de historia estadounidense", dice Suro, del Pew Hispanic Center. "Esto marca un gran cambio . . . un recordatorio oficial de que nos estamos desplazando a territorio nuevo".

En efecto, los datos del censo muestran que la mitad del crecimiento de la población del país ocurre entre los hispanos, debido tanto a la inmigración como a las tasas de natalidad más altas (3.5 nacimientos por mujer hispana, en contraste con 2.7 entre los afroamericanos y 2.1 para la población total).[19] Para el año 2050, el Census Bureau pronostica que la cuarta parte de la nación será latina.

Más aún: un nuevo estudio del Pew Center concluye que en los próximos 17 años cerca de la mitad del crecimiento entre los latinos será resultado del nacimiento de hispanos de segunda generación. Para 2020, los hijos de inmigrantes sobrepasarán el número de éstos: 21.7 millones a 20.6 millones, y habrá casi 18 millones de tercera generación.[20]

El estudio pronostica que este cambio generacional tendrá profundas implicaciones para el país, ya que los valores y prioridades de los hijos de inmigrantes son distintos a los de sus padres y abuelos. Por ejemplo, los hispanos de segunda generación son más liberales en asuntos como el aborto, y no apoyan tanto el concepto de *affirmative action*.

Aunque los latinos son un grupo diverso en Estados Unidos, casi la mitad vive en California o Texas. Otro 20 por ciento está distribuido en Nueva York, Florida, Illinois, Arizona y Nueva Jersey. En contraste, cada uno de 39 estados tiene menos del 1 por ciento de la población latina del país, aunque eso está comenzando a cambiar. (*Consulte el recuadro en la p. 14.*)

Mientras tanto, los expertos dicen que los latinos ya están efectuando el cambio de las actitudes generales hacia ellos. "Estamos viendo a los latinos del país desde un nuevo ángulo, más positivo", dice la economista Carmen Diana Deere, directora del Programa de Estudios Latinos, Latinoamericanos y del Caribe, de la University of Massachusetts en Amherst.

En los últimos años, la inclusión de la cultura latina en la corriente cultural dominante refleja el cambio de actitudes, dice Deere. "Ahora tenemos los premios Grammy Latinos", dice "y los jóvenes blancos están aceptando la música latina".

Iguales y al mismo tiempo distintos

Los latinos provienen de más de 20 países de Latinoamérica, entre los que se cuentan 11 países en América

El Sr. John Ávila, dueño de una tienda en Albuquerque, es uno de los más de 1.2 millones de microempresarios latinos en Estados Unidos. Entre 1992 y 1997, las empresas hispanas crecieron un 30 por ciento, en comparación con el 7 por ciento a nivel nacional.

¿Debería concedérseles amnistía a los latinos que viven ilegalmente en EE.UU.?

SÍ

Marisa Demeo

Asesora Regional, MALDEF (Mexican American Legal Defense & Educational Fund)

Escrito para *The CQ Researcher*, septiembre de 2003

Una de las prioridades más importantes para los latinos es asegurarse de que el Congreso legalice a millones de inmigrantes indocumentados que trabajan arduamente y que pagan impuestos; que pueden demostrar que han estado viviendo y trabajando en Estados Unidos y que no representan una amenaza para la seguridad nacional. Las mismas razones que existían para su legalización antes del 11 de septiembre siguen prevaleciendo.

Los inmigrantes latinos han contribuido con miles de millones de dólares a nuestra economía. Debido al envejecimiento de la población activa de EE.UU., los trabajadores inmigrantes serán aún más importantes en los años por venir. Los nuevos inmigrantes realizan los trabajos que los estadounidenses no desean hacer, y es por ello que los sindicatos más importantes, grupos empresariales, organizaciones religiosas nacionales y los grupos en pro de los derechos civiles y de los inmigrantes apoyan la legalización.

Los inmigrantes latinos indocumentados no viven en sociedades segregadas. El cuarenta por ciento de la comunidad latina ha nacido fuera del país y muchos de ellos viven en familias con aquéllos que sí han nacido aquí. Los inmigrantes latinos indocumentados a menudo tienen dos o tres trabajos para poder satisfacer sus necesidades. Crían a sus hijos y asisten a la iglesia en nuestras comunidades. No son "extranjeros" provenientes de otro planeta, son seres humanos que tratan

de vivir el sueño americano: lograr un mejor nivel de vida para sus hijos.

Mientras los inmigrantes latinos indocumentados sigan sin tener una categoría migratoria legal, son vulnerables a la explotación. Es muy fácil que patrones sin escrúpulos les paguen menos de lo que la ley estipula y que los despidan si se quejan de riesgos que enfrentan en el lugar de trabajo o del acoso sexual. Además, a menudo son víctimas de crímenes, pero no los denuncian a la policía por miedo a ser deportados. Eliminar ese miedo nos llevaría a contar con comunidades más seguras para todos.

Finalmente, la guerra contra el terrorismo sólo fortalece las razones para legalizar a la población de indocumentados. Los inmigrantes latinos han demostrado ser extremadamente patrióticos. El primer soldado estadounidense muerto en Irak era un guatemalteco que en un principio había ingresado a Estados Unidos ilegalmente. Sin embargo, había podido cambiar su calidad migratoria y le demostró su gratitud a su patria adoptiva al ingresar al ejército y, finalmente, sacrificó su vida por ella.

Si el gobierno de EE.UU. estableciera un proceso efectivo para obtener la legalización de los indocumentados, podría identificar y examinar a estos individuos para distinguir con mayor facilidad a la gran mayoría que contribuye a nuestra sociedad de aquellos escasos inmigrantes y ciudadanos que desean lastimarnos.

¿Debería concedérseles amnistía a los latinos que viven ilegalmente en EE.UU.?

NO

Mark Krikorian
Director, Center for Immigration Studies

Escrito para *The CQ Researcher*, septiembre de 2003

Cuando el número de extranjeros ilegales aumenta, también lo hacen las propuestas para "resolver" el problema a través de una amnistía. La administración del presidente Bush, el senador republicano John McCain, de Arizona, y otros, han presentado varias propuestas que en su mayoría utilizan un programa de trabajadores temporales para disimular la realidad vergonzosa de la amnistía.

Este problema ciertamente necesita atención. En la actualidad, nuestro país es el hogar de casi 9 millones de extranjeros ilegales, que representan más de la cuarta parte del total de la población inmigrante, y cada año llegan por lo menos 700,000 nuevos ilegales para establecerse aquí.

Sin embargo, ¿la legalización podrá resolver el problema? Nuestra experiencia con las amnistías casi no deja lugar a dudas de que la respuesta es "No". En 1986, el Congreso otorgó permisos de residencia permanente (green cards) a 2.7 millones de los 5 millones de extranjeros ilegales reconocidos. Pero nunca se pusieron en marcha las medidas necesarias para hacer cumplir la amnistía; como resultado, para 1994 cada uno de los beneficiarios, había sido reemplazado por un nuevo ilegal.

Los partidarios de la amnistía replican que tenemos que encontrar una manera de albergar el flujo de trabajadores extranjeros, ya que es inevitable y esencial para nuestra economía, pero ninguna de las dos cosas es cierta.

La inmigración ilegal es un artefacto de las políticas gubernamentales equivocadas, que han pecado tanto por acción (como los programas de trabajadores invitados, amnistías e inmigración masiva ilegal), como por omisión (falta de voluntad para hacer cumplir las leyes). Aunque la inmigración ilegal nunca podrá ser erradicada totalmente, puede restringirse radicalmente si realmente nos lo proponemos.

Tampoco necesitamos la mano de obra. De hecho, la inmigración masiva de trabajadores sin capacitación *daña* las industrias donde se concentra, al entorpecer la productividad, que es el pilar del progreso económico. Existen grandes oportunidades para economizar en mano de obra: en agricultura, manufactura ligera, construcción y hasta en servicios, que siguen sin ser explotadas debido al flujo continuo de inmigrantes que ofrecen mano de obra barata.

Las alternativas ante la amnistía no son redadas y expulsiones masivas. En su lugar, la solución es la vigilancia y el enfoque preventivo que caracterizan la teoría de las "ventanas rotas", utilizado en la década de los noventa por Rudolph Giuliani, alcalde de Nueva York. El establecimiento de un nuevo compromiso para que reine el orden en nuestro desordenado sistema de inmigración subrayaría el mensaje de que la ley de inmigración funciona y causaría que muchos inmigrantes ilegales partieran de manera voluntaria; y quienes tuvieran en mente venir para acá, decidirían quedarse en su país.

del Sur; los siete pequeños países de Centro América; México y las islas caribeñas de habla española (Cuba, República Dominicana y Puerto Rico).

Como sucede con gente procedente de otras regiones extensas, los latinoamericanos son un amalgama de aspectos culturas y étnicos. Bolivia, con su herencia india y española, es muy distinta de Brasil con sus grandes poblaciones de inmigrantes de Portugal, África, Europa y hasta Asia.

A excepción de los brasileños cuyo idioma es el portugués, las heterogéneas culturas latinoamericanas están unidas por el idioma español o castellano y una religión común: el catolicismo romano. Cuando en el siglo XVI España y Portugal conquistaron lo que sería Latinoamérica, se dieron a la tarea de convertir al catolicismo, algunas veces por la fuerza, a los pobladores indígenas. Aún en la actualidad, todos estos países son predominantemente católicos, aunque en las últimas décadas los misioneros protestantes evangélicos, principalmente de EE.UU., han realizado incursiones importantes.

Algunos expertos afirman que las comunidades también están unidas por una agenda política común. "Los latinos de todas las nacionalidades se preocupan por la educación", dice Rodolfo de la Garza, politólogo de la Columbia University, y becario del Tomás Rivera Policy Institute, un centro latino de investigaciones, ubicado en Claremont, California. "Y debido a condición social de clase trabajadora, se preocupan por la economía y los trabajos".

Sin embargo, a diferencia de los afroamericanos, los latinos — especialmente los recién inmigrados — generalmente no se consideran como un grupo étnico unificado. "Los afroamericanos tienen la noción de que están vinculados por el destino: lo que le pase a cualquiera de nosotros me puede pasar a mí", dice Jones-Correa, del Wilson Center. "Los latinos no comparten el mismo sentimiento, la misma identidad de grupo, porque no cuentan con una historia común que los una, como los negros".

Y de hecho, solamente el 24 por ciento de los latinos sondeados por el Pew Hispanic Center y la Kaiser Family Foundation, se identificaron como "latinos" o "hispanos". La mayoría de los entrevistados (54 por ciento) se describieron según su país de origen o el país de su familia. El 21 por ciento restante se denominó como "estadounidense".[21]

La identidad latina en Estados Unidos parece ser una paradoja, dice Muñoz, del National Council of La Raza, ya que no es posible situarla dentro de patrones históricos étnicos. "No somos negros, pero tampoco somos italianos", dice. "No somos una raza, sino un grupo étnico que a su vez cuenta con una gran diversidad étnica, así que es muy complicado".

Krikorian, del Center for Immigration Studies, afirma que la identidad latina o hispana no surge de manera natural de esta complicada mezcla, sino que ha

Los latinos favorecen un aparato de gobierno que proporcione más servicios

Un porcentaje mucho más grande de latinos, que de negros o blancos, dicen que estarían dispuestos a pagar más impuestos si el gobierno proporcionara más servicios.

¿Con cuál de las siguientes declaraciones estaría más de acuerdo?

	Prefiero pagar más impuestos para abastecer un gobierno más grande, capaz de proporcionar más servicios	Prefiero pagar menos impuestos para abastecer un gobierno más pequeño que ofrezca menos servicios
Latinos	60%	34%
Blancos	35%	59%
Afroamericanos	43%	49%

Nota: Las cifras no suman el 100 por ciento debido a que muchos de los entrevistados no respondieron a esta pregunta.

Fuente: 2002 National Survey of Latinos, Pew Hispanic Center/Kaiser Family Foundation, diciembre de 2002

sido creada artificialmente por los grupos de fomento y por el gobierno, quienes necesitaban una manera fácil de clasificar a la gente para efectos del censo y otros programas. "El grupo élite de latinos está tratando de crear una identidad hispana y lo están consiguiendo, especialmente entre los hispanos nacidos aquí", asevera Krikorian.

Los críticos argumentan que tales esfuerzos están diseñados para crear una identidad que perpetúe la política basada en la raza y en la etnia. "Los dizque líderes latinos quieren que esta gente se concentre en su identidad, excluyendo todo lo demás, porque eso es la base de su propio poder", dice Mujica, representante de U.S. English. "Si la gente se asimilara y dejara de considerarse distinta, grupos como 'La Raza' desaparecerían".

Pero Jones-Correa insiste en que la clasificación es legítima, aunque haya sido fabricada. "Sólo porque algo es artificial, no significa que no sea real", y abunda: "El concepto ha cobrado vida propia". No obstante, la gente todavía utiliza muy poco los apelativos "latino" o "hispano".

"Si usted le pregunta a alguien cómo se clasifica, rara vez le responderán de inmediato 'latino' o 'hispano'", continúa diciendo. "Pero si pregunta lo mismo en ciertas circunstancias, como las relacionadas con la propuesta 187 (la iniciativa electoral de 1994, que negaba servicios a inmigrantes ilegales en California), entonces es cuando sale a la luz".

Krikorian espera que el uso de las denominaciones "hispano" y "latino" no se arraigue, pues "añaden un componente político a una identidad étnica y eso es negativo para la democracia".

Pero Jones-Correa afirma que el destino de palabras como latino e hispano reside más en el uso que les atribuya la corriente dominante de la sociedad que el grupo mismo.

"Estos apelativos para clasificar a todas las etnias, solamente serán importantes para sus miembros cuando sientan que los señalan como grupo". "Si la tasa de matrimonios mixtos sigue creciendo y la movilidad hacia el Norte de los latinos sigue el mismo patrón que la de los irlandeses o italianos, entonces esos apelativos se volverán simbólicos".

SITUACIÓN ACTUAL
Las actitudes de los latinos

Según encuestas recientes, los latinos exhiben un optimismo arrollador con respecto al porvenir. Una encuesta realizada por el *New York Times* y la cadena CBS News, por ejemplo, descubrió que el 83 por ciento de los hispanos nacidos en el extranjero (y el 64 por ciento de los nacidos aquí) están convencidos de que sus hijos tendrán una vida mejor que la suya. En comparación, sólo 39 por ciento de los no hispanos comparten su optimismo.[22]

El hecho de que muchos latinos sean inmigrantes o hijos de inmigrantes, tiene mucho que ver con su esperanzada visión del futuro, dicen los expertos.

"Usted emigra y encuentra un mejor nivel de vida", dice John A. García, profesor de ciencias políticas de la University of Arizona. "Así que si usted es un inmigrante, tiene sentido que sea más optimista acerca de su futuro, especialmente durante los primeros años después de su llegada".

Las encuestas también muestran que muchos latinos se asimilan. De acuerdo con la encuesta conducida por *Times*/CBS, casi el 70 por ciento de los hispanos nacidos en el extranjero se identifican más con Estados Unidos que con su país de origen.[23] Otra encuesta, de la Latino Coalition, determinó que una ligera mayoría de hispanos, el 51.2 por ciento, creen que la asimilación es más importante que la diversidad.[24]

Por otra parte, sólo el 31 por ciento de los encuestados dicen que ellos, algún miembro de su familia, o un amigo, han sufrido discriminación en los últimos cinco años, en comparación con el 46 por ciento de los afroamericanos y el 13 por ciento de los blancos.[25]

No obstante, algunos observadores dicen que los hispanos tienden a no denunciar todos los incidentes discriminatorios. "Los latinos tienen un punto de vista muy distinto de lo que es la discriminación", dice Fraga, politólogo de Stanford. "Si les pregunta si han sido tratados de manera distinta por sus colegas blancos responderán afirmativamente. Pero si usted les pregunta si eso es discriminación, dirán que no. Para un inmigrante latino la discriminación significa que alguien lo ataque debido a lo que es".

El Sr. Rodríguez, de la New America Foundation, dice que las distintas percepciones acerca de la discriminación se originan del hecho de que muchos latinos son estadounidenses de primera o segunda generación, que no tienen un sentido refinado de sus derechos. "Cuando uno siente que está bien instalado en una sociedad, se siente suficientemente cómodo como para quejarse", dice. "Pero si uno no conoce el sistema y está tratando de encajar, no siente el mismo sentido de reclamo, lo que uno desea es pertenecer".

Las actitudes de los latinos con respecto a temas políticos y sociales también han resultado sorpresivas. En los llamados puntos de controversia moral, los hispanos tienden a ser mucho más conservadores, probablemente debido a su catolicismo. Por ejemplo, el 77 por ciento opina que el aborto es "inaceptable" y el 72 por ciento se opone a las relaciones sexuales entre adultos del mismo sexo.[26] La iglesia católica está totalmente en contra del aborto y las relaciones homosexuales.

Además, muchos inmigrantes provienen de áreas rurales pobres, cuyas sociedades tienden a ser más conservadoras que las de las áreas urbanas. "Hay montones de mexicanos y centroamericanos que vienen de pueblitos donde hay valores muy tradicionales" dice García.

No obstante, los latinos tienden a ser liberales en otros asuntos, por ejemplo, el 60 por ciento está a favor de aumentar los impuestos para fortalecer los servicios gubernamentales.[27]

Ser conservadores en asuntos morales, pero no en los sociopolíticos hace que los latinos sean considerados como una anomalía en un país donde los criterios vinculados a estos dos temas generalmente van tomados de la mano. "Sus actitudes no reflejan el debate político estadounidense", dice Rodríguez. "Pero dadas su procedencia y sus necesidades, tiene mucho sentido".

El sueño americano

Como muchos otros grupos de inmigrantes anteriores, la primera y la segunda generación de latinos están esforzándose por mejorar su suerte. "Creemos firmemente en el sueño americano y estamos dispuestos a trabajar con empeño para alcanzarlo", dice Muñoz, del National Council of La Raza.

Y lo están logrando. En las últimas décadas, muchos latinos han dado el salto hacia la clase media, lo cual es un indicador de mejoría económica. Por ejemplo, desde 1972 se ha duplicado el porcentaje de latinos con un ingreso de $50,000 o más, saltando del 15.8 por ciento al 31 por ciento en 2001. En comparación, solo 27.8 por ciento de afroamericanos cuentan con un poder adquisitivo similar.[28]

Actualmente, el poder adquisitivo de los hispanos se ubica en $630 miles de millones, y se espera que para 2007 se eleve en un 50 por ciento, lo que se traduce en aproximadamente $928 miles de millones.[29]

Los hispanos también han progresado inmensamente en otro trecho importante en su senda hacia el sueño americano: son dueños de negocios. Entre 1992 y 1997 el número de negocios con propietarios latinos, creció en un 30 por ciento, comparado con sólo un 7 por ciento a nivel nacional. Actualmente los hispanos son dueños de más de 1.2 millones de pequeñas empresas.[30]

Por otro lado, la tasa de latinos con casa propia se ha elevado con más rapidez que entre negros o blancos. De acuerdo con el Joint Center for Housing Studies en Harvard University, dicha tasa se ha incrementado en un 47 por ciento, alcanzando 4.5 millones entre 1994 y 2001, mientras que sólo se incrementó un 33 por ciento en la población afroamericana y 11 por ciento entre los blancos.[31]

En la actualidad, casi la mitad de los latinos viven en los suburbios. Hasta en las zonas de viviendas caras, la tasa de latinos con casa propia se está incrementando. Por ejemplo, en Nueva York durante el año 2000, el 14 por ciento de todos los hispanos eran propietarios de su vivienda, un incremento del 11.6 por ciento con respecto a la década anterior.[32] "Las estadísticas de la vivienda son muy importantes", dice Rodríguez. "Nos indican que muchos latinos han logrado distanciarse de subsistir en la pobreza y están construyendo algo estable y permanente".

Pero para los latinos, el sueño americano es una visión mixta. Los logros académicos de los latinos están muy por debajo de los de otros grupos importantes. De acuerdo con un informe del Pew Hispanic Center, publicado en junio, la quinta parte de todos los latinos en nivel medio escolar (high school) no se gradúan.[33]

En contraste, sólo el 11.7 de los estudiantes afroamericanos y el 8.2 de los blancos abandonan la escuela.[34]

Según Suro, del Pew Hispanic Center, el elevado índice de deserción escolar de los latinos obedece a dos razones principales: "Un sistema escolar que está cayendo en crisis, que afecta más a los pobres porque son quienes dependen más de la educación pública", explica Suro, "y niños inmigrantes latinos que son más difíciles de educar porque viven en hogares donde no se habla inglés y cuyos padres a menudo no cuentan con una educación formal y no están familiarizados con el sistema escolar estadounidense".

A los expertos les preocupa que la brecha educativa deje a las futuras generaciones de latinos en desventaja en el mercado laboral de manera permanente. "Ninguna comunidad puede prosperar o avanzar sin la educación apropiada" dice J.R. González, presidente de la Cámara Hispana de Comercio de EE.UU.

Cuando los latinos incrementen su porcentaje como parte de la fuerza laboral en los años venideros, el problema tomará una dimensión nacional, comentan González y otros. "Pronto se van a jubilar los baby boomers (generación de personas nacidas inmediatamente después de la Segunda Guerra Mundial) y los latinos serán quienes los sustituyan" dice Suro. "Van a representar la mayoría de la nueva población activa y si no cuentan con la educación adecuada tendremos problemas".

A pesar de la merecida fama que tienen los hispanos como trabajadores eficientes, su tasa de desempleo se ubica en un 8.2 por ciento, alrededor de un 2 por ciento más que el promedio nacional. Según el Pew Hispanic Center, gran parte de la brecha en la esfera laboral es el resultado de la abundante representación de los latinos en las áreas de comercio minorista y manufactura, industrias que han sido duramente golpeadas por la recesión actual.[35]

Pero algunos economistas afirman que el desempleo entre los latinos no es tan grave como las estadísticas lo indican, ya que muchos inmigrantes trabajan clandestinamente y por ello no se cuentan como empleados. Aún así, el desempleo entre los hispano podría acrecentarse si hay un colapso en la industria de la vivienda y los bienes raíces, ya que los latinos son quienes realizan gran parte del trabajo de construcción en el país.

Los latinos también muestran un alto índice de pobreza: 21.4 por ciento en 2001, sólo debajo del 22.1 de los afroamericanos y mucho más alejados del 7.8 de los blancos.[36]

"Representan un desproporcionado número de los trabajadores pobres", dice Deere, de la University of Massachusetts. "Una familia de cuatro integrantes, que gana el salario mínimo — que es lo que pagan muchos de los trabajos de los inmigrantes — sencillamente no puede sobrevivir por encima del nivel pobreza".

La vida difícil de los ilegales

Muchos de los latinos más pobres viven ilegalmente en Estados Unidos. A menudo trabajan por menos del salario mínimo, sin servicios médicos ni otras prestaciones, y sin acceso a los servicios de asistencia gubernamentales, por lo que sus vidas son muy distintas a las de la mayoría de los estadounidenses.

"A veces es muy, muy difícil", admite "José", de 23 años de edad, un inmigrante ilegal que acaba de llegar de México y vive en Arlington, Virginia, donde trabaja como jardinero. A menudo José trabaja 10 o más horas cada día, no tiene seguro médico y comparte un minúsculo departamento con otras seis personas.

"Estoy trabajando con mucho empeño porque quiero ayudar a mi familia", dice. José les envía dinero a sus padres regularmente y tiene la esperanza de regresar a su hogar en cinco o diez años para establecer su propio negocio.

No obstante las privaciones, José está "agradecido" de estar en EE.UU. y en general piensa que los estadounidenses son "amistosos y respetuosos". Pero también tiene miedo de que lo obliguen a regresar a México, antes de que él esté listo para regresar y dice que tendría temor de ir a la policía o hasta a un hospital, por miedo a que lo deporten. "Aunque hubiera un problema, no acudiría a la policía, no quiero que me arresten", explica.

Muchos defensores de los inmigrantes dicen que muchos millones de indocumentados latinos, como José, que trabajan arduamente y pagan impuestos, deben tener la oportunidad de legalizar su situación migratoria a través de un programa de amnistía.

Pero quienes se oponen a la amnistía, dicen que ésta ridiculizaría las leyes de inmigración del país. Más aún, legalizar a los trabajadores extranjeros indocumentados, castigaría injustamente a los posibles inmigrantes que respetan las reglas y esperan ingresar a Estados Unidos legalmente, además de que también fomentaría más inmigración ilegal. (*Consulte "En tela de juicio" en la p. 19.*)

En el pasado se han otorgado amnistías a los extranjeros ilegales, la más reciente fue en 1996, cuando el Congreso legalizó a 3 millones, en su mayoría inmigrantes mexicanos, como parte de un paquete más amplio de reforma migratoria.

En los meses que antecedieron a los ataques terroristas del 11 de septiembre de 2001 en Nueva York y el Pentágono, el presidente Bush y el presidente mexicano Vicente Fox hablaron francamente acerca de conferir una amnistía para algunos indocumentados latinos, por lo menos. Pero los ataques condujeron al cese abrupto de estas negociaciones.[37]

Recientemente, el tema de la amnistía ha resurgido. Los legisladores han introducido varios proyectos de ley que permitirían que los extranjeros indocumentados que ya están en el país legalicen su situación. Pero estas medidas se han estancado, en parte porque algunos de los líderes de la cámara dominada por el partido republicano se oponen a liberalizar las políticas migratorias. Además, quienes están a favor de las propuestas de ley aseveran que a menos que el presidente retome el debate y les ofrezca su apoyo, carecerán de suficiente ímpetu para defender exitosamente su postura respecto a esta cuestión.[38]

PERSPECTIVAS

¿Será posible una era post-étnica en Estados Unidos?

Los futuristas Joel Kotkin y Thomas Tseng recientemente pronosticaron que Estados Unidos ingresaría en un período "post-étnico" en los próximos años. Argumentan que la llegada de inmigrantes latinos hará que las antiguas nociones de raza y origen étnico se diluyan, para ser reemplazadas por una sociedad donde la identidad de un individuo se base en las preferencias perso-

nales en cuanto a factores como la música, la moda y las ideas, más que en el color de la piel o el país de origen de sus abuelos.[39]

En efecto, ellos indican que los jóvenes latinos ya han comenzado a adoptar esta actitud post-étnica. "Ya no se contentan con ceñirse a una sola identidad cultural o racial, están comenzando a suprimir la brecha infranqueable que frecuentemente ha marcado y estropeado las relaciones raciales en este país, desde los primeros asentamientos europeos", escribieron Kotkin y Tseng.[40]

En otras palabras, este no es el viejo crisol en el que se fundieron las características de los recién llegados de antaño, sino uno nuevo, en el que se desintegrarán las barreras raciales y étnicas. "Los latinos no van a crear una 'tercera raza', dice Rodríguez, de la New America Foundation, refutando la idea de que los hispanos sólo ocuparían un lugar entre los blancos y los negros. "Ellos van a eliminar la noción de raza".

Otros son más pesimistas. "Las relaciones raciales van a empeorar como resultado de esta afluencia", dice Mujica, de U.S. English.

Mújica afirma que los "auto-denominados" líderes hispanos, predican lo que califica como un mensaje "separatista", y sólo están sembrando la cizaña de la desunión. "Están exhortando a que los latinos se consideren distintos, de modo que cuando en el futuro se conviertan en gran parte de la población de este país, y tengan un poder político notable, va a haber mucha tensión y será una situación difícil, porque ya no seremos capaces de pensar en nosotros como un solo pueblo", sostiene.

Culliton, abogada de MALDEF, comparte el pesimismo de Mújica, pero por distintas razones. "La discriminación no cesará simplemente debido al número elevado de latinos", afirma. "Necesitamos acoplar este crecimiento con las políticas sociales y jurídicas adecuadas; de lo contrario, seguiremos enfrentando tensiones étnicas en nuestro país".

Algunos observadores dicen que sí es posible que el país deje atrás las diferencias étnicas; pero sólo si los niveles de inmigración comienzan a bajar. "Es posible lograrlo, si hay tiempo suficiente para integrar a la gente que ya tenemos aquí", dice García, de la University of Arizona. "Pero si continuamos recibiendo más y más extranjeros de origen latino, o del que sea, en este país, habrá problemas, porque tendremos este grupo inmenso que va a ser distinto tan sólo por su procedencia".

Otros pintan un panorama mixto y pronostican que algunos latinos vivirán en el país que Kotkin y Tseng describen, mientras que otros permanecerán rezagados. "Los latinos cuyo color de piel sea más claro, que se casen fuera de su grupo y cuenten con oportunidades educativas, vivirán en un mundo donde su identidad será simbólica en gran medida", dice Jones-Correa, del Wilson Center. "Pero si usted no parece blanco, digamos que es un indígena mexicano, entonces continuará siendo marginado. La distinción basada en el color de la piel no desaparecerá".

Suro, del Pew Hispanic Center, concuerda con lo anterior, aunque su perspectiva considera más la jerarquía social como un factor divisivo. "Si es pobre y vive en la ciudad, será considerado como parte de la minoría", dice y concluye: "Pero si tiene dinero y vive en los suburbios, acabará siendo "blanco" sin importar su apariencia".

NOTAS

1. Frank del Olmo, "Bustamante Has Dibs on the Governor's Office," *Los Angeles Times*, 10 de agosto, 2003, p. M5.
2. Para enterarse de los antecedentes, consulte: David Masci, "Debate Over Immigration," *The CQ Researcher*, 14 de julio, 2000, pp. 569-592.
3. Consulte el sitio web del Census Bureau: www.census.gov/Press-Release/www/2003/cb03-100.html.
4. Consulte D'Vera Cohn, "Immigrants' Children Fuel Growth Among Latinos," *The Washington Post*, 14 de octubre, 2003, p. A2.
5. Consulte John Thor Dahlburg, "Hope, Doubt in Little Havana," *Los Angeles Times*, 21 de mayo, 2002, p. A4.
6. "Hispanic Youth Dropping Out of U.S. Schools: Measuring the Challenge," The Pew Hispanic Center, 12 de junio, 2003, p. 3.
7. Citado en Madelaine Jerousek, "Immigrants Face Abuse Routinely, Activists Say," *Des Moines Register*, 11 de septiembre, 2003, p. A1.
8. Citado en *ibid.*
9. Citado en Colleen McCain Nelson, "Clout of Hispanics Growing," *The Dallas Morning News*, 20 de junio, 2003, p. A1.
10. Citado en Scott Shepard, "Democrats, GOP Court Latino Vote," *Austin* [Texas] *American Statesman*, 13 de julio, 2003, p. A1.
11. Gregory L. Giroux, "Both Parties Courting Hispanics in Hopes of Gaining Electoral Advantage," *CQ Daily Monitor*, 3 de julio, 2003.
12. "U.S.-Born Hispanics Increasingly Drive Population Developments," The Pew Hispanic Center, enero 2002.
13. Estadísticas de inmigración citadas en: http://www.immigration.gov/graphics/shared/aboutus/statistics/IMM02yrbk/IMM2002text.pdf.
14. Para enterarse de los antecedentes, consulte: Mary H. Cooper, "Quebec Sovereignty," *The CQ Researcher*, 6 de octubre, 1995, pp. 873-896.
15. Para enterarse de los antecedentes, consulte: David Masci, "Liberal Arts Education," *The CQ Researcher*, 10 de abril, 1998, pp. 313-336, y Kenneth Jost, "Teaching History," *The CQ Researcher*, 29 de septiembre, 1995, p. 858.
16. Victor Davis Hanson, *Mexifornia: A State of Becoming* (2003), p. 93.
17. *Ibid.*
18. Para enterarse de los antecedentes, consulte: David Masci, "Hispanic-Americans' New Clout," *The CQ Researcher*, 18 de septiembre, 1998, p. 820.
19. "New Trends in Newborns: Fertility Rates and Patterns in California," Public Policy Institute of California, agosto 2001.
20. Cohn, *op. cit.*
21. "2002 National Survey of Latinos," Pew Hispanic Center/Kaiser Family Foundation, diciembre, 2002, p. 27.
22. Simon Romero and Jenet Elder, "Hispanics in U.S. Report Optimism," *The New York Times*, 6 de agosto, 2003, p. A1.
23. *Ibid.*
24. Zev Charles, "Latinos Are Looking Up," *Daily News*, 27 de agosto, 2003.
25. 2002 National Survey, *op. cit.*, p. 74.
26. *Ibid.*, p. 47.
27. *Ibid.*, p. 62.

28. Samuel G. Freedman, "Next Step on Affirmative Action? Base It On Income," *USA Today*, 25 de junio, 2003, p. A13.

29. Association of Hispanic Advertising Agencies, www.ahaa.org/Mediaroom/finalfacts0303.htm.

30. Hector V. Barreto, "Latinos Find Opportunity in Free Enterprise," *Bergen County* [New Jersey] *Record*, 7 de agosto, 2003, p. L9.

31. Eric Herman, "Latinos Set Pace Among New Homeowners," *Daily News*, 31 de marzo, 2003, p. 58.

32. *Ibid.*

33. Pew, "Hispanic Youth Dropping Out," *op. cit.*

34. *Ibid.*

35. "New Lows From New Highs," Pew Hispanic Center, 24 de enero, 2003, p. 3.

36. U.S. Census Bureau, www.census.gov/hhes/poverty/poverty00/pov00hi.html

37. Para enterarse de los antecedentes, consulte: David Masci and Kenneth Jost, "War on Terrorism," *The CQ Researcher*, 12 de octubre, 2001, pp. 817-840.

38. Ricardo Alonso-Zalvidar, "Signs of Movement on Migrants," *Los Angeles Times*, 6 de septiembre, 2003, p. A1.

39. Joel Kotkin y Thomas Tseng, "Happy to Mix It All Up," *The Washington Post*, 8 de junio, 2003, p. B1.

40. Citado en *ibid.*

BIBLIOGRAFÍA

Libros

Hanson, Victor Davis, *Mexifornia: A State of Becoming*, Encounter Books, 2003. Un eminente comentarista social e historiador militar argumenta que, en California, la inmigración ilegal y el multiculturalismo están creando una permanente clase baja de hispanos.

Artículos

"Our Kinda Ciudad," *The Economist*, 11 de enero, 2003. Los hispanos han comenzado a desplazarse al Medio Oeste, un área que tradicionalmente no estaba asociada con grandes poblaciones de latinos.

Barreto, Hector, "Latinos Find Opportunity in Free Enterprise," *Bergen County* [New Jersey] *Record*, 7 de agosto, 2003, p. L9. Una nueva encuesta a nivel nacional en EE.UU., revela el incremento de pequeñas empresas propiedad de latinos.

Brownstein, Ronald, "Latinos Stir Tension in New Brand of Urban Politics," *Los Angeles Times*, 26 de noviembre, 2001, p. A11. Se están fraguando tensiones políticas entre latinos y afroamericanos en Houston, Nueva York, Los Ángeles y otras ciudades.

Cohn, D'Vera, "Hispanics Declared Largest Minority; Blacks Overtaken in Census Update," *The Washington Post*, 19 de junio, 2003, p. A1. Los datos más recientes de la Oficina del Censo muestran que los hispanos han sobrepasado en número a los afroamericanos, convirtiéndose en la minoría más grande de la nación, un acontecimiento en la historia de Estados Unidos.

Giroux, Gregory L., "Pursuing the Political Prize of America's Hispanic Vote," *CQ Weekly*, 29 de junio, 2002, p. 1710. Los dos partidos políticos más importantes están reconociendo el potencial político de la comunidad latina.

Herman, Eric, "Latinos Set Pace Among New Homeowners," *Daily News*, 31 de marzo, 2003, p. 58. Una extensa revisión de las tendencias y patrones de conducta de los latinos propietarios de vivienda y su significado para los hispanos y el país en general.

Kotkin, Joel, and Thomas Tseng, "Happy to Mix it All Up; For Young America, Old Ethnic Labels No Longer Apply," *The Washington Post*, 8 de junio, 2003, p. B1. Dos futuristas argumentan que la gran afluencia de latinos ayudará a crear un Estados Unidos "post-étnico", donde la etnicidad y la raza no marcarán la línea divisoria de la sociedad.

Lefever, Earnest W., "Confronting 'Unmeltable Ethnics'; Check Immigration, End Bilingual Ed and Make English the Official Language," *Los Angeles Times*, 20 de mayo, 2003, p. B15. Un becario del conservador Ethics and Public Policy Center sugiere revisar las políticas de EE.UU. hacia los inmigrantes latinos.

Nather, David, "Issues on Watch List for Growing Voter Bloc," *CQ Weekly*, 29 de junio, 2002, pp. 1718. Según los líderes latinos, el Congreso estadounidense no está haciendo nada con respecto a los asuntos que afectan e interesan a los hispanos.

Nather, David, "Latinos Wait for the Action," *CQ Weekly*, 29 de junio, 2002, pp. 1716. Al mismo tiempo que los dos partidos políticos más importantes les hacen "la corte", los hispanos aún están en espera de que la labor del Congreso sea congruente con su retórica.

Ochoa, Alberto M., "Succeeding in America; Latino Immigrants Are Finding a New World and More Challenges in Assimilating than Immigrants of a Century Ago," *The San Diego Union Tribune*, 20 de julio, 2003, p. G1. Un profesor de ciencias políticas de la San Diego State University afirma que los latinos enfrentan retos inexistentes para los antiguos grupos de inmigrantes europeos.

Shepard, Scott, "Democrats, GOP Court Latino Vote; Hispanics Set to Flex Political Clout in Next Election," *Austin-American Statesman*, 13 de julio, 2003, p. A1. Los latinos están en camino a convertirse en una potente fuerza durante las elecciones presidenciales del próximo año, en la elección tanto del candidato presidencial demócrata, y posiblemente, en la de presidente.

Simon, Stephanie, "Latinos Take Root in Midwest," *Los Angeles Times*, 24 de octubre, 2004, p. A1. Un análisis profundo sobre los retos a los que se enfrentan los inmigrantes latinos en el Medio Oeste estadounidense.

Informes

"New Lows From New Highs: Latino Economic Losses in the Current Recession," The Pew Hispanic Center, 24 de enero, 2002. Este centro ha recopilado un panorama de la economía de los hispanos del país, en el punto más crítico de la recesión, hace más de un año.

"2002 National Survey of Latinos," Pew Hispanic Center and The Henry J. Kaiser Family Foundation, diciembre 2002. Esta encuesta midió las actitudes de los hispanos hacia temas tan diversos que iban desde la discriminación y la religión, hasta su vida en Estados Unidos.

Para obtener más información

Center for Immigration Studies, 1522 K St., N.W., Suite 820, Washington, DC 20005; (202) 466-8185; www.cis.org. Apoya la reducción de la inmigración legal.

League of United Latin American Citizens, 2000 L St., N.W., Suite 610, Washington, DC 20036; (202) 833-6130; www.lulac.org. Defiende los derechos políticos, económicos y educativos de los hispanos.

Mexican American Legal Defense and Educational Fund (MALDEF), 1717 K St., N.W., Suite 311, Washington, DC 20036; (202) 293-2828; www.maldef.org. MALDEF apoya a los latinos en diversas áreas que van desde el derecho al voto hasta asuntos migratorios.

National Council of La Raza, 1111 19th St., N.W., Suite 1000, Washington, DC 20036; (202) 785-1670; www.nclr.org. Estudia problemas que atañen a los latinos.

Pew Hispanic Center, 1919 M St., N.W., Suite 460, Washington, DC 20036; (202) 452-1702; www.pewhispanic.org. Estudia problemas socioeconómicos entre los latinos.

U.S. English, 1747 Pennsylvania Ave., N.W., Suite 1050, Washington, DC 20006; (202) 833-0100; www.us-english.org. Apoya a las políticas lingüísticas que abogan por el uso exclusivo de inglés como lengua oficial de los Estados Unidos.

2

Estadounidenses recién naturalizados hacen el juramento de ciudadanía durante una ceremonia en un tribunal federal. El Immigration and Naturalization Service procesó 1.2 millones de solicitudes de naturalización en 1998.

Para *The CQ Researcher;*
14 de julio de 2000.

Debate sobre inmigración

David Masci

Súbase a un taxi, deje ropa en la tintorería, compre un billete de lotería en la tienda de abarrotes de la esquina y es muy probable que haya sido atendido por un inmigrante de Ghana, Corea del Sur, México o de cualquier otro país lejano. De hecho, es muy probable que programadores de la India o de China hayan escrito partes del software de su computadora.

Estados Unidos es ahora, más que nunca, de un extremo a otro, tanto en los pueblos como en las ciudades, un país de inmigrantes.

"Es increíble cuánto han cambiado las cosas desde la década de los setentas, cuánta gente hay ahora en el país y que no nació aquí", dice Steven Moore, economista del Cato Institute, un centro de investigaciones.

En los últimos 30 años, Estados Unidos ha absorbido la mayor oleada de inmigrantes desde principios de siglo, cuando llegaron millones a Ellis Island en busca de una vida mejor. Hoy en día, más de 25 millones de estadounidenses nacieron en el extranjero, lo cual representa casi el 10 por ciento de la población.[1]

Eso es bueno para la economía, según el presidente de la Federal Reserve, Alan Greenspan, quien sostiene que las fuentes de trabajadores capacitados y no capacitados creadas por los altos niveles de inmigración han contribuido en gran medida a la prosperidad del país.

"A medida que creamos una economía más compleja, sofisticada, y acelerada, la necesidad de tener la habilidad de traer . . . gente del exterior para mantener la economía funcionando de la manera más efectiva posible, me parece una política [sensata]", les dijo a los legisladores de Capitol Hill en febrero.[2]

Los comentarios de Greenspan sólo fueron la última descarga en el continuo debate sobre inmigración, un debate que es más antiguo que el país mismo. Hace más de 200 años, por ejemplo, Benjamín Franklin afirmó que los inmigrantes alemanes recién llegados eran "los más estúpidos del país. Sólo algunos de sus hijos hablan inglés, y por su indiscreción o la nuestra, o ambas, algún día podrían surgir graves problemas entre nosotros".[3]

Sin embargo, para los propulsores de la inmigración, como Greenspan, la ética laboral y la motivación de los inmigrantes los convierten en la piedra angular de la prosperidad de Estados Unidos.

"Estamos acogiendo a muchos de los mejores y más brillantes individuos de otros países y, por supuesto, ellos benefician la economía de EE.UU. porque están dispuestos a mejorar sus condiciones de vida", dice Bronwyn Lance, investigador de la Alexis de Tocqueville Institution, la cual trabaja para mejorar la comprensión de los beneficios económicos y culturales de la inmigración legal. Lance y otros sostienen que los inmigrantes tienen más probabilidades de abrir negocios, ya sean tienditas de abarrotes o gigantescas compañías de computación, que los estadounidenses nativos. Incluso, según los partidarios de la inmigración, los inmigrantes que tienen pocos estudios ayudan a la economía, pues aceptan trabajos que los estadounidenses nativos no quieren tomar.

Aquellos que se oponen a la expansión de la inmigración responden que Estados Unidos no necesita un millón de inmigrantes cada año para garantizar una economía fuerte. La mayoría de los inmigrantes no son empresarios con una formación académica sólida, sino "gente con muy poca educación formal que acepta empleos que requieren de muy poca preparación y que pagan poco", dice Dan Stein, director ejecutivo de la Federation for American Immigration Reform (FAIR), la cual se opone a los altos niveles de inmigración. Según Stein, la inmigración beneficia en gran medida a los empresarios pues les proporciona mano de obra barata y abundante. Por otra parte, señala, los recién llegados les quitan los empleos a los estadounidenses y eliminan niveles salariales.

Los oponentes a la inmigración también rechazan el argumento de que los inmigrantes están dispuestos a realizar trabajos que la mayoría de los estadounidenses no haría. En zonas del país que tienen pocos inmigrantes, los trabajos que pagan poco se siguen realizando, y los que los hacen son estadounidenses, sostiene Mark Krikorian, director ejecutivo del Center for Immigration Studies.

El flujo de inmigrantes aumentó a un ritmo constante

De 1990 a 1999, Estados Unidos admitió el ingreso legal de alrededor de 10 millones de inmigrantes, más que en cualquier década anterior desde la de 1940 y casi el doble de los admitidos en la década de 1980. El total refleja un límite más alto en el número de inmigrantes fijado por la Ley de Inmigración de 1990 y el acceso de grandes números de refugiados.

Número de inmigrantes admitidos en Estados Unidos

(en millones)

Década	Millones
1940s	0.9
1950s	2.5
1960s	3.2
1970s	4.3
1980s	6.3
1990s	10.0

Fuente: U.S. Immigration and Naturalization Service, "Statistical Yearbook", 1998

"Los empresarios, si quisieran, podrían encontrar estadounidenses que hicieran estos trabajos, pero tendrían que proporcionar capacitación y aumentar los salarios", declara Krikorian. Los inmigrantes son simplemente una alternativa más sencilla y barata para las empresas, sostienen él y otros.

Finalmente, señalan los oponentes, Estados Unidos se está superpoblando debido a los altos niveles de inmigración, especialmente en las zonas urbanas, y eso impide que los inmigrantes ya establecidos se asimilen a la sociedad estadounidense.

"Al paso que van las cosas, estos individuos no se van a volver estadounidenses, y sin su asimilación, cada vez más estaremos rodeados de conflictos étnicos", observa John O'Sullivan, editor general de la revista conservadora *National Review* y conocido experto en inmigración.

De todas formas, arguyen los partidarios de la inmigración, los inmigrantes de hoy, como aquéllos que llegaron al puerto de Nueva York en el pasado, vienen porque quieren ser estadounidenses.

"Siempre hemos tenido miedo de que los nuevos inmigrantes no se asimilen y que no se vuelvan estadounidenses", expresa Moore. Sin embargo, Estados Unidos es un destino atractivo para los inmigrantes no sólo por las oportunidades de empleo. "Estados Unidos es más que un país: es una idea que incluye conceptos como la libertad", dice. "La mayoría de los nuevos inmigrantes aceptan esta idea. Es una de las razones por las que quieren estar aquí".

No todos los inmigrantes están aquí legalmente, por supuesto. Aunque hay un gran desacuerdo acerca del número de inmigrantes que el país debe admitir, la mayoría de los expertos se manifiestan a favor de dar, por lo menos, algunos pasos para bloquear la entrada de los 300,000 o más inmigrantes ilegales que llegan a Estados Unidos anualmente. Muchos apoyan el fortalecimiento de la patrulla fronteriza de EE.UU., el brazo ejecutor del Immigration and Naturalization Service (INS), mientras que otros piden que se utilice una sección hasta ahora poco aplicada de la ley de inmigración de 1986 que castiga a los empleadores que contratan inmigrantes ilegales a sabiendas de su estatus irregular.[4]

Quienes proponen sanciones para los empresarios argumentan que se necesita una "estrategia interna" para hacer cumplir las leyes de inmigración una vez los inmigrantes ilegales hayan pasado la frontera. De esta manera se podrá detener a los miles que se le escapan a la policía fronteriza. "Como están las cosas, les estamos enviando un mensaje a los inmigrantes ilegales que cuando logren entrar al país ya no tendrán que preocuparse de que los detengan", afirma Krikorian. Eso incita a más gente a tratar de ingresar ilegalmente al país, sostiene.

La ofensiva contra los inmigrantes aumentó los arrestos en la frontera

El flujo de inmigrantes indocumentados que cruzan la frontera de 2,000 millas entre México y Estados Unidos se ha mantenido a pesar de la Operación Guardián, un renovado esfuerzo de la patrulla fronteriza que empezó en 1994. Los arrestos aumentaron en los puntos de entrada tradicionales, como San Diego y El Paso. Sin embargo, los funcionarios dicen que la ofensiva ha obligado a más personas a cruzar la frontera en zonas remotas.

Aprehensiones de inmigrantes indocumentados

(en millones)

Año	Millones
1991	1.13
1992	1.20
1993	1.26
1994	1.03
1995	1.32
1996	1.55
1997	1.41
1998	1.51
1999	1.54

Fuentes: U.S. Immigration and Naturalization Service

Sin embargo, quienes se oponen a las sanciones contra los empresarios argumentan que, en vez de desanimar a los inmigrantes ilegales, las sanciones simplemente los obligarán a aceptar trabajos con patrones que podrían explotarlos.

"En muchos casos, lo que hacemos es empujar a la gente a aceptar trabajos por menos dinero y en condiciones riesgosas", manifiesta Cecilia Muñoz, vicepresidenta de política del National Council of La Raza, el grupo latino de fomento más grande del país. Además, Muñoz agrega, si las sanciones a los patrones se aplicaran, muchos negocios, especialmente en el sector de servicios, se quedarían sin trabajadores.

"Muchas industrias dependen de la mano de obra [de indocumentados]", dice, señalando que los extranjeros ilegales están en todas partes, ya sea en las fincas, en construcciones o en otros sectores de la economía que dependen de trabajadores poco especializados dispuestos a realizar trabajos pesados.

No obstante, los inmigrantes no son solamente una fuente importante de mano de obra barata y poco especializada. También hay una fuerte demanda de trabajadores extranjeros calificados, especialmente en el sector de alta tecnología, de modo que sigue la controversia en torno a cuántos deberían recibir las llamadas visas H-1B visas para ser admitidos temporalmente. Las leyes actuales permiten la entrada de hasta 115,000 trabajadores H-1B, cantidad que no es suficiente, según los empresarios.[5]

Aquéllos a favor de ampliar el programa de visas H-1B argumentan que es necesario para compensar la drástica escasez de mano de obra que enfrentan las empresas de alta tecnología. Consideran la importación de trabajadores extranjeros calificados y con un alto nivel de preparación académica como algo desafortunado, pero necesario para poder mantenerse competitivos en una industria que experimenta cambios rápidos y es despiadadamente competitiva. "Nuestras universidades se están preparando para entrenar a más gente calificada para hacer este tipo de trabajo, de modo que no creemos que [las visas H-1B] sean una solución a largo plazo", dice Harris Miller, presidente de la Information Technology Association of America (ITAA). "No obstante, por el momento simplemente no tenemos suficiente personal para ocupar todos los puestos de trabajo que hay".

Norman Matloff, profesor de informática en la University of California en Davis, desafía esa noción. "Ya hay suficientes personas aquí para cubrir esos empleos", dice, y sostiene que las empresas de alta tecnología prefieren importar trabajadores extranjeros preparados con salarios más bajos que tener que reclutar y capacitar a estadounidenses.

A medida que Estados Unidos entra a un nuevo milenio, estas son algunas de las preguntas que surgen del debate en torno a cuántos inmigrantes debería admitir el país:

¿Estados Unidos admite demasiados inmigrantes?

En la década de los noventa, Estados Unidos admitió alrededor de 10 millones de extranjeros, casi el doble de los que llegaron en la década de 1980 y más que en cualquier década anterior.[6]

Para muchos estadounidenses, el gran número de inmigrantes que ya residen en el país y la posibilidad de que muchos más lleguen en el futuro son ideas inquietantes. "Ya estamos repletos de costa a costa", dice Stein, de FAIR. "Y claro, la gente se pregunta ¿cuánta gente más necesita realmente este país?"

Empero, para Moore, del Cato Institute, el repunte de la inmigración ha sido en gran medida una bendición, que él espera que continúe. "En los últimos 20 años, hemos admitido más de 15 millones de personas, y los resultados de esta inmigración han sido extremadamente favorables", afirma.

De hecho, Moore y otros proponentes de la inmigración consideran que los inmigrantes han tenido un papel clave en el desempeño estelar de la economía estadounidense en la década pasada. "Si deseamos mantener esta fenomenal tasa de crecimiento", sostiene Lance, de la Alexis de Tocqueville Institution, "sería bueno admitir inmigrantes porque están ayudando esta economía".

Lance y otros expertos sostienen que los inmigrantes ayudan a la economía porque tienden, casi por definición, a trabajar mucho y a ser muy motivados. "Este es un grupo ya de por sí selecto de personas", expresa Moore, "porque el acto mismo de abandonar su país y arriesgarse a venir aquí significa que probablemente son ambiciosos y tienen probabilidades de triunfar".

En efecto, dicen los proponentes, las investigaciones muestran que los inmigrantes abren más pequeñas empresas que los estadounidenses mismos. Y aunque muchos de estos negocios son empresas pequeñas, otros son grandes firmas que están a la vanguardia de la economía. Por ejemplo, una de cada cuatro nuevas empresas en Silicon Valley fue fundada por un empresario de origen indio o chino.[7]

Además, argumentan los proponentes de la inmigración, los inmigrantes fortalecen la economía cuando aceptan puestos que son difíciles de ocupar. "Los inmigrantes nos ofrecen un suministro de gente trabajadora que llena nichos vitales en el mercado laboral, ya sea cosechando cultivos o preparando nuestros alimentos, conduciendo taxis, cuidando a nuestros hijos o construyendo nuestros edificios", dice Moore.

Muñoz, de La Raza, está de acuerdo y agrega: "No creo que el común de la gente se dé cuenta de cuántos trabajos importantes hacen los inmigrantes y lo que podría pasar si se fueran".

Lo que podría pasar, según Muñoz, Moore y otros, es que muchas industrias, especialmente en el creciente sector de servicios, se estancarían a medida que desaparecieran quienes lavan los platos o limpian las oficinas. "Muchas partes de la economía se han vuelto dependientes de los inmigrantes", observa Moore.

Sin embargo, Stein sostiene que hay un inconveniente en importar trabajadores que casi no han recibido educación formal y que están poco calificados. "Lo que estamos haciendo es importar una gran cantidad de mano de obra barata, que ayuda a los empresarios, pero que contribuye a mantener bajos los salarios de los estadounidenses", afirma.

Lo que necesitamos en gran medida, nota Stein, son personas preparadas y calificadas. "Nuestro futuro depende de mejorar la productividad dándole a nuestro propio pueblo capacitación y educación, no de importar mano de obra barata", dice.

Además, dice Krikorian, del Center for Immigration Studies, los inmigrantes no son insustituibles en ciertos segmentos de la economía. "El que se imagine que la fruta no será cosechada o que nadie lavará los platos si no hay inmigrantes, no comprende la economía de mercado", afirma. "Todos estos servicios se proporcionan en las zonas del país donde hay pocos inmigrantes", sostiene, "Y los que proveen estos servicios en estas zonas son estadounidenses. La pregunta no es si el trabajo se hará, sino ¿quién lo va a hacer?"

Krikorian y otros sostienen que en vez de traer trabajadores para llenar vacantes, Estados Unidos debería concentrarse en capacitar a los desempleados de aquí. "Si perdiéramos la inmigración como fuente de mano de obra, los empresarios buscarían aumentar la disponibilidad de mano de obra aumentando los salarios", dice. "También buscarían trabajadores en comunidades con altas tasas de desempleo, o entre los segmentos más marginados de la población, como los que reciben asistencia pública, los ex-presidiarios o los minusválidos".

Sin embargo, la oposición a la inmigración no se limita a las preocupaciones que genera su impacto económico. Muchos precisan que la población del país ya es demasiado grande, y que admitir a cerca de un millón de personas anualmente va a causar concentraciones de población intolerables en algunas áreas. En efecto, el Census Bureau predice que la población del país aumentará del nivel actual de 270 millones a más de 400 millones para 2050.

"Más del 70 por ciento de este crecimiento va a venir de la inmigración", dice Tom McKenna, presidente de Population-Environment Balance, una organización popular que aboga por la estabilización de la población para proteger el ambiente. "Piense en lo superpobladas que ya están nuestras ciudades ahora, y luego imagínese cómo serán con el doble de personas".

Los que se oponen a la inmigración también aseguran que el país necesita reducir sus niveles actuales de inmigración para poder absorber a las decenas de millones de inmigrantes que ya están aquí. Afirman que si el flujo de inmigrantes se mantiene constante cualquier esfuerzo de convertirlos en estadounidenses se vería seriamente limitado. "Cuando se tienen estos números tan elevados de personas que llegan año tras año, el proceso de asimilación es más difícil", dice O'Sullivan, de la *National Review*.

O'Sullivan sostiene que una disminución en el flujo migratorio permitiría que las escuelas e instituciones gubernamentales les enseñaran inglés a los inmigrantes, y les dieran una apreciación de la historia y los valores estadounidenses. "Somos una sociedad cosmopolita, y para poder trabajar en equipo debemos aumentar nuestra capacidad para simpatizar con personas de otras culturas", afirma. "Si cada grupo étnico retiene sus propias simpatías culturales, será muy difícil trabajar juntos como un solo pueblo".

Sin embargo, los partidarios de la inmigración dicen que las inquietudes en torno a la asimilación son tan viejas como la República y ahora son tan exageradas como lo eran en el siglo XVIII. "Quienes vienen aquí quieren ser estadounidenses," sostiene Lance, "muy pocos arriesgarían tanto para llegar aquí a no ser que quisieran venir a formar parte de este país".

Lance y otros señalan que, como los grupos anteriores, los inmigrantes de hoy se están integrando rápidamente a la sociedad estadounidense y están perdiendo los lazos con su país de origen. "Fíjese en los niños hispanos que crecen aquí," dice, "no hablan español o no lo hablan bien: ya son estadounidenses".[8]

Además, los proponentes no creen que la inmigración continua vaya a convertir a Estados Unidos en un país superpoblado como China o la India. "Los números que [McKenna] usa suponen que la tasa de natali-

Un anuncio cerca de Gastonia, Carolina del Norte, refleja los temores de que Estados Unidos está dejando entrar demasiados inmigrantes. Alrededor de 10 millones fueron admitidos en la década de 1990, el nivel más alto de la historia.

dad entre los inmigrantes se mantendrá constante por varias generaciones sucesivas", dice Muñoz, y observa que los nuevos inmigrantes tienen más hijos que los mismos estadounidenses. "Sin embargo, los datos muestran que los hijos de inmigrantes tienen menos hijos que sus padres".

¿El Immigration and Naturalization Service debería adoptar medidas enérgicas contra los empresarios que contratan inmigrantes ilegales a pesar de que saben del estatus migratorio irregular de sus empleados?

No hace mucho el INS realizó una serie de redadas contra extranjeros indocumentados que trabajaban en los campos de cebolla de Vidalia, Georgia. A los pocos días del suceso, cinco miembros de la delegación del estado en el Congreso, dos de ellos senadores, le enviaron una carta de protesta a la ministra de justicia, Janet Reno, quejándose de que la agencia que ella supervisa había mostrado una "falta de consideración por los agricultores".[9] La carta surtió efecto: el INS dejó de arrestar trabajadores indocumentados, y la cosecha de cebollas llegó al mercado.

Igualmente, en otras partes del país las quejas de los políticos locales y nacionales han hecho retroceder al INS. "Esto es muy irónico," dice Krikorian, "el Congreso aprobó [la Ley para la Reforma y el Control de la Inmigración de 1986] que prohibe darles empleo a extranjeros ilegales y luego, básicamente le dijo al INS que no la hiciera valer".

La ley, que convirtió en delito el emplear a trabajadores indocumentados a sabiendas, imponía multas a las personas que emplearan extranjeros ilegales y hasta autorizaba un periodo de encarcelamiento para infractores reincidentes.[10]

Sin embargo, las partes de la ley de 1986 relacionadas con el empleo no han funcionado. Según el INS, hay 5 millones de extranjeros ilegales en Estados Unidos, cálculo que muchos expertos en inmigración consideran bajo. Además, se cree que por lo menos 300,000 ingresan al país cada año. Muchas industrias de Estados Unidos dependen de trabajadores indocu-

Los inmigrantes más recientes provienen de América Latina y de Asia

En 1998 ingresaron más inmigrantes legales de México que de cualquier otro país, en parte porque la ley de inmigración de EE.UU. les da la preferencia a los parientes de los recién inmigrados, una política conocida como "reunificación de la familia". Aunque ningún país africano figure en la lista de los 15 principales, Estados Unidos admitió a más de 40,000 africanos en 1998.

Principales 15 países de origen de los inmigrantes a EE.UU., 1998

Lugar	País	Número de personas que entran a EE.UU. legalmente
1.	México	131,575
2.	China	36,884
3.	India	36,482
4.	Filipinas	34,466
5.	Ex Unión Soviética	30,163
6.	República Dominicana	20,387
7.	Vietnam	17,649
8.	Cuba	17,375
9.	Jamaica	15,146
10.	El Salvador	14,590
11.	Corea del Sur	14,268
12.	Haití	13,449
13.	Pakistán	13,094
14.	Colombia	11,836
15.	Canadá	10,190

Fuente: U.S. Immigration and Naturalization Service

mentados: desde las empacadoras de carne del Medio Oeste, hasta los restaurantes y fábricas de ropa de Nueva York. "Para mí está muy claro que no estamos haciendo cumplir la ley lo suficiente", afirma el representante republicano de Texas, Lamar Smith, presidente del subcomité jurídico sobre inmigración de la Cámara.

En algunos lugares, la economía local depende en gran medida en la fuerza de trabajo de los extranjeros ilegales. Thomas Fischer, quien hasta hace poco encabezaba el INS en Georgia y en otros tres estados del sureste, calcula que una de cada tres empresas de Atlanta emplea trabajadores indocumentados. "Hablo de todos: desde compañías *Fortune* 500 hasta negocios familiares", dice.

Para los partidarios del control estricto de la inmigración ilegal, la presencia de tantos trabajadores indocumentados en tantas industrias representa un fracaso importante en la política de inmigración. "El INS no está haciendo ningún esfuerzo para luchar contra la creciente presencia de inmigrantes ilegales en este país", dice Peter Brimelow, autor de *Alien Nation,* uno de los libros más vendidos 1995 que presenta argumentos en favor de controles más estrictos de inmigración. Según Brimelow, jefe de redacción de *Forbes* y de *National Review,* al lavarse las manos de su obligación el INS ha causado "el desarrollo de una enorme y creciente economía ilegal".

La solución, afirman Brimelow y otros, es aplicar más estrictamente las sanciones que ya están en los códigos. "Las sanciones son absolutamente necesarias, porque sin ellas muchos empleadores van a pensar que pueden contratar inmigrantes ilegales libremente", sostiene Krikorian.

Darles a los empresarios la luz verde para traer trabajadores indocumentados es un factor agravante ya que resulta en la proliferación de la inmigración ilegal, afirma Krikorian. "Mientras que en otros países la gente piense que aquí pueden conseguir trabajo fácilmente, sin que importe su situación legal, van a seguir viniendo", arguye. "Creen que cuando ingresen al país, hay muy poco que temer, dado básicamente que no se hacen respetar las leyes laborales".

Por otro lado, dice Stein, "Cuando alguien contrata extranjeros ilegales, tiene una ventaja competitiva porque bajan sus costos laborales". Eso obliga a la competencia a hacer lo mismo, lo cual provoca una demanda aún mayor de mano de obra ilegal y reduce el número de empleos para los ciudadanos o los residentes legales. "Es un círculo vicioso".

Sin embargo, quienes se oponen a las sanciones a los empleadores dicen que éstas no se cumplen por una buena razón: no funcionan. "Cuando tratamos de imponer sanciones a los empresarios en un área u otra, no se reduce la inmigración ilegal", dice Frank Sharry, director ejecutivo del National Immigration Forum, un centro de investigación que está a favor de aumentar la inmigración.

Sharry argumenta que las sanciones lo único que hacen es llevar a los inmigrantes al mercado negro de trabajo. "Las sanciones a los empresarios ponen a los inmigrantes ilegales en las manos de patrones sin escrúpulos", afirma. "Los empujan al lado oscuro de la economía, pero no fuera de ella".

Los que se oponen a las sanciones también afirman que éstas son injustas para los empresarios, pues muchos no saben que han contratado ilegales. "Un gran número de inmigrantes ilegales son contratados sin que el empresario se dé cuenta porque falsifican los documentos necesarios para que una persona sea contratada legalmente en este país", dice Lance, de la Alexis de Tocqueville Institution. "Sólo una minoría de empleadores contratan inmigrantes ilegales sabiendo que no tienen documentos, de modo que imponer sanciones metería en problemas por un error a los empleadores que actúan de buena fe".

Moore, del Cato Institute, concuerda y agrega: "Las empresas no deben ser policías de inmigración". Un sistema así "provocaría una gran discriminación contra los extranjeros, independientemente de su situación migratoria, porque las empresas se preguntarían automáticamente si un trabajador extranjero es ilegal y si vale la pena correr el riesgo de contratarlo".

Moore y Muñoz están entre los que dicen que la inmigración ilegal debe controlarse en la frontera, no en la oficina ni en la fábrica. "Necesitamos más gente y más recursos en la frontera", dice Muñoz, "puede funcionar si nos lo proponemos".

No obstante, los partidarios de las sanciones dicen que depender de la patrulla fronteriza para ponerle freno al flujo de inmigración ilegal casi no tiene sentido sin una "aplicación interna de la ley" ya que, según sus propios cálculos, la patrulla sólo detiene a una de tres personas que tratan de cruzar ilegalmente la frontera hacia Estados Unidos.

Por otro lado, el 40 por ciento de los inmigrantes ilegales ingresan legalmente a Estados Unidos, pero se quedan más tiempo del que les permite su visa. "No hay manera de detener a estas personas porque entraron al país de una manera perfectamente legal", afirma Krikorian.

¿Debe incrementarse el número de visas H-1B?

Michael Worry tiene un problema. Worry, director ejecutivo de Nuvation Labs, una compañía de diseño de software que emplea a 30 personas en Silicon Valley, declaró que constantemente tiene que lidiar con la escasez de empleados. "Tenemos puestos que se quedan vacantes durante meses", dijo.[11]

De manera que Worry hizo lo que muchos otros en situaciones semejantes hacen: contrató empleados extranjeros, muchos fueron contratados sólo temporalmente. De hecho, la tercera parte de sus empleados son trabajadores temporales extranjeros.

Por años, Worry y otros en la industria de la informática se han quejado de la escasez casi paralizante de trabajadores calificados. "El número de empleos en nuestra industria ha crecido tan rápido que los universidades no pueden satisfacer la demanda", dice Miller, de ITAA. "No tenemos otra alternativa que buscar en el exterior".

Miller dice que ya hay una enorme disparidad entre el número de empleos y de empleados calificados en la industria de la informática. La industria calcula que la escasez ha llegado hasta 800,000 [vacantes].[12] Además, de acuerdo con un informe reciente del Cato Institute, se espera que la demanda de empleos de alta tecnología crezca a un ritmo de 150,000 por año en los próximos cinco años.[13]

Al igual que muchas compañías de alta tecnología, Nuvation trata de atraer trabajadores calificados del extranjero con visas H-1B, las cuales requieren que los solicitantes tengan un título universitario y permiten una estancia hasta de seis años.

Sin embargo, las compañías que llenan sus vacantes con personal que tiene visas H-1B se quejan de que el programa es demasiado limitado para satisfacer sus necesidades. "La demanda de trabajadores de alta tecnología claramente es superior al número de personas que se pueden traer actualmente" bajo el programa H-1B, dice el representante Smith.

En este año fiscal, que termina el 30 de septiembre, el INS puede emitir hasta 115,000 visas H-1B. Con todo, los grupos que están a favor de las empresas señalan que la demanda es tan grande que la agencia ya emitió su cuota anual. Por otra parte, bajo las leyes actuales, el número de visas H-1B emitidas bajará a 107,500 el año próximo y a 65,000 el año siguiente.

Las compañías de alta tecnología y de otro tipo han cabildeado enérgicamente en el Congreso para aumentar sustancialmente el número de visas H-1B, y algunos proyectos de ley que están bajo consideración, entre los cuales se encuentra uno, propuesto por Smith, que eliminaría el tope en las visas H-1B durante los próximos tres años. El comité jurídico de la Cámara de Representantes aprobó la medida el 18 de mayo. Otra medida propuesta por el senador republicano de Michigan, Spencer Abraham, para incrementar el número de visas a 195,000 durante los próximos tres años ganó la aprobación del comité jurídico del Senado el 9 de marzo.

Los partidarios de la ampliación del programa de visas H-1B confían en que el incremento se convertirá

Un agente de la patrulla fronteriza de EE.UU. aprehende inmigrantes indocumentados que se escondían en un camión cerca de la frontera con México, en Douglas, Arizona. Los arrestos han aumentado desde el lanzamiento, en 1994, de la "Operación Guardián" (Operation Gatekeeper), un renovado esfuerzo para ponerle freno al ingreso ilegal al país.

Newsmakers/Joe Raedle

en ley este año, especialmente porque la idea tiene el apoyo de la Casa Blanca y de numerosos miembros del Congreso de ambos partidos. "Es el momento adecuado y creo que podremos resolver algo", dice Miller.

Sin embargo, los que se oponen a la ampliación, entre los que se encuentran muchos sindicatos y algunos demócratas del Congreso, argumentan que es innecesario y dañino para los trabajadores estadounidenses. Dicen que las compañías que piden a gritos más trabajadores extranjeros temporales no están aprovechando la fuerza de trabajo nacional.

"Simplemente llame a cualquier empleador de programadores en cualquier ciudad, grande o chica, y le dirán que rechazan a la gran mayoría de solicitantes de empleo sin darles siquiera una entrevista", menciona Matloff, de la University of California. Por ejemplo,

CQ Photo

CQ Photo

El vicepresidente Al Gore, izquierda, y el gobernador de Texas George W. Bush, candidatos a la presidencia en las elecciones de este año, están a favor de elevar el número de trabajadores extranjeros capacitados que Estados Unidos admitirá con visas H-1B.

dice, Microsoft sólo acepta a un 2 por ciento de aspirantes a empleos en tecnología. "Ahora, ¿cómo pueden hacer eso si dicen que están tan desesperados por conseguir empleados?" pregunta.

Matloff dice que la verdadera razón por la que los empleadores quieren más H-1B es que no quieren encontrar ni capacitar trabajadores estadounidenses calificados. Hay ya muchos estadounidenses altamente calificados que sólo necesitan actualizar sus conocimientos. "Estas compañías no quieren ni tomarse el tiempo ni gastar el dinero necesario para contratar y capacitar mano de obra nacional", dice. "Yo creo que muchos de ellos temen perder a los empleados después de capacitarlos".

Además, dicen los que se oponen, las visas temporales permiten que las compañías mantengan los salarios en un bajo nivel. "Si hubiera escasez de mano de obra en cualquier industria, los salarios se elevarían naturalmente y los trabajadores se cambiarían a esa área," dice David A. Smith, director de política pública de la AFL-CIO, "pero las visas H-1B visas contribuyen a distorsionar el mercado al traer trabajadores del exterior, y eso mantiene los salarios bajos".

Matloff señala que el 79 por ciento de quienes tienen visas H-1B ganan menos de $50,000 al año. Aunque ese nivel es superior al promedio nacional, se considera bajo para trabajadores calificados en la industria de alta tecnología. "Es el tipo de industria en la que, si eres bueno, puedes ganar por lo menos $100,000 al año", afirma.

Finalmente, argumentan los oponentes, las visas H-1B les dan a los empresarios demasiado poder sobre estos trabajadores temporales ya que muchos están desesperados por obtener un visado permanente de trabajo y necesitan la ayuda de la compañía para conseguirlo. Según O'Sullivan, de la revista *National Review*, "los empleadores les prometen que les ayudarán a conseguir la visa de residente, pero mientras tanto, 'nos perteneces' ". Dado que el proceso de solicitud puede tomar hasta cinco años, O'Sullivan y otros argumentan, una visa H-1B con frecuencia puede conducir a una forma de servidumbre. "Este aspecto del sistema se presta para que se cometan abusos terribles", sostiene.

En vez de ampliar el programa de visas H-1B, los críticos dicen que las empresas y el gobierno deben esforzarse en capacitar y contratar trabajadores domésticos para empleos en la industria de alta tecnología. "Las visas H-1B nos impiden hacer lo que necesitamos para generar un abastecimiento a largo plazo de la mano de obra calificada que vamos a necesitar eventualmente en esta industria", dice Smith, de la AFL-CIO.

Los partidarios de las visas H-1B responden que las compañías de alta tecnología realmente se están enfrentando a una escasez de mano de obra calificada. Señalan que la tasa de desempleo en la industria de la informática generalmente es más baja que la tasa nacional, que ya es baja, del 4 por ciento. "Mire, nuestras universidades simplemente no pueden suplir la demanda", declara Miller.

Moore está de acuerdo. "Es vital que tengamos acceso a estos trabajadores altamente calificados para mantener nuestra ventaja competitiva", afirma. "Nos está llegando la crema y nata de países en desarrollo como la India. Es como una forma inversa de ayuda internacional, un regalo del resto del mundo a EE.UU".

Además, dicen los partidarios, la industria de la informática ya está haciendo mucho para capacitar a sus empleados, nuevos y antiguos, para mantenerse al tanto de los cambios en la industria. "Ya somos la industria que más gasta en la capacitación de sus trabajadores", declara Miller. "Gastamos un 60 por ciento más que la industria de servicios financieros o más de $1,000 al año, por empleado".

Los partidarios de las visas H-1B también cuestionan la noción de que estén tratando de atraer trabajadores

CRONOLOGÍA

1920-1964 *Después de varias décadas en las que decenas de millones de personas emigraron a Estados Unidos, una nueva política de inmigración limita sustancialmente el número de inmigrantes que se pueden establecer en el país.*

1921 El Congreso aprueba la Ley de Cuotas, que establece un nuevo sistema de cuotas por nacionalidad que distingue favorablemente a los europeos del norte de Europa sobre los inmigrantes del sur de Europa y del resto del mundo.

1924 El Congreso aprueba la Ley Johnson-Reed que restringe aún más las cuotas por nacionalidad establecidas tres años antes. La ley también crea la patrulla fronteriza.

1930 La nueva década verá caer el nivel de inmigración a 500,000 aproximadamente, un descenso sustancia de los más de 8 millones que emigraron a Estados Unidos en la primera década del siglo XX.

1942 Trabajadores de México y de otros países son admitidos para trabajar temporalmente en Estados Unidos, principalmente en la industria agrícola de California, bajo una iniciativa conocida como el programa Bracero.

1952 La Ley McCarran-Walter retiene el sistema de cuotas por nacionalidad.

1954 El gobierno de EE.UU. pone en marcha la "Operación Espaldas Mojadas" (Operation Wetback) para ponerle freno al aumento en la inmigración ilegal. El programa es exitoso.

1964 El programa Bracero termina.

1965-1980 *El movimiento por los derechos civiles pide al Congreso ponerle fin a las cuotas de inmigración restrictivas en base a la raza por nacionalidad. La nueva ley provoca un gran flujo de inmigrantes.*

1965 El Congreso aprueba las Enmiendas a la Ley de Inmigración y Nacionalidad, las cuales eliminan las cuotas raciales e incrementan sustancialmente el número de inmigrantes que pueden entrar a Estados Unidos cada año.

1968 Los inmigrantes del hemisferio occidental, que antes podían entrar libremente a Estados Unidos, son sometidos a cuotas, como respuesta al repentino aumento de la inmigración ilegal que se dio después la terminación del programa Bracero en 1964.

1980 El número anual de inmigrantes legales que entran al país es superior al medio millón.

1981-2000s *El incremento en la inmigración legal e ilegal hace que el Congreso cambie el sistema.*

1986 La Ley para la Reforma y el Control de la Inmigración declara a muchos extranjeros ilegales elegibles para obtener la residencia permanente y establece sanciones contra los empleadores que contraten trabajadores ilegales.

1990 El Congreso aprueba la Ley de Inmigración, que eleva el tope de inmigración a 700,000 al año y les otorga tratamiento preferencial a los parientes de residentes o ciudadanos de Estados Unidos y a extranjeros que estén capacitados para realizar trabajos cuya demanda sea alta.

1992 Patrick J. Buchanan convierte la restricción de la inmigración, legal e ilegal, en una de las piedras angulares de su intento por obtener la nominación del partido republicano a la presidencia.

1993 Aproximadamente 880,000 inmigrantes legales llegan a Estados Unidos.

1994 Los californianos aprueban la Propuesta 187, la cual niega servicios sociales a los inmigrantes ilegales. Más tarde, la iniciativa fue revocada en los tribunales.

1996 El Congreso aprueba la Ley de Inmigración Ilegal y Responsabilidad del Inmigrante, que refuerza el cumplimiento de la ley en la frontera y agiliza los procesos de deportación.

1998 Los inmigrantes con derecho al voto, particularmente latinos, se vuelven cruciales en varias elecciones parlamentarias y para elegir gobernadores.

2000 El candidato del partido republicano a la presidencia, George W. Bush, propone dividir el Immigration and Naturalization Service en dos agencias separadas: una para vigilar la frontera y la otra para atender a los inmigrantes legales.

La cambiante demografía de Estados Unidos

Hace cincuenta años la población de Estados Unidos era un 89 por ciento blanca y un 10 por ciento negra. Los latinos, los asiáticos y otros grupos minoritarios constituían un grupo demográfico muy pequeño. Pero gracias a la inmigración, todo ha cambiado.

Hoy en día, más de una cuarta parte de los estadounidenses no son blancos, más del doble del porcentaje en 1950. Los hispanos ahora constituyen el 12 por ciento de la población y están a punto de sobrepasar a los afroamericanos como la minoría más grande del país. Los asiáticos, aunque sólo integran el 4 por ciento de la población de EE.UU., son el grupo minoritario que está creciendo más rápidamente en el país.

En cincuenta años, Estados Unidos se verá todavía más distinto. De acuerdo con el U.S. Census Bureau, un poco más de la mitad de los 400 millones de residentes serán blancos. Un cuarto de la población del país será de ascendencia latinoamericana. Además, habrá casi tantos asiáticos como hay afroamericanos.

Sin embargo, algunos expertos en inmigración advierten que las proyecciones del censo pueden ser engañosas. "Hay muchas suposiciones en los datos que pueden no ser correctas", dice Jeff Passel, un demógrafo del Urban Institute, un centro de investigaciones de política social de Washington, D.C. "Es imposible saber a ciencia cierta si este cambio demográfico ocurrirá".

Hacer aproximaciones demográficas pude llegar a ser difícil porque, por ejemplo, nadie sabe cuántos inmigrantes ingresarán a Estados Unidos en el futuro. Además, es difícil predecir cuáles serán las tasas de natalidad de los diferentes grupos de inmigrantes.

Los datos más importantes, dice Passel, son las proyecciones del Census Bureau que presuponen que las categorías raciales de la actualidad se mantendrán constantes. "Hace cien años", dice, "los estadounidenses no consideraban como blancos a los italianos, judíos y otros inmigrantes del Sur y del Este de Europa; ahora, obviamente, los consideran blancos". Puede que las futuras categorías sean mucho más amplias y coloquen a los his-

temporales para reemplazar permanentemente al talento doméstico, con el fin de bajar los salarios. "La ley exige que les paguemos el salario imperante, de modo que reciben una compensación justa por lo que hacen", dice Miller.

ANTECEDENTES

La última oleada

Los cimientos del actual sistema de inmigración se remontan a 1965, cuando el Congreso revisó las reglas que determinaban quién podía y quién no podía ingresar a Estados Unidos. Desde 1920, las cuotas de inmigración habían favorecido a los nativos del norte de Europa sobre personas procedentes de otras partes del mundo. Las cuotas, y el impacto de la Depresión y la

Segunda Guerra Mundial, redujeron notablemente la inmigración al país.

De 1930 a 1950, menos de 4 millones de personas llegaron a Estados Unidos, menos de la mitad de los que llegaron en la primera década del siglo XX. Los acalorados debates que habían acompañado las grandes oleadas de inmigrantes a fines del siglo XIX y principios del XX se disiparon, y fueron reemplazados por asuntos menores, como si se permitiría que los refugiados de Europa emigraran después de la Segunda Guerra Mundial. "La inmigración en realidad ni siquiera existía como un gran problema hasta 1965, simplemente porque no estábamos dejando entrar mucha gente", afirma el escritor Peter Brimelow

El panorama cambió en 1965. El sistema de cuotas fue sustituido por uno que les dio preferencia a los inmigrantes que tenían parientes cercanos viviendo en

panos y a los asiáticos en el mismo grupo racial, por ejemplo. "En 50 años es posible que la gente no distinga entre, digamos, hispanos y blancos, como hoy no distinguen entre italianos y blancos", dice Passel.

Las distinciones raciales se volverán mucho menos claras por las altas tasas de matrimonios interraciales entre los nuevos grupos de inmigrantes y otros estadounidenses. Más del 40 por ciento de la tercera generación de estadounidenses de ascendencia asiática se casan con personas que no son de su raza, según el National Immigration Forum. De igual manera, aproximadamente un tercio de los latinos de la tercera generación se casan con individuos que no son hispanos.

"Toda esta mezcla de líneas raciales va a difuminar estas categorías", afirma Passel.

Sin embargo, otros expertos están mucho más preocupados por los cambios demográficos que se avecinan. "Nuestra variedad étnica es una parte de lo que hace que Estados Unidos sea lo que es, y eso se va a alterar radicalmente", sostiene Peter Brimelow, editor de la revista *Forbes* y autor de *Alien Nation,* un libro publicado en 1995 que presenta argumentos en contra de permitir altos niveles de inmigración.

Es una tontería, arguye Brimelow, suponer que una sociedad que ya no está dominada por un grupo racial,

los blancos en el caso de Estados Unidos, podrá evitar tensiones. "No creo que las sociedades multirraciales funcionen, punto", dice. "Nuestras diferencias son difíciles de contener".

Brimelow teme que un Estados Unidos con grandes bloques raciales podría llegar a sufrir las mismas tensiones étnicas que han causado problemas en países como la antigua Yugoslavia. Algunas partes del país, dice, podrían llegar a ser tan distintas que de hecho llegarán a convertirse en estados independientes. "Creo que algunas partes del país van a ser tan diferentes como lo son las diferentes partes del mundo en la actualidad", señala Brimelow.

Muchos expertos en inmigración dicen que esos temores no tienen fundamento, y creen que los nuevos inmigrantes se parecerán mucho a sus predecesores: trabajarán mucho para volverse parte de la sociedad estadounidense y a la vez, conservarán el orgullo por su herencia.

"La gente cree que ciudades como ésta [Los Ángeles] van a ser tan mexicanas que se van a separar de la unión", dice Frank Sharry, director ejecutivo del National Immigration Forum, "pero Los Ángeles va a ser mexicano de la misma manera en que Boston es irlandés y Milwaukee es alemán".

Estados Unidos y a los que tenían conocimientos o capacitación especiales que la industria estadounidense necesitaba. La ley, que entró en vigor en 1968, estableció un límite anual global de 290,000 inmigrantes: 170,000 del hemisferio oriental y 120,000 del hemisferio occidental.

La ley de 1965 cambió drásticamente la cara de la inmigración. Hasta finales de la década de los sesenta, la mayoría de los inmigrantes venían de Europa. A partir de ese momento, la mayoría de los inmigrantes provenían de los países en desarrollo, casi la mitad de América Latina. Inicialmente, el país aceptó muchos refugiados que escapaban de los gobiernos comunistas de Cuba e Indochina. A fines de la década de los setenta y durante la de los ochenta, llegaron una gran cantidad de inmigrantes procedentes de Centroamérica, donde se libraban en ese momento varias guerras.[14] Sin

embargo, la gran mayoría de los inmigrantes, el 20 por ciento del total del número de inmigrantes entre 1968 y 1993, venían del empobrecido México.[15]

Después de la ley de 1965, Estados Unidos empezó a lidiar con la inmigración ilegal, que también procedía principalmente de México. El número de extranjeros indocumentados que ingresaban a Estados Unidos aumentó dramáticamente de mediados de la década de los sesenta a mediados de la de los ochenta, a pesar de los redoblados esfuerzos de la patrulla fronteriza. El número de extranjeros ilegales aprehendidos en la frontera refleja ese aumento. In 1965, menos de 100,000 extranjeros indocumentados fueron detenidos; pero para 1985, el número había sobrepasado 1.2 millones.[16]

Muchos extranjeros ilegales ya estaban acostumbrados a cruzar la frontera Sur para trabajar en labores agrícolas para luego regresar a México al final de las cosechas.

Un investigador estatal de trabajo entrevista a un inmigrante chino de 15 años, a la izquierda, que trabaja en una fábrica de ropa de la ciudad de Nueva York. Muchos recién inmigrados aceptan empleos que pagan poco, lo cual puede reducir la escala salarial de otros estadounidenses, según los críticos.

De hecho, por más de dos décadas Estados Unidos había permitido la entrada legal de trabajadores agrícolas migrantes. No obstante, el llamado programa Bracero fue cancelado en 1964, obligando a muchos a cruzar la frontera ilegalmente.

In 1986, el Congreso decidió ponerle un freno a la inmigración ilegal con la aprobación de la Ley para la Reforma y el Control de la Inmigración (IRCA, por su nombre en inglés). La IRCA atacaba el problema con un enfoque en los incentivos y amenazas. Por un lado, la ley otorgaba la amnistía general a todos los extranjeros indocumentados que pudieran probar que habían estado en el país antes de 1982; pero también imponía sanciones monetarias contra los empleadores que contrataran a sabiendas trabajadores indocumentados. Los infractores reincidentes se arriesgaban a ser encarcelados.

Cuatro años después, el Congreso se propuso revisar el sistema que regía la inmigración legal y aprobó la Ley de Inmigración de 1990. La nueva ley aumentó el número de extranjeros que podían ingresar: de aproximadamente 500,000 cada año a 700,000. También fijó nuevas cuotas por país, en un esfuerzo por alterar el impacto de la ley de 1965, la cual había favorecido marcadamente a los inmigrantes de América Latina y de

Asia. Nuevos inmigrantes de otros países, especialmente de Europa, recibieron la mayor parte de las visas de entrada. Además, se reservaron más visas para trabajadores con habilidades especiales.[17]

La década posterior a la ley de 1990 vio el mayor flujo de inmigrantes en la historia de EE.UU.: casi 10 millones de personas llegaron a las fronteras de Estados Unidos. La mayoría siguieron llegando de América Latina (en especial de México) y de Asia. Sin embargo, un número importante provenía de Europa oriental después del derrumbe de la Unión Soviética y la desintegración de Yugoslavia.

El Congreso hizo otro intento de reformar las reglas que determinan la inmigración legal e ilegal en 1996. A pesar de eso, los esfuerzos por reducir los niveles de inmigración legal se estancaron al encontrar una fuerte oposición de grupos empresariales y de otro tipo. La nueva ley se concentró en frenar la entrada ilegal a Estados Unidos reforzando la patrulla fronteriza y haciendo más expedito el proceso de deportación.[18]

La reunificación de la familia

A menudo las reglas que rigen la inmigración legal son criticadas por ser torpes y contradictorias. "En realidad es peor que el código fiscal porque no hay absolutamente ninguna lógica detrás de ellas", dice Brimelow, "es sólo un conjunto de leyes hechas de retazos".

Sin embargo, otros dicen que el sistema actual funciona muy bien, especialmente considerando el número de personas que emigran a Estados Unidos cada año. "Tenemos un sistema de inmigración bien regulado", dice Muñoz, de La Raza, "realmente funciona".

La piedra angular del sistema actual es la reunificación de la familia. Aproximadamente dos terceras partes del total de inmigrantes que ingresan legalmente a Estados Unidos cada año están respaldados por un pariente cercano. De éstos, alrededor de un 75 por ciento son los cónyuges o hijos de los patrocinadores.

La idea detrás de la reunificación familiar es que quienes ya viven en Estados Unidos deben poder vivir con sus familiares cercanos, aunque no sean residentes legales. "Su vecino José, ¿no tiene derecho a vivir con su esposa María?" pregunta Muñoz. "Esa es la pregunta que se tiene que hacer al pensar en la reunificación de la familia".

Muy pocos responderían con un "no" a la pregunta de Muñoz. Sin embargo, muchos expertos en inmigración dicen que aunque la reunificación familiar es importante, se le concede demasiada importancia en el sistema actual. Por su parte, Brimelow dice que la reunificación de la familia saca a la inmigración legal "del dominio de la política pública y la convierte en un problema de derechos civiles, otorgándole a ciertas personas el derecho a inmigrar".

A Brimelow y otros les gustaría ver un mayor número de visas expedidas para trabajadores necesarios y capacitados. "Un sistema basado en el empleo beneficiaría más a este país que uno que se concentra en los lazos familiares", declara.

Hasta Sharry, del National Immigration Forum, quién favorece los altos niveles de inmigración actual basados en lazos familiares, apoya el incremento en el número de visas de empleo. "Es necesario que los empresarios puedan patrocinar a un mayor número de personas cada año", afirma, "los números existentes son demasiado bajos".

En la actualidad, el INS puede emitir hasta 140,000 visas de empleo, conocidas como tarjetas de residencia permanente (green cards), anualmente. A diferencia de las visas H-1B y otras visas temporales, esta tarjeta otorga la categoría de inmigrante permanente. Según las reglas, sólo se pueden otorgar 9,800 visas de trabajo a los nacionales de un país determinado, para asegurar un cierto nivel de diversidad étnica. El INS también emite 50,000 tarjetas de residentes cada año por sorteo, atrayendo a 7 millones de solicitantes.[19]

El reducido número de visas de trabajo permanente dificulta que los empresarios patrocinen trabajadores del extranjero. De acuerdo con Sharry y otros, esto lleva a muchas empresas a recurrir a los inmigrantes ilegales. "Si usted es dueño de un restaurante y necesita personal y no puede patrocinar a nadie, claro que va a recurrir a los trabajadores indocumentados", dice.

Existen otras formas de entrar a Estados Unidos. Por ejemplo, el país puede admitir decenas de miles de refugiados al año. El número, 78,000 en el año fiscal 2000, lo determinan el Presidente y el Congreso cada año.[20]

Además, por supuesto, muchos extranjeros entran o permanecen ilegalmente en el país. El INS calcula que alrededor de 300,000 personas al año se mudan a Estados Unidos sin contar con la documentación apropiada. Muy pocos son detectados y la posibilidad que sean deportados es mínima.

"El vergonzoso secreto de nuestro sistema en este país es que si uno llega, se puede quedar si quiere", afirma Moore. "Es como se dice: mas vale pedir perdón que pedir permiso".

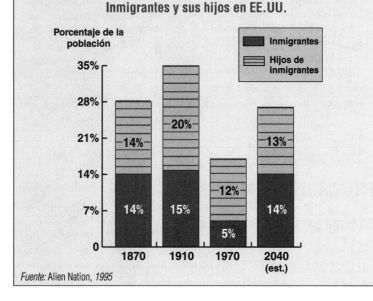

El número de estadounidenses de origen extranjero va en aumento

Se proyecta que el porcentaje de la población de EE.UU. integrado por adultos nacidos en el extranjero y sus hijos sobrepase el 25 por ciento a mediados de siglo. Eso es casi igual al nivel alcanzado a finales del siglo XIX después de la llegada masiva de alemanes e irlandeses.

Inmigrantes y sus hijos en EE.UU.

Porcentaje de la población

■ Inmigrantes
▨ Hijos de inmigrantes

	1870	1910	1970	2040 (est.)
Hijos de inmigrantes	14%	20%	12%	13%
Inmigrantes	14%	15%	5%	14%

Fuente: Alien Nation, 1995

Agentes y rancheros patrullan la porosa frontera de EE.UU.

Cada día, miles de mexicanos, centroamericanos y otros cruzan la frontera sur de Estados Unidos para entrar ilegalmente a ese país. La patrulla fronteriza de EE.UU. aprehendió el año pasado a más de 1.5 millones de inmigrantes indocumentados. Se cree que detendrán aún más indocumentados este año.

Aun así, por cada persona que es detenida al tratar de cruzar la frontera ilegalmente, por lo menos dos logran cruzarla. "Está claro que no estamos haciendo lo suficiente para proteger nuestras fronteras", afirma Gregory Rodriguez, investigador en la New America Foundation, un centro de investigaciones en Washington, D.C.

Una de las principales razones de que la frontera sea porosa, afirman Rodriguez y otros, es que la patrulla fronteriza tiene muy poco personal. Más de 9,000 agentes protegen las fronteras sur y norte del país, aproximadamente el doble del personal que había en 1993. Con todo, dice Mark Krikorian, director ejecutivo del Center for Immigration Studies, la patrulla fronteriza podría utilizar fácilmente los servicios de otros 10,000 efectivos en la frontera.

Roger y Brent Barnett atisban en busca de inmigrantes indocumentados que tratan de ingresar a Estados Unidos cruzando su rancho, cerca de la frontera con México, en Douglas, Arizona.

Newsmakers/Joe Raedle

Un estudio reciente de la University of Texas en Austin calcula que el brazo ejecutor del Immigration and Naturalization Service necesita 16,000 agentes para proteger con efectividad la frontera de 2,000 millas con México.[1] Los funcionarios de la agencia han tratado de agregar 1,000 empleados por año, como lo señaló el Congreso en una ley de 1996.

Sin embargo, los esfuerzos de la patrulla fronteriza por aumentar su plantilla se han visto comprometidos por el atractivo de otras oportunidades laborales. "Han estado entrenando a mucha gente, pero también ha habido mucho movimiento", afirma Krikorian. "Mucha gente se ha ido a organizaciones como el departamento de policía de Houston porque los agentes de la patrulla fronteriza son buenos prospectos ya que reciben el más riguroso entrenamiento en el gobierno federal".

En efecto, durante el año pasado, el 40 por ciento de los agentes de la patrulla fronteriza habían estado en el trabajo dos años o menos.[2] "Muchas de las fuerzas que están en la frontera actualmente son jóvenes e inexpertos", dice Tamar Adler, analista de política del American Friends Service Committee.

SITUACIÓN ACTUAL

¿Un tema para las elecciones?

Al igual que muchos otros asuntos la inmigración entra y sale de la agenda política. En 1996, por ejemplo, el candidato del partido republicano a la presidencia, Bob

Dole, transmitió anuncios en California en los que culpaba a los inmigrantes del estado por el alto nivel de criminalidad, las malas escuelas y otros males sociales. La propaganda de Dole salió poco después de que el Congreso aprobara algunas medidas relacionadas con la inmigración, entre las que se contaba una ley más estricta de deportación y un proyecto de ley para la

Soldados y rancheros

Para muchos que viven cerca de la frontera sur, el cuerpo actual de la patrulla fronteriza simplemente no es suficiente. Por ejemplo, en una encuesta reciente, el 89 por ciento de los residentes de Arizona dijo estar a favor de utilizar el ejército para ayudar a patrullar la frontera.[3]

Algunos residentes de la frontera han tomado cartas en el asunto y vigilan sus propiedades arrestando a los inmigrantes indocumentados que atrapan en ellas. En los últimos dos años, los rancheros Roger y Donald Barnett de Arizona, han capturado alrededor de unos 3,000 ilegales y los han entregado a la patrulla fronteriza.

Los Barnett y otros rancheros, que usan rifles y perros para realizar sus búsquedas, han sido acusados de "cazar" seres humanos. "Es ilegal que los ciudadanos detengan a otras personas, no importa su condición jurídica, a menos que alteren el orden público", sostiene Adler. "Es una actividad parapoliciaca, pura y simple".

Los hermanos Barnett defienden sus actos: "Están en mis tierras sin autorización, y yo tengo derecho a proteger mi propiedad", afirma Roger Barnett, de 57 años, quien posee un rancho de 22,000 acres en la frontera con México, cerca de Douglas, Arizona.[4]

Otros afirman que ni las medidas militares ni las civiles son la solución. Krikorian y otros están a favor de darle a la patrulla fronteriza más de las herramientas que necesita para hacer su trabajo adecuadamente. Además de más agentes, Krikorian considera erigir más barreras físicas en las zonas donde el flujo de inmigrantes ilegales es denso.

También cree que aquéllos que han sido detenidos varias veces deben ser encarcelados como una forma de disuadirlos a ellos y a quienes sigan sus pasos. "Actualmente, lo tienen que detener a uno 10 ó 15 veces antes de que sea interpuesta una acción judicial", señala Krikorian. "Como están las cosas, a uno le dan un viaje con aire acondicionado de regreso a México y la oportunidad de intentarlo otra vez".

Y de intentarlo, lo intentan. Muchos inmigrantes indocumentados están dispuestos a atravesar grandes extensiones de desierto y otros terrenos escabrosos para entrar a Estados Unidos. Esa determinación ha puesto a algunos extranjeros en un riesgo terrible. Desde octubre, la patrulla fronteriza ha encontrado a 217 extranjeros indocumentados muertos cerca de la frontera. La mayoría se ahogaron o murieron de sed en el desierto. Los agentes rescataron a más de 1,000 que se encontraban en peligro inminente durante el mismo periodo.

Para reducir el número de muertes, la patrulla fronteriza ha incrementado sus esfuerzos de entrenar agentes en técnicas de salvamento. La agencia también está colocando letreros de advertencia en las partes de la frontera que se consideran más peligrosas para cruzar, ya sea por las grandes zonas desérticas o por los peligrosos cauces de agua.

El elevado número de muertes en la frontera es "inaceptable", afirmó Doris Meissner, comisionada del Immigration and Naturalization Service, que supervisa a la patrulla fronteriza. "Queremos reducir el número de muertes y aumentar la seguridad en ambos lados de la frontera", afirmó en una conferencia de prensa que sostuvo el 26 de junio.[5]

---

[1] William Branigin, "Border Patrol Being Pushed to Continue Fast Growth", *The Washington Post,* 13 de mayo, 1999.

[2] *Ibid.*

[3] Tim McGirk, "Border Clash", *Time,* 6 de junio, 2000.

[4] Citado en William Booth, "Emotions on the Edge", *The Washington Post,* 21 de junio, 2000.

[5] Citado en Michael A. Fletcher, "Lifesaving on the Border", *The Washington Post,* 27 de junio, 2000.

reforma de la asistencia social que les negaba servicios a los inmigrantes legales.

Cuatro años después, la situación es muy diferente. El Congreso ya no está tratando de endurecer las leyes de inmigración; en vez de eso, está formulando legislación para aumentar el número de visas para trabajadores extranjeros altamente capacitados.

Mientras tanto, se ha integrado una coalición compuesta por los encargados de formular la política de los partidos republicano y demócrata, que incluye a Jack Kemp y al ex-secretario del Department of Housing and Urban Development (HUD), Henry G. Cisneros, para promover leyes de inmigración menos estrictas.[21]

¿Debe permitirse que los inmigrantes ilegales permanezcan en Estados Unidos si han estado aquí durante varios años?

SÍ

Frank Sharry
Director Ejecutivo, National Immigration Forum

Escrito para *The CQ Researcher*, julio de 2000

"Vicente" y su esposa son latinoamericanos, y se graduaron de universidades de EE.UU. a principios de la década de los ochenta; se quedaron en el país y sus vidas han sido ejemplares. Él trabaja en una compañía de tecnología; y ella, en mercadeo para una empresa de publicidad por correo. Sus tres hijos son jugadores estelares de Little League.

Sólo hay un pequeño problema: mamá y papá están ilegalmente en Estados Unidos. Se les pasó el plazo límite en 1982 para acceder al anterior programa de legalización.

Luego está "Blanca", ella terminó la secundaria con honores, pero no pudo ver materializarse sus esperanzas de ir a la universidad porque no tiene los documentos de inmigración apropiados. Su familia se escapó de la persecución y la guerra civil en El Salvador, pero el tratamiento injusto de administraciones sucesivas ha dejado a sus padres en el limbo legal.

Tres medidas de legalización pendientes en el Congreso resolverían los problemas de unas 750,000 personas que se enfrentan a situaciones como estas, y les permitirían vivir y trabajar en Estados Unidos legalmente. Los proyectos de ley propuestos, que gozan del apoyo de ambos partidos, permitirían:

- Actualizar una disposición de las leyes de inmigración que permitiría que los inmigrantes indocumentados que tengan una buena conducta moral que hayan residido y trabajado en Estados Unidos desde antes de 1986 se quedaran de manera permanente;
- Corregir el tratamiento injusto o desigual entre grupos de refugiados centroamericanos y haitianos; y
- Restaurar la Sección 245(i) del código de inmigración para que aquéllos que estén a punto de obtener la residencia permanente se queden en Estados Unidos a terminar los trámites burocráticos.

La promulgación de las tres medidas corregiría los errores del pasado que injustamente han dejado a familias de inmigrantes en el limbo burocrático, estabilizaría nuestra fuerza de trabajo cuando ésta escasea, y mantendría unidas a las familias.

Como lo dijo el presidente Ronald Reagan cuando firmó las disposiciones de legalización de la Ley para la Reforma y el Control de la Inmigración de 1986, que les confería la residencia legal permanente a quienes ya estaban establecidos en nuestras comunidades "[estas disposiciones] tendrán un largo alcance en el mejoramiento de las vidas de una clase de individuos que ahora se tienen que esconder, y que no gozan de los beneficios de una sociedad libre y abierta. Muy pronto, muchos de estos hombres y mujeres podrán andar a la luz del día y, si así lo deciden, convertirse en estadounidenses".

¿Debe permitirse que los inmigrantes ilegales permanezcan en Estados Unidos si ban estado aquí durante varios años?

NO

Dan Stein
Director Ejecutivo, Federation for American Immigration Reform

Escrito para *The CQ Researcher*, julio de 2000

Los políticos hablan perpetuamente de la necesidad de controlar la inmigración ilegal, pero como las palabras raramente van unidas a la acción, ahora residen aproximadamente 6 millones de inmigrantes ilegales en Estados Unidos. Algunas personas en el Congreso sugieren que la inmigración ilegal una vez más será recompensada con una amnistía para los millones de inmigrantes que violan la ley descaradamente.

¿Qué clase de mensaje estamos enviando? Le indica a la gente que haremos muy poco para detener a los inmigrantes y menos aún para deportarlos si deciden saltarse el proceso legal de inmigración. Dice que legalizaremos su situación si pueden aguantar unos cuantos años.

La última amnistía de 1986, que el Congreso prometió que nunca se repetiría, legalizó a unos tres millones de personas y les costó $78 mil millones a los contribuyentes.

Actualmente, la implementación de las leyes de inmigración casi se ha derrumbado. A pesar del hecho de que las instituciones financieras se las arreglan para realizar millones de verificaciones electrónicas todos los días, el gobierno todavía no ha desarrollado un sistema que pueda autenticar siquiera si un solicitante de empleo tiene derecho a trabajar y vivir en Estados Unidos. Como consecuencia, la disponibilidad de trabajos y servicios sociales sigue atrayendo inmigrantes ilegales.

Otra amnistía le diría al mundo que Estados Unidos es literalmente incapaz de controlar sus fronteras. Admitir eso haría inevitable la revaloración de la validez y objetivos de las absurdas cuotas de inmigración que figuran en las reglas.

La inmigración ilegal también les produce daños económicos a los estadounidenses que están en los niveles más bajos de la estructura salarial. Numerosos estudios muestran que la inmigración, especialmente la inmigración ilegal, tiene como consecuencia la pérdida de salarios para los estadounidenses, porque deben competir contra los inmigrantes ilegales.

Aunque los que apoyan la amnistía argumentan que la legalización les dará más poder de negociación a los inmigrantes ilegales, este cuestionable mérito tiene pocas probabilidades de mantenerse vigente por mucho tiempo. Otra amnistía garantizaría el desencadenamiento de un flujo aún mayor de inmigrantes ilegales.

La amnistía no es la respuesta. La única manera de detener la inmigración ilegal es armonizar la habilidad de los extranjeros para inmigrar con su voluntad de acatar nuestras reglas. Será responsable entablar una discusión sobre amnistía y establecer un programa de recompensas solamente cuando se hayan establecido incentivos para que los inmigrantes regresen a sus lugares de origen y cuando se hayan controlado nuestras fronteras.

La mayoría de los analistas dice que el cambio de política se debe en gran medida a la economía. Estados Unidos está en medio de la más larga expansión económica de su historia, con altas tasas de crecimiento, muy poco desempleo y, hasta hace muy poco, un pujante mercado bursátil. En un periodo en el que los estadounidenses se sienten más seguros financieramente que nunca, el tradicional temor de que los inmigrantes constituyan una amenaza para el empleo o provoquen inestabilidad social se está desvaneciendo.

Como es lógico, las encuestas muestran una creciente aceptación pública de los inmigrantes. Según una encuesta de Gallup, realizada el año pasado, un 44 por ciento de estadounidenses están a favor de restringir la inmigración, un descenso del 65 por ciento de 1995.[22]

El cambio de actitud no ha pasado desapercibido en la arena política. Los dos posibles candidatos en la contienda presidencial de este año parecen apoyar el statu quo, y hablan favorablemente de los inmigrantes y sus contribuciones a la economía y a la sociedad de Estados Unidos. El vicepresidente Al Gore ha dicho que la inmigración ha hecho que el país sea "no sólo más rico culturalmente, sino espiritualmente más fuerte".[23]

El gobernador republicano de Texas, George W. Bush, ha expresado sentimientos similares. Hasta declaró que él mismo habría entrado ilegalmente al país en busca de trabajo, si hubiera nacido pobre en México. Bush también ha propuesto dividir el INS en dos entidades separadas con la intención de mejorar los servicios para los inmigrantes legales.

Ninguno de los candidatos ha exigido iniciativas importantes dirigidas al aumento o reducción de los niveles de inmigración, aunque ambos apoyan la expansión del programa de visas H-1B para permitir la entrada de más trabajadores capacitados. Además, Gore ha dicho que apoya la restauración de prestaciones a los inmigrantes legales que fueron suprimidas como parte de la Ley de Inmigración Ilegal y Responsabilidad del Inmigrante de 1996. Bush todavía no ha definido su postura en este asunto.

Sin embargo, a pesar de estas propuestas, es poco probable que la inmigración surja como un asunto importante en la campaña presidencial de este año, sostienen varios expertos. "No se trata de un problema nacional como la educación o los servicios médicos, y no veo que eso vaya a cambiar en los meses que vienen", sostiene James Thurber, profesor de ciencias políticas de la American University.

Thurber y otros expertos afirman que a la mayoría de los estadounidenses en realidad los tiene sin cuidado la inmigración en este momento. "Mire", dice Krikorian, "lo esencial es que la economía va por buen camino y el desempleo está demasiado bajo para que la gente fuera de Washington, D.C., piense mucho en eso".

No obstante, Sharry, del National Immigration Forum, considera que la inmigración podría ser "el problema inesperado" del año. "El grupo de votantes con el mayor crecimiento demográfico es el de los inmigrantes y, por supuesto, Bush y Gore van a tratar de discutir asuntos importantes para estos votantes, incluso la inmigración", predice.

Sharry cree que cada candidato tratará de usar la inmigración como una forma de atraer a los votantes latinos y de otras minorías en los estados que se consideran bastiones de la oposición. "Creo que Bush tratará de vencer a Gore en California atrayendo al voto latino, y Gore hará lo mismo en la Florida, un estado que probablemente apoyará a Bush".

Por ejemplo, dice Sharry: "Puedo imaginar a Bush pronunciando un discurso sobre la inmigración ilegal en el cual prometiera que se sentaría a hablar con el presidente de México para encontrar una solución". Sharry también cree que Bush podría resaltar su postura pro-inmigrante como una manera de atraer a los votantes moderados blancos que podrían pensar que es demasiado conservador. "Él propondría un montón de iniciativas pro-inmigrante para mostrar que no es un republicano mezquino", declara Sharry.

El asunto también podría salir a colación si Patrick Buchanan recibe la nominación por el Partido de la Reforma y se convierte en un candidato serio, como sucedió con el fundador de ese partido, H. Ross Perot, en 1992. Buchanan se ha opuesto durante mucho tiempo a la inmigración legal y ha jurado poner al ejército en la frontera entre México y EE.UU. para detener la inmigración ilegal.

"Buchanan podría imponer esta noción, si juega sus cartas bien", dice Brimelow, "si vende el asunto como una cuestión de empleos, podría pegar".

PERSPECTIVAS

Enfoque sobre la economía

Existe la creencia popular entre los oponentes y los partidarios de la inmigración de que cuando el crecimiento económico se frene o se detenga, también lo hará el apoyo para dejar entrar inmigrantes a Estados Unidos. "La economía ejerce una influencia directa sobre la inmigración: se convierte en un gran problema cuando la economía está deprimida y deja de serlo cuando la economía mejora", sostiene Moore del Cato Institute, quien está a favor de altos niveles continuos de inmigración.

"El miedo y la inseguridad imperarán sólo cuando la economía se vaya abajo y nuestro trabajo se vea amenazado", dice. "Cuando sea José quien compite con uno, la mayoría de la gente dirá: 'Las cosas serían perfectas si tan sólo pudiéramos mantener a José y su gente fuera del país' ".

Stein, quien se opone a la inmigración y representa a la Federation for American Immigration Reform, está de acuerdo en que la pasada década de gran crecimiento económico ha dejado que el debate sobre la inmigración permanezca ignorado. No obstante, a diferencia de Moore, Stein toma la posibilidad de un empeoramiento en la economía con gran interés, no con preocupación.

"En el ánimo en el que se encuentra el país actualmente, hay un distanciamiento de la realidad en el tema de la inmigración", sostiene. "Sin embargo, cuando la economía se desplome, este problema ocupará un lugar preponderante y la gente querrá dar marcha atrás a muchas de las políticas migratorias actuales".

Stein cree que cuando el pueblo estadounidense realmente preste atención a la inmigración, exigirá reducciones sustanciales del número de personas que pueden entrar cada año. "Creo que el público en realidad quiere que haya un periodo de por lo menos 20 años sin inmigración; inclusive, creo que a la gente no le importaría extender este periodo por 30 ó 40 años más", comenta.

O'Sullivan, de la revista *National Review*, está de acuerdo y añade que los estadounidenses "verán que necesitamos reducirla, por lo menos temporalmente, para poder absorber a la gente que ya tenemos". O'Sullivan no "nos imagina cerrando puertas, pero sí

reduciendo la inmigración al nivel que tenía en la década de 1950, cuando dejábamos entrar a un cuarto de millón de personas cada año".

Otros también predicen una reacción violenta cuando la economía se desacelere, pero no contra los altos niveles continuos de inmigración. "Cuando la economía se frene, en vez de poner en práctica políticas sensatas de inmigración, vamos a fastidiar a los inmigrantes", dice Krikorian. "Eso es lo que hemos hecho en el pasado".

Krikorian cree que existe la probabilidad de que salga otra Propuesta 187, la iniciativa puesta a votación en 1994 en California que negaba servicios sociales a los inmigrantes ilegales. "La razón por la que se aprobó la Propuesta 187 no fue porque la gente estuviera a favor de ella. Estaban molestos con nuestra política de inmigración, y esa era la única manera en que podían hacer poner en evidencia su oposición".

"Fastidiar a los extranjeros" sin hacer nada para reformar las políticas migratorias es el método fácil que usan los políticos para calmar la inquietud del público sobre la inmigración, afirma. "Seguiremos proponiendo estas medidas anti-inmigrantes, en vez de poner en marcha restricciones sensatas a la inmigración porque muchos grupos poderosos tienen interés en que las cosas sigan como están", sostiene.

Krikorian y otros culpan a los dos partidos mayoritarios de querer conservar la inmigración tal como está. El apoyo al partido republicano es similar al que reciben las grandes empresas que favorecen los altos niveles de inmigración para mantener un suministro continuo de fuerza de trabajo calificada y no calificada. El apoyo demócrata a la inmigración surge de su conexión con varios grupos étnicos, principalmente los asiáticos e hispanos, que están a favor de niveles migratorios más altos.

Empero, otros dicen que cualquier un retroceso en la política migratoria es poco probable por varias razones. Según Lance, de la Alexis de Tocqueville Institution, los inmigrantes seguirán siendo bienvenidos porque los estadounidenses han llegado a aceptar los altos niveles de inmigración como si fueran una situación permanente.

"Si usted se fija en los 10 años pasados, parece que el péndulo se ha movido realmente a favor de la inmigración", dice. "Claro, puede haber momentos — especialmente durante las recesiones — en que miremos con desconfianza a los extranjeros, pero a menos que haya una catástrofe importante como una guerra o una depresión, no creo que los estadounidenses lleguen a cuestionar seriamente" las políticas de inmigración actuales.

Sharry está de acuerdo. "Creo que la idea predominante es que la inmigración es buena y será vista cada vez más como una parte crucial de nuestra economía", sostiene. Además, afirma Sharry, es poco probable que la economía sufra el tipo de caída en picada que haría que la gente cambiara su punto de vista con respecto a la política de inmigración.

"Creo que la economía va a seguir estando relativamente fuerte en el futuro cercano", predice, "y eso conducirá no sólo a mantener el sistema actual como está, sino a expandirlo".

NOTAS

1. Información suministrada por el U.S. Census Bureau. Para enterarse de los antecedentes, consulte Charles S. Clark, "The New Immigrants", *The CQ Researcher,* 24 de enero, 1997, pp. 49-72.
2. Greenspan testificó ante el comité del senado para la banca, la vivienda y asuntos urbanos el 24 de febrero de 2000.
3. Citado en John Micklethwait, "The New Americans", *The Economist,* 11 de marzo de 2000.
4. Para enterarse de los antecedentes, consulte Kenneth Jost, "Cracking Down on Immigration", *The CQ Researcher,* 3 de febrero, 1995, pp. 97-120.
5. Para enterarse de los antecedentes, consulte Kathy Koch, "High-Tech Labor Shortage", *The CQ Researcher,* 24 de abril, 1998, pp. 361-384.
6. Cifras proporcionadas por el Immigration and Naturalization Service.
7. Micklethwait, *op. cit.*
8. Para enterarse de los antecedentes, consulte David Masci, "Hispanic Americans' New Clout", *The CQ Researcher,* 18 de septiembre, 1998, pp. 809-832.
9. Extraído de Douglas Holt, "INS Is Scaling Back Its Workplace Raids", *Chicago Tribune,* 17 de enero, 1999.
10. Mary W. Cohn (ed.), *Congressional Quarterly Almanac* (1986), p. 61.
11. Citado en Karen Cheney, "Foreign Aid: Hiring Abroad Can Ease Your Labor Woes", *Business Week,* 24 de abril, 2000.
12. Micklethwait, *op. cit.*
13. Suzette Brooks Masters y Ted Ruthizer, "The H-1B Straitjacket", CATO Institute, 3 de marzo, 2000.
14. Para enterarse de los antecedentes, consulte David Masci, "Assisting Refugees," The *CQ Researcher,* 7 de febrero, 1997, pp. 97-120.
15. Para enterarse de los antecedentes, consulte David Masci, "Mexico's Future", *The CQ Researcher,* 19 de septiembre, 1997, pp. 817-840.
16. Cifras citadas en Peter Brimelow, *Alien Nation* (1995), p. 34.
17. Kenneth Jost (ed.), *Congressional Quarterly Almanac* (1990), p. 482.
18. Jan Austin (ed.), *Congressional Quarterly Almanac* (1996), p. 5-3
19. Micklethwait, *op. cit.*
20. Mary H. Cooper, "Global Refugee Crisis", *The CQ Researcher,* 9 de julio, 1999, pp. 569-592.
21. Steven Greenhouse, "Coalition Urges Easing of Immigration Laws", *The New York Times,* 16 de mayo, 2000.
22. Cifras citadas en Mike Dorning, "Acceptance of Immigration on the Rise", *Chicago Tribune,* 3 de abril, 2000.
23. Citado en *Ibid.*

BIBLIOGRAFÍA

Libros

Brimelow, Peter, *Alien Nation: Common Sense About America's Immigration Disaster,* **HarperPerennial, 1996.** Brimelow, jefe de redacción de la revista *Forbes,* argumenta que Estados Unidos se convertirá en un país de feudos étnicos, en donde cada uno va a seguir su propio camino, a menos que la oleada de inmigrantes se detenga o por lo menos, se reduzca.

Smith, James P., y Barry Edmonston (eds.), *The Immigration Debate,* **National Academy Press, 1998.** Este conjunto de ensayos, realizado por expertos en inmigración, examina los efectos fiscales, económicos y demográficos de la reciente oleada de inmigrantes a EE.UU.

Artículos

Cheney, Karen, "Foreign Aid: Hiring Abroad Can Ease Your Labor Woes", *Business Week*, 24 de abril, 2000. Cheney examina el debate actual sobre las visas H-1B, las cuales permiten que trabajadores altamente calificados ingresen a Estados Unidos temporalmente.

Cooper, Mary H., "Immigration Reform", *The CQ Researcher*, 23 de septiembre, 1993. Un análisis ligeramente desactualizado, pero valioso, de los debates sobre la inmigración que siguen siendo relevantes hoy en día.

Kempner, Matt, "The Big Wink: Undocumented Latino Workers Are So Vital to Georgia's Economy That Those in Charge Look the Other Way", *The Atlanta Journal*, 23 de enero, 2000. Kempner examina el impacto de la inmigración ilegal en Georgia y descubre que muchas industrias dependen en gran medida de los trabajadores indocumentados.

Koch, Kathy, "High Tech Labor Shortage", *The CQ Researcher*, 24 de abril, 1998. Koch, escritora de planta, examina el debate sobre lo que se percibe como escasez de trabajadores de la industria de alta tecnología y examina detalladamente la campaña para dejar que las empresas traigan más trabajadores extranjeros altamente capacitados temporalmente.

Micklethwait, John, "The New Americans", *The Economist*, 11 de marzo, 2000. Esta magnífica serie de artículos explora el impacto económico, político y cultural de la oleada más reciente de inmigrantes que han llegado a Estados Unidos.

Samuelson, Robert J., "Ignoring Immigration", *The Washington Post*, 3 de mayo, 2000. Samuelson, columnista de *The Washington Post*, propone admitir inmigrantes más preparados, en vez de los que no tienen preparación alguna y que cada año son la mayoría.

Stern, Marcus, "A Semi-Tough Policy on Illegal Workers; Congress Looks Out for Employers", *The Washington Post*, 5 de julio, 1998. Según Stern, aunque el Congreso ha mostrado muy buena disposición para aprobar leyes dirigidas a ponerle freno a la inmigración ilegal, muchos legisladores defienden a las empresas de sus distritos que utilizan trabajadores indocumentados.

Informes y estudios

Lance, Bronwyn, Margalit Edelman y Peter Mountford, "There Goes the Neighborhood — Up: A Look at Property Values and Immigration in Washington, D.C.", Alexis de Tocqueville Institution, enero de 2000. Las pruebas en este informe contradicen la creencia popular de que el valor de la propiedad cae cuando grandes cantidades de inmigrantes llegan a vivir en un área.

Masters, Suzette Brooks y Ted Ruthizer, "The H-1B Straitjacket: Why Congress Should Repeal the Cap on Foreign-Born Highly Skilled Workers", The Cato Institute, 3 de marzo, 2000. Los autores, abogados de profesión, dicen que la escasez actual de trabajadores extranjeros capacitados está obligando a las empresas de alta tecnología a llevar sus operaciones al extranjero.

Para obtener más información

Alexis de Tocqueville Institution, 611 Pennsylvania Ave., S.E., Suite 119, Washington, DC 20003; (202) 437-7435; www.adti.net. Esta institución trabaja para fomentar la comprensión de los beneficios culturales y económicos de la inmigración.

Center for Immigration Studies, 1522 K St., N.W., Suite 820, Washington, DC 20005; (202) 466-8185; www.cis. org. Este centro realiza investigaciones sobre el impacto de la inmigración.

Federation for American Immigration Reform (FAIR), 1666 Connecticut Ave., N.W., Suite 400, Washington, DC 20009; (202) 328-7004; www.fairus.org. FAIR ejerce presión a favor de imponer límites más estrictos a la inmigración.

National Council of La Raza, 1111 19th St., N.W., Suite 1000, Washington, DC 20036; (202) 785-1670; www.nclr. org. La Raza sigue de cerca el proceso legislativo en el Congreso y ejerce presión a nombre de los latinos de Estados Unidos.

National Immigration Forum, 50 F St., N.W., Washington, DC 20001; (202) 347-0040; www.immigration forum.org. El forum aboga y promueve el apoyo popular a las políticas en favor de la inmigración.

Las relaciones raciales en Estados Unidos

3

Alan Greenblatt

AFP Photo/LM Otero

Benny Robinson abraza a su hija Jada luego de que él y otros afroamericanos en Tulia, Texas fueran liberados de prisión en junio. Aproximadamente tres docenas de residentes, principalmente negros, fueron juzgados por acusaciones de tráfico de drogas en base al ahora desacreditado testimonio de un policía racista. Aunque los afroamericanos han progresado económica, política y socialmente durante las últimas cuatro décadas, tales incidentes surgen periódicamente, destrozando la complacencia de los estadounidenses acerca de la raza.

Para *The CQ Researcher;*
11 de julio de 2003.

Cuando Joe Moore salió de prisión en junio, el criador de cerdos de 60 años de edad declaró ante los periodistas, "Sólo deseo ir a casa, mirar TV y no meterme en problemas". Tras su liberación, Kizzie White, de 26 años de edad, abrazó a sus dos hijos y dijo, "Voy a ser la mejor madre que pueda ser para ellos".[1]

Moore y White estuvieron entre más de tres docenas de residentes, en su mayoría negros, del pueblo del oeste de Texas, Tulia, que fueron declarados culpables de delitos relacionados con el tráfico de estupefacientes hace cuatro años. Esos cargos estuvieron basados en el testimonio actualmente desacreditado de un oficial de policía rotulado como racista.

Muchos estadounidenses blancos creen que en Estados Unidos la raza ya no importa ahora que las escuelas públicas han sido integradas, los negros pueden votar y la discriminación racial encuanto a los empleos y la vivienda son ilegales. No obstante, incidentes similares al de Tulia siguen estallando, destruyendo periódicamente la autocomplacencia de los Estados Unidos acerca de la raza e indicando a muchos observadores que los sentimientos racistas aún persisten en algunas psiques.

A menudo los estallidos llegan a las calles, usualmente como respuesta a acciones policiales supuestamente racistas, tales como los disturbios que se desataron en Cincinnati en abril de 2002 o en Benton Harbor, Michigan, en junio pasado.

Recientemente, algunos de los incidentes, particularmente en el sur, parecen representar la nostalgia de algunos por la era

Los estudiantes blancos son los más aislados

El estudiante blanco promedio en Estados Unidos asiste a escuelas conformadas por un 80 por ciento de estudiantes blancos. Asimismo, la mayoría de los alumnos negros asisten a escuelas en las cuales la mayoría de sus compañeros son de su misma raza. Los asiáticos son quienes más se integran en las escuelas estadounidenses.

Composición racial de las escuelas a las que asiste el promedio . . .

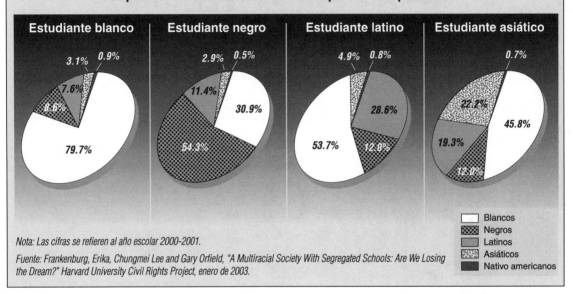

Nota: Las cifras se refieren al año escolar 2000-2001.

Fuente: Frankenburg, Erika, Chungmei Lee and Gary Orfield, "A Multiracial Society With Segregated Schools: Are We Losing the Dream?" Harvard University Civil Rights Project, enero de 2003.

segregacionista que precedió a los años 60. Esta primavera, en Georgia, los estudiantes blancos de un colegio secundario realizaron un baile del cual se excluyó deliberadamente a los alumnos afroamericanos, un año después del primer baile integrado. Eso sucedió tras la caída en otoño pasado del senador Trent Lott de Mississippi, quien se viera forzado a renunciar como líder de la mayoría tras declarar que si el entonces gobernador de Carolina del Sur Strom Thurmond hubiera sido presidente en 1948, cuando era un ferviente segregacionista, Estados Unidos habría estado mejor.

Además, algunos de los incidentes con matices racistas han marcado particularmente la conciencia: el asesinato de James Byrd Jr., encadenado a un camión en Jasper, Texas, y arrastrado hasta morir; la sodomización con una escoba del inmigrante haitiano Abner Louima y el asesinato del inmigrante africano Amadou Diallo,

desarmado, por parte de policías de Nueva York; la golpiza a Rodney King en Los Ángeles.

Tales casos sacan a la luz las formas a menudo diametralmente opuestas en las cuales los blancos y negros ven las relaciones raciales en Estados Unidos, especialmente cuando se trata del sistema de justicia criminal. Muchos blancos consideraron la absolución de O.J. Simpson en el asesinato de su ex esposa Nicole Simpson y su amigo Ron Goldman como un fallo injusto, mientras que en general los negros la consideraron como un triunfo sobre las tácticas políticas racistas. De igual manera, los negros de Tulia celebraron la liberación de sus conciudadanos como la reparación de una injusticia racial mientras que los blancos siguieron cuestionando la inocencia de los prisioneros.

Negros y blancos incluso consideraron de maneras diferentes la reciente aprobación por parte de la

Suprema Corte del uso de la *affirmative action* en las admisiones a la facultad de derecho de la University of Michigan.

No obstante, muchos estadounidenses, tanto blancos como negros, opinan que los problemas raciales de la nación se extienden más allá de las preferencias raciales y del sistema de justicia criminal. Dicen que se discrimina a pesar de las leyes de derechos civiles, debilitando a los negros educativa y económicamente. A pesar de que los afroamericanos han progresado económica, política y socialmente durante las últimas cuatro décadas, según varias mediciones objetivas, van a la zaga de los blancos.

- El ingreso medio entre los hombres negros es un 27 por ciento menor al de los blancos y para las mujeres negras de un 16 por ciento menor en comparación con las blancas.[2]

- Los negros tienen un 60 por ciento menos de probabilidades que los blancos de obtener acceso a tratamientos médicos complejos tales como angioplastías coronarias y cirugías de by-pass.[3]

- La minorías tienen muchas más probabilidades de pagar tasas hipotecarias "predatorias", más altas que las que pagan los blancos.[4]

- Una mayoría de estudiantes negros obtienen calificaciones menores al nivel básico en cinco de cada siete asignaturas en las evaluaciones de la National Assesment of Educational Progress (NAEP) en comparación con sólo el 20 por ciento de los estudiantes blancos.[5]

- Uno de cada cinco hombres negros pasa parte de su vida en prisión, un índice siete veces mayor que el de los blancos.[6] Los negros conforman el

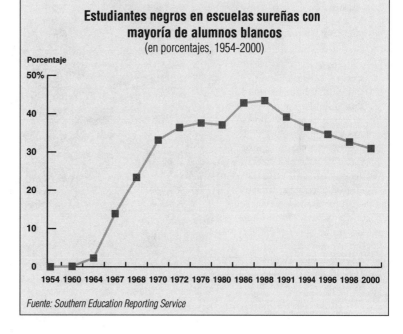

Aumento de la resegregación en las escuelas sureñas

En 1988, tras décadas de desegregación exigida por la ley, el sur se había convertido en la región más integrada del país, con 43.5 por ciento de estudiantes negros que asistía a escuelas con mayoría de blancos. Sin embargo, en 2000 el porcentaje había disminuido al 31 por ciento, tras el abandono del transporte en autobús y otros esfuerzos de desegregación escolar en los años 90.

Estudiantes negros en escuelas sureñas con mayoría de alumnos blancos
(en porcentajes, 1954-2000)

Fuente: Southern Education Reporting Service

13 por ciento de la población estadounidense, pero representan más del 40 por ciento de los prisioneros sentenciados a la pena de muerte.[7]

Al mismo tiempo, algunos críticos sociales advierten que los latinos y los árabes experimentan creciente discriminación en Estados Unidos. Los latinos, quienes se espera se conviertan en la minoría más grande de la nación en los próximos años, luchan con niveles de pobreza y educación similares a los de los negros. Además, los árabes y los defensores de las libertades civiles opinan que la guerra de Estados Unidos contra el terrorismo somete a los originarios del Oriente Medio a un hostigamiento generalizado.

Algunos científicos sociales opinan que las leyes de derechos civiles funcionan y que la falta de logros de los negros a menudo se debe a la escasa dedicación y a

¿Están perdiendo poder político los negros?

A un a la edad de 100 años, el senador Strom Thurmond, republicano de Carolina del Sur, concitaba discusiones sobre el racismo. En Washington, el poderoso senador de Mississippi Trent Lott perdió su posición como líder de la mayoría el año pasado por elogiar nostálgicamente a la segregación en el cumpleaños número 100 de Thurmond, quien falleció recientemente. Lott confesó ante los invitados que deseaba que el centenario hubiese ganado las elecciones presidenciales de 1948, cuando se postuló como segregacionista.

Además, esta primavera en Carolina del Sur los legisladores estatales republicanos hicieron enfadar a sus colegas demócratas al incluir varias fotos del joven Thurmond en el manual estatal legislativo. "Nadie puede negar que Strom Thurmond era probablemente el Dixiecrat racista número 1 en ese entonces", protesta el senador estatal Robert Ford.

Ford, afroamericano y veterano del movimiento por los derechos civiles, cree que Thurmond en verdad sua-

La ex senadora Carol Moseley Braun, demócrata de Illinois, una de sólo dos negros electos actualmente en el Senado de Estados Unidos en la actualidad, busca la candidatura presidencial demócrata.

vizó su opinión sobre la raza a fines de su carrera. Sin embargo, Ford tomó la palabra en el Senado para expresar su consternación al ver en el manual las fotografías de un joven y recalcitrante Thurmond.

Varios legisladores republicanos expresaron que Ford estaba haciendo un escándalo por nada, o peor, que criticaba innecesariamente a un hombre venerado como un símbolo en toda Carolina del Sur. "No desean escuchar nada negativo acerca de Strom Thurmond", explica Ford. "Viven en otro mundo".

De hecho, los habitantes blancos del estado en realidad viven en otro mundo. Debido a las maniobras de redistritación, los negros de Carolina del Sur viven en distritos políticos predominantemente negros. A la inversa, la mayoría de los distritos están tan dominados por los blancos que los políticos que representan a esos distritos no poseen incentivos prácticos para considerar las necesidades o la sensibilidad histórica de

la conducta criminal, y no al racismo. Por otra parte, señalan el progreso en numerosas áreas, que incluyen la reciente decisión tomada por Nueva Jersey para detener el perfilamiento racial por parte de sus agentes estatales.

Gary Orfield, codirector del Harvard Civil Rights Project, afirma que la brecha racial parece ser aún mayor en la educación pública. A pesar de décadas de integración escolar ordenada por los tribunales, más de

uno cada seis niños negros asisten a escuelas con un porcentaje de 99/100 de estudiantes pertenecientes a minorías; en comparación, menos del 1 por ciento de los estudiantes blancos de escuelas públicas asisten a dichos colegios.

Numerosos observadores han esperado que el partido republicano adopte una posición más conciliatoria hacia los negros, cuya inmensa mayoría favorece a los demócratas en elecciones de todo cargo. De hecho, al

los afroamericanos. Esta segregación política alienta tanto a negros como a blancos a entablar peleas sobre asuntos racialmente cargados, tales como disputas acerca de fotos de Thurmond o si se debe permitir que la bandera confederada flamee sobre los edificios estatales, porque de esa manera obtienen una cobertura de alto perfil en sus ciudades.

"Ambos lados discuten temas en su mayoría simbólicos", opina Dick Harpootlian, quien recientemente renunció a su puesto de presidente del Partido Republicano de Carolina del Sur.

"Si uno es negro y desea ser reelecto, no se les habla a los votantes blancos", explica Harpootlian. "Si uno es blanco y se postula para una reelección, no se les habla a los negros. Hemos institucionalizado la idea de que la raza predomina sobre cualquier otro interés".

Tras los censos de 1980 y 1990, la ley Voting Rights Act de 1982 alentó a algunos negros a unirse a los republicanos para crear distritos con mayoría negra — principalmente en el sur. El trato les permitía a los afroamericanos crear distritos que votaran por negros. Para los republicanos, concentrar a los electores negros en relativamente unos pocos distritos debilitaba las oportunidades de los candidatos demócratas en los distritos vecinos.

En parte como resultado de este movimiento, Estados Unidos cuenta aproximadamente con 600 legisladores estatales negros, el doble que en 1970. No obstante, ahora que los demócratas pierden poder en sur, los legisladores negros están en la discutible posición de hacerse más importantes en un partido nacional cuyo poder se ve disminuido.

"Actualmente los afroamericanos cuentan con una silla a la mesa pero no tienen platos, cubiertos ni nada que comer". Explica Harpootlian "Los afroamericanos hoy no tienen influencia en nuestra legislatura: cero, nada".

Aunque actualmente haya más funcionarios negros electos en todos los niveles de gobierno que en años anteriores, esta tendencia parece haber llegado a su techo, al menos por ahora. Durante los últimos 40 años, sólo un afroamericano fue electo como gobernador: L. Douglas Wilder de Virginia, y únicamente dos negros han sido elegidos como senadores de Estados Unidos: Edward W. Brooke, republicano de Massachussets y Carol Mosely Braun, demócrata de Illinois.

Los negros han gozado del poder político más real a nivel citadino, aunque incluso ese poder está disminuyendo. Nueva York, Los Ángeles, Chicago, Denver, Oakland, Cleveland, St. Louis, Baltimore, Seattle, Minneápolis, Dallas y muchas otras ciudades contaron con alcaldes negros durante los años 80 y 90, pero actualmente tienen alcaldes blancos.

El científico político Ronald Walters de la University of Maryland opina que debido a que un número creciente de negros se muda de los centros de las ciudades, los blancos han obtenido el control porque votan en mayores cantidades. "Es una especie de ciclo de expectativas que no resultó como se esperaba," afirma Walters. "Mucha euforia envolvía a la primera generación de alcaldes negros y la idea de lo que podían llegar a lograr".

No obstante, al mismo tiempo que los negros tomaban las riendas del poder, señala Walters, las poblaciones urbanas comenzaron a disminuir y la ayuda a las ciudades comenzó a agotarse. "Lo irónico fue que no pudieron lograr mucho. Todo el movimiento conservador a nivel estatal y nacional les quitó la habilidad de poder hacer mucho".

---

día siguiente de que los 12 acusados de Tulia fueran liberados de prisión, la administración de Bush prohibió a los funcionarios federales que utilizaran la raza o la etnia como factor para conducir investigaciones (excepto en casos que involucren terrorismo o seguridad nacional.)[8]

Sin embargo, algunos líderes afroamericanos cuestionan el compromiso de lucha contra el racismo realizado por dicha administración. "Bush representa un anatema para nuestra lucha por la justicia social", explica el activista de derechos civiles, Jesse Jackson. "No le permitió a [el secretario de Estado Colin] Powell asistir a la conferencia de la Naciones Unidas sobre el racismo en Sudáfrica; atiborró los tribunales con jueces que oponen los derechos civiles; se opone a la *affirmative action* . . . Simplemente formamos parte de equipos diferentes".[9]

Menos de un mes luego de que Lott renunciara, el presidente Bush expresó su desacuerdo con el uso de preferencias raciales por parte de la University of Michigan.

No obstante, quienes apoyan a Bush opinan que él ha designado a muchas mujeres e integrantes de minorías en altas posiciones gubernamentales al igual que Bill Clinton, cuya administración fue la más racialmente diversa de la historia de Estados Unidos. "El Presidente está muy comprometido con la diversidad de pensamientos, de orígenes profesionales, de geografía, etnia y género", expresó Clay Johnson, quien coordinaba las reuniones de Bush. Para marzo de 2001, observó, el 27 por ciento de los votos con peso para Bush fueron femeninos y entre el 20 y 25 por ciento correspondieron a integrantes de minorías.[10]

Al igual que muchos conservadores, Bush cree que los intereses de los negros, así como también los de los blancos, se satisfacen mejor mediante políticas raciales neutras. "En el esfuerzo para evitar los males de los prejuicios raciales, no debemos utilizar medios que creen otro mal y perpetúen de ese modo las divisiones", dijo.

De hecho, Heather Mac Donald, miembro experimentada del Manhattan Institute, explica que "la clase dirigente hace todo lo posible para contratar tantos empleados negros como sea posible. Si uno es un estudiante secundario negro que se gradúa hoy con calificaciones modestas en el SAT, las universidades se desviven por tratar de persuadirlo para que se inscriba."

No obstante, David Wellman, un profesor blanco de estudios comunitarios de la University of California, Santa Cruz, ve una realidad opuesta. "La raza no sólo sí importa, sino que los blancos cuentan con ventajas porque los negros no las tienen", explica Wellman, coautor del libro en preparación *Whitewashing Race.* "Ése es el pequeño secreto sucio sobre el que ya nadie desea hablar.

Todos quieren creer que el racismo se ha resuelto esencialmente a través de las leyes", insiste. "Desafortunadamente, cuando se examinan las evidencias en términos de educación, delito y bienestar, es muy sorprendente ver cuán importante sigue siendo la raza".

Algunos eruditos sostienen que, a falta de discriminación manifiesta, los negros deben aceptar parte de la culpa si su situación no es igual a la de los blancos. "El control que ejerce el Culto a la victimología insta al estadounidense negro desde su nacimiento a obsesionarse con los vestigios del racismo y a restarle importancia resueltamente a todas las señales de su desaparición", escribe John McWhorter, profesor de la University of California, en Berkeley.[11]

Faith Mitchell, vicedirectora de la división on Behavioral and Social Sciences del National Research Council, reconoce que sus congéneres afroamericanos han progresado mucho, pero sólo hasta cierto punto. "Sí, existe una clase media creciente", explica, "pero todavía es desproporcionadamente pequeña en relación con la población negra. La clase baja crece más rápidamente".[12]

Mientras negros y blancos examinan las relaciones raciales en Estados Unidos, aquí se exponen algunas de las preguntas que se formulan:

La mayoría de los prisioneros son negros e hispanos

En 2002 las minorías representaron aproximadamente dos tercios de los 1.8 millones de hombres estadounidenses mayores de 18 años en las cárceles locales y en las prisiones estatales o federales.

Hombres en cárceles y prisiones estadounidenses
(a partir del 30 de junio de 2002)

		Porcentaje total de prisioneros	Porcentaje de razas en la población estadounidense
Blancos	630,700	34.0%	75.0%
Negros	818,900	44.0	13.0
Hispanos	342,500	18.5	12.0
Total	**1,848,700**		

Nota: Los indios americanos, nativos de Alaska, nativos de Hawai y otros habitantes de las Islas del Pacífico están incluidos en el total.

Fuente: U.S. Department of Justice, Bureau of Justice Statistics, "Prison and Jail Inmates at Midyear 2002," abril de 2003

¿Es todavía un problema la discriminación en EE.UU.?

En 1988, cuando se inauguró un centro de tratamiento a largo plazo en Indianápolis para abusadores de menores condenados, los vecinos lo aceptaron sin muchas protestas. Sin embargo, tres años después, cuando se convirtió en un establecimiento para veteranos sin techo, la mitad de ellos negros, los blancos del vecindario destrozaron un auto y quemaron una cruz.

"Un cuadro de abusadores blancos de niños era obviamente aceptable", escribió Randall Kennedy, un profesor negro de la facultad de derecho de Harvard, "¡pero la presencia de negros convirtió a un grupo racialmente integrado de veteranos sin hogar en algo intolerable!"[13]

El caso de Indianápolis fue inusualmente manifiesto, comenta Leonard Steinhorn, profesor de la American University y coautor del libro *By the Color of Our Skin: The Illusion of Integration and the Reality of Race.* Gran parte de la oposición contra la integración racial es mucho más sutil, agrega. "Actualmente, cuando se muda al vecindario una persona negra, muchas personas blancas la aceptan, o incluso les agrada", afirma Steinhorn. "No obstante, una o dos familias se ponen nerviosas y se mudan de barrio. Pueden llegar a mudarse más negros, porque ven que los primeros han sido aceptados. Luego otros blancos deciden que prefieren mudarse.

"Es un fenómeno lento y gradual, no la reacción espontánea y repentina que experimentamos en el pasado", explica Steinhorn. Aun si los afroamericanos disfrutasen del mismo nivel socioeconómico que los blancos, la mayoría de estos últimos no permanecería en el vecindario una vez que tuviera un porcentaje de habitantes negros del 10 al 15 por ciento, afirma.

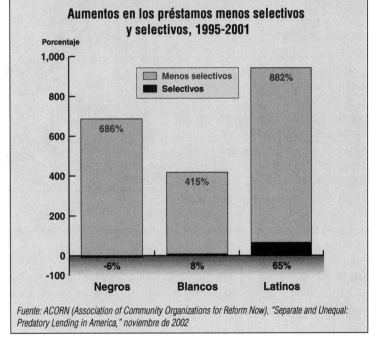

Aumentan los préstamos rapaces

El número de préstamos hipotecarios de vivienda no selectivos, o préstamos con altas tasas de interés, honorarios exorbitantes y condiciones perjudiciales, se ha disparado en estos años. El aumento de estos préstamos rapaces ha sido más pronunciado entre las comunidades de minorías, especialmente entre los latinos. Al mismo tiempo, el número de préstamos selectivos, con menores tasas de interés ha disminuido para los negros, pero se ha incrementado para los blancos y los latinos. Los préstamos menos selectivos están destinados a gente que no puede obtener un préstamo selectivo convencional con la tasa de interés bancaria estándar. Los préstamos tienen tasas de interés más altas para compensar el riesgo potencialmente mayor que representan estos prestatarios. No obstante Fannie Mae (Federal National Mortgage Association) calcula que aproximadamente la mitad de todos los prestatarios menos selectivos podrían haber calificado para una hipoteca de menor costo. Los propietarios ancianos, las comunidades de color y los vecindarios de bajos ingresos son los más afectados por tales prácticas. En 2001, los préstamos menos selectivos representaron el 9 por ciento de todas los préstamos convencionales para la compra de viviendas en Estados Unidos.

Aumentos en los préstamos menos selectivos y selectivos, 1995-2001

Porcentaje

- Menos selectivos
- Selectivos

Negros: 686% / -6%
Blancos: 415% / 8%
Latinos: 882% / 65%

Fuente: ACORN (Association of Community Organizations for Reform Now), "Separate and Unequal: Predatory Lending in America," noviembre de 2002

No obstante, algunos observadores afirman que actualmente la segregación es más un asunto de elección que de intolerancia. "El escape de los blancos es tan generalizado como siempre", dice Jared Taylor, director de la revista *American Renaissance*, quien ha sido descrito como un nacionalista blanco. "Aunque pocos lo admiten, la gente prefiere la compañía de gente similar y la raza es un factor importante. Dada la oportunidad, pasan su tiempo en grupos homogéneos. Es parte de la naturaleza humana".

Los sentimientos de Taylor son repetidos por Carol Swain, una profesora negra de derecho y ciencias políticas de la Vanderbilt University. "Obviamente la división existe, y muy sutilmente", expresa, aunque es parte de "la naturaleza humana favorecer a su propio grupo étnico". De hecho, muchos "separatistas negros" sostienen que los afroamericanos pueden lograr más al manejar sus propios negocios en sus propias comunidades, en lugar de buscar oportunidades entre los blancos.

"Preferiría ver más integración", opina Bob Zelnick, presidente del departamento de periodismo de la Boston University y miembro de la conservadora Citizens' Initiative on Race and Ethnicity. "Pero no creo que sea una señal de fracaso el que la gente prefiera vivir entre su propia raza. Hay algo de discriminación persistente [en Estados Unidos], pero creo que la familia de clase media o clase media alta perteneciente a una minoría decidida a vivir en un vecindario blanco puede hacerlo".

Zelnick no está "demasiado preocupado" por los patrones aislados de la vida residencial, pero sólo "con tal de que los afroamericanos cuenten con la oportuni-

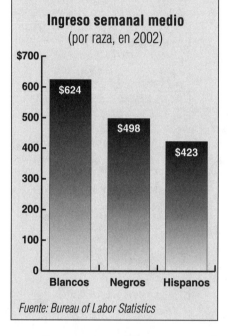

Los blancos ganan más dinero

En 2002, el trabajador blanco promedio ganaba $126 más a la semana que el trabajador negro promedio y $201 más que el hispano promedio.

Ingreso semanal medio
(por raza, en 2002)

Fuente: Bureau of Labor Statistics

dad real de obtener acceso a oportunidades educativas e instituciones de educación superior, y mientras tengan acceso a oportunidades laborales después de la universidad o la secundaria".

Sin embargo, otros señalan rápidamente que, de hecho, las oportunidades educativas no se distribuyen equitativamente entre todas las razas. Mencionan una decisión reciente en la cual el Tribunal de apelaciones de Nueva York descubrió que el antiguo sistema de la ciudad que proporciona menos dinero a las escuelas urbanas que a los colegios suburbanos más ricos viola la constitución estatal porque priva a los estudiantes de una educación equitativa. El tribunal fijó a los estados un límite de 13 meses para cambiar las fórmulas que asignan menos dinero a estudiantes urbanos, una práctica común en los distritos escolares estadounidenses.[14]

Mientras tanto, Stephan Thernstrom, profesor de historia de la Harvard University comenta que los estudios muestran que la segregación residencial ha ido disminuyendo desde los años 60. "[La segregación] se encuentra hoy en su nivel más bajo desde 1920", expresa. Los agentes de bienes raíces y vendedores de viviendas están más interesados en cerrar la negociación que en discriminar al comprador. Si existe la segregación residencial, es en gran parte una cuestión de elección.

No obstante, parte de la separación racial puede no deberse a elecciones mutuas. Un reciente análisis de las solicitudes de préstamos para viviendas en Chicago y en Los Ángeles, realizado por el Urban Institute, descubrió que no se daba a conocer información sobre negros e hispanos en "patrones estadísticamente importantes de trato desigual" que "favorezcan sistemáticamente a los blancos".[15] En otro estudio, las mujeres afroamericanas tenían acceso a la mitad de las propiedades en alquiler que los hombres blancos debido a disparidades en la información que éstas recibían.[16]

Al mismo tiempo, las escuelas públicas sureñas se encuentran en un proceso de "resegregación". Según investigadores del Harvard Civil Rights Project, la proporción de estudiantes negros en escuelas sureñas con mayoría blanca ha llegado a su punto más bajo desde 1968.[17]

Además, comenta el profesor Steinhorn de la American University, hoy todavía existen muchas formas de discriminación de facto, tales como tomarles exámenes escritos a los postulantes negros para un empleo, pero no a los blancos; hacer que los guardias de seguridad de las grandes tiendas sigan más de cerca a los negros que a los blancos; y droguerías que no venden productos para el cabello para afroamericanos para desalentar su clientela.

"Para tener significado no necesita ser segregación legalizada de alto perfil", explica Steinhorn. "Es parte de la vida. Si es una muerte lenta, es tan potente como que le digan a uno que debe sentarse al fondo del autobús".

¿Aún se ven perjudicados económicamente los negros a causa del racismo?

Casi todo el mundo está de acuerdo con que los negros, en general, están en una mucho mejor situación financiera que hace 40 años. Sin embargo, todavía poseen sólo una fracción de los bienes acumulados por los blancos. Por ejemplo, la proporción de negros que son propietarios de su vivienda se ha duplicado desde 1940, pero sigue estando un tercio por debajo del índice de los blancos.[18]

¿Estas disparidades entre las razas se deben al racismo o a factores socioeconómicos y a diferencias en los niveles educativos? Steinhorn y otros opinan que la persistente separación de razas implica consecuencias financieras para los negros. La segregación, por ejemplo, puede impedirles a los negros tener acceso a las redes sociales que conducen a buenos empleos. Algu-

Getty Images/Alex Wong

Manifestantes reflejan ambos puntos de vista del debate por la affirmative action tras el fallo de la Corte Suprema del 23 de junio que apoya el uso de la raza como factor en las admisiones por parte de la University of Michigan.

nos economistas también sostienen que los negros que viven en la ciudad sufren de "disparidad espacial", acceso desigual a empleos suburbanos ubicados cerca de áreas residenciales blancas. Los altos índices de criminalidad también obstaculizan la prosperidad económica de los negros.

"El delito disminuye el valor de las propiedades en ciudades y vecindarios en los que los negros tienden a vivir", explica George R. LaNoue, científico político de la University of Maryland, Condado de Baltimore.

Gran parte de la disparidad racial económica es resultado del legado histórico de la segregación, según opinan Steinhorn y otros. Las familias negras simplemente no han tenido tiempo para acumular riquezas que igualen las generaciones de propiedades y otros

Se ven menos modificaciones en los planes de admisión raciales

Los funcionarios de las universidades anticipan pocas modificaciones en las prácticas de admisión tras la aprobación limitada de la *affirmative action* por parte de la Corte Suprema. Sin embargo, quienes se oponen a la *affirmative action* prometen continuar la lucha en la corte y en otros lugares.

La mayoría de las universidades y postgrados que cuentan con políticas de admisión basadas en la raza utilizan un proceso individualizado de solicitud similar al sistema de la facultad de derecho de la University of Michigan, que fuera aprobado por el alto tribunal el 23 de junio, afirman funcionarios educativos y expertos. Agregan además que sólo una pocas escuelas otorgan a todos los postulantes de minorías una bonificación fija y cuantitativa similar a la utilizada en el colegio universitario de Michigan y que fuera considerada inconstitucional por la Corte.

El fallo del tribunal "tiene el efecto de definir las prácticas actuales como constitucionales"; explica Barmak Nassirian, vicedirector ejecutivo de la American Association of Collegiate Registrars and Admissions Officers.

No obstante, el director del conservador estudio de abogados de interés público que representó a los postulante blancos que no fueron seleccionados en Michigan, opina que la acción de la corte dificultará aún más que las universidades utilicen las preferencias raciales al descartar las fórmulas mecanicistas que él cree que son comunes. Terence Pell, presidente del Center for Individual Rights ubicado en Washington, aconseja a las universidades no utilizar los fallos judiciales como una "fachada" para preservar el statu quo.

"Algunas instituciones están decididas a seguir considerando la raza, y para ellas todo sigue igual", expresó Pell tras las resoluciones de la corte. El centro planea controlar las respuestas a los fallos, dijo Pell, y desafiar a toda universidad que asegure entrevistar a los postulantes individualmente; pero que sin embargo utilice una fórmula "mecanicista" para favorecer a los candidatos de minorías.[1]

El fallo de la corte mediante una votación de 6 contra 3 en el caso universitario, *Gratz vs. Bollinger*, culpó al College of Literature, Science and the Arts por otorgar a los postulantes de minorías una bonificación fija de 20 puntos de una calificación máxima de 150, de los cuales se necesitan 100 con el objeto de calificar para la admisión. En comparación, la mayoría de 5 contra 4 en el caso de la facultad de derecho, *Grutter vs. Bollinger*, descubrió que el proceso de admisión utilizado en esa facultad era inconstitucional porque los funcionarios consideraban a la raza o etnia como un único factor al tratar de lograr una "masa crítica" de candidatos pertenecientes a minorías para formar un cuerpo estudiantil diverso.

bienes heredados por los blancos. Es también más difícil para los negros invertir en activos importantes, tales como bienes raíces.

"No hay duda de que las minorías tienen menos posibilidades que los blancos de obtener financiación hipotecaria y que, si la consiguen, reciben préstamos y condiciones menos generosas", concluyó un estudio realizado por el Urban Institute en 1999.[19]

La educación es quizás el factor más importante que incide en los ingresos de los negros. Éstos sistemáticamente obtienen notas más bajas que los blancos en los exámenes estandarizados y la gente que obtiene calificaciones más altas usualmente puede acceder a salarios más elevados.

No obstante, el profesor McWorther de la University of California opina que la disparidad de los niveles educativos no puede atribuirse únicamente al racismo. "Un rasgo cultural es el factor propulsor de la disminución del rendimiento académico de los negros", escribe. "Se ha arraigado en la cultura negra estadounidense un recelo hacia los libros y el aprendizaje como cosas de 'blancos'.[20]

Nassirian opina que los fallos acelerarán un movimiento ya puesto en marcha entre las universidades y colegios universitarios hacia lo que los funcionarios de admisión denominan una "revisión completa del historial" de los postulantes. "La mayoría de los candidatos desean que se los trate con justicia", agrega, "y no quieren que se los elimine a causa de dos o tres datos".

No obstante, Bradford Wilson, director ejecutivo de la National Association of Scholars, ubicada en Princeton, Nueva Jersey, observa que la universidad defendió su sistema de bonificaciones fijas basándose en que era imposible realizar revisiones individualizadas debido al gran número de postulantes.

Los fallos de la corte llegaron tras un período de reducción de la *affirmative action* en algunos estados, incluso en tres que cuentan con grandes sistemas de universidades públicas: Texas, California y Florida. Texas se vio forzado a suspender las preferencias raciales en las admisiones tras una resolución del tribunal federal de apelaciones dictada en marzo de 1996 en una demanda contra la University of Texas Law School.[2] Los votantes de California aprobaron en noviembre de 1996 una iniciativa, Proposition 209, que prohibió la consideración de la raza o el origen nacional en las admisiones. Además, en febrero de 2000, el gobernador Jeb Bush, republicano de Florida, adoptó el programa denominado "One Florida" que de igual manera puso fin al hecho de tener en cuenta la raza en las admisiones a las universidades estatales.

En Texas, Larry Faulkner, rector del campus de la universidad en Austin, expresó que la facultad volvería a asumir alguna forma de política racial de admisión para la clase entrante en otoño de 2004.[3] Sin embargo, Richard Atkinson, rector de la University of California,

manifestó que la facultad continuaría cumpliendo la iniciativa estatal que prohíbe las admisiones que sólo tienen en cuenta la raza. En Florida, Bush también reafirmó la política contra la consideración de la raza en las admisiones universitarias.

Los tres estados adoptaron también los llamados planes de porcentajes que obligan a las universidades estatales a admitir a todo graduado secundario con calificaciones superiores a un límite establecido, por ejemplo el 10 por ciento superior en Texas. En un informe que se opone a las políticas de admisión de Michigan, la administración de Bush apoyó a la alternativa aparentemente neutra hacia las preferencias raciales. Sin embargo, en su dictamen sobre el caso de la facultad de derecho de la University of Michigan, la jueza Sandra Day O'Connor expresó que dichos enfoques "pueden obstaculizar" la evaluación individualizada de los postulantes e impedir a las universidades lograr diversidad en otros aspectos además de la raza.

— Kenneth Jost

[1] Citado en Diana J. Schemo, "Group Vows to Monitor Academia's Responses," *The New York Times,* 24 de junio de 2003, p. A22. Si desea consultar otras declaraciones y materiales, consulte el sitio Web del centro: www.cir.org.

[2] Este caso es *Hopwood vs. University of Texas Law School,* 78 F.3d 392.(5th Cir. 1996). La resolución, que la Corte Suprema se negó a revisar, también cubría a los estados de Louisiana y Mississippi.

[3] Las reacciones de los tres estados está compilada en Jeffrey Selingo, "Decisions May Prompt Return of Race-Conscious Admissions at Some Colleges," *The Chronicle of Higher Education,* 4 de julio de 2003, p. S5.

Thernstrom, el profesor de Harvard y coautor del próximo libro sobre disparidades raciales en la educación, *No Excuses: Closing the Racial Gap in Learning*, opina que la brecha educativa explica en gran parte la diferencia de ingresos. Demasiados estudios comparan injustamente los niveles de ingresos de negros y blancos que tienen el mismo nivel de educación, sostiene. Sin embargo, los negros obtienen en las evaluaciones estandarizadas notas más bajas que los blancos en el mismo grado, lo que indica que no reciben el mismo nivel de instrucción.

"Al medir el rendimiento educativo, no según el tiempo pasado en el aula, sino por lo que el alumno sabe, en su mayoría la disparidad racial en los ingresos desaparece", dice. "La gente de razas diferentes con iguales niveles cognitivos han obtenido la misma cantidad de dinero en nuestra sociedad durante los últimos 25 años. Incluso si los empleadores no discriminan a nadie por su raza, pagan más a los trabajadores más calificados".

Thernstrom cree que las malas notas de los negros en los exámenes no se deben tanto al racismo sino a fallas de la educación pública ofrecida entre el nivel prescolar y el 12vo grado en general. Él opina que concentrar los esfuerzos en la mejora de las escuelas contribuiría a la educación en general al tiempo que ayudaría a los negros y a otras minorías.

"En una sociedad comprometida con la igualdad de oportunidades, aún tenemos un grupo identificable de desposeídos de la educación, jóvenes afroamericanos y latinos", escriben Thernstrom y su esposa y coautora, Abigail Thernstrom, miembro experimentada del Manhattan Institute y miembro de la U.S. Civil Rights Commission. "Ellos le adjudican parte de la culpa a los miembros de esos grupos por no poder reforzar la educación y por una ética de trabajo cultural que a veces considera el logro como "hacerse el blanco o venderse".

No obstante, los Thernstrom culpan más severamente a las escuelas por no poder adaptarse a las diferencias culturales de los grupos y por no exigir a los estudiantes estándares elevados. "Se esta cometiendo una injusticia contra muchos niños blancos y asiáticos", escriben, "pero son las estadísticas de negros e hispanos las que sugieren una indiferencia terrible". [21]

Sin embargo, numerosas personas que opinan diferentemente y que citan la reciente decisión del tribunal de apelación de Nueva York, señalan que las políticas estadounidenses de subsidios escolares — los cuales, a diferencia de los de cualquier otro país, están basados en los valores de las propiedades son claramente parciales contra distritos escolares más pobres, los que a menudo están conformados por negros, latinos y otras minorías.

Sin embargo, William E. Spriggs, director ejecutivo del National Urban League's Institute for Opportunity and Equality, opina que incluso los negros altamente educados sufren mayores índices de desempleo que los blancos. "Año tras año, el índice de desempleo para graduados universitarios negros sigue aumentado", dice Spriggs, "mientras que se ha mantenido bastante estable para los blancos".

No obstante, las disparidades no terminan allí, agrega Spriggs, ex presidente de la National Economics Association negra. Los negros que poseen las mismas destrezas que los blancos ganan de un 10 a un 20 por ciento menos, explica. "Durante cada hora de trabajo, es una gran desventaja ganar 80 centavos en vez del dólar que gana otra persona", afirma. "No se puede comenzar la carrera con un 20 por ciento de rezago".

William Rodgers, profesor de economía del College of William and Mary de Williamsburg, Virginia, y ex economista líder del Department of Labor de la administración Clinton, concuerda con que las disparidades económicas no pueden basarse completamente en las diferencias educativas. "Incluso cuando llegan con destrezas y educación similares a la de sus pares blancos, las minorías todavía experimentan discriminación en el mercado laboral", explica, y los negros son los que menos llamadas y ofertas laborales reciben.

El profesor LaNoue de la University of Maryland admite que el racismo y la discriminación persisten, aunque admite que otros factores, tales como las limitadas oportunidades educativas, también pueden afectar a miembros de cualquier raza. Por tal motivo, LaNoue se opone a tratar de paliar las disparidades de ingresos a través de cupos raciales o programas especiales basados en la raza, pues opina que son injustos con los blancos que cuentan con pocas oportunidades.

Por la misma razón, se opone a los programas gubernamentales que destinan un cierto porcentaje de los contratos a empresas cuyos propietarios son integrantes de minorías. Con frecuencia, en este área creamos soluciones basadas en la raza que no son realmente congruentes con los problemas que tratamos de resolver, basados en la burda generalización de que toda la gente de una raza es privilegiada y toda la gente de otra no lo es", agrega.

¿El sistema de justicia criminal tiene prejuicios raciales?

El comediante negro Richard Prior solía hacer bromas acerca de ir a los tribunales para pedir justicia en Estados Unidos. "Y eso es exactamente lo que vi", dijo. "Sólo negros".

De hecho, los negros conforman en 13 por ciento de la población del país pero más del 40 por ciento de la población carcelaria estadounidense, según el Sentencing Project ubicado en Washington. Un negro nacido en 1991 tiene un 29 por ciento de posibilidades de pasar tiempo en prisión, en comparación con el 4 por ciento de los blancos. En 1995, uno de cada tres hombres negros de entre 20 y 29 años estaba en prisión, en período de prueba o en libertad condicional.[22]

CRONOLOGÍA

1940s–1950s *La Segunda Guerra Mundial y sus repercusiones presagian cambios importantes para los afroamericanos, al mismo tiempo que la emigración hacia el norte se intensifica y el movimiento de los derechos civiles se pone en marcha.*

1941 La Segunda Guerra Mundial causa una escasez inmediata de mano de obra industrial en Estados Unidos, lo que aumenta la migración de afroamericanos sureños hacia áreas urbanas del norte.

1947 Jackie Robinson se une a los Brooklyn Dodgers y, de esta manera, se convierte en el primer Negro en jugar béisbol en las Grandes Ligas.

26 de julio de 1948 El presidente Harry S. Truman pone fin a la segregación en las fuerzas armadas.

1954 El fallo histórico de la Corte Suprema en el caso *Brown vs. Board of Education* anula la anterior política "separados pero iguales" en la educación pública.

1955 Rosa Parks se niega a ceder su asiento en un autobús de pasajeros a un hombre blanco, lo que desata el boicot a los autobuses de Montgomery, Alabama.

1960s *El movimiento por los derechos civiles impulsa al Congreso a promulgar leyes destinadas a ponerle fin a la discriminación.*

1961 El presidente John F. Kennedy utiliza por primera vez el término "*affirmative action*".

1963 Martin Luther King Jr. da su conmovedor discurso "Tengo un sueño" en el Lincoln Memorial de Washington.

1964 La ley Civil Rights Act prohíbe la discriminación laboral basada en la raza, sexo u origen nacional.

1965 El presidente Lyndon B. Johnson ratifica la ley Voting Rights Act. En septiembre ordena a los empleadores federales que contraten activamente a integrantes de minorías.

1968 Martin Luther King es asesinado, lo que provoca disturbios raciales.

1970s–1980s *Se adoptan nuevas políticas tales como la* affirmative action, *lo que ocasiona una reacción violenta por parte de los blancos.*

1970 El presidente Richard M. Nixon exige a los empleadores establecer objetivos para la contratación de integrantes de minorías.

1978 En el caso *University of California vs. Bakke*, la Corte Suprema dictamina que las universidades sí pueden utilizar la raza como uno de los factores en las admisiones, pero no pueden imponer cupos.

1980 Ronald Reagan, enemigo de la *affirmative action*, es electo presidente. El Departamento de Justicia comienza a atacar las cuotas raciales.

1990–2000s *Mientras la* affirmative action *es recusada en los* tribunales, los incidentes con dejo racista siguen sacudiendo a la nación.

1991 El automovilista negro Rodney King es golpeado y pateado por oficiales blancos de la policía de Los Ángeles; la absolución de estos agentes en 1992 provoca disturbios.

1993 La Corte Suprema resuelve en el caso *Shaw vs. Reno* que la raza no puede utilizarse como el factor "predominante" en el diseño de los distritos políticos.

1996 Los electores de California aprueban la Proposition 209 que prohíbe la utilización de preferencias basadas en la raza o el género en todas las instituciones gubernamentales.

1998 Tres hombres blancos de Jasper, Texas, asesinan al afroamericano James Byrd Jr. arrastrándolo atado a una camioneta.

2002 El senador Trent Lott dice que el país estaría hoy mucho mejor si en 1948 el entonces gobernador segregacionista Strom Thurmond hubiera sido electo como presidente; tras protestas generalizadas, Lott renuncia como líder mayoritario del Senado.

15 de enero de 2003 El presidente Bush anuncia que su administración toma partido junto con los opositores de la *affirmative action* contra las políticas de admisión de la University of Michigan.

Junio de 2003 La Corte Suprema reafirma el uso calificado de la raza por parte de la University of Michigan como factor en las admisiones.

La palabra que empieza con N y otros símbolos racistas

"Si quiere irritar a la gente negra", explica la cantante de jazz Rene Marie de Atlanta, Georgia, "agite la bandera confederada, cante 'Dixie' o diga 'nigger'". Marie observa que la letra de "Dixie" no es en sí misma censurable. Sin embargo tiene connotaciones negativas para sus compañeros afroamericanos porque fue el himno del sur durante la Guerra Civil y a veces lo cantaban los blancos sureños como respuesta al movimiento de los derechos civiles. Marie desea reclamar "Dixie" para manifestar sus sentimientos de exclusión de la cultura sureña dominante a pesar de haber nacido en la región. "Esa canción habla de la nostalgia por el sur. Bien, la mayoría de la gente negra proviene del sur y también deben poder expresar esos sentimientos".

No obstante, la versión emocionalmente vulnerable de Marie, habla de diferentes recuerdos del antiguo sur. Sobre el escenario, pasa de "Dixie" a "Strange Fruit", la gráfica canción acerca de los linchamientos, hecha famosa por la cantante de jazz Billie Holiday. Aunque con su fuerte ritmo y gritos desgarradores, la interpretación de Marie es más agresiva que la de Holiday.

Marie recuerda sentirse nerviosa por no saber cómo reaccionaría el público al popurrí, especialmente, los oyentes negros. Ahora, cuando comienza a cantar "Dixie", sus admiradores aplauden. Aun así, el efecto combinado de las dos canciones es desgarrador, un iracundo recordatorio de los más terribles legados del sur.

Algunos cantantes negros y otros afroamericanos han intentado reconfigurar el significado de la palabra "nigger", a la cual el fiscal de Los Ángeles Christopher Darden célebremente denominó como "la palabra más sucia, asquerosa y repugnante del idioma inglés" durante el juicio a O.J. Simpson. Ha sido "un insulto común e influyente" al menos desde la década de 1830, escribe el profesor de Harvard University Randall Kennedy en su reciente libro acerca de la odiosa palabra.[1]

Actualmente, muchos negros utilizan el término como sinónimo de "amigo" o simplemente para significar una persona negra.[2] "Cuando nos decimos 'nigger', no pasa nada", dice la estrella de rap y actor Ice Cube. "Pero si lo usa una persona blanca, es diferente, es una palabra racista".[3]

El comediante negro Chris Rock bromea sobre las diferencias entre la gente negra y los "niggers", y luego continúa con una historia en la que le da un puñetazo a un admirador blanco por repetir el mismo material. Para los negros, los blancos que utilizan la palabra ofrecen un recordatorio insultante de que los perciben como inferiores, una casta ubicada a un nivel al que los blancos nunca podrían caer. (El senador Robert C. Byrd, de Virginia, quien de joven formó parte del Ku Klux Klan, tuvo que disculparse por referirse en dos ocasiones a "white niggers" cuando salió en Fox TV en el año 2001.)

Muchos afroamericanos sostienen que hay más negros en la cárcel porque tanto la policía como los fiscales se concentran en ellos con más frecuencia. Muchos negros opinan que han sido detenidos por el "delito" de "manejar bajo la influencia de ser negro". "Ninguna otra cosa ha dañado más las relaciones raciales", escribe el profesor Kenny de Harvard, "que las políticas discriminatorias, de conformidad con las cuales se vigila, interroga y detiene más a los negros que a otros".[23]

Las demandas que desafían la constitucionalidad del perfilamiento racial han conducido a arreglos extrajudiciales en California, Maryland y otros estados, muchos de los cuales han revisado sus políticas de detención de automovilistas.[24] En marzo, Nueva Jersey se convirtió en el primer estado en prohibir el perfilamiento.[25] Y en junio, el presidente Bush prohibió el perfilamiento racial a nivel federal, excepto en casos que involucren terrorismo y seguridad nacional.

No obstante, la Srta. Mac Donald, del Manhattan Institute, autora del libro *Are Cops Racist?* opina que la policía no selecciona a los negros debido a la raza. "No es el racismo lo que hace que los departamentos de poli-

Durante el año pasado, los gobiernos locales desde Baltimore a San Jose aprobaron resoluciones que prohíben el uso de dicha palabra.[4] De hecho, sigue siendo un insulto tan poderoso que algunos blancos manifiesten no ser racistas por el sólo hecho de que se abstienen de decirla. Un mafioso que se refirió a los negros como "spades", "shines" y "coons" insistió ante el autor Studs Terkel que a pesar de eso no era racista. "¿Me ha escuchado alguna vez decir 'nigger'? ¡Jamás![5]

Blancos y negros siguen en conflicto acerca de la bandera confederada. Para los afroamericanos, las "estrellas y barras" son un recordatorio no sólo de la lucha realizada por el sur para preservar la esclavitud, sino también de su resistencia a la desegregación. Algunos estados volvieron a izar la bandera confederada, o agregaron aspectos de la misma a sus banderas estatales oficiales durante los años 50 y 60 para simbolizar su rebeldía ante las presiones de los derechos civiles.

Desde 1999, la National Association for the Advancement of Colored People (NAACP) ha organizado boicots económicos a estados que izan la bandera confederada. Desde entonces, Carolina del Sur ha quitado la bandera del mástil del Capitolio, mientras que los votantes de Mississippi optaron por retenerla. En Georgia, el gobernador republicano Sonny Perdue fue electo el otoño pasado en gran parte debido a su promesa de dejarles decidir a los electores si se debía reincorporar la cruz confederada a la bandera estatal.[6]

Numerosos blancos sureños sostienen que la bandera confederada, a la cual muchos sureños llaman "la bandera de batalla", no está diseñada para ser racista, sino que representa su herencia y es una expresión de orgullo.

"En verdad, en el sur, la bandera de batalla es tan omnipresente que no posee un único significado", explica William Rolen, coordinador de defensa de la herencia sureña del Council of Conservative Citizens de Tennessee. No sólo es un emblema que se encuentra en incontables calcomanías de parachoques, sino que se venden millones de camisetas para niños estampadas con la bandera confederada. No obstante, decenas de distritos escolares sureños las han prohibido.[7]

"Resulta totalmente inconcebible que a cualquier otro grupo que haya sido partidario de algo tan vil y que haya sido derrotado se le permita este lugar de honor"; manifiesta William Spriggs, director ejecutivo del National Urban League's Institute for Opportunity and Equality, refiriéndose a las capitales sureñas donde flamea la bandera. "Es difícil imaginarse al alcalde de París izando una bandera nazi porque los alemanes gobernaron Francia durante parte de la Segunda Guerra Mundial".

---

[1] Randall Kennedy, *Nigger: The Strange Career of a Troublesome Word* (2002), p. 4.

[2] Clarence Page, "A Word That Wounds — If We Let It," *Chicago Tribune,* 12 de octubre de 1997, p. 25.

[3] Citado en Kennedy, *op. cit.,* p. 41.

[4] Sarah Lubman, "Black Activists in S.J. Mount Campaign to Eliminate Slur," *San Jose Mercury News,* 28 de enero de 2003, p. A1.

[5] Studs Terkel, *Race: How Blacks and Whites Think and Feel About the American Obsession* (1992), p. 5.

[6] Consulte "Phew," *The Economist,* 3 de mayo de 2003, p. 33.

[7] "Dixie Chic," *People,* 10 de marzo 2003, p. 100.

---

cía inspeccionen los vecindarios negros", afirma. "Son los delitos".

Apenas el comparar los números de las detenciones y arrestos con los datos en bruto de los censos es un ejercicio de lógica falsa, sostiene. "La manera que tienen los activistas antipolicía de exponer las cifras es muy inteligente", afirma Mac Donald. "Comparar registros de arrestos de negros y blancos es tan falaz como quejarse porque se arresta a muy pocos ancianos, a pesar de que no cometen tantos delitos violentos como la gente joven", agrega.

Las demandas judiciales por perfilamiento, advierte Mac Donald, pueden hacer que la policía recele de perseguir a los delincuentes negros, por miedo a exceder la cuota permitida de arrestos de afroamericanos. En Cincinnati, donde la policía cambió sus tácticas luego de que los negros causaran disturbios en 2001, los arrestos disminuyeron un 30 por ciento en 2002, pero los homicidios alcanzaron su punto más alto en 15 años, observa.[26]

En un estudio muy citado, Michael Tonry, director del University of Cambridge's Institute of Criminology, sostiene que se encierra a un mayor número de negros porque cometen "delitos más merecedores de cárcel".[27]

Quizás aún más conmovedora fue esta declaración de Jesse Jackson: "No encuentro nada más doloroso en esta etapa de mi vida que caminar por la calle, escuchar pasos y pensar en ladrones, y al darme vuelta comprobar que es alguien blanco y entonces sentirme aliviado".[28]

Sin embargo, algunos críticos opinan que cuando los negros cometen un delito, no reciben un trato justo por parte del sistema de justicia criminal. Aunque incluso los críticos del sistema admiten que hay poca información para comparar cómo se juzga a negros y blancos por los mismos delitos, el profesor Wellman de la University of California cita estudios en Georgia y Nueva York que muestran diferencias raciales en las condiciones de encarcelamiento impuestas por delitos similares.

Miembros del Congressional Black Caucus — incluso el representante John Conyers, demócrata por Michigan, el demócrata más importante del Judiciary Committee — a menudo reclaman que las pautas de condena son mucho más severas para casos de crack de cocaína, en su mayoría utilizado y vendido por negros que para la cocaína en polvo, utilizada principalmente por los blancos. Sin embargo, los críticos de ese argumento observan que el Black Caucus ejerció una gran presión para obtener leyes más severas contra el crack precisamente porque es un flagelo de las comunidades predominantemente negras.[29]

No obstante, las mayores disparidades surgen debido al lugar donde la policía concentra sus esfuerzos de control, explica Mark Mauer, subdirector del Sentencing Project. "El uso y el abuso de drogas ignora las barreras de clase y raza, pero las fuerzas policiales antidrogas se ubican en las zonas deprimidas de los centros de las ciudades", dice Mauer. Además, señala, los adolescentes blancos suburbanos a quienes se atrapa portando drogas pueden ser enviados a programas de rehabilitación en lugar de ser juzgados, pero no se les ofrece el mismo tratamiento a los negros: "En una comunidad de bajos ingresos, esos recursos no se aplican en la misma medida, por lo tanto es muy probable que [la posesión de drogas] se defina como un problema de la justicia criminal".

Los críticos del sistema de justicia criminal también sostienen que los delitos callejeros son juzgados más severamente que los administrativos, cometidos principalmente por personas blancas. Pero eso se debe a que el fraude fiscal y el abuso de valores son una preocupación social menor que el robo a mano armada, explica el sociólogo de Harvard, Christopher Jencks. "Si se pudiera elegir, casi todos prefieren que se les robe por computadora en lugar de a punta de pistola", escribe.[30]

Se observa también disparidades raciales en la aplicación de la pena de muerte, según informa un estudio reciente realizado en Maryland. Este estudio descubrió que era más probable que los negros que asesinaban a blancos enfrentaran la pena de muerte que otros asesinos ya sean blancos o negros que asesinaban a otros negros.[31] En marzo, un comité designado por un tribunal de Pennsylvania anunció que el estado debía suspender las ejecuciones hasta luego de realizar un estudio de prejuicio racial.[32] Varios otros estados han encargado estudios para determinar si la pena de muerte se aplica más a menudo o injustamente a los negros.

"En general, la discriminación por la raza del acusado ha disminuido tremendamente", explica David Baldus, profesor de derecho de la University of Iowa que ha estudiado el impacto de los prejuicios raciales en la pena de muerte. "Sin embargo, la discriminación por la raza de la víctima sigue existiendo".

ANTECEDENTES
El camino a la emancipación

A mediados de 1619, se había traído los primeros esclavos africanos a Virginia, y en 1649 la esclavitud estaba bien establecida, mayormente en las colonias sureñas. Entre 1680 y 1750, los habitantes negros de las colonias aumentaron de menos del 5 por ciento de la población a más del 20 por ciento.[33] Al aumentar la esclavitud, también lo hizo el carácter represivo de las leyes raciales que regían a los que no eran esclavos. A principios del siglo XVIII, los negros libres sufrieron impuestos más elevados y castigos penales más severos que los colonos blancos; además, varios estados sureños les negaron el derecho al voto.

Sin embargo, los blancos solicitaron apoyo a los negros en la guerra contra los británicos en la Revolución estadounidense. En parte, esto fue producto natural de los ideales igualitarios que se habían convertido en la llamada a la unión estadounidense, aun cuando el Congreso Continental eliminó las referencias antiesclavistas del borrador de la Declaración de Independencia redactado por Thomas Jefferson.

"¿Cómo se explica que los gritos más fuertes de libertad provengan de los tratantes de negros?", se burlaba el autor británico Samuel Johnson.[34]

Sin embargo, los comandantes británicos le prometían libertad a todo esclavo que luchara a su favor, y por eso los estadounidenses igualaron la oferta. A mediados de 1775, George Washington, quien se había opuesto originariamente a reclutar soldados negros, escribió: "El éxito dependerá de cuál de los lados pueda armar a los negros con mayor rapidez".[35]

Para fines de la guerra, la mayoría de las colonias y el Congreso Continental reclutaban negros con la promesa de darles la libertad como recompensa por su lucha. Miles sirvieron como soldados y trabajadores, mientras otros miles aprovecharon la confusión de la guerra para escapar de sus amos blancos del sur.

No obstante, en muchos casos las promesas de libertad resultaron ser falsas. Tras la guerra, la mayoría de los estados de Nueva Inglaterra prohibieron la esclavitud, pero los estados sureños, por supuesto, continuaron la práctica.

Muchas de las ganancias económicas obtenidas por los negros durante la guerra duraron poco y su situación política y legal pronto también desapareció. La ley Fugitive Slave Law de 1793 solicitaba la ayuda de los tribunales federales para regresar los esclavos fugitivos a sus amos. Al aumentar el temor de revueltas de esclavos, el abolicionismo nunca echó raíces en el sur, y a principios del siglo XIX varios estados norteños les quitaron el derecho de voto a los negros libres.

Una gran cantidad de estados fronterizos prohibieron la entrada no sólo a los esclavos sino a todos los negros, puramente por razones de odio racial, como lo aclaran los debates de la época. Luego una nueva ley, la Fugitive Slave Act de 1850, expandió el rol del gobierno federal en la búsqueda de esclavos fugitivos.

El Reverendo Martin Luther King Jr. dio su conmovedor discurso "Tengo un sueño" durante la Marcha a Washington en agosto de 1963. El asesinato de este líder de los derechos civiles cinco años más tarde provocó disturbios raciales en muchas ciudades.

La vida de los negros libres era en verdad endeble, una situación perfectamente aclarada por la decisión *Dred Scott* de 1857 tomada por la Corte Suprema. El infame fallo determinaba que los esclavos fugitivos como Scott seguían perteneciendo a sus amos, incluso después de haber escapado a estados libres. La corte también explicaba que las personas de ascendencia africana jamás podían llegar a ser ciudadanos con derecho a entablar demandas y anuló las prohibiciones contra la esclavitud en los territorios fronterizos.

A principios de 1861, el Congreso aprobó una enmienda constitucional que protegía el establecimiento de la esclavitud, aunque nunca fue ratificado por los requeridos tres cuartos de los estados. Aparentemente la medida fue diseñada para disipar los temores de los sureños a que la elección en 1860 del presidente Lincoln, quien estaba en contra de la esclavitud, pusiera en riesgo la misma en el sur. No convencidos, 11 estados sureños se separaron de la Unión en 1861. Poco después, se desató la guerra en el país.

El surgimiento de 'Jim Crow'

El 1 de enero de 1863, Lincoln emitió su Proclamación de la Emancipación, liberando así a todos los esclavos de los territorios de la unión y de los de la frontera.

Aunque Lincoln no deseaba convertir la esclavitud en el tema central del conflicto entre el Norte y el Sur, la Confederación se aferró al tema. Incluso antes de emitir la proclama, Lincoln, al igual que Washington, reconoció que utilizar negros como soldados era "una necesidad militar".

Tras la victoria del Norte, el Congreso aprobó las enmiendas constitucionales 13, 14 y 15, la cuales anularon la decisión *Dred Scott* y le otorgaron a los negros la ciudadanía y el derecho al voto. Los estados sureños que deseaban volver a ser parte de la Unión tenían que ratificar las enmiendas.

Luego de que un antiabolicionista asesinara a Lincoln en 1865, sus sucesores se mostraron renuentes a adjudicarles a los negros más derechos civiles, y la Corte Suprema hizo poco para fomentar el respeto de las leyes de derechos civiles existentes.

De hecho, envalentonados por las interpretaciones de la corte que privilegiaban los derechos de los estados sobre los de los negros, los estados sureños aprobaron una serie de leyes llamadas Jim Crow que despojaban a los negros de su estatus y de sus protecciones legales. La ley llevaba el nombre de un trovador y estaba cuidadosamente redactada utilizando un lenguaje racialmente neutro para aprobar la inspección constitucional. De manera más infame, en 1896 la Corte Suprema confirmó las leyes segregacionistas, mediante un fallo en el caso *Plessy vs. Ferguson* que aceptaba la segregación racial en distintos lugares siempre que al segregado se lo acomodara en un sitio "igual".

Pronto Oklahoma exigió cabinas telefónicas "separadas pero iguales". Nueva Orleáns mantuvo separadas a las prostitutas negras de las blancas. Florida y Carolina del Norte prohibieron a los blancos leer libros que hubieran sido utilizados por los negros.[36] Mientras tanto, durante la primera mitad del siglo 20, las escuelas sureñas para negros recibían sólo una fracción del dinero destinado a la educación de los blancos. Como lo explicó el entonces gobernador de Mississipi James K. Vardaman en 1909, "El dinero que hoy se dedica al mantenimiento de las escuelas públicas para negros se le roba al hombre blanco y se desperdicia en los negros."[37]

En muchos lugares, se privaba sistemáticamente a los negros del derecho al voto, y, entre el período de reconstrucción que siguió a la Guerra Civil y el final del siglo, el número de votantes de color disminuyó un 90 por ciento o más en los estados sureños. La Corte Suprema, cada vez más influida por el juez (y ex miembro del Ku Klux Klan) Edward White, prestaba oídos sordos a las quejas más sonoras sobre el abuso del derecho al sufragio.

Algunos líderes sureños comenzaron a hacer alarde acerca de los esfuerzos coordinados de la región para marginar, e incluso eliminar, a los negros. "Hemos hecho todo lo posible", expresó Ben Tillman de la Convención Constitucional de Carolina del Sur. "Nos hemos calentado la cabeza pensando en cómo podríamos eliminarlos a todos. Llenamos las urnas. Les disparamos. No nos avergonzamos".[38]

Durante algunos años a fines de siglo, los linchamientos fueron más populares que las ejecuciones. En un reciente libro sobre la historia de los linchamientos, el autor Philip Dray observa que se lincharon a más de 3,400 negros entre 1882 y 1944. "¿Es posible que los estadounidenses blancos comprendan la desconfianza de los negros en el sistema judicial, sus temores hacia el perfilamiento racial y hacia la policía, sin entender cuán poco valía la vida de un negro durante tanto tiempo en la historia de nuestra nación?", pregunta Dray.[39]

Los negros comenzaron a mudarse al norte en busca de mejores empleos y más oportunidades políticas. Las tensiones raciales durante la crisis económica tras la Primera Guerra Mundial condujo a disturbios en 1919 en aproximadamente veinticuatro ciudades norteñas. Sin embargo los blancos no pudieron expulsar a los negros, a pesar de haber arrojado docenas de bombas incendiarias a los hogares de éstos.

En cambio, a comienzos de los años 20, los blancos abandonaron las ciudades en grupos numerosos, un fenómeno que se denominó la "huída de los blancos". A menudo los empleos seguían a los blancos a los suburbios. A mediados de 1940, 80 por ciento de los negros urbanos del país vivían en vecindarios separados, en comparación con menos de un tercio en 1860.[40] Mientras tanto, ninguno de los cinco estados del sur profundo de los Estados Unidos, hogar del 40 por ciento de la población negra del país, contaba siquiera con un solo policía negro.[41]

La era de los derechos civiles

Al igual que en las guerras Revolucionaria y Civil, las presiones de la Segunda Guerra Mundial contribuyeron al avance de la desegregación racial. En 1941, mientras miles de afroamericanos planeaban marchar a Washington para protestar contra la discriminación de contratación en la industria de defensa, el presidente Franklin D. Roosevelt firmó una orden ejecutiva que prohibía dicha discriminación y creaba el Fair Employment Practices Committee (FEPC) para investigar tales reclamos. (A pesar de que la marcha planeada se canceló, la idea resurgiría en 1963, brindándole la ocasión al famoso discurso "Tengo un sueño" pronunciado por el líder del movimiento de los derechos civiles, Martin Luther King Jr.)

Al mismo tiempo, millones de negros sureños seguían emigrando a las ciudades del norte en búsqueda de empleos manufactureros; más de 3 millones de afroamericanos se mudaron al norte entre 1940 y 1960.[42]

En 1948, el presidente Harry S. Truman, cediendo ante la presión de los negros, a quienes necesitaba para obtener apoyo político, y debido a la repugnancia que sentía al ver cómo los veteranos negros que volvían de la guerra sufrían ataques físicos, firmó una orden ejecutiva que abolía la segregación en las fuerzas armadas. Esta iniciativa, en conjunto con un sólido puntal a los derechos civiles en la plataforma presidencial del partido democrático en ese año, impulsó a muchos sureños a marcharse de la convención demócrata manifestando su descontento por el nuevo compromiso del partido para con los derechos civiles. Entonces el gobernador de Carolina del Sur, Strom Thurmond, se postuló para la presidencia como el candidato del Partido de los Derechos Estatales (States' Rights Party), más conocido como el Partido de los Dixiecrats, que se oponía a la política integracionista. Cuatro estados sureños apoyaron a Thurmond.

El 17 de mayo de 1954, en el histórico fallo *Brown vs. Board of Education*, la Corte Suprema de Estados Unidos declaró unánimemente que las instalaciones educativas separadas eran "intrínsecamente desiguales" y por lo tanto violaban la 14va Enmienda de la Constitución, que garantiza "igual protección bajo la ley a todos los ciudadanos". La Corte ordenó que se procediera a implementar la integración en las escuelas con "deliberada celeridad". Sin embargo, el sur se mostró renuente. Varios años después del fallo, menos del 2 por ciento de los estudiantes negros sureños asistían a colegios integrados.[43]

Pero si los blancos sureños eran desafiantes, también lo eran cada vez más los negros. En 1955, en Montgomery, Alabama, Rosa Parks se negó a cederle el asiento del autobús a un hombre blanco. Su arresto generó un boicot contra los autobuses dirigido por King, incidente que finalmente condujo a la decisión de la Corte Suprema de prohibir la segregación en los autobuses.

Otros negros hicieron públicas sus exigencias de derechos iguales mediante sentadas en restaurantes, marchas y "caminos hacia la libertad" ("freedom rides".) Se los combatió con violencia, al igual que las instrucciones de integrar las escuelas. En 1957, el presidente Dwight Eisenhower federalizó la Arkansas National Guard para forzar la entrada de nueve estudiantes negros a la escuela secundaria Little Rock's Central High School. Cinco años más tarde, el presidente John F. Kennedy tomó la misma decisión como respuesta a la violencia por parte de los blancos cuando James Meredith se convirtió en el primer negro inscrito en la University of Mississipi.

El 11 de junio de 1963, tras una confrontación acerca de la negativa del gobernador George Wallace para permitir que los estudiantes negros se inscribieran en la University of Alabama, Kennedy anunció en un discurso televisivo que presionaría al Congreso para que aprobase un proyecto de ley sobre derechos civiles que había estado archivado durante años. Como era normal durante los años 60, expresó la importancia del proyecto en los términos más enérgicos para mejorar la imagen de Estados Unidos en el exterior, un importante factor estratégico durante la Guerra Fría.

Cinco meses más tarde Kennedy fue asesinado y el presidente Lyndon B. Johnson juró que aprobar el proyecto de derechos civiles sería una conmemoración apropiada. Johnson eventualmente sobrevivió a la intervención parlamentaria, la táctica obstruccionista empleada comúnmente por los senadores sureños, contra tales proyectos.[44] El Senado votó para cerrar el debate y aprobó la sección más importante de la legislación sobre derechos civiles en la historia de la nación, la ley Civil

El fomento de la integración en los campus y más allá

Irini Bekhit nació en Egipto, pero se siente como en su casa en el New Jersey Institute of Technology (NJIT) de Newark. Cuando sus compañeros se reúnen, algunos se separan siguiendo las líneas raciales o étnicas, pero Bekhit dice que la mayoría de los estudiantes trabajan tan arduamente que no tienen tiempo para las rivalidades raciales que manchan a otros campus. Incluso muchas de las fraternidades son racialmente mixtas. "Todos aquí son tan diferentes, que no hay fundamentos para el tema", afirma Bekhit. "Uno se acostumbra tan sólo al caminar por aquí".

La revista *U.S. News & World Report* clasificó al NJIT como el octavo campus de doctorado más diverso de la nación.[1] La universidad cuenta con un 20 por ciento de estudiantes asiáticos, 9 por ciento negros, 9 por ciento hispanos y 18 por ciento extranjeros. El decano de estudiantes Jack Gentul opina que la facul-

Las fuerzas armadas estadounidenses, desegregadas por el presidente Harry S. Truman en 1948, son generalmente consideradas como un sólido ejemplo de integración.

tad tiene menos problemas raciales que la New York University, la cual cuenta con la proporción más grande de estudiantes internacionales en el país y donde administró programas de diversidad durante 15 años.

La mayoría de las instituciones exitosamente integradas trabajan arduamente para generar y mantener una atmósfera que incluya a todos. Las fuerzas armadas, desegregadas por el presidente Harry S. Truman en 1948, son promocionadas como un excepcional ejemplo de integración.

"Existen aspectos de la cultura militar que condujeron al cambio a pesar de una gran resistencia", explica Sherie Merson, coautor de un estudio sobre la integración militar. Esos aspectos incluyen la cultura militar de la meritocracia, su sentido colectivo de propósito, ante el cual las personas subordinan sus identidades individuales; y su estructura de ordenar y controlar, la cual puede

Rights Act de 1964, que prohibía la discriminación laboral y pública.[45]

No obstante, King y otros siguieron realizando un serie de protestas pacíficas en el sur, inclusive una marcha en 1965 desde Selma hasta Montgomery, Alabama, para protestar por la discriminación estatal y local contra los negros que deseaban ejercer su derecho al sufragio. Los manifestantes debieron enfrentarse a soldados estatales que blandían picanas para el ganado, porras y trozos de mangueras de goma envueltos en alambre de púas.

Como respuesta, Johnson propuso una ley para "abatir las restricciones al voto en todas las elecciones, federales, locales y estatales, que han sido utilizadas para

negarles a los negros el derecho a votar". La ley Voting Rights Act, aprobada por el Congreso en 1965, prohibió las exámenes de alfabetismo y dispositivos eliminatorios similares utilizados para alejar a los negros de las urnas. Johnson firmó la ley con la certeza de que debilitaría a su partido en el sur.

Ese mismo año, Johnson ordenó a los contratistas federales tomar una "*affirmative action* para garantizar que los postulantes [negros] consiguieran empleo". Él había declarado con anterioridad, "No se puede tomar a una persona que durante años ha estado encadenada y, al liberarla, ponerla en la línea de largada en una carrera y decirle 'eres libre de competir con todos los demás'."[46]

imponer programas a pesar de las objeciones de esas personas.

Por otra parte, el Departamento de Defensa conduce diligentemente los programas de conciencia racial para evitar que los prejuicios influyan en las decisiones. "Lo que marca la diferencia es la capacitación que brindamos. Ayuda a los oficiales a darse cuenta de que deben tratar a todos justa y respetuosamente, y de que no deben permitir que los prejuicios arraigados les hagan dar un trato preferencial a alguna persona"; explica el capitán Robert Watts, comandante del Defense Equal Opportunity Management Institute.

La demografía cambiante de Estados Unidos y la siempre creciente búsqueda de mercados extranjeros benefició a las empresas que contaban con un personal que se ajustaba, en cierta medida, al perfil de sus clientes, dice Weldon Latham, quien conduce la práctica de diversidad empresarial de Holland & Knight, una de los estudios de abogados mas diversos de la nación.

Sin embargo, incluso las organizaciones que se esfuerzan en reclutar negros descubren que las disparidades raciales pueden volver a introducirse en ellas. Los negros nunca han sido tan bien representados en los cuerpos de oficiales militares como entre el personal raso, e incluso la proporción de rangos rasos ha disminuido en años recientes al mejorar el mercado laboral.

El próspero vecindario de Shaker Heights, en Ohio, es promocionado a menudo por haberse rebelado contra la tendencia hacia la segregación residencial que predomina en el área de Cleveland. La ciudad ha destinado durante largo tiempo medio millón de dólares por año para brindar préstamos con bajas tasas de interés a gente que desea comprar una casa en los vecindarios donde su raza está subrepresentada. "Shaker Heights ha sido tan agresivo como cualquier otro lugar al tratar de resolver el asunto", asevera Ronald Ferguson, quien dicta clases en la Harvard University's Kennedy School of Government y es investigador adjunto mayor del Harvard's Weiner Center for Social Policy. "Trata de mantener la diversidad racial y, en cierta medida, socioeconómica".

No obstante, los funcionarios de la ciudad opinan que el alardeado programa de préstamos ha tenido pocos usuarios últimamente, en gran parte debido a que las tasas de interés son generalmente bajas. Como resultado, los habitantes locales se preocupan por la resegregación de muchas cuadras. Les inquieta especialmente que los padres blancos hayan comenzado a sacar a sus hijos de las escuelas públicas.

Jack Gentul, del NJIT, piensa que es alentador saber que los esfuerzos de integración y comprensión racial pueden funcionar en áreas pequeñas. Sin embargo Harry Holzer, economista laboral de la Georgetown University, se nota desanimado por el hecho de que tales situaciones sean difíciles de replicar o mantener. "Uno puede terminar su carrera con el corazón roto", afirma, "porque aquí y allá existen programas modelo, y uno trata de recrearlos o reproducirlos a mayor escala pero fracasan".

---

[1] "Step 2: Choose the Right School," *U.S. News & World Report*, 13 de septiembre de 2002, p. 45.

Luego de que King fuera asesinado en 1968, los negros provocaron disturbios en 125 ciudades, en su mayoría ubicadas en el norte. En pocos días, el Congreso aprobó una ley de viviendas justas, la ley Fair Housing Act, la cual había sido previamente cajoneada, pero que no incluía disposiciones para su implementación.[47]

¿Un sueño diferido?

La administración de Johnson demostró ser un alto marcador para las leyes de derechos civiles, aunque se han aprobado nuevas versiones de las leyes civiles y de derechos electorales desde entonces.

En 1970 se puso fin a la segregación de jure (legal), se aseguraron por primera vez en la historia estadounidense los derechos electorales de los negros y las mejoras económicas de muchos de éstos se volvieron irreversibles. Ese mismo año, el 22 por ciento de los hombres y el 36 por ciento de las mujeres de raza negra tenían empleos administrativos, de cuatro a cinco veces los porcentajes de 1940, respectivamente.

Sin embargo, algunas leyes tenían poco o inexistente poder de aplicación. El rigor con el que se aplicaban las leyes antidiscriminatorias variaba de una administración a otra. Al mismo tiempo, se amplió el foco de los esfuerzos antidiscriminatorios para incluir a mujeres,

La propiedad de viviendas por parte de las minorías está rezagada

A pesar de los aumentos en la propiedad de viviendas por parte de las minorías durante los años 90, aún existen grandes brechas entre blancos, negros e hispanos. En 2002, aproximadamente tres cuartos de los blancos tenía su propia vivienda, comparados con menos de la mitad de los negros e hispanos.

Índices estadounidenses de propiedad de viviendas
(porcentaje de cada raza que es propietario de una vivienda)

Blancos	74.3%
Negros	48.0
Hispanos	47.6
EE.UU.	68.0

Fuentes: The White House (www.whitehouse.gov); U.S. Census Bureau

hispanos, nativo americanos y jóvenes. (El límite de edad para votar se bajó de 21 a 18 años en 1970 como parte de la extensión de la ley Voting Rights Act.)

Una de las controversias más importantes entre las razas durante los años 70 incluyó el intento de forzar la integración transportando a los niños en autobús a escuelas fuera de sus vecindarios para equilibrar la demografía racial de los colegios. Parte de la resistencia más férrea tuvo lugar en el norte, especialmente en Boston, donde una fotografía de una multitud blanca que sostenía a un hombre negro e intentaba empalarlo con el asta de una bandera estadounidense obtuvo un premio Pulitzer. Foco de numerosos litigios judiciales, el traslado en autobús ha sido suspendido desde entonces.

Desde los años 70, la predicción de Johnson acerca de que los sureños blancos abandonarían al Partido Demócrata se ha hecho realidad en gran parte. El presidente Richard M. Nixon, republicano, inicialmente se opuso a la extensión de la ley Voting Rights de 1970, como respuesta a objeciones por parte de los sureños a aspectos de la ley que se aplicaban sólo a su región. Frente a una creciente reacción estricta de la política en contra del trato preferencial basado en la raza en la educación y el empleo, el sur que antiguamente era unánimemente demócrata se ha volcado a un moderno Partido Republicano que favorece las políticas daltónicas de igualdad de oportunidades para todos. A principios de 1968, la clase trabajadora blanca comenzó a abandonar a los demócratas en la política presidencial y el partido perdió cuatro de las siguientes cinco elecciones presidenciales.

Los republicanos alentaron agresivamente el éxodo de los electores blancos desafectados del Partido Demócrata. En 1980, el candidato presidencial por el Partido Republicano, Ronald Reagan, acusaba a los "jovencitos bien dotados" y a las "reinas de la asistencia social" que conducían Cadillacs de abusar del sistema de bienestar social. "Si por casualidad una persona pertenece a un grupo étnico no reconocido por el gobierno federal para obtener un trato especial, ésta es víctima de discriminación inversa", afirmó.[48]

Aunque Reagan redujo los fondos de los organismos federales de protección de la igualdad, su administración no pudo limitar los programas de *affirmative action*. Mientras tanto, en 1996, un tribunal federal resolvió que la facultad de derecho de la University of Texas no podría utilizar la *affirmative action* para crear un cuerpo estudiantil diverso. Ese mismo año, los electores de California le prohibieron al estado utilizar la raza como factor decisivo en el trabajo, los contratos o las admisiones universitarias. En todo el sistema de la University of California disminuyó la inscripción de estudiantes negros en primer año, aunque desde entonces ha aumentado, excepto en el campus bandera de Berkeley.[49]

Incluso muchos afroamericanos temen que los programas de *affirmative action* hayan ayudado principalmente a los negros más ricos en lugar de a los más necesitados. Además, la política no ha bajado los índices de pobreza entre los afroamericanos: Desde 1970, el índice general de pobreza de los negros ha permanecido inmóvil, como resultado del número siempre en aumento de hogares mantenidos por mujeres solteras.[50]

Pobreza persistente

Tanto los escritores liberales como los conservadores adjudican la causa de la pobreza persistente a los elevados índices de madres solteras, especialmente adolescentes. No obstante, mientras que los liberales en general atribuyen los embarazos a la pobreza, los conservadores culpan a las políticas de bienestar social equivocadas que recompensan los partos de madres solteras, perpetuando los ciclos de pobreza de generación en generación. En 1996, el Congreso modificó la ley de bienestar social para limitar la duración de los beneficios y exigirles a los destinatarios, incluso a las madres, que trabajen. Los republicanos sostienen que la nueva ley ha contribuido más a rescatar a las familias negras de la pobreza que cualquiera de los programas Great Society de la era Johnson.[51]

A pesar de la pobreza constante, ha surgido —como resultado del sector laboral público y sin fines de lucro— una clase media de raza negra cuyos integrantes obtienen desproporcionadamente empleos en el gobierno, el correo, la enseñanza y el trabajo social. En el año 2000, los afroamericanos representaron el 35 por ciento de los empleados administrativos postales de la nación y el 25 por ciento de los trabajadores sociales, pero sólo el 5 por ciento de los abogados e ingenieros y 4 por ciento de los dentistas.[52] Aún así, incluso los críticos de la *affirmative action* concuerdan con que ésta contribuyó a acelerar, aunque lentamente, el ingreso de los afroamericanos a la clase profesional.

En 1990, preocupado porque una serie de fallos de la Corte Suprema había debilitado la ley de discriminación laboral, el Congreso aprobó una nueva y severa ley de derechos civiles para contrarrestar esas decisiones. Tras prolongadas negociaciones y una gran lucha a causa de la designación del afroamericano Clarence

Thomas como miembro de la Corte Suprema, el presidente Bush, quien inicialmente se había mostrado renuente, firmó la ley en 1991.[53] La norma expandió la ley antidiscriminatoria para incluir a mujeres y discapacitados, así como también a grupos raciales, e impulsó la potencia de la Equal Employment Opportunity Commission (EEOC).

La Corte Suprema también tuvo una gran participación en las políticas raciales durante los años 90. El Departamento de Justicia ha interpretado la ley Voting Rights Act de 1982 de manera que, de ser posible, los distritos legislativos con altas probabilidades de elegir a negros o integrantes de otras minorías deban ser sorteados. Luego del ciclo de reorganización de los distritos a principios de los años 90, esto condujo a grandes aumentos en el número de afroamericanos electos para el Congreso y las legislaturas estatales.

No obstante, la Corte Suprema se mostró ofendida por la anterior interpretación del Departamento de Justicia. En los casos que involucran a distritos electorales mayoría-minoría, en los años 90, la corte resolvió que violaba los derechos de la 14ta enmienda de los electores blancos y afirmaban que la raza no podía utilizarse como el factor "predominante" al sortear los distritos legislativos.[54] En otra polémica sobre los derechos electorales, la U.S. Civil Rights Commission investigó cientos de reclamos surgidos de las elecciones presidenciales de 2000 que denunciaban discriminación racial en Florida y en otros lugares.

Mientras tanto, aún persiste el antiguo debate acerca de los efectos perjudiciales que puede tener el legado de la esclavitud sobre los afroamericanos de hoy. Desde 1989, el representante Conyers ha presentado reiteradamente leyes que solicitan indemnizaciones, pagos a los descendientes de esclavos, lo que ha desatado controversias en los estados y en los campus universitarios.[55]

Al estar prohibida la discriminación por el gobierno federal, se hicieron menos claros los objetivos políticos de los negros que buscaban mejorar sus posiciones en la sociedad. Se amplió una antigua brecha entre los afroamericanos que favorecían las confrontaciones o indemnizaciones y aquellos que preferían el progreso individual. Como resultado, muchos observadores sostienen que los activistas de los derechos civiles

Aumento del sentimiento antiárabe

Para Yashar Zendehdel, estudiante iraní de la University of Colorado, la confusión acerca del número de créditos académicos que incluyó en la lista de su documentación de inmigración lo llevó a pasar 26 terribles horas en una cárcel federal. Finalmente se lo absolvió de toda ilegalidad, aunque sigue furioso por haber sido tratado como un criminal.[1]

"No lo podía creer", afirmó Zendehdel. "Fue horrible. Nunca antes había estado en prisión. Los funcionarios del gobierno desperdician el dinero fiscal, mi tiempo y el de ellos".[2]

"La discriminación contra los estadounidenses de origen árabe y aquellos que parecen serlo ha sido un problema mucho mayor" desde los atentados terroristas del 11 de septiembre de 2001 realizados por musulmanes árabes, explica Laila Al-Qatami, integrante del American-Arab Anti-Discrimination Committee. "Hemos experimentado muchos más casos de discriminación, de odio racial y una mayor variedad de casos".

En el año 2001, el FBI registró 481 ataques contra personas originarias de Oriente Medio, musulmanes y sijs, en comparación con los 28 ataques informados el año anterior.[3] Tras el 11 de septiembre, las demandas por discriminación laboral casi se duplicaron de 542 en 2001 a 1,157 en 2002, según la U.S. Equal Employment Opportunity Commission.[4]

Además, a pesar de la declaración expresada por el presidente Bush acerca de que el Islam es una "religión de paz" algunos políticos y líderes religiosos destacados han hecho comentarios incendiarios acerca del Islam y los musulmanes. El reverendo Franklin Graham, hijo del Reverendo Billy Graham, llamó al Islam "una religión muy malvada y perversa". Jerry Vines, ex presidente de la Southern Baptist Convention, manifestó que el profeta islámico Mahoma había sido un "pedófilo poseído por el demonio".[5]

Por otra parte, el representante John Cooksey, republicano de Louisiana, recomendó al personal de las aerolíneas interrogar selectivamente a los pasajeros árabes. "Si vemos a alguien que entra y que tiene un pañal en la cabeza y una correa de ventilador alrededor del pañal, debemos registrarlo", manifestó Cooksey a un periodista de radio de Lousiana.[6]

Además, algunos de los programas antiterrorismo post 11 de septiembre del gobierno han exacerbado los sentimientos árabes de persecución y discriminación. El FBI comenzó a controlar las mezquitas estadounidenses y a alentar a miles de estadounidenses de origen árabe a que se sometieran a entrevistas voluntarias. Muchos fueron arrestados al presentarse. Recientemente, el FBI entrevistó a 5,000 iraquíes que viven en Estados Unidos en un intento por adelantarse al terrorismo relacionado con la guerra de Irak.[7]

El nuevo sistema National Security Entry-Exit Registration System (NSEERS), creado por el Secretario de Justicia John Ashcroft mediante un mandato del congreso, exigió que el gobierno le tomara las huellas digitales a la mayoría de los árabes que viven en Estados Unidos durante los denominados rastreos de registro especial.[8]

En las fronteras estadounidenses, el programa también ha comenzando a registrar a extranjeros que son considerados, según los criterios del gobierno, como amenazas o personas de interés. Hasta el momento, los programas han registrado a visitantes de 155 países, afirma Jorge Martinez, vocero del Departamento de Justicia.

En algunos casos, el gran número de árabes que se presentaron en los lugares de registro sobrepasó la capacidad de los funcionarios y éstos se vieron forzados a detener a cientos de personas hasta que pudieran ser registrados

mantienen su pesimismo acerca de las relaciones raciales que tienen el objetivo de servir a sus propias causas.

En esencia, la "doble conciencia" de los negros estadounidenses sobre la cual escribió el líder de derechos civiles y autor W.E.B. Du Bois hace casi un siglo, ("ser tanto negro como estadounidense, sin ser repudiado por sus compañeros, sin que se le cierren en las narices las puertas de la oportunidad") aún persiste en la actualidad.[56]

completamente, se queja James Zogby, presidente del Arab American Institute ubicado en Washington.

"Si se toman todas estas piezas y se las une, se produce un gran temor en la comunidad estadounidense de origen árabe", agrega Al-Qatami.

Otros opinan que los programas de registro equivalen al perfilamiento racial, una práctica recientemente prohibida por la administración de Bush. "El programa NSEERS y el registro especial fueron un desastre", opina Zogby "y estuvo claramente destinado a musulmanes y árabes".

No obstante, el Departamento de Justicia insiste con que los programas de registro sólo seleccionan a gente de países que apoyan el terrorismo o dan asilo a miembros de Al-Qaeda. "Estos programas no tienen ninguna relación con la raza o la religión". Dice Martinez. "Se registró a gente de determinados países porque presentaban una mayor amenaza a la seguridad nacional y es tan sólo una coincidencia que esos países sean árabes y musulmanes".

Otros dudan de la eficacia de estos programas. "Hasta el momento, los programas de registro no han logrado mucho", afirma Al-Qatami. "Si sólo nos concentramos en ciertas características étnicas o raciales, vamos a pasar por alto a otra gente que también comete crímenes y actos terroristas"; tales como Richard Reid, el simpatizante británico de Al-Qaeda que fue condenado por tratar de destruir un avión de pasajeros con una bomba que llevaba en el zapato.

Los funcionarios del gobierno responden que la seguridad nacional es más importante que los temores de perfilamiento racial. "Cuando se relacionan a una investigación de seguridad nacional, los esfuerzos para identificar a los terroristas pueden llegar a incluir factores como la raza y la etnia", explica Martinez.

Más positivamente, los cuerpos encargados de hacer cumplir las leyes han cosechado elogios por juzgar los delitos de reacciones violentas contra los estadounidenses de origen árabe. Martinez observa que el Departamento de Justicia ha investigado más de 500 presuntos

delitos de reacción violenta y 13 de ellos fueron enjuiciados con éxito.

"Claramente, hubo tras el 11 de septiembre una directiva que indicaba que el gobierno debía tomar seriamente los delitos de reacción violenta contra los estadounidense de origen árabe en un esfuerzo por contener los delitos motivados por el odio"; explica Zogby.

Para fortalecer los lazos con la comunidad árabe, el FBI estableció recientemente en Washington el Arab-American Advisory Committee, un comité similar a varios de otras ciudades.[9] "Tanto la ley como la comunidad árabe creen que una situación que hacía a la comunidad partícipe de la vigilancia era la manera ideal de romper las barreras de la desconfianza", manifiesta Zogby, integrante del comité asesor de Washington D.C. "Hemos podido hacer cosas buenas juntos".

Otros son más cautelosos. "Han surgido algunos elementos positivos de la experiencia", afirma Al-Qatami, "Pero aún tenemos un largo camino por delante".

— Benton Ives-Halperin

[1] Eric Hoover, "Closing the Gates: A Student Under Suspicion," *The Chronicle of Higher Education,* 11 de abril de 2003, p. 12.

[2] Maria Bondes, "Foreign Students to Leave U. Colorado?" *Colorado Daily,* 7 de enero de 2003.

[3] Darryl Fears, "Hate Crimes Against Arabs Surge, FBI Finds," *The Washington Post,* 26 de noviembre de 2002, p. A2.

[4] Equal Employment Opportunity Commission fact sheet, 11 de junio de 2003.

[5] Laurie Goodstein, "Seeing Islam as 'Evil' Faith, Evangelicals Seek Converts," *The New York Times,* 27 de mayo de 2003, p. A1.

[6] "National Briefing South: Louisiana: Apology From Congressman," *The New York Times,* 21 de septiembre de 2001, p. A16.

[7] "Under Suspicion," *The Economist,* 29 de marzo de 2003.

[8] Patrick J. McDonell, "Nearly 24,000 Foreign Men Register in U.S," *Los Angeles Times,* 19 de enero de 2003, p. A22.

[9] Alan Lengel and Caryle Murphy, "FBI, Arab Community Join Forces With Panel," *The Washington Post,* 29 de marzo de 2003, p. B1.

SITUACIÓN ACTUAL

Las resoluciones de *affirmative action*

Los fallos del 23 de junio de la Corte Suprema sobre dos políticas de admisión de la University of Michigan generaron el interrogante de si las preferencias raciales discriminan a otros grupos, tales como el de los blancos.

Por una votación de 5 a 4 en el caso *Grutter vs. Bollinger,* la corte favoreció legalmente la práctica de la *affirmative action* de la facultad de derecho. El caso se

¿Deben los colegios utilizar la raza como factor de admisión?

SÍ

David W. Debruin
Abogado, Jenner & Block

Extraído de un expediente presentado en la Corte Suprema de Estados Unidos, en el caso *Grutter vs. Bollinger*, 18 de febrero de 2003

La diversidad en la educación superior es un imperioso interés gubernamental no sólo debido a sus efectos positivos en el ambiente educativo mismo, sino también debido al papel crucial que desempeña la diversidad en la educación superior en cuanto a preparar a los estudiantes para ser los líderes que este país necesita en los negocios, el derecho y todas las demás actividades que afectan al interés público . . .

Al enriquecer la educación de los estudiantes con una variedad de perspectivas, experiencias e ideas, una universidad con un cuerpo estudiantil diverso equipa a sus alumnos con las destrezas y la compresión necesarias para triunfar en cualquier profesión. Esas destrezas incluyen la habilidad de entender, trabajar, crear y aprender del consenso logrado con personas de orígenes y culturas diferentes . . .

Existen varias razones para la importancia de mantener la diversidad en la educación superior. En primer lugar, un grupo heterogéneo de individuos educados en un ambiente intercultural cuenta con la habilidad de facilitar enfoques singulares y creativos a la resolución de problemas que surgen de la integración de perspectivas diferentes.

En segundo lugar, tales personas están mejor capacitadas para desarrollar productos y servicios atractivos para una variedad de consumidores y para comercializar ofertas de maneras seductoras para esos consumidores. En tercer lugar, un grupo racialmente diverso de gerentes con experiencia intercultural está mejor capacitado para trabajar con socios comerciales, empleados y clientela en Estados Unidos y en todo el mundo. En cuarto lugar, es más probable que las personas educadas en un entorno diverso contribuyan a un ambiente laboral positivo, mediante la disminución de incidentes relacionados con la discriminación y los estereotipos.

En general, un ambiente educativo que garantiza la participación, las opiniones y las ideas de gente diversa contribuirá a producir la fuerza laboral más talentosa. La tendencia general de la posición del gobierno es que es permisible tomar medidas afirmativas para garantizar la diversidad educativa, un objetivo que en sí incluye la consideración racial. Estados Unidos defiende programas especiales de admisiones de su preferencia en Texas, Florida y California explícitamente basándose en que esos programas supuestamente continúan produciendo, al menos en cifras brutas, la misma diversidad racial y étnica en sus inscripciones.

Debe permitírseles a las instituciones de educación superior preparar a los estudiantes para que puedan prosperar en un ambiente cada vez más variado. La mejor manera de lograrlo es garantizar que los alumnos estudien en un ambiente de diversidad. . . .

¿Deben los colegios utilizar la raza como factor de admisión?

NO

George W. Bush
Presidente de Estados Unidos

Extraído de comentarios realizados el 15 de enero de 2003

Nuestra Constitución establece claramente que la gente de todas las razas debe recibir un trato igual por parte de la ley. No obstante, sabemos que nuestra sociedad no ha logrado completamente ese ideal. El prejuicio racial es una realidad en Estados Unidos. Esto daña a muchos ciudadanos. Como nación, como gobierno, como personas, debemos guardarnos de aceptar los prejuicios donde sea que los encontremos. Sin embargo, al trabajar para erradicar el mal que causa el prejuicio racial, no debemos utilizar medios que creen otro mal, perpetuando así nuestras divisiones.

Estados Unidos es un país diverso, racial, económica y éticamente. Y nuestras instituciones de educación superior deben reflejar esta multiplicidad. Una educación universitaria debe enseñar respeto, comprensión y buena voluntad. Y estos valores se fortalecen cuando los estudiantes viven y aprenden junto a gente de distintos orígenes. No obstante, los sistemas de cupos que utilizan la raza para incluir o excluir a las personas de la educación superior y de las oportunidades que ofrecen son divisivos, injustos e imposibles de cuadrar dentro de la Constitución . . .

La University of Michigan ha establecido un proceso de admisión basado en la raza. A nivel universitario, a los estudiantes afroamericanos y algunos alumnos hispanos y nativo americanos se les otorgan 20 puntos de un máximo de 150, no debido a logros académicos o experiencia de vida, sino solamente por ser afroamericanos, hispanos o nativo americanos. Para enfocar el problema, en el sistema de Michigan una calificación perfecta en el SAT equivale a apenas 12 puntos. Generalmente se admite a los estudiantes que acumulan 100 puntos, por lo que aquellos 20 puntos otorgados únicamente teniendo en cuenta la raza son a menudo un factor decisivo.

En la facultad de derecho, se admite a algunos estudiantes pertenecientes a minorías para alcanzar los porcentajes requeridos mientras que se pasa por alto a otros postulantes con calificaciones más altas y mejores notas. Esto significa que se selecciona o rechaza a los estudiantes principalmente con atención al color de la piel. La razón de dicha política de admisión puede ser muy buena, pero su resultado es la discriminación, y esa discriminación es perjudicial.

Algunos estados utilizan maneras innovadoras para diversificar sus cuerpos estudiantiles. La historia reciente ha demostrado que puede lograrse la diversidad sin necesidad de utilizar cupos. Los sistemas de California, Florida y Texas han demostrado que al garantizarles la admisión a los mejores estudiantes de las escuelas secundarias de todo el estado, incluso de los vecindarios de bajos ingresos, las universidades pueden obtener una amplia variación racial. . . .

¿Es un símbolo racista la bandera Confederada?

SÍ

Sanford Cloud Jr.

Presidente y CEO, National Conference for Community and Justice

Extraído del sitio Web de la NCCJ del año 2002

Históricamente, la bandera confederada fue durante la Guerra Civil un símbolo de los Estados Confederados de América, los cuales defendían los derechos de los estados independientes que mantenían sus economías a través de la mano de obra esclava. Aunque la Guerra Civil haya terminado hace 138 años, la batalla por el legado de la esclavitud, la segregación y los derechos civiles aún continúa.

A través de los años, la bandera confederada ha adquirido connotaciones negativas adicionales porque fue utilizada como un símbolo de resistencia durante el movimiento por los derechos civiles y porque es actualmente un emblema de los grupos activos de supremacistas blancos. Esto no quiere decir que todos los individuos que portan la bandera confederada sean racistas. No obstante, el significado simbólico de la bandera es el de dominio blanco y orgullo sureño.

Algunas personas afirman que la bandera confederada es un símbolo de su patrimonio cultural. Sin embargo, para mucha gente de color y miembros de minorías religiosas en todo Estados Unidos y otras comunidades del mundo, representa odio, intolerancia, racismo y antisemitismo. Este símbolo es una herramienta no verbal muy poderosa que, según la opinión de la Anti-Defamation League (ADL), transmite un profundo significado, intención e importancia de una manera compacta e inmediatamente reconocible. Los integrantes de organizaciones racistas a menudo utilizan el símbolo junto con imágenes más específicas relacionadas con sus grupos. Los racistas independientes pueden evitar ser relacionados con un grupo específico, y quizá ser enjuiciados por la ley, al optar por insignias racistas más universales.

La National Conference for Community and Justice (NCCJ) sostiene que la bandera confederada es un símbolo racista visible y polémico que representa opresión, segregación y esclavitud. Como lo observó Kweisi Mfume, presidente y CEO de la National Association for the Advancement of Colored People, "La bandera [confederada] representa una era que personificó todo lo incorrecto e inhumano de este país y debe ser despojada de todo contexto de soberanía y ubicada en un contexto histórico". La NCCJ concuerda con este sentimiento y solicita la remoción de la bandera confederada de todas las propiedades públicas, extendiendo , claro está, autorización para su uso en contextos históricos y educativos apropiados.

Todas las personas de buena voluntad deben reconocer que la bandera confederada . . . es una afrenta a las libertades de nuestra nación. Del mismo modo, el racismo no conoce fronteras, y esta cuestión no puede circunscribirse a los estados sureños.

¿Es un símbolo racista la bandera Confederada?

NO

William Rolen

Director y coordinador de Southern Heritage Defense, Council of Conservative Citizens

Escrito para *The CQ Researcher*, mayo de 2003

Durante treinta años, la bandera de Georgia, que data de 1958, flameó pacíficamente sobre todos los edificios públicos del estado. No muchas personas parecían verse molestas por la gran porción confederada de la bandera, que se incluyó en 1956 en honor a los soldados sureños que lucharon y murieron defendiendo a Georgia de las atrocidades del general Sherman.

Luego, en 1991, la convención nacional NAACP aprobó una resolución que condenaba a la bandera confederada como racista. A partir de ese año, esta bandera y otros íconos confederados han estado sujetos a una incesante y virulenta cólera. Una a una se quitaron, prohibieron o profanaron las banderas confederadas, simplemente porque las amenazas de la NAACP aterraban el status quo político en casi todos los estados sureños.

El problema con la bandera confederada no implica conexiones ilícitas con el Klan o cualquier otra farsa de "culpa por asociación". La NAACP apuntó a esta bandera porque es el emblema venerado por la mayoría de los sureños. Las calcomanías con la bandera confederada están pegadas a todo tipo de vehículos desde camiones hasta triciclos. Es común ver ropa con la imagen de la bandera, desde camisetas Dixie Outfitter hasta trajes de baño G.R.I.T.S. (Girls Raised in the South). Las imágenes de personajes famosos como Elvis y Hank

Williams se superponen sobre banderas confederadas que se venden en paradas de camiones y tiendas de recuerdos. Sólo el ojo cínico ve el racismo detrás de cada hebilla de cinturón y pañuelo vestidos el día de las carreras en Talledega.

Con seguridad, la bandera confederada honra al soldado sureño y a la memoria de los generales Lee, Jackson y Beauregard. Más apreciablemente, esta bandera representa la continuidad de la experiencia sureña. ¿Tiene la bandera una dimensión racial? Sí, aunque las connotaciones raciales no son más negativas que la ropa FUBU (For Us, By Us) que se diseña, comercializa y está dirigida sólo para los negros.

La bandera confederada no es un símbolo agresivo. Nadie intenta izar los colores confederados sobre el Capitolio de Vermont, ni tampoco son las chaquetas de ski con la cruz sureña la última moda en las montañas de Aspen. La bandera confederada es en gran parte un fenómeno regional que da lugar a múltiples interpretaciones. Sin embargo, la NAACP tiene en cuenta tan sólo un estrecho punto de vista.

Ha llegado el momento de honrar y respetar a esta bandera por todos los sacrificios que realizaron los sureños durante los últimos 20 años para exhibir el símbolo con honor, orgullo y dignidad. Y una advertencia para la NAACP: Cuanto más intenten bajarla, más alto flameará.

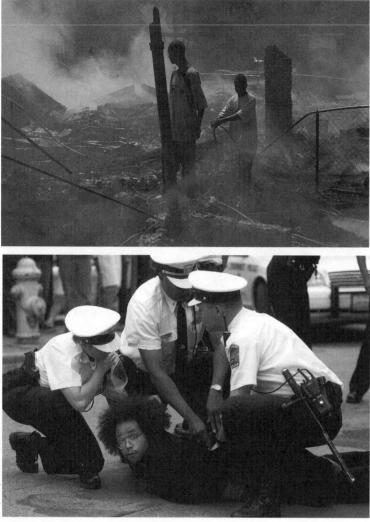

Getty Images/Scott Olson

Getty Images/Mike Simons

Las tácticas policiales provocan disturbios
Los incidentes con matices raciales que surgen periódicamente en todo el país son provocados a menudo por la indignación de la comunidad negra ante las tácticas policiales que muchos afroamericanos consideran racistas y de mano dura. Al menos cinco viviendas fueron incendiadas y 15 personas resultaron heridas durante un disturbio en Benton Harbor, Michigan, a mediados de junio, tras la muerte de un automovilista negro durante una persecución policial. La policía arresta a un manifestante durante una protesta en marzo en las afueras de Cincinnati en junio de 2002. (abajo). La marcha se realizó tras los disturbios provocados por el tiroteo fatal contra un negro desarmado por parte de un policía blanco.

zar la raza como un factor más entre otros para determinar las admisiones individuales.

No obstante, en el caso *Gratz vs. Bollinger*, por una votación de 6 a 3, los jueces consideraron inconstitucional la práctica de la facultad que otorga a negros y latinos 20 puntos, de una escala de 150, tan sólo por sus razas. Según la corte, es inaceptable cuantificar la raza como valor universal.

"Para poder cultivar un grupo de líderes legítimos ante los ojos de los ciudadanos" escribió la jueza Sandra Day O'Connor en la opinión mayoritaria del caso Grutter, "es necesario que el camino hacia el liderazgo esté visiblemente abierto a personas talentosas y calificadas de cualquier raza y etnia". La facultad de derecho realiza "una revisión altamente individualizada y holística del legajo de cada postulante", escribió, en la cual la raza es un factor pero no es utilizada "mecánicamente". Por esa razón, explicó O'Connor, la política coincidía con una decisión de la corte de 1978 sobre la *affirmative action* que permite utilizar la raza como un "factor extra".

Para muchos, el fallo de la corte que permite que las decisiones se basen en la raza siempre y cuando no se realicen sólo cuantitativamente pareció ser confuso. Sin embargo, las demandas más importantes fueron presentadas por aquellos que pensaban que la corte

centró en un desafío a la política de la facultad que utiliza la raza como un "factor extra" en la admisión de los estudiantes. La corte consideró que era aceptable utili-

daba crédito a la noción de que se les debe otorgar a los integrantes de algunas razas ventajas de las que no todos disfrutan.

"Las clasificaciones raciales en Estados Unidos cuentan con una larga y horrible historia", escribió Thernstrom, comisionado estadounidense de derechos civiles. "La subordinación racial involucraba estándares dobles, con diferentes derechos según la identidad racial. No obstante, el más alto tribunal del país los ha aceptado. Es un día sombrío para el derecho constitucional estadounidense".[57]

Sin embargo, los partidarios de la *affirmative action* repitieron la aseveración de O'Connor que explicaba que crear una clase dirigente diversa a través de admisiones más racialmente equilibradas a las universidades líderes era un bien social que debía preservarse. Para ellos, la decisión de la corte fue una respuesta alentadora a la larga serie de ataques a la *affirmative action*, incluso una elección estatal que prohíbe la práctica en California y otros lugares.

"Un campus diverso e integrado racialmente beneficia a todos los estudiantes y en última instancia, a todo Estados Unidos", afirma Marc Morial, presidente de la National Urban League. "El tribunal confirmó el argumento de que el gobierno tiene un interés imperioso en promover la diversidad educativa y laboral".

De esta manera, la noción de ayudar a integrantes de minorías, tales como negros y latinos, mediante algún proceso formal en lugar de depender de admisiones "daltónicas" y políticas de contratación, llegó para quedarse. No obstante, O'Connor también expresó el deseo de que dentro de 25 años las políticas de admisión basadas en la raza ya no sean necesarias.

Los defensores de dichas políticas señalan a las universidades públicas de California, Florida y Texas que han creado nuevas fórmulas para la inscripción continua de integrantes de minorías tras dejar de lado la *affirmative action*. Se garantiza la admisión a los mejores estudiantes de cada colegio secundario, incluso a aquellos que pertenezcan predominantemente a minorías, o se busca a estudiantes con bajos ingresos, quienes son desproporcionadamente negros o latinos. Los sistemas universitarios han mantenido o incluso incrementado las inscripciones de minorías, excepto en sus campus principales.[58]

Los casos demuestran de muchas maneras la cambiante política dinámica cuando de raza se trata. Cuando la corte examinó las políticas de *affirmative*

action en el caso *University of California vs. Bakke* en 1978, casi ninguna empresa se involucró en la cuestión. Sin embargo esta vez, en el caso Michigan, un grupo de aproximadamente sesenta empresas *Fortune* 500 presentaron al tribunal un informe suplementario que sostenía que los campus racialmente diversos preparan mejor a los futuros trabajadores para una economía global, especialmente en un país cuyas tendencias demográficas sugieren que en 2050 los blancos ya no serán la mayoría de la población.

Tres días después del fallo de Michigan, la Corte Suprema utilizó un caso de Georgia, *Georgia vs. Ashcroft*, para señalar un nuevo camino para la manera en que los negros y otras minorías son representados políticamente. Durante los últimos 20 años, los funcionarios del Departamento de Justicia han interpretado la ley Voting Rights Act de manera tal que cuando se podía crear un distrito legislativo con una mayoría de votantes de minorías, tal acción debía realizarse. Los distritos mayoría-minoría han generado una mayor representación negra y latina tanto en el Congreso como en las asambleas legislativas estatales durante los últimos doce años.

No obstante, algunos negros y demócratas opinaban que los distritos mayoría-minoría debilitan en realidad la representación política de los negros: Al "empaquetar" a la mayoría de los electores negros dentro de distritos racialmente separados, los políticos de distritos vecinos "teñidos" (con habitantes blancos) no poseen incentivos naturales para representar a los intereses negros. El estado de Georgia creó un mapa estatal del Senado que dividió algunos de los distritos con mayoría negra, para favorecer la creación de distritos en lo que los negros pudieran competir políticamente.

Hoy comúnmente se cree que los políticos negros pueden obtener cargos en distritos donde los negros representan menos de la mayoría del electorado. Darles a los negros una oportunidad verdadera, en lugar de una victoria asegurada, es suficiente para proteger sus intereses en el actual clima racial, según opina la profesora Swain de la Vanderbilt Law School y otros académicos negros.

El Departamento de Justicia se opuso al mapa diseñado por Georgia, pero el alto tribunal lo confirmó con una votación de 6 a 3. Al redactar la opinión de la mayoría, el juez O'Connor escribió que "varios estudios sugieren que la manera más efectiva de maximizar la fuerza electoral de las minorías es la de crear "distritos" donde los electores de minorías quizá no puedan votar por el candidato de su preferencia; pero sí [puedan] desempeñar un papel importante en el proceso electoral".

La administración de Bush

Muchos vaticinaron que, luego de que Lott perdiera el liderazgo del Senado debido a sus comentarios segregacionistas, los republicanos podrían demostrar un mayor interés en las leyes de derechos civiles estilo años 60. Ese no ha sido el caso. Con la disminución del impulso de los programas racialmente específicos, el Congressional Black Caucus y grupos de defensa de los afroamericanos han comenzado a concentrarse en la búsqueda de igual tratamiento bajo las leyes y programas que se apliquen a todos los estadounidenses, apoyando mayores subsidios para las prioridades nacionales como la educación y la salud. Mientras tanto, los republicanos siguen sosteniendo que las propuestas basadas en el mercado y racialmente neutrales funcionarán mejor que nuevas intromisiones en el sector privado por parte del gobierno.

El presidente Bush se opone a los programas de ayuda gubernamental racialmente específicos. Los programas de ayuda para después del horario escolar subvencionados con aportes federales se encuentran a menudo en los vecindarios de las minorías, pues están destinados a los distritos pobres. En el presupuesto fiscal para 2004, Bush propuso reducir los subsidios federales para estos programas en un 40 por ciento, a $600 millones. Al parecer, el Congreso subvencionará las contribuciones al mismo nivel de $ mil millones del año pasado, aunque aún serán mucho menos que los $1.75 mil millones autorizados para la ley de reforma educativa No Child Left Behind de Bush.

Como respuesta a las resoluciones de *affirmative action* tomadas por la Corte Suprema y a los comentarios de O'Connor acerca de que en 25 años no habría necesidad de *affirmative action*s, Bush dijo que se alegraba de que la corte compartiera su visión de un Estados Unidos sin distinción de razas.

El 17 de junio, Bush anunció una nueva política diseñada para restringir severamente el perfilamiento racial

realizado por los oficiales de policía federales. Por ejemplo, los agentes que llevan a cabo investigaciones de robos de automóviles y tráfico de drogas, no pueden parar a los automovilistas negros o latinos basándose en la "suposición generalizada" de que los integrantes de esos grupos raciales o étnicos son más adeptos a cometer dichos delitos.

Sin embargo, si una denuncia específica describe a un sospechoso negro, los agentes pueden apuntar a los negros como parte de la búsqueda. La nueva política también exime a casos de seguridad nacional en circunstancias "limitadas". Por ejemplo, los oficiales de inmigración, pueden seguir exigiendo documentación a los visitantes de países del Medio Oriente sospechados de fomentar el terrorismo.

No obstante, los escépticos se preguntan si los estados escasos de dinero y el gobierno federal pagarán una gran suma por los programas para combatir la pobreza y otras medidas que se apliquen no sólo a los negros sino también a un gran número de ciudadanos carenciados de todas las razas.

En un reciente foro, Stephen Goldsmith, asesor especial del presidente, comentó: "Existe hoy un amplio consenso sobre la idea de que queremos llegar a un sistema de beneficios basado en el trabajo". Sin embargo, reconoció que aunque haya consenso sobre el trabajo como la mejor manera de ayudar a los estadounidenses de bajos ingresos, no se ha llegado a un acuerdo sobre la suma de dinero que debe destinarse a dicho sistema.[59]

Mientras el Congreso se prepara para considerar su última reautorización de la ley de reforma del sistema de bienestar social, los activistas negros y latinos temen que los estados no estén controlando adecuadamente los derechos civiles en los programas de ayuda implementados por la ley. Desean que el Congreso refuerce la aplicación de la misma y afirman que no se les ha brindado a las mujeres afroamericanas e hispanas servicios de apoyo iguales a los otorgados a integrantes de otras razas.

De igual manera, al mismo tiempo que el Congreso se prepara para reautorizar la ley Workforce Investment Act de 1998, que consolidaba decenas de programas de capacitación laboral en bloques de subsidios para los estados, los miembros del Congressional Black Caucus temen que los requisitos de recolección de datos impuestos por la ley dificulten determinar cuándo se discrimina a los afroamericanos.

Algunos defensores de los negros denuncian que se los conduce a programas de capacitación menos útiles, en áreas tales como la redacción de currículums vitae, en lugar de proporcionarles una capacitación laboral potencialmente más lucrativa, acción que se ejerce igualmente sobre asiáticos e hispanos.

Acciones estatales

California, Maryland y Nueva Jersey han revisado recientemente sus políticas de perfilamiento racial en un intento para desalentar los prejuicios entre los soldados. Mac Donald, del Manhattan Institute, sostiene que el creciente número de estados y ciudades que exigen a la policía grabar las interacciones con civiles según su raza tendrá un efecto devastador . . . sobre el trabajo policial legítimo", ya que los policías evitan "toda interacción con sospechosos potenciales miembros de minorías salvo que sea obligatoria y superficial".[60] No obstante, aproximadamente otros 20 estados están creando comisiones para estudiar el perfilamiento racial o comienzan a considerar leyes para disminuir esta práctica.

Mientras tanto, como parte del interminable debate sobre si los descendientes de esclavos deben ser indemnizados, varios estados también estudian la creación de comisiones para determinar los efectos de la esclavitud en los afroamericanos contemporáneos.

En algunos estados, los temas raciales más apremiantes son en su mayoría simbólicos. Durante su exitosa campaña para convertirse en gobernador de Georgia el año pasado, el republicano Sonny Perdue les prometió a los votantes la realización de un referéndum sobre la restitución del emblema confederado en la bandera estatal que fue suprimido en el año 2001.

El año próximo los electores de California votarán sobre la "Racial Privacy Initiative", la cual prohibiría a los organismos locales y estatales, tales como las escuelas y el Departamento de Vehículos Motorizados, preguntarle a la gente su identidad racial o incluir casilleros voluntarios para indicar la raza en los formularios. El objetivo es ponerle fin a las políticas de clasificación racial cuyo fin es el de separar a la gente en diferentes categorías.

Los críticos temen que detener la recolección de información racial dificulte el rastreo de los abusos a los derechos civiles y perjudique las investigaciones médicas. El principal propulsor de esta iniciativa es el activista conservador Ward Connelly, quien también auspició en 1996 la propuesta de California para poner fin a los programas de *affirmative action*.

PERSPECTIVAS

¿Problemas persistentes?

La histórica mezcla de la nación, integrada por colonos europeos, nativo americanos desplazados, esclavos africanos e inmigrantes de todo el mundo, ha resultado en una hibridez racial muy volátil. Dadas las predicciones actuales que indican que en el año 2050 ningún grupo racial abarcará la mayoría de la población, se espera que las relaciones raciales evolucionen en formas complejas.

Los optimistas creen que los cambios demográficos, junto con las modificaciones de las normas sociales que califican de tabú a la discriminación abierta contra los negros, finalmente conducirán a una sociedad menos dividida y preocupada por la raza. "Quizá no sea una casualidad", manifiesta el profesor Thernstrom de Harvard, "que el primer estado en prohibir los privilegios raciales por enmienda constitucional, California, sea también el estado con una mezcla racial más compleja".

Sin embargo, algunos optimistas opinan que el racismo seguirá siendo muy fuerte durante mucho tiempo. "Con suerte, hemos puesto en marcha suficientes actividades positivas como para finalmente obtener una sociedad sin preferencias raciales"; explica Weldon Latham director de diversidad empresarial en el gigantesca firma legal Holland & Knight. "Pero aún faltan muchas décadas para que esto ocurra".

Asimismo, aunque el psicólogo Jack Glaser de la University of California en Berkeley, considera que el racismo va en descenso, "Desafortunadamente, no puedo imaginarme que vaya a desaparecer por completo en algún momento", afirma. "La gente está muy acostumbrada a ver las cosas en categorías. Se puede ubicar a las personas en grupos muy arbitrarios y hacerles conocer la situación, pero aún así mostrarán preferencia por los miembros de sus propios grupos".

Durante su reciente mandato como presidente de la American Bar Association (ABA), el abogado de Oklahoma William G. Paul hizo de la diversidad su prioridad porque, expresó, su profesión es 92.5 por ciento blanca. Paul se puso muy feliz con el fondo para becas establecido por la ABA y por datos que muestran que los negros y otras minorías están mejor representados en las facultades de derecho de lo que están, actualmente, en la profesión legal misma.

"No encontré a nadie que se opusiera", recuerda Paul, quien es blanco. Sin embargo, admite que los hábitos y el statu quo están tan arraigados que lograr la igualdad incluso en esta profesión de alto perfil "va a requerir un esfuerzo de muchas décadas".

De hecho, los observadores más pesimistas de las relaciones raciales predicen que aún podría surgir una reacción violenta contra los negros y otras minorías, repitiendo los históricos contratiempos que enfrentaron los negros tras las guerras Revolucionaria y Civil. "No creo que la población blanca vaya a perder autoridad o prestigio porque sus números disminuyan", expresa Andrew Hacker, autor del libro *Two Nations.*

Incluso sin mala voluntad o discriminación consciente, la historia reciente sugiere que las instituciones dominadas durante años por los blancos seguirán siendo dominadas por éstos, con muy pocas excepciones. "Si suponemos que las actitudes y las expectativas están institucionalizadas", explica Faith Mitchell, del National Research Council, "el paso del tiempo no cambiará nada".

NOTAS

1. Lee Hockstader, "For Tulia 12, 'It Feels So Good,'" *The Washington Post,* 17 de junio de 2003, p. A1.

2. Andrew Hacker, *Two Nations: Black & White, Separate, Hostile, Unequal* (3a edición 2003, publicada originalmente en 1992), p. 111.

3. Sheryl Gay Stolberg, "Cultural Issues Pose Obstacles in Cancer Fight," *The New York Times,* 14 de marzo de 1998, p. A1.

4. Margery Austin Turner and Felicity Skidmore, ed., "Mortgage Lending Discrimination: A Review of Existing Evidence," The Urban Institute, junio de 1999, p. 1.

5. Stephan Thernstrom and Abigail Thernstrom, *America in Black and White: One Nation, Indivisible* (1997), p. 222. Consulte "The Nation's Report Card," National Assessment of Educational Progress, National Center for Education Statistics. http://nces.ed.gov/nationsreportcard/.

6. Hacker, *op. cit.,* p. 222.

7. Thernstrom and Thernstrom, *op. cit.,* p. 274.

8. Eric Lichtblau, "Bush Issues Racial Profiling Ban But Exempts Security Inquiries," *The New York Times,* 18 de junio de 2003, p. A1.

9. Quoted in Bettijane Levine, "Harry Belafonte won't retreat from slavery remarks," *Chicago Tribune,* 23 de octubre de 2002, p. 1.

10. See Ellen Nakashima and Al Kamen, "Bush Official Hails Diversity," *The Washington Post,* 31 de marzo de 2001, p. A10.

11. John McWhorter, *Losing the Race: Self-Sabotage in Black America* (2000).

12. For background, see David Masci, "The Black Middle Class," *The CQ Researcher,* 23 de enero 1998, pp. 49-72.

13. Randall Kennedy, *Nigger: The Strange Career of a Troublesome Word* (2002), p. 27.

14. See Greg Winter, "State Underfinancing Damages City Schools, New York Court Finds," *The New York Times,* 27 de junio de 2003, p. A1. Si desea conocer los antecedentes sobre subsidios escolares, consulte Kathy Koch, "Reforming School Funding," *The CQ Researcher,* 10 de diciembre de 1999, pp. 1041-1064.

15. Office of Policy Research and Development, "All Other Things Being Equal: A Paired Testing Study of Mortgage Lending Institutions," U.S. Department of Housing and Urban Development, abril de 2002, p. 10, http://www.huduser.org/Publications/PDF/aotbe.pdf.

16. Douglas S. Massey and Garvey Lundy, "Use of Black English and Racial Discrimination in Urban Housing Markets: New Methods and Findings," *Urban Affairs Review* 36 (2001): 470-96.

17. Erica Frankenburg, Chungmei Lee and Gary Orfield, "A Multiracial Society With Segregated

Schools: Are We Losing the Dream?" Harvard University Civil Rights Project, enero de 2003, p. 28, http://www.civilrightsproject.harvard.edu/research/reseg03/AreWeLosingtheDream.pdf.

18. Thernstrom and Thernstrom, *op. cit.,* p. 199.

19. Turner and Skidmore, *op. cit.*

20. McWhorter, *op. cit.*

21. Thernstrom and Thernstrom, *op. cit.*

22. Mark Mauer, "The Crisis of the Young African-American Male and the Criminal Justice System," testimonio sometido al U.S. Commission on Civil Rights, 15 y 16 abril de 1999.

23. Randall Kennedy, *Race, Crime, and the Law* (1997), p. x.

24. Para enterarse de los antecedentes, consulte Kenneth Jost, "Policing the Police," *The CQ Researcher,* 17 de marzo de 2000, pp. 209-240.

25. David Kocieniewski, "New Jersey Adopts Ban on Racial Profiling," *The New York Times,* 14 de marzo de 2003, p. B5.

26. The Associated Press, "Cincinnati Police Want Community Pact Ended," *The Washington Post,* 30 de abril de 2003, p. A8.

27. Michael Tonry, *Malign Neglect: Race, Crime, and Punishment in America* (1995), p. 79.

28. Citado en Kennedy 1997, p. 15. Consulte Clarence Page, "Message to Jackson: The Word Is Crime, Not Black Criminals," *Chicago Tribune,* 5 de enero de 1994, p. 15.

29. Consulte Kennedy 1997, pp. 370 en adelante.

30. Citado en Kennedy 1997, p. 14.

31. Adam Liptak, "Death Penalty Found More Likely If Victim Is White," *The New York Times,* 8 de enero de 2003, p. A12.

32. Henry Weinstein, "Panel Urges Halt to Executions in Pa.," *Los Angeles Times,* 5 de marzo de 2003, p. 15.

33. Philip A. Klinkner con Rogers M. Smith, *The Unsteady March: The Rise and Decline of Racial Equality in America* (1999), p. 12.

34. Citado en Philip S. Foner, *From Africa to the Emergence of the Cotton Kingdom* (1975), p. 303.

35. Citado en Klinkner and Smith, *op. cit.,* p. 18.

36. Lerone Bennett, Jr., *Before the Mayflower: A History of Black America* (5a edición, 1984; publicada originalmente en 1962), p. 257.

37. Citado en Thernstrom and Thernstrom, *op. cit.*

38. Citado en Bennett, *op. cit.*

39. Philip Dray, *At the Hands of Persons Unknown: The Lynching of Black America* (2002), p. iii.

40. Klinkner and Smith, *op. cit.*

41. Thernstrom and Thernstrom, *op. cit.*

42. *Ibid.,* p. 79.

43. Gerald N. Rosenberg, *The Hollow Hope: Can Courts Bring About Social Change?* (1991), p. 50.

44. Thurmond había conducido una intervención parlamentaria récord de 24 horas y 18 minutos contra el proyecto de ley Civil Rights Bill de 1957.

45. *Congress and the Nation,* Vol. 1, p. 1635.

46. *Congress and the Nation,* Vol. 2, p. 356.

47. Niel J. Smelser, William Julius Wilson y Faith Mitchell, eds., *America Becoming: Racial Trends and Their Consequences,* Vol. 1 (2001), p. 321.

48. Citado en Klinkner and Smith, *op. cit.*

49. Carol Pogash, "Berkeley Makes Its Pitch to Top Minority Students," *Los Angeles Times,* 20 de abril de 2003, Part 2, p. A6.

50. Thernstrom and Thernstrom, *op. cit.*

51. Para enterarse de los antecedentes, consulte Sarah Glazer, "Welfare Reform," *The CQ Researcher,* 3 de agosto de 2001, pp. 601-632.

52. Hacker, *op. cit.,* p. 130.

53. *Congress and the Nation,* Vol. VIII, p. 757.

54. Para enterarse de los antecedentes, consulte Jennifer Gavin, "Redistricting," *The CQ Researcher,* 16 de febrero, 2001, pp. 113-128.

55. Para enterarse de los antecedentes, consulte David Masci, "Reparations Movement," *The CQ Researcher,* 22 de junio, 2001, pp. 529-552.

56. W.E.B. Du Bois, *The Souls of Black Folk* (1933).

57. Abigail Thernstrom, "Court Rulings Add Insult to Injury," *Los Angeles Times,* 29 de junio de 2003, p. M1.

58. Mitchell Landsberg, Peter Y. Hong y Rebecca Trounson, " 'Race-Neutral' University Admissions

in Spotlight," *Los Angeles Times,* 17 de enero de 2003, p. 1.

59. Citado en David Callahan y Tamara Draut, "Broken Bargain: Why Bush May Be Destroying A Hard-Won Consensus on Helping the Poor," *The Boston Globe,* 11 de mayo de 2003, p. H1.

60. Heather Mac Donald, "A 'Profiling' Pall on the Terror War," *The Washington Post,* 5 de mayo de 2003, p. A21.

BIBLIOGRAFÍA

Libros

Correspondents of *The New York Times, How Race Is Lived in America,* **Times Books, 2001.** Una antología de la serie de informes del *Times* ganadora del Premio Pulitzer que describe cómo los temas de raza aún afectan a la sociedad estadounidense.

Hacker, **Andrew,** *Two Nations: Black & White, Separate, Hostile, Unequal,* **3rd ed. 2003 (publicado originalmente en 1992).** Un científico político considera a la raza como un problema "irreductible" y describe un Estados Unidos en el cual negros y blancos están todavía separados y son aún desiguales.

Kennedy, Randall, *Nigger: The Strange Career of a Troublesome Word,* **Pantheon, 2002.** Un profesor de la facultad de derecho de Harvard examina la historia y el uso del "paradigmático comentario racista" y lo que expresa acerca de las enemistades raciales.

Kennedy, Randall, *Race, Crime, and the Law,* **Pantheon, 1997.** El profesor de derecho de Harvard analiza temas ubicados en la intersección de la raza y el sistema de justicia criminal, que incluyen leyes antidrogas, pena de muerte y selección de integrantes de jurados.

Klinkner, Philip A., con Rogers M. Smith, *The Unsteady March: The Rise and Decline of Racial Equality in America,* **University of Chicago Press, 1999.** El autor investiga los derechos de los afroamericanos desde la época colonial hasta fines de los años 90 y llega a la conclusión de que a cada período de progreso para los negros le ha seguido una duradera reacción violenta. Klinker enseña educación cívica en el Hamilton College; Smith dicta la cátedra de raza y política en la Yale University.

McWhorter, John, *Losing the Race: Self-Sabotage in Black America,* **Free Press, 2000.** Este profesor de lingüística de la University of California en Berkeley, afirma que los afroamericanos se aferran al "Culto de la victimología" que los mantiene concentrados en el racismo a expensas de mejorar sus propias vidas.

Patterson, Orlando, *The Ordeal of Integration: Progress and Resentment in America's "Racial" Crisis,* **Civitas/Counterpoint, 1997.** Un sociólogo de Harvard examina el progreso entre los afroamericanos y el impacto que tienen varias ideologías sobre las políticas públicas.

Smelser, Neil J., y William Julius Wilson y Faith Mitchell, eds., *America Becoming: Racial Trends and Their Consequences,* **Vols. I and II, National Academy Press, 2001.** Ensayos de una conferencia sobre la raza llevada a cabo por el National Research Council estudian tendencias en las áreas de vivienda, trabajo, ingresos, justicia y otros temas.

Steinhorn, Leonard, y Barbara Diggs-Brown, *By the Color of Our Skin: The Illusion of Integration and the Reality of Race,* **Dutton, 1999.** Dos profesores de la American University arriban a la conclusión de que Estados Unidos no se ha integrado exitosamente.

Thernstrom, Stephan, y Abigail Thernstrom, *America in Black and White: One Nation Indivisible,* **Simon & Schuster, 1997.** Los autores rastrean la historia de las relaciones raciales estadounidense y de las tendencia políticas, sociales y económicas desde el inicio del movimiento de los derechos civiles. Stephan Thernstrom dicta historia en Harvard; Abigail Thernstrom es miembro experimentada del Manhattan Institute.

Informes y estudios

Frankenburg, Erika, Chungmei Lee y Gary Orfield, "A Multiracial Society With Segregated Schools: Are We Losing the Dream?" *Civil Rights Project,* **enero de 2003; http://www.civilrightsproject.harvard.edu/research/reseg 03/AreWeLosingtheDream.pdf.** Estos investigadores de Harvard establecen que con la mayoría de los blancos que asisten a escuelas predominantemente blancas y con muchos negros e hispanos que concurren a "escuelas segregadas" cuyos cuerpos estudiantiles están conformados casi totalmente por minorías.

Office of Policy Research and Development, *All Other Things Being Equal: A Paired Testing Study of Mortgage Lending Institutions,* **U.S. Department of Housing and Urban Development, http://www.huduser.org/Publications/PDF/aotbe.pdf, abril 2002.** Este informe llega a la conclusión de que los negros y los hispanos a menudo reciben un trato menos favorable que los blancos al solicitar hipotecas.

Rawlston, Valerie A., y William E. Spriggs, "Pay Equity 2000: Are We There Yet?" National Urban League Institute for Opportunity and Equality, abril 2001; http://www.nul.org/departments/inst_opp_equality/word/

reports_statistics/pay_equity_report.doc. Este estudio acerca de los empleadores federales descubre que las mujeres y los integrantes de minorías ganan 73 centavos por cada dólar que gana un hombre blanco no hispano, en gran parte debido a las diferencias en el tipo de trabajo que realizan. Sin embargo, aun se les paga más a los hombres blancos que realizan las mismas tareas.

Para obtener más información

American Civil Rights Institute, P.O. Box 188350, Sacramento, CA 95818; (916) 444-2278; www.acri.org. Un grupo dedicado a educar al público acerca de programas que promueven las preferencias de raza y género.

Center for Equal Opportunity, 14 Pidgeon Hill Dr., Suite 500, Sterling, VA 20165; (703) 421-5443; www.ceousa.org. Un grupo de expertos que promueve las políticas sin preferencia racial.

Center for Individual Rights, 1233 20th St., N.W., Suite 300, Washington, DC 20036; 877-426-2665; www.cirusa.org. Un estudio legal de interés público que ha recusado políticas de *affirmative action.*

Center for New Black Leadership, 202 G St., N.E., Washington, DC 20002; (202) 546-9505. Una organización de defensa que apoya políticas que "mejoran la capacidad de las personas y las comunidades para desarrollar soluciones efectivas orientadas al mercado y basadas en la comunidad" para los problemas económicos y sociales.

The Civil Rights Project, 125 Mt. Auburn St., 3rd Floor, Cambridge, MA 02138; (617) 496-6367; www.civilrightsproject.harvard.edu. Un grupo de expertos afiliado a Harvard.

Joint Center for Political and Economic Studies, 1090 Vermont Ave., N.W., Suite 1100 Washington, DC 20005; (202) 789-3500; www.jointcenter.org. Fundado con el objetivo de capacitar a funcionarios negros electos, estudia temas de importancia para los afroamericanos.

Leadership Conference on Civil Rights, 1629 K St., N.W., 10th Floor, Washington, DC 20006; (202) 466-3311; www.civilrights.org. Una coalición de 180 organiza-

ciones nacionales que promueven leyes y políticas de derechos civiles.

The Manhattan Institute for Policy Research, 52 Vanderbilt Ave., 2nd Floor, New York, NY 10017; (212) 599-7000; www.manhattan-institute.org. Un grupo de expertos que fomenta "mayor elección económica y responsabilidad individual".

National Association for the Advancement of Colored People, 4805 Mt. Hope Dr., Baltimore, MD 21215; (877) NAACP-98; www.naacp.org. Una organización de un siglo de antigüedad comprometida con la mejora de los derechos civiles de los afroamericanos y otras minorías.

National Conference for Community and Justice, 475 Park Ave. South, 19th Floor, New York, NY 10016; (212) 545-1300; www.nccj.org. Antiguamente conocida como la National Conference of Christians and Jews, lucha contra los prejuicios y el racismo en Estados Unidos.

National Urban League, 120 Wall St., 8th Floor, New York, NY, 10005; (212) 558-5300; www.nul.org. Un consorcio de organizaciones orientadas a la comunidad, que promueve el acceso a la educación, a la actividad económica y a los derechos civiles entre los afroamericanos.

Southern Poverty Law Center, 400 Washington Ave., Montgomery, AL 36104; (334) 956-8200; www.splcenter.org. Un grupo que lucha contra la discriminación mediante programas educativos, litigios y el mantenimiento del Civil Rights Memorial.

U.S. Commission on Civil Rights, 624 Ninth St., N.W., Washington, DC 20425; (202) 376-7700; www.usccr.gov. Un organismo gubernamental que investiga las demandas por discriminación.

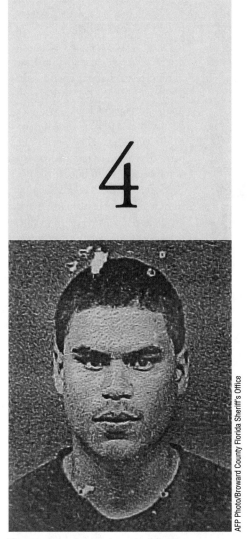

El sospechoso de terrorismo José Padilla, ciudadano de EE.UU., ha sido retenido incomunicado durante 16 meses en una prisión militar en Charleston, Carolina del Sur, como "combatiente enemigo". No ha sido acusado de ningún delito pero no tiene acceso a abogados ni a los miembros de su familia. Críticos de la guerra contra el terrorismo emprendida por la administración Bush dicen que tales detenciones violan los derechos civiles y constitucionales.

Para *The CQ Researcher;*
24 de octubre de 2003.

4

Debates sobre los derechos civiles

Kenneth Jost

Altos funcionarios del gobierno pregonaron con bombo y platillos el arresto de José Padilla en mayo de 2002 como un golpe maestro en la guerra contra el terrorismo. Este antiguo miembro de una pandilla de Chicago y convertido al Islam presuntamente conspiró con un líder de la red terrorista Al Qaeda para construir y detonar una bomba radioactiva en Estados Unidos, posiblemente en Washington DC.

"Hemos desbaratado con éxito un complot potencial", dijo el procurador general John Ashcroft en una rueda de prensa el 10 de junio. Padilla, ciudadano estadounidense, había sido arrestado el 8 de mayo a su llegada a Chicago — portando $10,000 en efectivo — en un vuelo procedente de Pakistán vía Egipto y Suiza.

No obstante, más de un año después, Padilla — también conocido como Abdullah al-Muhajir — personifica lo que muchos críticos de la administración Bush consideran el lado oscuro de la guerra contra el terrorismo: un desconocimiento de los derechos civiles y constitucionales.

Padilla ha estado incomunicado en una prisión militar de la Armada en Charleston, Carolina del Sur, conforme a una orden firmada por el presidente Bush como comandante en jefe que lo califica como "combatiente enemigo", en realidad, como un soldado enemigo capturado. Padilla no ha sido acusado de ningún delito, pero durante los últimos 16 meses no ha tenido acceso a abogados ni a miembros de su familia: sin visitas, sin llamadas telefónicas y sin cartas.

Mayoría de estadounidenses preocupados por los derechos civiles

Según una reciente encuesta de Associated Press, a una mayoría de los estadounidenses le preocupa la forma en que la guerra contra el terrorismo está afectando los derechos civiles.

¿Cuánto le preocupa que las nuevas medidas para combatir el terrorismo en este país puedan llegar a restringir nuestros derechos como individuos?

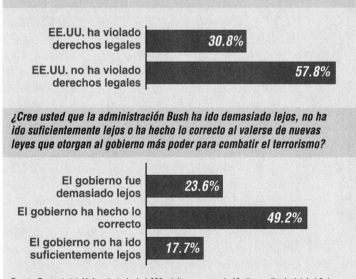

Me preocupa mucho o me preocupa un poco — **65.9%**

No me preocupa demasiado o no me preocupa en absoluto — **32.2%**

¿Cree usted que en su lucha contra el terrorismo Estados Unidos ha violado o no ha violado los derechos legales y la libertad individual de personas que viven en Estados Unidos?

EE.UU. ha violado derechos legales — **30.8%**

EE.UU. no ha violado derechos legales — **57.8%**

¿Cree usted que la administración Bush ha ido demasiado lejos, no ha ido suficientemente lejos o ha hecho lo correcto al valerse de nuevas leyes que otorgan al gobierno más poder para combatir el terrorismo?

El gobierno fue demasiado lejos — **23.6%**

El gobierno ha hecho lo correcto — **49.2%**

El gobierno no ha ido suficientemente lejos — **17.7%**

Fuente: Encuesta telefónica aleatoria de 1,008 adultos mayores de 18 años realizada del 4 al 8 de septiembre de 2003 para The Associated Press, realizada por el ICR/International Communications Research.

"No es la justicia. Es la falta de justicia", dijo Donna Newman, una de dos abogados neoyorquinos que representan a Padilla. "Es un vacío de derechos. Un agujero negro".[1]

Newman y su colega Andrew Patel han estado luchando desde junio de 2002 para que Padilla sea liberado de la custodia militar mediante un hábeas corpus. En diciembre de 2002, obtuvieron una victoria parcial cuando el juez de distrito de EE.UU. Michael Mukasey ordenó al gobierno que permitiera a Padilla reunirse con sus dos abogados o con uno de ellos.

El derecho de Padilla a disputar su detención "será absolutamente invalidado si no se le permite consultar un abogado", manifestó Mukasey, juez federal primero del distrito sur de Nueva York, en una opinión por escrito de 102 páginas.

Sin embargo, el gobierno se resistió incluso a ese limitado paso. En una apelación, el Departamento de Justicia alega que permitir a combatientes enemigos el acceso a abogados podría "comprometer de manera grave los esfuerzos militares para obtener información vital". El alegato del caso *Padilla vs. Rumsfeld* está programado para el 17 de noviembre ante el 2do. Tribunal de Apelaciones de EE.UU. de la ciudad de Nueva York.

La detención de Padilla es apenas una de la larga lista de acciones del gobierno desde los ataques terroristas del 11 de septiembre de 2001, que los críticos dicen están comprometiendo los derechos individuales — tanto de ciudadanos como de extranjeros — protegidos por la Constitución de EE.UU.:

• El gobierno arrestó a más de 750 residentes árabes, los llamados detenidos del 11 de septiembre, y se negó a revelar sus nombres. Retuvo a muchos durante semanas o meses y deportó a centenares de ellos después de secretas audiencias de inmigración, todas sin acusar a ninguno en relación con los ataques.

- El Congreso aprobó y Bush firmó una ley de amplia cobertura — la Ley USA Patriot — ampliando los poderes del gobierno para adelantar vigilancia electrónica u obtener registros personales no sólo en casos de terrorismo sino también en otras investigaciones penales.[2]
- El Departamento de Justicia aumentó la discreción del FBI para vigilar organizaciones nacionales, además la Ley Patriot facilitó que la CIA compartiera información con el FBI y otras entidades nacionales encargadas de hacer cumplir la ley.
- Unos 660 extranjeros capturados en Afganistán como "combatientes enemigos" están detenidos en la Base Naval de Guantánamo en Cuba, sin acusaciones y sin acceso a abogados ni a forma alguna de revisión judicial, mientras el gobierno prepara juicios militares que los críticos dicen permitirán pocos derechos procesales. En la Corte Suprema de EE.UU. están pendientes dos casos de recusación de estas detenciones.
- Además de Padilla, hay otros dos hombres incomunicados en la prisión militar de Charleston como "combatientes enemigos"; uno de ellos es un ciudadano estadounidense, Yasser Hamdi, capturado en Afganistán mientras luchaba en favor del régimen talibán. Su caso está pendiente ante la Corte Suprema.*

Los funcionarios públicos de EE.UU. insisten en que esas acciones son efectivas y constitucionales. "Estamos ganando la guerra contra el terrorismo", afirmó Ashcroft en agosto y septiembre, en una serie de discursos dirigidos a refutar las críticas a las tácticas de la administración.

"Estamos más seguros" ahora que antes del 11 de septiembre, subrayó el viceprocurador general Daniel

Bryant, "sin haber sacrificado ninguno de nuestros derechos y tradiciones constitucionales".[3]

Los defensores de los derechos civiles discrepan en ambos casos. "Desde el 11 de septiembre ha habido un asalto sistemático a muchos derechos fundamentales en nombre de la lucha contra el terrorismo pero en formas que nada tienen que ver con la captura de terroristas", dice Kate Martin, directora ejecutiva del Center for National Security Studies en Washington.

"Me preocupa que en nombre de la lucha contra el terrorismo no hayamos hecho algunas cosas que podrían ser efectivas y en cambio sí estemos haciendo otras que provocarán mucho más mal que bien", dice Elliott Mincberg, vicepresidente y director jurídico de People for the American Way.[4]

Expertos legales independientes tienen puntos de vista encontrados con respecto al efecto de las tácticas antiterroristas sobre los derechos civiles. Algunos de ellos como Stuart Taylor, veterano escritor y columnista de temas jurídicos del *National Journal*, dicen que las advertencias de los defensores de los derechos civiles "en el mejor de los casos son estridentes y exageradas, y en el peor, abiertamente falsas".

Sin embargo, otros expertos recriminan duramente las generalizadas declaraciones de la administración en el sentido de que puede actuar en forma unilateral, en secreto y sin la revisión judicial normal. "Ellos han ignorado a los tribunales, los abogados defensores, la prensa y el público en general", dice Stuart Schulhofer, profesor de la facultad de derecho en New York University y autor de un informe sobre estos hechos para Century Foundation. "Esta no es una buena fórmula para un gobierno efectivo".[5]

Hasta ahora, las recusaciones a las acciones de la administración han sido infructuosas. Las demandas de defensores de los derechos civiles no consiguieron que se hicieran públicas las audiencias de inmigración secretas para los detenidos por el 11 de septiembre y tampoco pudieron obligar a la administración a revelar la identidad de los mismos. Unos meses atrás, un tribunal de apelaciones federal ratificó este año la detención de Hamdi, incomunicado, por parte del gobierno. En su fallo del caso Padilla, Mukasey también ratificó la facultad del gobierno para retener combatientes enemigos pero reservó una limitada función a los tribunales en la revisión del motivo de las detenciones.

---

* La tercera persona retenida como combatiente enemigo en la prisión militar de Charleston es Ali Saleh Kahlah al-Marri, un qatarí que vivía en Peoria, Ill. Los fiscales dicen que tenía más de 1,000 tarjetas de crédito en los archivos de su computadora portátil junto con juramentos de proteger al líder de al Qaeda Osama bin Laden, fotografías de los ataques del 11 de septiembre y archivos en los cuales se detallan armamento y químicos peligrosos.

El inspector general censura detenciones del 11 de septiembre

Después de los ataques terroristas del 11 de septiembre de 2001, los agentes federales que buscaban terroristas en Estados Unidos arrestaron cientos de nacionales extranjeros — en su mayoría hombres árabes y musulmanes.

En la ciudad de Nueva York fue arrestado un taxista egipcio con una visa vencida que llevaba consigo fotografías del World Trade Center. Después de cinco meses de estar retenido, fue liberado.

En Louisville, 40 mauritanos fueron detenidos porque de uno de ellos se rumoraba que estaba tomando lecciones de vuelo. Cuatro fueron acusados de haberse quedado pasada la fecha de expiración de sus visas y estuvieron en la cárcel más de un mes.[1]

La mayoría de los detenidos pasaron meses encarcelados en centros de detención federales por infracciones de inmigración pero nunca se les acusó de delito alguno. Al infractor de inmigración no se le otorga automáticamente asesoría jurídica, de modo que muchos detenidos se vieron en dificultades para conservar sus abogados. Su suerte se determinó en audiencias secretas, y debido a que el gobierno rehusaba revelar su paradero, frenéticos familiares luchaban por encontrarlos.

El gobierno también detuvo sospechosos de terrorismo, con base en infracciones penales menores. Dos hombres somalíes fueron detenidos en Texas por portar una identidad falsa y una navaja un cuarto de pulgada más larga que lo legalmente permitido. Fueron liberados al día siguiente.[2]

El Departamento de Justicia sostuvo que las detenciones eran vitales para la seguridad nacional. "Retirar de las calles a los sospechosos de terrorismo que estén infringiendo la ley y tenerlos encerrados es nuestra clara estrategia para evitar el terrorismo dentro de nuestras fronteras", dijo el procurador general John Ashcroft, seis semanas después del 11 de septiembre.[3]

No obstante, en un informe sobre la detención de 762 extranjeros ilegales en los 11 meses siguientes al 11 de septiembre, el inspector general del DOJ criticó severamente las tácticas del Departamento de Justicia.

El informe encontró "problemas significativos en la forma en que se manejó a los detenidos". Algunos fueron golpeados mientras estaban encarcelados. En otros casos, el gobierno violó las políticas de inmigración al no informar oportunamente a los detenidos por qué se les retenía.[4]

"A esas personas se le negó el acceso a abogados; sufrieron golpes estando en la cárcel y fueron retenidos en condiciones abusivamente duras sin que se les hubiera acusado de ningún delito", dice Kate Martin, directora del Center for National Security Studies.

De hecho, ninguno de los detenidos fue acusado jamás por delitos relacionados con los hechos del 11 de septiembre, escribe en un nuevo libro acerca de los derechos civiles y el terrorismo George Cole, profesor de derecho en Georgetown University, y sólo a dos o tres se les comprobó que tenían algunos lazos con el terrorismo, como haber hecho donaciones de dinero para organizaciones que tenían nexos con el terrorismo.[5]

Según el inspector general, el gobierno lanzó una red demasiado grande. "El FBI ha debido tener más cuidado para distinguir entre los extranjeros de quienes realmente sospechaba podían tener vínculos con el terrorismo y aquellos que, aunque posiblemente eran culpables de infringir la ley federal de inmigración, no

Sorprendentemente, el Congreso ha respondido un poco mejor a la preocupación por los derechos civiles. Con algún soporte por parte de ambos partidos, desestimó propuestas de una tarjeta de identificación nacional, eliminó un plan de pedir al público en general que informara actividades sospechosas y frustró otro plan de estudiar bases de datos de computadoras para tratar de identificar sospechosos de ser terroristas.

"Si repasamos las mayores victorias en derechos civiles a partir del 11 de septiembre, la mayoría de ellas ha venido del Congreso", dice Jeffrey Rosen, profesor adjunto en la facultad de derecho de George

tenían nada que ver con el terrorismo y simplemente fueron descubiertos en conexión con una línea de investigación, dijo el informe.

El informe también criticó la política del gobierno de "retener hasta absolver", que mantuvo inmigrantes tras las rejas más tiempo del necesario porque agentes del FBI sobrecargados de trabajo a menudo se tomaron meses para absolver a los detenidos de cualquier vínculo con terrorismo.

"La forma que el gobierno se valió de las leyes de inmigración como pretexto para retener personas indefinidamente resultó ser una práctica nefasta para los derechos civiles", dice Timothy Edgar, asesor jurídico del American Civil Liberties (ACLU). "La ley de inmigración no es un estatuto para la detención de extranjeros; es el estatuto que permite al gobierno sacar gente del país". Lo normal es que a los detenidos por inmigración se les retenga un día o dos, pero no durante meses, agrega Edgar.

El informe del inspector general reseñaba 21 recomendaciones para mejorar las detenciones por inmigración, entre ellas racionalizar el proceso absolutorio del FBI, aclarar los derechos de los detenidos y mejorar las condiciones de encarcelamiento.

El Departamento de Justicia manifestó estar implementando algunas de las recomendaciones.[6] Sin embargo, Barbara Comstock, vocera del departamento, dijo "No presentamos disculpas por aprovechar todas las vías legales posibles para proteger al público estadounidense de otros ataques terroristas".[7]

El mes pasado, el inspector general dijo que el Departamento de Justicia estaba abordando muchas de sus inquietudes, pero que "todavía hay mucho por hacer para que las recomendaciones queden totalmente implementadas".

Algunos expertos legales dicen que el gobierno tiene derecho a detener inmigrantes sospechosos de ser terroristas. "El inspector general no encontró ninguna violación real de derechos ni cuestionó la autoridad legal del gobierno para detener a las personas. Lo único que cuestionó fue la forma en que se llevaron a cabo las detenciones", dice Heather Mac Donald, miembro del consejo asesor del conservador Manhattan Institute.

Mac Donald también dice que los asuntos de seguridad nacional prevalecen sobre las inquietudes respecto a los derechos civiles: "El gobierno estaba haciendo lo que era perfectamente adecuado para proteger la seguridad del país, que es su tarea principal y sin la cual, nada más interesa".

No obstante, uno de los principales arquitectos de las políticas antiterrorismo del gobierno, ahora reconoce que el gobierno se extralimitó. "El informe [del inspector general] fue una llamada de alerta muy drástica", dice Viet Dinh, autor de la Ley USA Patriot que durante dos años se desempeñó como viceprocurador general bajo Ashcroft antes de volver como profesor a Georgetown University Law Center en Washington, en el verano de 2003. "El Departamento de Justicia dijo con toda razón: 'Lamentamos los errores, y estamos tomando las medidas para rectificarlos'".

— Benton Ives-Halperin

---

[1] Human Rights Watch, *Presumption of Guilt,* agosto de 2002, pp. 13-14.

[2] *Ibíd.*

[3] National Public Radio, "Weekend All Things Considered," 27 de octubre de 2001.

[4] U.S. Department of Justice, Office of Inspector General, "The September 11 Detainees: A Review of the Treatment of Aliens Held on Immigration Charges in Connection With the Investigation of the September 11 Attacks", 29 de abril de 2003. www.usdoj.gov/oig

[5] David Cole, *Enemy Aliens* (2003), p. 22.

[6] Richard B. Schmitt y Richard A. Serrano, "U.S. Finds Abuses of 9/11 Detainees", *Los Angeles Times,* 3 de junio de 2003, p. A1.

[7] Eric Lichtblau, "Ashcroft Defends Detentions as Immigrants Recount Toll", *The New York Times,* 4 de junio de 2003, p. A23.

Washington University en Washington y editor de temas jurídicos de *The New Republic.*

Muchos episodios anteriores han puesto a prueba el apoyo de los estadounidenses a los derechos civiles frente a las amenazas a la seguridad, en el ámbito nacional como en el internacional. Durante ambas guerras mundiales del siglo XX y después de ellas, en gran parte de la Guerra Fría y en las revueltas de las décadas de 1960 y 1970 en todo el país, los disidentes políticos fueron objeto de vigilancia, investigación y, en algunos casos, enjuiciamiento. Personas de origen étnico germano fueron perseguidas durante la Primera Guerra Mundial, en tanto que durante la Segunda Guerra Mundial unas 110,000 personas de ancestro japonés — la mayoría de las cuales ya tenía ciudadanía estadounidense — fueron internadas por la fuerza en campos de concentración.

En opinión de muchos críticos, las redadas de árabes y musulmanes practicadas por el gobierno son una repetición de algunos episodios ahora ampliamente reconocidos como vergonzosos. "Hemos puesto en la mira los derechos de los nacionales extranjeros, y en especial los de árabes y musulmanes", dice David Cole, profesor en el Law Center de Georgetown University en Washington. [6]

No obstante, en su mayoría, los observadores piensan que las violaciones de los derechos civiles en la actual guerra contra el terrorismo son menos graves que las del pasado. "Es [posible] que lleguemos a lamentar algunas de las leyes y tecnologías implantadas después del 11 de septiembre", afirma Rosen. "Mas no creo que ninguna de ellas se compare con los excesos cometidos después de las guerras anteriores".

La administración y sus partidarios contrarrestan todas las críticas con un hecho irrefutable: que no se ha repetido un incidente terrorista de igual tipo que el del 11 de septiembre. "Otra gran victoria es que ya han pasado más de dos años sin que haya ocurrido de nuevo", observa Paul Rosenzweig, uno de los miembros principales del grupo de investigación jurídica de la Heritage Foundation y profesor adjunto en la facultad de derecho de George Mason University en Fairfax, Virginia. "Podemos darnos por bien servidos porque el puente Golden Gate todavía está en pie, porque Mount Rushmore sigue en su lugar y porque no han puesto una bomba en el Arco de St. Louis".

Los críticos, sin embargo, se muestran menos inclinados a atribuir a la administración la ausencia de nuevos ataques terroristas. "Es como si yo dijera que tengo un fusil para matar elefantes en mi oficina y allí no hay elefantes, de modo que el fusil ha tenido éxito", dijo Laura Murphy, directora de la oficina en Washington del American Civil Liberties Union (ACLU). "No podemos proteger al pueblo estadounidense sólo con poderío militar y mayores facultades para hacer cumplir la ley".[7]

Mientras el país se debate entre los problemas de libertad y seguridad, aquí tenemos algunas de las principales cuestiones en discusión:

¿Son inconstitucionales algunos artículos de la Ley Patriot?

Después de los ataques del 11 de septiembre, el Congreso no perdió tiempo para aprobar nuevas facultades para hacer cumplir la ley en la lucha contra el terrorismo cuando aprobó la Ley Patriot en octubre de 2001. Sin embargo, menos de dos años más tarde, una sólida mayoría de la Cámara de Representantes compuesta por miembros de ambos partidos votó por prohibir la financiación de una de las disposiciones de la ley que ampliaba las facultades del gobierno para conducir los denominados allanamientos de ""husmear y atisbar" ["sneak and peek"] con notificación tardía a los sujetos objeto de esas investigaciones.

"Este es el primero de una serie de ataques que vamos a lanzar sobre la Ley Patriot", dijo el republicano de Idaho C. L. "Butch" Otter antes de que la Cámara votara 309 a 118 para aprobar la prohibición como parte del proyecto de ley de apropiaciones del Departamento de Justicia. "Se armó en un día", continuó Otter. "Tendremos que desmontarla pieza por pieza".[8]

Parecía que los funcionarios de la administración Bush iban a obtener apoyo en el Senado para eliminar la disposición y se dejó entrever un veto presidencial si permanecía en el proyecto de ley. Sin embargo, la maniobra legislativa destaca la creciente controversia alrededor de muchas de las disposiciones de la Ley Patriot para ampliar las facultades para hacer cumplir la ley.

Los críticos discuten algunas de las disposiciones de la ley — incluida la de ""husmear y atisbar", Artículo 213 — para ampliar tanto las facultades del gobierno que violen las restricciones de la Cuarta Enmienda sobre allanamientos y vigilancia dentro de las labores de hacer cumplir la ley. "La Ley Patriot fue demasiado lejos y demasiado rápido para eliminar los frenos y cortapisas para la vigilancia y otras facultades del gobierno para hacer cumplir la ley", dice Timothy Edgar, asesor legislativo de la oficina del ACLU en Washington.[9]

La administración insiste en que las disposiciones aumentan las facultades para hacer cumplir la ley sólo en forma marginal y se atienen en todo a las normas constitucionales. "Debemos estar mejor equipados para asestar duros golpes al terrorismo", dice Bryant. "Sin embargo, al mismo tiempo, el Departamento de Justicia está comprometido a honrar y fortalecer la libertad constitucional de manera que no asestemos golpes bajos".[10]

Además de la disposición de "husmear-y-atisbar", otro artículo de la ley ha sido blanco principal de los oponentes: el Artículo 215, que facilita al gobierno la obtención de expedientes personales que tengan los denominados "terceros" sin notificarlo al sujeto que está siendo investigado. Ese artículo ha sido apodado disposición del "bibliotecario furioso" ["angry librarian"] porque se podría usar para obtener los registros de los préstamos realizados por la persona en bibliotecas. Sin embargo, también se aplica para el historial financiero o médico de la persona o, según lo expresa la ley, para "cualquier cosa tangible". La disposición permite al gobierno obtener los registros si certifica ante un tribunal federal secreto especial que están relacionados con una investigación sobre terrorismo. Además dispone que no se notifique a la persona cuyos registros están siendo investigados y prohíbe que quien maneje los registros divulgue la solicitud del gobierno para conseguirlos.

La disposición "viola la Cuarta Enmienda porque permite al gobierno obtener una enorme cantidad de registros personales de cualquier persona en Estados Unidos sin establecer primero una causa probable de que el sujeto haya cometido algún delito", dice Ann Beeson, abogada del ACLU. Ella representa a seis organizaciones árabes-americanas e islámicas que están recusando ante un tribunal federal en Detroit la constitucionalidad de la disposición.[11]

"Estos cargos son absurdos", dice Heather Mac Donald, miembro principal del Manhattan Institute, un grupo conservador de asesoría con base en la ciudad de Nueva York. "Los críticos del Artículo 215 deliberadamente ignoran el hecho de que cualquier solicitud de información de conformidad con el artículo requiere aprobación judicial".[12]

Beeson dice que la disposición también viola la Primera y la Cuarta Enmienda al "amordazar" a las personas para que no hablen de la investigación y prohibir que se le notifique al sujeto que está siendo objeto de la misma. Mac Donald dice en cambio que esas restricciones son "cruciales para la función de guerra del Departamento de Justicia".

Funcionarios del Departamento de Justicia dicen que la disposición cambia la ley existente sólo ligeramente porque el gobierno ya tenía el poder para obtener registros personales por medio de un comparendo de un jurado de acusación. Algunos expertos independientes están de acuerdo con ello, al menos en parte. "De hecho los críticos han distorsionado [el Artículo 215] al sugerir que cambia completamente la perspectiva legal", observa Rosen.

No obstante, Beeson señala que la nueva ley permite al tribunal federal secreto aprobar la investigación de registros con un nivel de pruebas más bajo que el requerido generalmente por un jurado de acusación. Además, observa, la reserva que rodea la investigación de los registros — en especial la norma que obliga a callarla — constituye un nuevo terreno legal.

Rosen reconoce que la ley hace cambios "preocupantes" sobre las prácticas anteriores, el más importante de ellos la imposición de la norma que no permite hablar. "Ese grado de oscuridad es algo que gobierno no había buscado antes", dice. "Parece difícil de justificar".

En septiembre, Ashcroft anunció que de hecho, el gobierno nunca se ha valido del nuevo artículo. "Es un alivio saber que no ha sido utilizado", dice Beeson, "pero no hay razón alguna para pensar que el procurador general no empezará a aplicarlo mañana".

¿Debe el Congreso otorgar al gobierno facultades adicionales en casos de antiterrorismo?

En la víspera del segundo aniversario de los ataques del 11 de septiembre, el presidente Bush pidió nueva legislación para fortalecer la mano del gobierno contra los terroristas. En sus observaciones a la Academia de Entrenamiento del FBI en Quantico, Virginia el 10 de septiembre, Bush solicitó leyes para negar la fianza a sospechosos de terrorismo y ampliar la aplicación de la pena de muerte a los delitos relacionados con terrorismo.

En una declaración que suscitó aún más controversia, el presidente dijo que dentro de las investigaciones por terrorismo el gobierno debería poder obtener registros con "comparendos administrativos" ("administrative subpoenas") emitidos por entidades que se ocupan de hacer cumplir las leyes, en lugar de comparendos judiciales emitidos por tribunales.

Bush señaló que los comparendos administrativos se usan en "una amplia gama de asuntos penales y civiles", entre ellos el fraude por servicios médicos. "Si podemos utilizar estos comparendos para capturar médicos deshonestos", dijo Bush, el Congreso debería permitir que los funcionarios encargados de hacer cumplir la ley los usen para atrapar terroristas".[13]

La propuesta de Bush era más limitada que el borrador de un proyecto de ley que el Departamento de Justicia hizo circular a principios de enero de 2003, pero que más adelante desautorizó. Esa propuesta de 120 páginas incluía disposiciones para prohibir la revelación de información sobre personas detenidas en el curso de investigaciones por terrorismo, crear una base de datos de personas sospechosas de ser terroristas y permitir que el gobierno despojara de su ciudadanía estadounidense a cualquier persona por apoyar una organización terrorista.[14]

A pesar de la limitada agenda, la propuesta de Bush enfureció a los defensores de derechos civiles e incluso causó el escepticismo entre importantes republicanos en Capitol Hill. Anthony Romero, director ejecutivo del ACLU, dijo en un comunicado de prensa que era "lamentable" que Bush hubiera utilizado el aniversario del 11 de septiembre para "continuar respaldando las políticas cada vez más contrarias a los derechos civiles" del Departamento de Justicia. Entretanto, Orrin Hatch, republicano de Utah y presidente de la Comisión Judicial del Senado, dijo que era poco probable que cualquier propuesta fuera legislada este año.[15]

Los comparendos administrativos ya son utilizados en algunos contextos federales de observancia de la ley, pero típicamente en casos de tipo reglamentario en los cuales los fiscales del gobierno dan en contraprestación sancio-

Policías militares del ejército de EE.UU. llevan a un sospechoso de ser terrorista detenido en la Base Naval de la Bahía de Guantánamo en Cuba, a un sitio de interrogatorios.

AFP Photo/Peter Muhly

nes civiles así como enjuiciamientos penales. El viceprocurador general Bryant opina que permitir su uso en investigaciones por terrorismo podría ahorrar al gobierno el tiempo y la dificultad de encontrar un juez para autorizar el comparendo.

"Todo se reduce a una cuestión de rapidez", dice Bryant. "Si vamos a evitar un episodio terrorista, la rapidez es esencial".

Defensores de derecha y de izquierda dicen que la administración no ha demostrado la necesidad del cambio. "¿Qué necesidad hay de omitir un poco de revisión independiente por parte de la rama judicial?" dice Mincberg, de People for the American Way. "Esa revisión independiente es muy importante".

Rosenzweig, de la Heritage Foundation, también se muestra poco entusiasta. "Los comparendos administrativos son raros en situaciones en las que las herramientas de que dispone el gobierno son de naturaleza exclusivamente penal", dice. "Para aceptar este cambio propuesto, yo quisiera más datos y más información respecto a su verdadera necesidad práctica".

Sin embargo, el columnista Taylor va más allá de las propuestas de la administración al pedir una "sistemática reevaluación" de las normas de derechos civiles que limitan las facultades del gobierno para investigar el terrorismo y retener personas sospechosas de practicarlo. En un escrito publicado por The Brookings Review en enero de 2003, Taylor propuso específicamente facilitar las normas de órdenes de allanamiento en casos de terrorismo y permitir la interrogación coercitiva" o la "detención preventiva" de personas sospechosas de practicar terrorismo si fuera necesario para evitar un ataque terrorista.[16]

De las tres propuestas, la de detención preventiva parece ser la que probablemente provoque serias consideraciones. Taylor adujo que la administración ya está ejerciendo en forma efectiva la facultad de detener preventivamente al retener personas sospechosas de ser terroristas como "combatientes enemigos" o "testigos esenciales" de conformidad con la ley federal existente. Observó que los grupos de derechos civiles han acusado a la administración de hacer mal uso del estatuto de testigo esencial y agregó que una ley de detención preventiva manejada con cuidado podría ofrecer mayor protección para los derechos civiles que las prácticas existentes.

Mincberg está de acuerdo, hasta cierto punto. "Apoyo la idea . . . para que el presidente y el Congreso puedan debatirla y decidir a conciencia si es apropiada", dice. "Bien podríamos decidir que no es apropiada, pero la ventaja es que saca el problema a la luz".

Rosenzweig es abiertamente partidario. "En lugar de utilizar leyes existentes en una base ad hoc e impropia, tendríamos una ley dirigida en forma más adecuada a esas pocas situaciones en las que sería apropiada", dice. "Gran Bretaña tiene una ley así y allí no ha disminuido el nivel de los derechos civiles".

La propuesta de Taylor permitiría lo que denominó un "allanamiento o interceptación preventivos" de cualquier persona de quien el gobierno tenga motivos razonables para sospechar que prepara o está ayudando a otros a preparar un ataque terrorista. Con relación a los interrogatorios, dice que a los agentes encargados de hacer cumplir la ley se les debería permitir ejercer "coerción psicológica sin llegar a la tortura o brutalidad" si fuera necesario para evitar un ataque terrorista, aunque las declaraciones pudieran ser inadmisibles en un enjuiciamiento penal.

Rosenzweig respalda ambas sugerencias. "Si tenemos necesidades más importantes que el castigo delictivo, podemos renunciar a la pena capital para efectos de salvar un millón de vidas", dice.

Mincberg no está de acuerdo, en particular, acerca del interrogatorio coercitivo. "Una vez permitido lo que explícitamente se considera coercitivo, la línea entre eso y la tortura física y mental se vuelve casi imperceptible", dice.

¿Está la administración haciendo uso indebido de la facultad para detener "combatientes enemigos"?

El gobierno de Bush ha defendido con energía su tratamiento a los 660 extranjeros capturados en Afganistán y retenidos desde principios de 2002 como "combatientes enemigos" en la base naval de EE.UU. en la Bahía de Guantánamo, en Cuba. No obstante, dejando a un lado su usual práctica de la confidencialidad, los inspectores del Comité Internacional de la Cruz Roja (ICRC) han criticado en forma severa la base legal de las prolongadas detenciones así como sus efectos sobre la salud mental.

"Las autoridades de EE.UU. han ubicado a los reclusos de Guantánamo más allá de la ley", dijo el ICRC en un informe del 25 de agosto que se publicó por primera vez en octubre. "Esto significa que, después de más de 18 meses de cautiverio, los reclusos todavía no tienen ni idea de la suerte que correrán, y ningún medio de apelación a través de cualquier mecanismo legal".[17]

Scott McClellan, portavoz de la Casa Blanca, rechazó la crítica del ICRC. "Me permito recordarles que los detenidos de la Bahía de Guantánamo son combatientes enemigos", dijo en una rueda de prensa ordinaria. "Están recibiendo un trato humanitario". Al mismo tiempo, el mayor general Geoffrey Miller, comandante de la fuerza naval que administra el centro de detención, defendió el prolongado cautiverio".

"No queremos que lo combatientes enemigos que están aquí permanezcan ni un día más de lo necesario", dijo Miller a *The New York Times*. Agregó, sin embargo, que el interrogatorio de los detenidos estaba "produciendo información de enorme valor" pero que necesariamente tomaba tiempo lograrlo.

A pesar de la escasa importancia que le dio la Casa Blanca, esa poco usual declaración de la Cruz Roja se agrega al creciente coro de quejas acerca del uso que la administración está haciendo de sus facultades para retener "combatientes enemigos", tanto en la Bahía de Guantánamo como en Estados Unidos. Incluso algunos partidarios de la administración han criticado la decisión de retener dos ciudadanos estadounidenses como combatientes enemigos dentro de Estados Unidos y negarles acceso a familias o abogados o a una revisión directa por parte de los tribunales. Además, varios importantes grupos defensores de los derechos humanos han criticado el incierto estado legal de los detenidos que permanecen en Guantánamo.

"La situación se asemeja cada vez más a un caso de detención indefinida, que es algo que Estados Unidos condena si tiene lugar en otros países", dice Tom Malinowski, director jurídico de Human Rights Watch en Washington.

Entre los detenidos de Guantánamo hay presuntos combatientes talibanes y de al Qaeda. Miller ha dicho que todos los detenidos son terroristas o apoyan el terrorismo y pueden permanecer detenidos hasta que haya finalizado la guerra contra el terrorismo. El gobierno se niega a clasificar los detenidos como prisioneros de guerra, pero sin embargo sostiene que se les está tratando de acuerdo con la Convención de Ginebra.[18]

Malinowski reconoce que Estados Unidos actuó legalmente en las capturas originales, pero dice que los combatientes talibanes tenían derecho al status de prisioneros de guerra y por eso deberían haber sido repatriados a Afganistán a menos que vayan a ser juzgados por crímenes de guerra. Rosenzweig, de la Heritage Foundation, no está de acuerdo.

Dice que la mayoría, si no todos los detenidos, incluso los cautivos talibanes, eran "combatientes claramente ilegales" según las leyes de guerra que requieren, por ejemplo, que los soldados lleven uniforme. "Ellos estaban luchando de manera ilegal, y por lo tanto no tienen derecho a la protección de la Convención de Ginebra".

Aún así, Rosenzweig opina que la administración debe someter a juicio a los detenidos más rápidamente. "Como asunto de política estadounidense deberíamos estar trabajando en clasificarlos en forma adecuada para que aquellos que sean potencialmente inocentes o no supongan peligro puedan ser liberados", dice.

La administración tiene menos respaldo aún para su decisión de mantener a los ciudadanos estadounidenses Hamdi y Padilla como combatientes enemigos. Defensores de derechos civiles y expertos jurídicos independientes han criticado esas acciones en los términos más severos y el apoyo verbal a la administración es mínimo.

People for the American Way, por ejemplo, dice que las acciones son prueba de "la justicia unilateral que ejerce la administración". Schulhofer, profesor de derecho en NYU, califica de "absolutamente injustificadas" las acciones de la administración. El columnista Taylor llama "ultrajante" a la detención incomunicado. Inclusive Rosenzweig expresa dudas. "Me preocupa la idea

de un ciudadano estadounidense prisionero en suelo estadounidense no tenga acceso a un abogado", dice.

En defensa de la administración, Mac Donald, del Manhattan Institute, describe el de Padilla como un "caso difícil". Según ella, la Constitución le da a Padilla derecho a tener un abogado sólo si se le está juzgando penalmente, pero anota que el juez Mukasey nombró dos abogados para representarlo en una acción de hábeas corpus.

En un sentido más general, Mac Donald aduce que permitir que los abogados se reúnan con Padilla interferiría con la capacidad del gobierno para interrogarlo acerca de las operaciones de al Qaeda. "¿Qué ocurriría si Padilla estuviera a punto de ceder y delatar a sus superiores justo antes de que un abogado empezara a asesorarlo?", añade Mac Donald. "La oportunidad de penetrar la estructura de al Qaeda se habría perdido para siempre".

Sin embargo, Schulhofer está en completo desacuerdo. "No hay nada más vital para los derechos civiles que el poder de la rama ejecutiva para detener ciudadanos", dice. "Si nos remontamos al siglo XIII, toda la historia del hábeas corpus ha sido una lucha sobre este punto: si puede el ejecutivo arrestar personas y meterlas a la cárcel sin tener que responder jamás a los tribunales".

ANTECEDENTES

Temores en tiempos de guerra

Los derechos civiles se han visto comprometidos varias veces en el pasado cuando el país ha estado en guerra o bajo el temor de un ataque originado desde fuera o por fuerzas subversivas en su interior. En una retrospección histórica, las acciones del gobierno durante muchos de esos episodios han llegado a ser ampliamente, aunque no universalmente, consideradas como errores.[19]

Menos de una década después de la ratificación de la Declaración de Derechos, el Congreso aprobó en 1798 una serie de leyes — las Leyes sobre Extranjeros y sobre Sedición — dirigidas de manera ostensible a evitar un ataque o subversión de la Francia napoleónica. La Ley sobre Extranjeros (Alien Act, 1798), que nunca entró en vigencia, autorizaba al presidente a deportar

CRONOLOGÍA

Antes de 1945 *Los derechos civiles son restringidos en tiempos de guerra.*

1798 Temiendo una guerra con Francia, el Congreso, controlado por federalistas, aprueba las Leyes de Extranjeros y Sedición.

Guerra Civil El presidente Lincoln suspende derecho de hábeas corpus, permitiendo juicios militares para simpatizantes con los rebeldes y opositores al reclutamiento; la Corte Suprema falla que Lincoln fue más allá de sus facultades constitucionales.

Primera Guerra Mundial La Ley de Espionaje prohíbe la resistencia al reclutamiento; la Ley de Sedición prohíbe el lenguaje "desleal"; más de 2,000 juicios según una u otra ley; la Corte Suprema ratifica ambas leyes.

Segunda Guerra Mundial Japoneses-americanos internados en campos de concentración; la Corte Suprema ratifica las acciones.

1946-1990 *Derechos civiles son puestos a prueba durante la Guerra Fría y surgen movimientos en favor de los derechos civiles.*

1950s Los leyes federales y estatales e investigaciones del Congreso son enfiladas contra comunistas y "subversivos".

1960s El FBI y la CIA se infiltran en grupos de derechos civiles y en contra de la guerra, y los desintegran.

1970s Se prohíbe a la CIA la recopilación de información de inteligencia en el ámbito nacional; al FBI se le refrena en investigaciones de grupos políticos nacionales; la Ley de Vigilancia de Información de Inteligencia Extranjera de 1978 permite pero limita la interceptación de comunicaciones dentro de EE.UU.

1990s *El terrorismo ligado al grupo al Qaeda ataca suelo estadounidense.*

1993 Bomba en el World Trade Center mata seis personas.

1996 Se firma la Ley de Antiterrorismo y Pena de muerte efectiva. . . . Camión bomba en cuarteles de EE.UU. en Arabia Saudita mata 19 personas.

1998 Doce estadounidenses entre los 224 muertos en explosiones por bombas puestas en las embajadas de EE.UU. en Kenia y Tanzania.

2000 Bombarderos suicidas matan a 17 marinos a bordo del USS *Cole* en Yemen.

2001 al presente *Los ataques terroristas lleva a nuevas facultades antiterrorismo para el gobierno.*

11 de septiembre de 2001 Operativos de al Qaeda estrellan aviones secuestrados contra el World Trade Center, el Pentágono y un campo abierto en Pennsilvania. . . . . Cientos de musulmanes son detenidos por acusaciones relacionadas con inmigración.

Octubre de 2001 EE.UU. encabeza la invasión a Afganistán para derrotar régimen talibán por albergar a la red al Qaeda. . . . Ley USA Patriot proporciona nuevas herramientas para combatir el terrorismo.

Noviembre-diciembre de 2001 El régimen talibán cae en Afganistán; cientos de talibanes combatientes de al Qaeda son llevados a la Base Naval de Guantánamo en Cuba.

2002 Yasser Esam Hamdi, ciudadano de EE.UU., capturado como soldado talibán, recusa su detención como "combatiente enemigo". . . . José Padilla, acusado el 8 de mayo de conspirar para detonar bomba radiactiva, es denominado "combatiente enemigo" y transferido a prisión militar. . . . Un juez federal en Nueva York en diciembre falla que el gobierno debe permitir a Padilla el acceso a abogados.

Primavera-verano de 2003 El tribunal federal de apelaciones en Washington rechaza en marzo recusación de familiares de detenidos en Guantánamo. . . . En junio, grupo vigilante del Departamento de Justicia condena el tratamiento dado a los detenidos del 11 de septiembre, pero apela la revelación de los nombres bloqueada por tribunal. . . . Tribunal de apelaciones federal en Richmond, Virginia, dice que Hamdi no tenía derecho a un abogado.

Agosto de 2003 El procurador general Ashcroft emprende ofensiva de relaciones públicas para defender la Ley Patriot mientras la crítica aumenta.

Octubre de 2003 La Corte Suprema abre nuevo período, afrontando peticiones sobre detenidos por el 11 de septiembre, recluidos en Guantánamo, Hamdi.

Disposiciones clave de la Ley Patriot

La arrolladora ley de 2001 conocida como Ley USA Patriot[1] amplía los poderes de investigación y vigilancia de los agentes encargados de hacer cumplir la ley en cuanto al terrorismo y otras investigaciones. Varias disposiciones modifican la Ley de Vigilancia de Espionaje Extranjero (FISA - Foreign Intelligence Surveillance Act) — la ley de 1978 que creó un tribunal secreto especial para autorizar allanamientos y vigilancia en investigaciones de espionaje extranjero. A continuación, las principales disposiciones de la ley:

Escuchas ambulantes (Roving wiretaps) (Artículo 206) — Permite al tribunal FISA autorizar intervenir o interceptar cualquier teléfono o computadora que pueda ser utilizado por la persona objeto de una investigación si las acciones de esta "pueden tener el efecto de frustrar. . . . identificación"; anteriormente, sólo una computadora o teléfono específico podía ser intervenido.

Allanamientos "de husmear y atisbar" (Artículo 213) — Permite el aviso tardío de una orden de allanamiento en cualquier investigación penal si una notificación inmediata "puede tener un resultado adverso"; la orden debe disponer el aviso a la persona objetivo "dentro de un período razonable", pero ese período puede ser extendido por tribunal "si se demuestra una buena causa".

Registros de pluma (Pen registers); "atrapar y rastrear" (Artículo 214) — Fija un nivel mínimo que permite al gobierno obtener una orden del tribunal FISA para rastrear llamadas telefónicas salientes (pen registers) o entrantes ("atrapar y rastrear") si son "relevantes para proteger una investigación en curso de terrorismo internacional o actividades de espionaje clandestinas". Anteriormente el nivel mínimo — menor que el requisito general de "causa probable" — aplicaba sólo a investigaciones de espionaje extranjero.

Disposición de "bibliotecarios furiosos" (Artículo 215) — Permite al FBI solicitar al tribunal FISA una orden para que bibliotecas, librerías y otros negocios

cualquier no ciudadano que fuera considerado peligroso, sin revisión judicial alguna. La Ley sobre Sedición (Sedition Act , 1798) — que declaraba fuera de la ley la crítica al gobierno, al Congreso o al presidente — alcanzó notoriedad porque se utilizó mucho en contra de los opositores políticos del Presidente John Adams.

Ambas leyes se vencieron después de dos años y el presidente Thomas Jefferson perdonó a todos los condenados de conformidad con la Ley sobre Sedición. Sin embargo, como anota Cole, de Georgetown, el Congreso también aprobó una ley que aún figura en los libros — la Ley del Extranjero Enemigo (Enemy Alien Act, 1918) — que autorizaba al presidente a detener o expulsar a cualquier ciudadano de un país con el cual Estados Unidos estuviera en guerra. La Corte Suprema ratificó la ley apenas en 1948.[20]

Durante la Guerra Civil, en ocho ocasiones distintas, el presidente Abraham Lincoln suspendió el auto de hábeas corpus — el procedimiento judicial de cientos de años por el cual los prisioneros pueden recusar la legalidad de su detención. Lincoln actuó para que el gobierno pudiera tratar a los simpatizantes con los rebeldes y a los manifestantes contra el reclutamiento. La orden más generalizada, emitida en septiembre de 1862, suspendió el hábeas corpus en todo el país. Los militares ejercieron esa autoridad para hacer prisioneros a 38,000 civiles. En uno de los casos, el magistrado presidente de la Corte Suprema Roger Taney falló que Lincoln había excedido su autoridad, pero el presidente ignoró el fallo. Un año después de finalizada la guerra, y del asesinato de Lincoln, la Corte Suprema ratificó que el presidente no tiene la facultad para suspender unilateralmente el hábeas corpus, ni siquiera en tiempos de guerra, si los tribunales civiles ordinarios están operando.[21]

En 1917, después que Estados Unidos entró a combatir en la Primera Guerra Mundial, el Congreso aprobó la Ley del Espionaje que convirtió en delito el hecho de causar insubordinación o deslealtad entre los militares o de defender la resistencia al reclutamiento. La Ley sobre Sedición, aprobada en 1918, estaba orientada en un sentido más amplio a la disidencia anarquista o comunista. Prohibía "todo lenguaje desleal,

presenten "todo objeto tangible (incluidos libros, discos, papeles, documentos y otros artículos)" para una "investigación autorizada. . . . con el fin de proteger contra actividades terroristas o de espionaje clandestinas"; "ninguna persona" puede revelar que el FBI ha buscado u obtenido material en virtud de este artículo. Anteriormente, FISA autorizaba esas órdenes sólo "para propósitos de llevar a cabo labores de espionaje extranjero" y exigía que la persona objeto estuviera "vinculada al espionaje extranjero".

Vigilancia por Internet (Artículo 216) — Permite al gobierno hacer seguimiento al "procesamiento y transmisión de comunicaciones por cable o electrónicas" — específicamente para obtener información de "discado, enrutamiento, dirección o señalización", mas no "el contenido " de ninguna comunicación; permite que cualquier tribunal emita esa orden si la información que se espera obtener "es relevante para una investigación penal que esté en curso" — es decir, no sólo para investigaciones antiterrorismo. La ley anterior no tenía una disposición explícita para vigilancia por Internet.

Registros comerciales (Artículo 218) — Permite allanamientos físicos, interceptación y comparendos para registros comerciales según lo autorizado en procedimiento ante tribunal FISA si la recopilación de información de espionaje extranjero es un "propósito significativo" (en lugar de "el propósito" según la ley original).

Interceptación en todo el país (Artículo 220) — Permite que un solo tribunal federal emita órdenes de allanamiento para obtener pruebas electrónicas en todo el país. Anteriormente, un tribunal podía autorizar allanamientos sólo dentro su distrito geográfico.

Fuentes: Congressional Research Service; Dahlia Litwick y Julia Turner, "A Guide to the Patriot Act", Slate, 8-11 de septiembre de 2003 (www.msn.com).

---

[1] El título de la ley es un acrónimo de Uniting and Strengthening America by Providing Appropriate Tools Required to Intercept and Obstruct Terrorism (USA PATRIOT) de 2001, Pub. L. 107-56, 115 Stat. 272 (26 de octubre de 2001).

---

blasfemo, injurioso o abusivo" respecto a la forma de gobierno de EE.UU., la Constitución o la bandera. Más de 2,000 personas fueron enjuiciadas por una u otra de esas leyes. La Corte Suprema revisó sólo un puñado de las condenas y ratificó todas las demás por voto unánime en casi todos los casos.[22]

La ofensiva contra la disidencia continuó después de la guerra. Una serie de bombas terroristas enviadas por correo que a partir de abril de 1919 llevó al procurador general A. Mitchell Palmer a realizar una serie de redadas que en los dos años siguientes produjeron el arresto de 4,000 a 10,000 extranjeros por ser sospechosos de tener puntos de vista comunistas. Fueron cientos los deportados por causa de las denominadas "Redadas de Palmer". El número de arrestados habría podido ser mayor de no ser por la oposición a los arrestos masivos por parte del secretario de trabajo Louis Post, que para entonces tenía a su cargo los asuntos de inmigración.[23]

En la más notoria de las violaciones de los derechos civiles en tiempos de guerra, más de 110,000 personas — en su mayoría estadounidenses descendientes de japoneses — fueron expulsadas de sus hogares e internadas en campos de concentración durante la Segunda Guerra Mundial. Las salidas forzadas fueron producto de una orden ejecutiva emitida por el presidente Franklin D. Roosevelt el 19 de febrero de 1942 — dos meses y medio después del bombardeo japonés a Pearl Harbor. Aduciendo temor de que se produjeran ataques japoneses a lo largo de la Costa Oeste, la Orden Ejecutiva 9066 autorizó a la Armada para designar "áreas estratégicas" de las cuales serían excluidas todas las personas de ancestro japonés. La Armada también emitió un toque de queda para todos los descendientes de japoneses.

En sucesivas decisiones, la Corte Suprema ratificó en 1943 y 1944, tanto el toque de queda como las reubicaciones.[24] En 1988 — más de 40 años después — el Congreso aprobó una ley presentando disculpas formalmente e indemnizando a los japoneses-americanos internados durante la guerra.[25]

En su libro detallando los acontecimientos de la Guerra Civil y las dos guerras mundiales, el magistrado presidente de la Corte Suprema William H. Rehnquist

Críticos denuncian tribunales militares

El 12 de noviembre de 2001 — dos meses y un día después de los ataques terroristas contra Nueva York y el Pentágono — el presidente Bush ordenó que tribunales militares secretos juzgaran a los sospechosos de ser terroristas capturados en Afganistán y en otras partes dentro de la guerra contra el terrorismo. Expertos legales y activistas a favor de los derechos humanos denunciaron inmediatamente a los tribunales como injustos e inconstitucionales.[1]

Casi dos años más tarde, son 660 los prisioneros de 42 países detenidos por fuerzas de EE.UU. y aliadas que están retenidos — virtualmente incomunicados — en la prisión militar de alta seguridad Camp Delta de la Bahía de Guantánamo en Cuba. Aunque ninguno ha sido acusado formalmente, seis de ellos — incluidos dos británicos y un australiano — pronto podrían ser juzgados en Guantánamo.

"Deseamos tomarnos el tiempo que sea necesario y estar seguros de que se hace correctamente", dice el mayor John Smith de la Oficina de Misiones Militares del Departamento de Defensa, agregando que el ejército está "trabajando en forma expedita" para llevar a juicio a los seis detenidos.

Sin embargo, el secretario de defensa Donald Rumsfeld ha sugerido que la mayoría de los reclusos serán retenidos sin ser enjuiciados mientras dure la guerra contra el terrorismo. "No nos interesa enjuiciarlos y liberarlos", dijo en septiembre. "Nos interesa . . . mantenerlos fuera de las calles".[2]

Hasta la fecha, el ejército ha liberado 68 detenidos con destino a sus países de origen. Muchos fueron enviados a Afganistán y liberados, pero cuatro de ellos fueron transferidos a Arabia Saudita para seguir detenidos allí.[3] Smith dice que los prisioneros liberados ya no representaban una amenaza y no poseían información por espionaje no interceptada.

Entre tanto, los abogados de varios de los restantes detenidos buscan se les explique por qué se les retiene. Sostienen que en virtud del derecho internacional y la Convención de Ginebra, los prisioneros tienen derecho a una audiencia de status.

"El debido proceso está donde estemos. Eso es lo que significa la democracia", dijo Barbara Olshansky, subdirectora jurídica del Center for Constitutional Rights en Nueva York, que está representando a dos británicos y dos australianos que han presentado autos de hábeas corpus.

Dos tribunales federales han desestimado sus peticiones, y fallaron con la administración que los detenidos no tienen derechos legales ya que están retenidos en territorio cubano. Este caso ha sido apelado ante la Corte Suprema. En octubre un grupo de antiguos jueces, diplomáticos y prisioneros de guerra radicaron varias declaraciones de amigos del tribunal en defensa de los detenidos.[4]

Activistas de derechos humanos han criticado los procesos de tribunales militares porque concentran demasiado poder en la rama ejecutiva. Dicen que esos tribunales permiten que el Departamento de Defensa actúe como fiscal, abogado defensor, juez, jurado y árbitro definitivo de las apelaciones.[5]

Los tribunales también permiten que el ejército, en bien de la seguridad patria, suspenda derechos procesales tales como negar a los detenidos y sus abogados civi-

---

concluye que no es "ni deseable ni . . . remotamente probable que los derechos civiles ocupen una posición tan favorecida en tiempos de guerra como la que tienen en tiempos de paz".[26]

No obstante, Geoffrey Stone, profesor y antiguo decano de la facultad de derecho en la University of Chicago, vio la historia con ojos menos favorables en un discurso para la Sociedad Histórica de la Corte Suprema. "En tiempos de guerra o de emergencia nacional", dijo Stone, "respondemos demasiado bruscamente en nuestra restricción de los derechos civiles, y luego, posteriormente, cuando ya es demasiado tarde, lamentamos nuestro comportamiento".[27]

Temores de la Guerra Fría

Los derechos civiles de nuevo fueron puestos a prueba — esta vez por un período prolongado — durante la Guerra

les el acceso a pruebas que se estén utilizando en el juicio; prohibir la entrada de los abogados civiles a procesos sobre asuntos "delicados"; y prohibir que los abogados civiles discutan el caso.

Esas normas son todavía más restrictivas que las que se impusieron a líderes japoneses y nazis en los juicios por crímenes de guerra después de la Segunda Guerra Mundial, dijo Don Rehkoph, copresidente de la Comisión de Derecho Militar de la National Association of Criminal Defense Lawyers (NACDL). La NACDL ha dicho que "no sería ético" representar un cliente bajo las normas actuales.[6]

La American Bar Association ha pedido a la administración y al Congreso que modifiquen las reglas para permitir que los abogados civiles participen más activamente en los juicios.[7]

Sin embargo, funcionarios de la administración insisten en que los tribunales pueden proporcionar una audiencia "completa y justa" de la evidencia e instan a los escépticos a que esperen para comprobarlo. Dicen que no es probable que rectifiquen las reglas, pero que podrían afinarlas. "Es muy fácil criticar el proceso si no se ha visto en acción", dice el mayor Smith, y observa que en los tribunales aplicarán los principios legales como la presunción de inocencia y el derecho a permanecer en silencio. "Será muy parecido a un proceso en un tribunal común y corriente".

"En el derecho internacional hay una clara autoridad para defender y enjuiciar personas en los tribunales militares", dice John Norton Moore, profesor de derecho en la University of Virginia y presidente de la división de seguridad nacional e internacional de la conservadora Federalist Society. "Hay razones muy sólidas para que la administración utilice tribunales para combatientes si ellos han violado principios fundamentales del derecho internacional. De hecho, creo que es el mejor método de

procesamiento y protege la seguridad nacional. Además la litigación penal nacional no está orientada a escenarios de guerra".

Mientras tanto, a los activistas de derechos humanos y grupos de veteranos les preocupa que esta práctica de EE.UU. se use para justificar otras detenciones ilícitas en el extranjero. Ya el ministro de justicia de facto de Malasia ha dicho que su encarcelamiento de 70 presuntos militantes islámicos sin un juicio es "exactamente igual al proceso de Guantánamo".[8]

Además, los activistas advierten que también podría "crear un salvoconducto para la tiranía en África".[9] "Hemos exportado una situación en la cual no aplica la supremacía del derecho", dice Olshansky.

—Kelly Field

---

[1] American Bar Association, "Task Force on Treatment of Enemy Combatants", 12 de agosto de 2003, p. 1.

[2] Matt Kelley, "U.S. Defense Chief Says Trials are Likely But Most Will Remain in Detention for War's Duration", The Associated Press, 11 de septiembre de 2003.

[3] Neil A. Lewis, "Red Cross Criticizes Indefinite Detention in Guantánamo Bay", *The New York Times,* 10 de octubre de 2003, p. A1.

[4] Jennifer C. Kerr, "Court Urged to Review Guantánamo Appeals", The Associated Press, 9 de octubre de 2003.

[5] American Bar Association, *op. cit.,* p. 2.

[6] The Associated Press, "U.S. May Ease Tribunal Rules", *Newsday,* 14 de agosto 14 2003, p. A18.

[7] "Injustice in Guantánamo", *The New York Times,* 22 de agosto de 2003, p. A22.

[8] Sean Yoong, "Malaysia Slams Criticism of Security Law Allowing Detention Without Trial", The Associated Press, 9 de septiembre de 2003.

[9] Shehu Sani, "U.S. Actions Send a Bad Signal to Africa", *International Herald Tribune,* 15 de septiembre de 2003, p. 6.

Fría contra el comunismo global que duró décadas y los levantamientos en todo el país ocasionados por los movimientos en pro de los derechos civiles y en contra de la guerra, de los años 60 y 70. El Congreso y los estados aprobaron un conjunto de leyes orientadas a limitar los derechos de los comunistas y otros "subversivos". Algunos los abolieron eventualmente porque violaban los derechos políticos y de libertad de expresión. El FBI y la CIA realizaron una vigilancia subrepticia y se infiltraron en grupos en pro de los derechos civiles y en contra de la guerra, y cuando esas actividades quedaron al descubierto, el Congreso y los presidentes de ambas partes actuaron para evitar abusos similares en el futuro.[28]

Las leyes antisubversión incluían la llamada Ley Smith — Título I de la Ley de Registro de Extranjeros de 1940 (Alien Registration Act) — que tipificó el delito de defender el derrocamiento del gobierno por la

¿Está el gobierno haciendo uso indebido de la Ley Patriot?

SÍ

Timothy Edgar

Asesoría legislativa, American Civil Liberties Union

Escrito para *The CQ Researcher*, octubre de 2003

El abuso inevitable — por parte de esta administración o de la próxima — es por lo que los poderes de la Ley Patriot no pueden ser fácilmente encasillados con etiquetas tradicionales. Grupos como el American Conservative Union y la Free Congress Foundation temen que cualquier demócrata haga uso indebido de sus poderes para investigar derechos de armas o activistas antiaborto.

Algunos miembros del Congreso temían que la Ley Patriot fuera en realidad sólo una lista de deseos de un fiscal, no limitada al terrorismo. Tenían razón. Al elogiar desmedidamente los "éxitos" de la Ley Patriot, el gobierno a menudo ha señalado casos tan variados como de drogas y fraude. El Congreso aceptó la Ley Patriot, a pesar de los recelos, porque el procurador general John Ashcroft dijo que era una necesidad vital para evitar el terrorismo. Sin embargo, la tinta de la ley aún no se había secado cuando el Departamento de Justicia (DOJ) empezó a capacitar agentes para utilizar sus nuevos poderes en casos penales ordinarios.

En junio de 2003, el propio Inspector General del Departamento de Justicia (DOJ) encontró graves errores en el tratamiento impartido por el gobierno a cientos de personas detenidas después del 11 de septiembre. Muchos detenidos languidecieron incomunicados durante meses hasta ser finalmente absueltos. El efecto de la política era evadir las salvaguardias incorporadas en la nunca utilizada disposición de detención de la Ley Patriot — un esmerado arreglo producido con ahínco después que el Congreso rechazara el pedido de la administración de detención indefinida sin revisión judicial.

En respuesta a las preocupaciones de bibliotecarios de que la Ley Patriot se utilizara para hacer seguimiento a los registros de hábitos de lectura de los estadounidenses, Ashcroft hizo públicas todas las órdenes de registro emitidas conforme a una parte de la ley — que resultaron ser cero y evadió la inquietud de que otros poderes de la Ley Patriot se están usando para hacer seguimiento a estadounidenses. El American Civil Liberties Union (ACLU), ha obtenido páginas negreadas de listas de estas órdenes según la Ley de Libertad de Información.

El público estadounidense mira con escepticismo la Ley Patriot. Más de 180 gobiernos locales han urgido un recorte de sus expansivos poderes. Además, en una encuesta reciente, más de las dos terceras partes de los encuestados aceptaron que, independientemente de que los derechos civiles ya hubieran sido maltratados o no, en algún momento se abusaría de los exagerados poderes del gobierno.

La Ley Patriot contiene muchas disposiciones apropiadas. No obstante, algunos de sus expansivos poderes son una tentación para que los agentes federales operen fuera de los límites de nuestras tradiciones democráticas. Para mantener el país seguro y libre, algunas partes de la Ley Patriot se deben limitar.

¿Está el gobierno haciendo uso indebido de la Ley Patriot?

NO

Paul Rosenzweig
Miembro principal del consejo, Heritage Foundation
Profesor adjunto de derecho, George Mason University

Escrito para *The CQ Researcher,* octubre de 2003

Resulta irónico que la guerra al terrorismo — cuyo objeto es garantizar nuestra seguridad — de por sí inspire temor en algunos estadounidenses. Sin embargo, esos temores provienen en gran medida de la confusión: los críticos de la Ley Patriot constantemente confunden abuso potencial con abuso real.

Por ejemplo, un "ejemplo" de un presunto abuso — el Artículo 215 de la ley — no ha resultado nada de ese estilo. Durante meses, los bibliotecarios se quejaron de que el Artículo 215 permite al gobierno obtener las listas de lectura de la biblioteca de sus opositores políticos. Desde el principio, en el mejor de los casos, esta crítica fue muy exagerada.

Se ignoró el hecho de que los registros de biblioteca ya podían ser (y a menudo lo son) objeto de comparendos — sin previa aprobación judicial — por parte de jurados de acusación que estén investigando delitos de crimen organizado y de fraude. También se ignoró el hecho de que las órdenes del Artículo 215 están sujetas a previa aprobación judicial bajo una norma de causa probable ya fallada por la Corte Suprema como constitucional.

Muy ilustrativa, sin embargo, resulta la sencilla verdad de que el gobierno nunca ha ejercido su facultad según el Artículo 215 — ni una sola vez en dos años. Los críticos han confundido la posibilidad teórica de abuso con la iniquidad real — una confusión que no ayuda a la discusión.

Claro está que la posibilidad de abuso no deja de requerir una muy estrecha vigilancia. Sin embargo la vigilancia, no la prohibición, es la respuesta al potencial abuso. Mientras mantengamos en la mira la actividad de hacer cumplir la ley, mientras los tribunales federales permanezcan abiertos y mientras el debate acerca de la conducta del gobierno siga vibrante, el riesgo de una excesiva intrusión en los derechos civiles es remoto.

Los críticos de la Ley Patriot se equivocan al exaltar la protección de la libertad como un valor absoluto. Esa visión refleja un incompleto entendimiento de por qué los estadounidenses conformaron una sociedad civil. Como escribió recientemente Thomas Powers, autor de *Intelligence Wars: American Secret History From Hitler to Al-Qaeda:* "En una república liberal, la libertad presupone seguridad; el punto de la seguridad es la libertad".

Mantener el "equilibrio" entre libertad y seguridad no es un juego que totalice ceros. Los que redactan las políticas deben respetar y defender nuestros derechos constitucionales cuando actúan, pero tampoco pueden dejar de actuar si enfrentamos una seria amenaza por parte de un enemigo extranjero.

fuerza o la violencia o de pertenecer a un grupo dedicado a ese propósito. Una década más tarde, la Ley McCarran — formalmente Ley de Seguridad Interna de 1950, exigía que las organizaciones comunistas o los denominados frentes comunistas se registraran ante el gobierno y revelaran la lista de sus miembros. A los miembros de los grupos registrados no se les permitía ocupar cargos federales. Muchos estados también aprobaron leyes prohibiendo que los comunistas o sospechosos de subversión ocuparan diversos empleos, sobre todo como maestros.

Entre tanto, investigaciones adelantadas por la Comisión de Actividades Antiestadounidenses de la Cámara de Representantes (HUAC — House Un-American Activities Committee) y una subcomisión del Senado encabezada por el Senador republicano de Wisconsin, Joseph R. McCarthy, presionaban a las agencias federales para que descubrieran y despidieran a sospechosos de ser subversivos. Los sondeos del Congreso también llevaron a los estudios y redes de televisión a poner en "lista negra" y sacar de sus empleos en la industria del entretenimiento a miembros actuales y antiguos del Partido Comunista y a otras personas con puntos de vista políticos de izquierda.

Las investigaciones anticomunistas – consideradas como "cacerías de brujas" por los críticos — finalmente disminuyeron poco a poco, pero sólo después de haber ocasionado penosos perjuicios a la vida y reputación de las personas atrapadas en las investigaciones. En 1954 el Senado censuró a McCarthy por sus tácticas; y en la década de 1960 la HUAC cambió su foco a los derechos civiles y grupos antibelicosos antes de que se le cambiara el nombre y fuera abolida en 1975.

Según el profesor Stone, la respuesta de la Corte Suprema fue "confusa y con el tiempo evolucionó". A principios del decenio de 1950, el tribunal ratificó tanto las leyes Smith y McCarran como las que no permitían el acceso de comunistas al colegio de abogados, a las urnas de votación o a los empleos oficiales. Sin embargo, a finales de las décadas de 1950 y 1960, el tribunal emitió fallos que restringieron el alcance de la Ley Smith, limitando las investigaciones con base en puntos de vista políticos y reduciendo el albedrío del gobierno para prohibir el empleo en cargos públicos con base en creencias o asociaciones políticas.[29]

En la década de 1960, cuando el FBI se enfiló contra los grupos de derechos civiles y antibelicosos, utilizó el mismo tipo de vigilancia, infiltración y disgregación que bajo J. Edgar Hoover, su director de tanto tiempo, había utilizado primero contra organizaciones subversivas, en el decenio de 1950. Bajo el burocrático acrónimo de COINTELPRO, los agentes del FBI hicieron seguimiento a grupos disidentes y algunas veces se infiltraron en ellos, recopilaron archivos de información política sobre más de 500,000 estadounidenses y se dedicaron a desacreditar y disgregar las organizaciones que este organismo consideraba subversivas. Entre los episodios más notorios está el de los micrófonos ocultos para espiar al reverendo Dr. Martin Luther King Jr. durante varios años.

Entretanto, la CIA — limitada por su carta constitucional de 1947 a actividades de espionaje en el extranjero — también se unió a la vigilancia clandestina de grupos dentro del país. La Operación CAOS (Operation CHAOS), iniciada en 1967, acabó recopilando 13,000 archivos, entre ellos los de 7,000 ciudadanos estadounidenses y 1,000 organizaciones nacionales. Las investigaciones abarcaron un conjunto de tácticas cuestionables, algunas de ellas de discutible legalidad, como micrófonos ocultos, hurtos, violación de correo y fiscalización de declaraciones de renta.

Los abusos del FBI y la CIA salieron a la luz pública primero en artículos de prensa y luego minuciosamente documentados a mediados de la década de 1970 por dos comisiones del Congreso y una selecta comisión nombrada por el presidente Gerald Ford y encabezada por el vicepresidente Nelson Rockefeller. Siguieron algunas reformas. Ford emitió una orden ejecutiva en 1976 reiterando la prohibición de que la CIA participara en la recopilación de información dentro del país y de que compartiera información con las entidades encargadas de hacer cumplir la ley, incluido el FBI. El procurador general de Ford, Edward Levi, emitió unas pautas orientadas a reducir la discrecionalidad del FBI en el espionaje y recopilación de información de grupos políticos — pautas reforzadas bajo Griffin Bell, procurador general del presidente Jimmy Carter. Y en 1976 el Congreso aprobó la Ley de Vigilancia de Espionaje Extranjero (Foreign Intelligence Surveillance Act) que requería una orden para todas salvo una de las categorías de vigilancia de espionaje extranjero conducido dentro de EE.UU.

Las reformas silenciaron la controversia, pero el nuevo enfoque sobre el terrorismo ha ocasionado otro examen. Kate Martin del Center for National Security Studies dice que los cambios le han servido mucho al país. "Es indudable que hay mucha más conciencia de la protección de la privacidad a través de la Cuarta Enmienda y de la libertad de expresión y la de cultos a través de la Primera Enmienda", afirma.

No obstante, Richard Morgan, profesor de ciencias políticas de Bowdoin College en Brunswick, Maine, y autor de un libro sobre estos temas, dice que los cambios fueron demasiado lejos. "En realidad lo que hicimos a finales del decenio de 1970 fue corregir de más", dice Morgan. "Construimos barreras contra incendio entre el espionaje en el extranjero y en el país, que nos han costado caro".

Ataques terroristas

En las décadas de 1980 y 1990 surgieron nuevas amenazas a la seguridad de EE.UU. por parte del terrorismo, tanto internacional como nacional. Sin embargo, nada había preparado al país para los horripilantes ataques del 11 de septiembre de 2001, en los que cerca de 3,000 personas perdieron la vida y toda la nación quedó conmocionada, presa de la aflicción. El presidente Bush declaró la guerra al terrorismo global, y el Congreso aprobó la Ley Patriot para fortalecer la mano del gobierno contra las organizaciones terroristas. Las advertencias de defensores de los derechos civiles sobre esas acciones encontraron poco respaldo al principio, pero atrajeron más atención en la medida que el gobierno fue poniendo a prueba el alcance de las nuevas facultades.[30]

El primero de los incidentes terroristas dirigidos contra Estados Unidos ocurrió en alta mar. En 1985, Leon Klinghoffer, un anciano estadounidense pasajero de un crucero, fue lanzado por la borda en el curso del secuestro de un vapor italiano por parte de terroristas palestinos. Más de 270 personas murieron cuando una bomba colocada por agentes de inteligencia libios ocasionó que el vuelo 103 de Pan American se estrellara en Escocia en diciembre de 1988.

El terrorismo internacional llegó a suelo estadounidense en febrero de 1993, cuando una bomba explotó bajo el World Trade Center de Nueva York matando a seis personas e hiriendo a más de 1,000. Los que perpetraron ese atentado eran fundamentalistas islámicos que más adelante fueron relacionados con al Qaeda. Inicialmente se atribuyó a terroristas internacionales la explosión de un potente camión-bomba que en abril de 1995 destruyó un edificio de oficinas federales en Oklahoma City y mató a 168 personas. Este hecho, en cambio, fue obra de un terrorista nacional: Timothy McVeigh, veterano del ejército que se había convertido en enemigo acérrimo del gobierno.

En 1996 el Congreso respondió a la creciente amenaza del terrorismo aprobando la Ley de Antiterrorismo y Pena de muerte efectiva, un complejo estatuto que contenía una mezcla de modestas disposiciones antiterrorismo con grandes restricciones para el uso de hábeas corpus federal en casos estatales de pena de muerte. Entre otras disposiciones, la ley permitía al gobierno bloquear el acopio de fondos por parte organizaciones terroristas y negar visas a extranjeros pertenecientes a esos grupos.[31]

Los llamados a una más decidida acción ya avanzada la década, en general fueron desatendidos, aún después de dos ataques contra instalaciones de EE.UU. en el extranjero. En junio de 1996 un camión bomba explotó fuera de unos cuarteles del ejército de EE.UU. en Arabia Saudita y dio muerte a 19 estadounidenses. Dos años más tarde, en un mismo día — el 7 de agosto de 1998 — las embajadas de EE.UU. en Kenia y Tanzania sufrieron daños causados por sendas bombas que mataron 224 personas, incluidos 12 estadounidenses. En un tercer incidente, 17 marineros estadounidenses perdieron la vida cuando el USS *Cole* sufrió graves daños en octubre de 2000 mientras se aprovisionaba de combustible en Aden, Yemen. Ahora, esas tres bombas se han relacionado con al Qaeda.

La anteriormente inimaginable cuota de muerte y destrucción ocasionada por los minuciosamente coordinados secuestros de las aeronaves el 11 de septiembre de 2001, destruyó cualquier traza de tranquilidad acerca del terrorismo dentro de Estados Unidos. El presidente Bush exhortó a la nación y al mundo a declarar una guerra global al terrorismo en general y específicamente

Confrontación con un terrorista

El gobierno está en una exigente confrontación legal con Zacarias Moussaoui, la única persona hasta ahora penalmente enjuiciada en relación con los ataques terroristas del 11 de septiembre.[1]

La disputa amenaza con bloquear al gobierno la obtención de la pena de muerte contra el corpulento marroquí nacido en Francia y miembro de la organización terrorista al Qaeda. Sin embargo, también podría llevar al gobierno a retirar el caso del tribunal federal y pasarlo a uno militar — en el cual Moussaoui tendría menos derechos procesales que un enjuiciamiento penal normal.

La dificultad surge de la negativa de los fiscales de EE.UU. a cumplir las órdenes de un juez federal de permitir que Moussaoui se entreviste con tres prisioneros de al Qaeda para tratar de sustentar su defensa de que él no tomó parte en la planeación de los secuestros del 11 de septiembre.

Según la Sexta Enmienda, en general un acusado penal tiene derecho a presentar testigos en su favor y a entrevistar posibles testigos antes del juicio. Sin embargo, el fiscal de EE.UU. Paul McNulty Jr., fiscal principal, dice que Moussaoui es "un reconocido terrorista" al que no se debe permitir reunirse con "compinches terroristas".

El juez de distrito Leonie Brinkema, cuya sede es Alexandria, Virginia, rechazó las posiciones del gobierno en una orden emitida primero en enero de 2003 y ratificada en septiembre. Cuando el gobierno contravino la orden, Brinkema programó una audiencia para decidir qué sanción sería impuesta.

Moussaoui — quien se está representando a sí mismo — pidió dar por terminado el caso — un movi-

AFP Photo

Zacarias Moussaoui, francés de ascendencia marroquí arrestado en Minnesota, de quien se supone es el vigésimo secuestrador del 11 de septiembre, según alega el gobierno.

miento dirigido a obtener una apelación inmediata. El 2 de octubre Brinkema respondió con un fallo que prohibía al gobierno presentar evidencia que vinculara a Moussaoui con los ataques del 11 de septiembre — los únicos cargos que podrían garantizar la pena de muerte.

"Simplemente sería injusto pedir a Moussaoui que se defienda contra esas acusaciones prejudiciales mientras se le niega la capacidad de presentar el testimonio de testigos que podrían ayudarle a negar esas acusaciones", sentenció Brinkema.

El gobierno ha apelado el fallo ante el Tribunal de Apelaciones del Cuarto Circuit de EE.UU., en Richmond, Virginia. Los alegatos de la apelación están programados para el 3 de diciembre.

El gobierno sostiene que Moussaoui debía ser el vigésimo secuestrador. Entró a EE.UU. en febrero de 2001 y se matriculó en una escuela de vuelo en Norman, Oklahoma. Después de desaparecer, se matriculó en una escuela en Eagan, Minnesota, donde utilizó simuladores de vuelo diseñados para capacitar pilotos comerciales. Sus instructores entraron en sospechas y llamaron al FBI, que arrestó a Moussaoui el 17 de agosto bajo cargos de inmigración.

En el momento de su arresto, los agentes del FBI solicitaron al Departamento de Justicia permiso para pedir a un tribunal una orden especial para examinar el contenido de la computadora de Moussaoui pero les fue negado.

---

[1] Informe tomado de despachos de Associated Press, septiembre-octubre de 2003.

contra la red al Qaeda de Osama bin Laden y el gobierno talibán de Afganistán que le proporcionaba un refugio seguro. En el ámbito nacional, Bush propuso y el Congreso aprobó en el término de seis semanas un amplio proyecto de ley de 342 páginas, dirigido a fortalecer los poderes para hacer cumplir la ley con el fin de evitar incidentes terroristas y enjuiciar y castigar a los sospechosos de ser terroristas. La Ley Patriot dio vida a sanciones para delitos relacionados con terrorismo, creó nuevos procedimientos contra el lavado de dólares dirigidos a acabar con la financiación de grupos terroristas extranjeros y otorgó a los funcionarios de inmigración nuevas facultades para detener o deportar extranjeros sospechosos de ser terroristas.[32]

La mayor parte del debate en el Congreso se concentró en las disposiciones de inmigración, así como en los poderes para allanamiento y vigilancia. El proyecto de ley final incluía algunas solicitudes del Departamento de Justicia — como la de escuchas ambulantes (roving wiretaps) — que el Congreso había rechazado anteriormente. En un acuerdo, el proyecto de ley también contenía una cláusula "ocaso" que ponía fin a algunas de las nuevas facultades de allanamiento y vigilancia en 2005, a menos que el Congreso volviera a autorizarlas. Sin embargo, hay dos disposiciones principales que no está sujetas a la cláusula de ocaso: la ampliada autoridad del gobierno para utilizar órdenes de allanamiento para ""husmear y atisbar" así como para obtener registros comerciales y de otro tipo guardados por terceros.

En los dos años transcurridos desde su promulgación, la opinión acerca de la ley ha sufrido cambios tanto en Capitol Hill como entre el público en general. El descontento por las disposiciones de ""husmear y atisbar" y la investigación de registros entró en ebullición este verano mientras el Congreso estudiaba la dimensión de las apropiaciones del Departamento de Justicia. El 22 de julio la Cámara adjuntó una adición al proyecto de ley prohibiendo el uso de cualquier fondo en órdenes de allanamiento para ""husmear y atisbar"; entre los 309 miembros que votaron la enmienda estaban prácticamente todos los demócratas de la Cámara (195); casi la mitad de los republicanos (113) y el único independiente, Bernard Sanders de Vermont. Sanders tenía una reforma similar para prohibir la financiación de cualquier investigación de registros de conformidad con la ley, pero una disputa procesal bloqueó su estudio.[33]

Mientras tanto, el descontento popular con la ley aumentaba atizado por las críticas de los libertarios a las facultades para allanamiento y vigilancia. A principios de octubre de 2003, el ACLU sostenía que 194 comunidades de 34 estados habían adoptado resoluciones que criticaban artículos de la ley. El Departamento de Justicia desestimó las resoluciones, pero esas acciones contribuyeron a que Ashcroft lanzara su reciente e inusual ofensiva de relaciones públicas para defender la ley.

En el primero de sus discursos en defensa de la ley —una intervención que tuvo lugar el 19 de agosto ante el consejo asesor del conservador American Enterprise Institute— Ashcroft dijo que la ley "proporcionó mejores herramientas para hacer cumplir la ley y evitar el terrorismo en la era de la alta tecnología" y empezó a derribar las barreras" entre las entidades encargadas de hacer cumplir la ley y las de inteligencia. "Hemos utilizado estas herramientas para proporcionar la seguridad que garantiza la libertad", dijo Ashcroft.

SITUACIÓN ACTUAL

Recusaciones

Como jefe de un centro de servicios de reubicación para refugiados originarios del Oriente Medio, Mary Lieberman no prestó mucha atención a la Ley Patriot contra el terrorismo cuando el Congreso la aprobó en octubre de 2001. Sin embargo, recibió un curso rápido sobre la ley en noviembre de 2002, cuando el FBI le entregó un comparendo en virtud del controvertido Artículo 215 de la ley exigiendo los archivos personales de todos los actuales y antiguos clientes del centro nacidos en Irak.

"Estoy tan interesada en que un terrorista destruya este país como el que menos", dice Lieberman, que es la directora ejecutiva de Bridge Refugee and Sponsorship Services en Knoxville, Tennessee. No obstante, el comparendo de "amplio espectro" le impactó como una invasión a la privacidad de unos 40 refugiados iraquíes que el centro había ayudado en la última década. "Para mí la mayor señal de peligro es la violación de los derechos civiles de ellos", explica.

Finalmente el centro negoció con el FBI la revelación de los nombres y direcciones de sus clientes pero ninguna otra información adicional. No obstante, Lieberman seguía tan disgustada que rápidamente accedió a la solicitud del ACLU para que el centro que se uniera a una demanda federal con el objeto de recusar la constitucionalidad de la disposición de la ley que ampliaba la facultad del gobierno para obtener registros de terceros en investigaciones de espionaje extranjero o de antiterrorismo.

La demanda — entablada en nombre del centro y cinco organizaciones que representan a árabes-americanos o musulmanes-americanos — es una de varias recusaciones a las tácticas antiterrorismo de la administración, entre ellas tres que ahora están pendientes ante la Corte Suprema. El Departamento de Justicia está defendiendo enérgicamente las acciones de la administración en todos los casos y hasta ahora ha prevalecido en todas salvo en una. En la única excepción, un juez federal de la ciudad de Nueva York ordenó al gobierno que permitiera a Padilla, el sospechoso acusado de la "bomba sucia" ["dirty bomb"] el acceso a un abogado que recusara su detención como "combatiente enemigo".

La apelación del gobierno — cuyo alegato ante el Tribunal de Apelaciones de EE.UU. del Segundo Circuito se programó para el 17 de noviembre — se está perfilando como una confrontación fundamental entre la administración y un amplio conjunto de grupos de derechos civiles y legales que abarcan todo el espectro ideológico.[34] Alegatos redactados por amigos del tribunal respaldando el derecho de Padilla a la asesoría legal han sido presentados por grupos de derechos civiles entre los que se cuentan los de derecha política como el Cato Institute y el Rutherford Institute hasta los de izquierda como People for the American Way y el ACLU. La American Bar Association también instó al tribunal de apelaciones a ratificar la orden de diciembre de 2002 emitida por el juez Mukasey en Nueva York exigiendo que el gobierno permita a Padilla reunirse con sus abogados.

En su apelación, EE.UU. alega que la Corte Suprema ratificó la facultad que, como comandante en jefe, tiene el presidente para detener combatientes enemigos capturados en suelo estadounidense, por una decisión que data de la Segunda Guerra Mundial — *Ex parte Quirin* (1942) — en la cual estuvieron implicados unos saboteadores alemanes capturados. El gobierno sostiene que en la guerra contra el terrorismo aplica el mismo principio, incluso si el "combatiente enemigo" es un ciudadano de EE.UU. y no un soldado uniformado de un gobierno reconocido.

El alegato prosigue aduciendo que Padilla no tiene derecho a asesoría legal según la Constitución de EE.UU. y tampoco según la Convención de Ginebra, la cual estableció normas para hacer la guerra que cuentan con reconocimiento internacional. "Las leyes de guerra no reconocen derecho alguno de acceso a asesoría legal a las personas detenidas como combatientes enemigos", afirma el alegato.

En su alegato en favor de Padilla, los abogados Newman y Patel aducen que dado su carácter de ciudadano estadounidense y no de soldado uniformado de un gobierno extranjero, no se le puede considerar un combatiente enemigo. Sostienen que en virtud de la Cláusula del Debido Proceso de la Constitución, Padilla tiene derecho a una "revisión completa" de los motivos de su detención. Y alegan que negarle el acceso a asesoría legal "ha bloqueado de manera efectiva la capacidad de Padilla para presentar una defensa" frente a las acusaciones en su contra.

Es probable que la decisión del tribunal de apelaciones se tarde algunos meses. Observadores legales dicen que el bando perdedor seguramente apelará a la Corte Suprema. A esta corte superior ya se ha solicitado revisar una decisión en un caso similar que ratificó la autoridad del gobierno para negar el acceso a abogados, a un ciudadano de EE.UU. retenido como combatiente enemigo.

El detenido en ese caso, Hamdi, fue capturado en Afganistán y posteriormente se descubrió que había nacido en Louisiana. En un fallo de enero de 2003, un panel de tres jueces del Tribunal de Apelaciones de EE.UU. del Cuarto Circuito rechazó la decisión de un tribunal inferior que habría permitido a Hamdi recusar su detención. El 9 de julio, el tribunal de apelaciones en pleno votó 8 a 4 por mantener la decisión del panel.[35] Los abogados de Hamdi han solicitado al tribunal superior que revise la situación. Se espera que el gobierno responda el 3 de noviembre.

La Corte Suprema tiene ante sí otras dos recusaciones relacionadas con terrorismo. En casos similares, familiares de detenidos en Guantánamo están recusando la decisión del gobierno de retenerlos sin revisión judicial con base en razones de derecho constitucional e internacional. El Tribunal de Apelaciones de EE.UU. del Circuito del Distrito de Columbia falló en marzo de 2003 que los detenidos no tenían acceso a los tribunales estadounidenses porque no estaban detenidos en suelo de EE.UU.[36]

En la otra recusación, una coalición de grupos liderada por el Center for National Security Studies está presionando una solicitud en virtud de la Ley de Libertad de Información (Freedom of Information Act — FOIA) de que se revelen los nombres de los inmigrantes capturados en las redadas efectuadas en EE.UU. inmediatamente después del 11 de septiembre. En junio de 2003 con una decisión de 2 a 1, el Circuito del D.C. falló que el gobierno no tenía que revelar la información debido a una exención de "observancia de la ley" contenida en la ley FOIA.[37]

El gobierno ganó otro fallo importante que, por razones procesales, no llegará a la Corte Suprema. En el primer caso que jamás le haya sido apelado, el Tribunal de Revisión de Vigilancia de Espionaje Extranjero (Foreign Intelligence Surveillance Court of Review), ratificó en noviembre de 2002 la posición del Ministerio de Justicia de que la Ley Patriot autoriza compartir la información de vigilancia de espionaje extranjero con las entidades nacionales encargadas de hacer cumplir la ley. El fallo de 48 páginas anuló una decisión de mayo de 2002, emitida por los siete jueces que atienden tribunales de primera instancia para interceptaciones de espionaje extranjero. El fallo había impuesto restricciones a los procedimientos gubernamentales de vigilancia e información compartida.[38]

Debates políticos

Las tácticas antiterroristas de la administración Bush están generando cada vez más críticas por parte de miembros del Congreso, al parecer condenando cualquier probabilidad de aprobar una nueva legislación para ampliar las facultades de hacer cumplir la ley. Sin embargo, los republicanos e incluso muchos de los legisladores demócratas siguen manifestando su respaldo a la mayoría de las disposiciones de la Ley Patriot,

lo que también sugiere pocas probabilidades de que se la ley sea revocada.

Los encontrados puntos de vista se hicieron evidentes cuando la Comisión Judicial del Senado abrió la primera de una serie de audiencias de vigilancia sobre los procesos e investigaciones antiterrorismo. El 21 de octubre su presidente Orrin Hatch, republicano de Utah, inició la audiencia cuestionando lo que denominó la "retórica, confusión y distorsión" que rodearon al programa nacional de la administración contra el terrorismo. Sin embargo, el senador Edward M. Kennedy, demócrata de Massachusetts, acusó a la administración de tomar "medidas extremas que bien pueden amenazar libertades fundamentales más de lo que pueden evitar actos de terrorismo".

Los demócratas enfilaron sus críticas más virulentas a las detenciones de ciudadanos de EE.UU. como combatientes enemigos y a la redada de extranjeros efectuada después del 11 de septiembre así como a la detención de combatientes enemigos extranjeros en la Base Naval de Guantánamo en Cuba. Sobre la propia Ley Patriot, algunos demócratas dijeron que sus disposiciones van demasiado lejos, y citando la ampliada autoridad para las órdenes de allanamiento de ""husmear y atisbar" y de investigación de registros. No obstante, hubo otros demócratas que desestimaron las críticas. El senador Joseph R. Biden Jr. de Delaware, antiguo presidente de la Comisión Judicial, calificó de "incorrectas y exageradas" las críticas a la ley.

Funcionarios del Departamento de Justicia que atestiguaron en la audiencia también rechazaron las críticas a la ley. "Las diversas percepciones incorrectas vinculadas con la Ley Patriot son perturbadoras y simplemente equivocadas", dijo Christopher Wray, viceprocurador general de la división penal. Haciendo eco a los discursos del Procurador General Ashcroft en defensa de la ley, Wray señaló que esta requiere aprobación judicial para investigar registros y también para la notificación tardía de órdenes de allanamiento. Anotó además que no se han buscado registros de préstamo de libros en bibliotecas en cumplimiento de esta ley, pero dijo que esa información podría resultar útil en algunos casos para identificar y frustrar personas sospechosas de ser terroristas.

Las inquietudes acerca de los derechos civiles surgieron cuando el Congreso trabajaba sobre la Ley Patriot en septiembre y octubre de 2001 y tuvieron algún efecto. Algunos legisladores, por ejemplo, expresaron su respaldo a una tarjeta de identificación nacional que ayudara a protegerse de terroristas extranjeros, pero la propuesta no prosperó abatida por las críticas de los libertarios civiles.

Un año más tarde, Dick Armey, republicano de Texas, entonces líder de la mayoría en la Cámara de Representantes, contribuyó a acabar con un plan por medio del cual Ashcroft trató de crear un programa de alcance nacional para recopilar informes de actividades sospechosas valiéndose de personas que trabajan en la comunidad, como empleados de correo o personal de reparación de instalaciones. Los sistemas de información y prevención de terrorismo propuestos — apodados TIPS de Operación (Operation TIPS) — instalarían una línea central que recibiría y archivaría esos informes. Libertarios civiles de izquierda y de derecha dijeron que el gobierno no debía fomentar el espionaje masivo por parte de personas no encargadas de hacer cumplir la ley. Armey insistió en el abandono del plan como condición para permitir una legislación que autorizara el paso por la Cámara de Representantes del nuevo Departamento de Seguridad del Territorio Nacional.[39]

A principios de 2003, el Congreso volvió a frustrar una controvertida propuesta del Departamento de Defensa de estudiar las bases de datos de computadoras con el fin de detectar posibles actividades terroristas. El programa denominado: "Conocimiento de toda información" iba a utilizar tecnología informática de avanzada para descubrir patrones de comportamiento sospechoso. Defensores de la privacidad electrónica y legisladores de ambos partidos criticaron la propuesta tildándola de vigilancia gubernamental con matices orwellianos. Para entonces, se estaba insertando una disposición que prohíbe el uso de fondos para esa propuesta en un proyecto de ley ómnibus de apropiaciones, aprobado en febrero de 2003.[40]

PERSPECTIVAS

¿Libertad y seguridad?

A juzgar por los nombres de sus respectivos sitios Web, el Departamento de Justicia y el American Civil

Liberties Union aparentemente están de acuerdo en un punto del debate sobre las tácticas antiterrorismo de la administración: libertad y seguridad no se excluyen mutuamente. El Departamento de Justicia denominó www.lifeandliberty.gov su sitio especial sobre guerra o terrorismo; el ACLU llama a su sitio, www.safeandfree.org.

No obstante, el pueblo estadounidense está en desacuerdo. En una encuesta reciente, dos tercios del total de los encuestados respondieron que les preocupa que las medidas antiterrorismo puedan traer como consecuencia una restricción de la libertad individual. Hasta ahora, sin embargo, la mayoría de las personas — el 58 por ciento — piensan que el gobierno no ha violado derechos legales, y casi una mayoría — el 49 por ciento — piensa que la administración ha "tenido razón" al utilizar nuevas leyes para combatir el terrorismo.[41]

El procurador general Ashcroft y otros funcionarios de la administración sostienen resueltamente que no se ha infringido derecho alguno y que ninguno está en peligro. "Estas reformas tienen sus raíces en sistemas sociales constitucionalmente comprobados y ciertos, probados en tribunales", dice el viceprocurador general Bryant.

Los grupos defensores de los derechos civiles responden que ya los derechos del individuo se han visto afectados y que se verán aún más afectados si la administración no cambia su curso. El Departamento de Justicia y otras entidades federales "han obstaculizado algunas de las libertades más fundamentales de las que gozaba este país", dice People for the American Way.[42]

La administración también sostiene que sus tácticas están dando resultado en términos de procesos penales exitosos. En su discurso del 10 de septiembre, Bush dijo que más de 250 "sospechosos de ser terroristas" han sido acusados ante tribunales de EE.UU. y más de 140 han sido condenados. Bush también dijo que el gobierno había "cerrado falsas instituciones de beneficencia que sirven de fachada a los terroristas" y "frustrado" terroristas en media docena de localidades en todo el país, entre ellas Buffalo, Nueva York, y Portland, Oregon.

Sin embargo, las estadísticas de Bush son dudosas. La General Accounting Office, entidad que es el perro guardián del Congreso, reportó en enero que casi la mitad de las condenas relacionadas con terrorismo pedidas por los fiscales federales en 2002 estaban "mal clasificadas".[43]

Algunos de los procesos penales exitosos también han sido cuestionados por razones de derechos civiles. Los abogados de John Walker Lindh, el hombre de California que en julio de 2002 se declaró culpable de ayudar al gobierno talibán, habían acusado antes al FBI de interrogarlo en condiciones infrahumanas.[44] En 2003, el gobierno puede haberse valido de amenazas de juicios militares para que seis demandados acusados de ser miembros de una célula de al Qaeda en Lackawanna, Nueva York, en las afueras de Buffalo, se declararan culpables.[45] Defensores de los derechos civiles también critican la reconocida decisión del gobierno de utilizar facultades de la Ley Patriot en casos no relacionados con terrorismo.[46]

Por otra parte, en el reciente caso de los "Portland Seven" que acabó en una declaración de culpabilidad por parte de seis acusados de conspiración para ayudar al gobierno talibán, fiscales federales citaron conversaciones espiadas como pruebas de que la Ley Patriot estaba ayudando a acabar con la ayuda financiera para grupos terroristas. Las declaraciones de culpabilidad "habrían sido más difíciles de obtener, si no fuera por las herramientas legales proporcionadas por la Ley USA Patriot", dijo Ashcroft el 16 de octubre en una conferencia de prensa mientras era radicada la última de las declaraciones de culpabilidad.[47]

La probable actitud de la Corte Suprema ante el caso relacionado con terrorismo que se someterá a los magistrados, constituye un gran interrogante para abogados y expertos. Algunos defensores de derechos civiles esperan que los magistrados se muestren escépticos. "Yo sí creo que la Corte Suprema es bastante fiel a su legado y que será muy renuente a volver a remitirse ciegamente al gobierno como lo hizo durante la guerra, para lamentarlo 20 años más tarde", dice Steven Shapiro, director jurídico nacional del ACLU.

John Norton Moore, profesor de derecho en la University of Virginia y presidente de la sección de seguridad nacional e internacional de la conservadora Federalist Society, pronostica que el tribunal ratificará las acciones del gobierno en algunos de los casos pendientes. Sin embargo, dice también que espera la corte se muestre "vigilante" para cuidarse de excesos. "La función de la corte es justamente proporcionar ese tipo de equilibrio y evaluación", dice.

Por su parte, el experto liberal Schulhofer y el conservador Rosenzweig están ambos de acuerdo en que el supuesto canje de libertad por seguridad no es inevitable y tampoco deseable. "No creo que se trate de un juego de total en ceros", dice Rosenzweig. "Creo que podemos lograr ambas cosas".

"No hay razón alguna para pensar que se debe ceder un poco de libertad para obtener algo de seguridad adicional", dice Schulhofer. Y aún si fuera posible comprar algo de seguridad cediendo un poco de libertad, de todas maneras es absolutamente claro que la libertad es la mejor manera de comprar esa seguridad". El debate, agrega Schulhofer, "está distrayendo la atención del pueblo de algunos temas a los que se debería dar más importancia".

NOTAS

1. Citado por Thomas Adcock, en "Defense of 'Enemy Combatant' Turns Solo's Life Upside Down," *American Lawyer Media,* 29 de agosto de 2003.

2. El título de la nueva ley es un acrónimo de la Ley de 2001 Uniting and Strengthening America by Providing Appropriate Tools Required to Intercept and Obstruct Terrorism — USA PATRIOT: Unión y fortalecimiento de EE.UU. para la provisión de herramientas apropiadas requeridas para interceptar y obstaculizar el terrorismo.

3. Los discursos de Ashcroft se pueden ver en www.usdoj.gov; las observaciones de Bryant fueron expresadas en un panel de discusión patrocinado por la Washington Legal Foundation, 25 de septiembre de 2003.

4. Consulte Center for National Security Studies, "Aftermath of September 11", www.cnss.gwu.edu; People for the American Way, "Two Years After 9/11: Ashcroft's Assault on the Constitution", 9 de septiembre de 2003 (www.pfaw.org).

5. Consulte Stephen J. Schulhofer, "The Enemy Within: Intelligence Gathering, Law Enforcement, and Civil Liberties in the Wake of September 11", The Century Foundation, 5 de septiembre de 2002 (www.tcf.org).

6. Consulte David Cole, *Enemy Aliens: Double Standards and Constitutional Freedoms in the War on Terrorism* (2003).

7. Presentación en "The NewsHour with Jim Lehrer", de PBS, 19 de agosto de 2003 (www.pbs. org/newshour).

8. Consulte Jennifer A. Dlouhy, "House Moves to Eliminate Search-and-Seizure Provision of Anti-Terrorism Law", *CQ Weekly,* 26 de julio de 2003, p. 1905 (www.cq.com).

9. El sitio del ACLU incluye el texto de la ley y diversos análisis y comentarios (www.safeandfree.org).

10. Consulte el texto, análisis y comentario de la ley en este sitio web del Departamento de Justicia: www.life andliberty.gov.

11. El caso es *Muslim Community Association of Ann Arbor vs. Ashcroft,* 03-72913 radicado en el Tribunal del Distrito Este de Michigan, julio de 2003. Otras organizaciones demandantes son American-Arab Anti-Discrimination Committee; Arab Community Center for Economic and Social Services; Bridge Refugee and Sponsorship Services; Council on American-Islamic Relations; y el Islamic Center of Portland (Ore.).

12. Heather Mac Donald, "Straight Talk on Homeland Security", *City Journal,* Vol. 13, No. 3 (julio de 2003), pp. 28-41 (www.manhattan-institute.org).

13. Consulte "Weekly Compilation of Presidential Documents", 15 de septiembre de 2003, pp. 1190-1195.

14. La propuesta de reclutamiento aparece en el sitio www.publicintegrity.org.

15. Consulte Keith Perine, "Legislators Hesitant to Expand Law Enforcement Authority as Comity Wanes on the Hill", *CQ Weekly,* 13 de septiembre de 2003, p. 2231.

16. Stuart Taylor Jr., "Rights, Liberties, and Security: Recalibrating the Balance after September 11", *The Brookings Review,* invierno de 2003, pp. 25-31.

17. Comité Internacional de la Cruz Roja, "Guantanamo Bay: Overview of the ICRC's work for internees", 8 de agosto de 2003 (www.icrc.org/eng).

18. Consulte antecedentes del debate POW, de David Masci en "Ethics of War", *The CQ Researcher,* 13 de diciembre de 2002, pp. 1013-1032.

19. Antecedentes tomados en parte de David Cole, op. cit.; Peter Irons, *Justice at War* (1983); William H. Rehnquist, *All the Laws but One: Civil Liberties in Wartime* (1998). Consulte también Geoffrey Stone, "Civil Liberties in Wartime", *Journal of Supreme Court History,* Vol. 28, No. 3 (que saldrá publicado en diciembre de 2003), pp. 215-251.

20. Cole, *op. cit.,* pp. 91-92. La decisión de la Corte Suprema es *Ludecke vs. Watkins* (1948).

21. La decisión de Taney, emitida siendo juez de circuito para Maryland, es *Ex parte Merryman* (1861); la decisión posguerra del tribunal en pleno es *Ex parte Milligan* (1866).

22. Consulte, por ejemplo, *Schenck vs. United States* (1919). La única decisión del tribunal con un solo voto en contra fue *Abrams vs. United States* (1920).

23. Consulte Cole, *op. cit.,* pp. 119-129.

24. Los casos son *Hirabayashi vs. United States* (1943) (toque de queda) y *Korematsu vs. United States* (1944) (reubicaciones).

25. Para antecedentes, consulte David Masci, "Reparations Movement", *The CQ Researcher,* 22 de junio de 2001, pp. 529-552.

26. Rehnquist, *op. cit.,* pp. 224-225.

27. Stone, *op. cit.*

28. Antecedentes sobre controversias del organismo de inteligencia extraídos de Morton H. Halperin y otros, *The Lawless State: The Crimes of the U.S. Intelligence Agencies* (1976); y de Richard Morgan, *Domestic Intelligence: Monitoring Dissent in America* (1980).

29. Consulte Stone, op. cit. Dos de las decisiones más importantes son *Dennis vs. United States* (1951) y *Yates vs. United States* (1957).

30. Antecedentes extraídos en parte de los siguientes informes del *CQ Researcher:* Mary H. Cooper, "Combating Terrorism", 21 de julio de 1995, pp. 633-656; David Masci y Kenneth Jost, "War on Terrorism", 12 de octubre de 2001, pp. 817-840; David Masci y Patrick Marshall, "Civil Liberties in Wartime", 14 de diciembre de 2001, pp. 1017-1040.

31. Consulte *CQ Almanac* de 1996, "President Signs Anti-Terrorism Bill", pp. 5-18 a 5-25.

32. 2001 *CQ Almanac,* pp. 14-3 a 14-13.

33. Dlouhy, *op. cit.*

34. El caso es *Padilla vs. Rumsfeld,* 03-2235.

35. La decisión completa del tribunal es *Hamdi vs. Rumsfeld,* 337 F.3d 335 (4th Cir. 2003). La petición de auto de certiorari se radicó ante la Corte Suprema el 1 de octubre (03-6696).

36. La decisión es *Rasul vs. Bush,* 321 F.3d 1134 (D.C. Cir. 2003). Las peticiones de certiorari en los casos gemelos, *Rasul vs. Bush* y *Al Odah vs. United States,* se radicaron ante la Corte Suprema el 2 de septiembre (03-334, 03-343).

37. La decisión es del caso *Center for National Security Studies vs. Department of Justice,* 331 F.3d 918 (D.C. Cir. 2003). La petición de certiorari se radicó ante la Corte Suprema el 29 de septiembre (03-472).

38. El caso es *In re sealed case No. 02-001* (D.C. Cir 2003), emitido el 18 de noviembre de 2002.

39. Consulte Jackie Koszczuk, "Ashcroft Drawing Criticism From Both Sides of the Aisle", *CQ Weekly,* 7 de septiembre de 2002, p. 2286.

40. Jonathan Riehl, "Lawmakers Likely to Limit New High-Tech Eavesdropping," *CQ Weekly,* 15 de febrero de 2003, p. 406.

41. *Rasul vs. Bush, op. cit.*

42. People for the American Way, *op. cit.*

43. U.S. General Accounting Office, "Justice Department: Better Management Oversight and Internal Controls Needed to Ensure Accuracy of Terrorism-Related Statistics", GAO-03-266, enero de 2003. Consulte Mark Fazlollah y Peter Nicholas, "U.S. Overstates Arrests in Terrorism", *The Philadelphia Inquirer,* 1 de diciembre de 2001, p. A1.

44. El 15 de julio de 2002, Lindh se declaró culpable de dos cargos por felonía y fue sentenciado a 20 años de prisión. Para un detallado y algo crítico análisis del caso, consulte Jane Mayer, "Annals of Justice: Lost in the Jihad", *The New Yorker,* 10 de mayo de 2003.

45. Detallado examen crítico del caso, por Matthew Purdy y Lowell Bergman, "Unclear Danger: Inside the Lackawanna Terror Case", *The New York Times,* 12 de octubre de 2003, p. A1.

46. Consulte Eric Lichtblau, "U.S. Uses Terror Law to Pursue Crimes From Drugs to Swindling", *The New York Times,* 28 de septiembre de 2003, p. A1.

47. Consulte Blaine Harden y Dan Eggen, "Duo Pleads Guilty to Conspiracy Against U.S.", *The Washington Post,* 17 de octubre de 2003, p. A3.

BIBLIOGRAFÍA
Libros

Cole, David, *Enemy Aliens: Double Standards and Constitutional Freedoms in the War on Terrorism,* **The New Press, 2003.** Este profesor de derecho en Georgetown University alega que las medidas contra el terrorismo dirigidas a extranjeros son inconstitucionales y contraproducentes y allanan el camino para la infracción de los derechos de los ciudadanos.

Hentoff, Nat, *The War on the Bill of Rights - and the Gathering Resistance,* **Seven Stories Press, 2003.** Este veterano columnista del *Village Voice* critica enérgicamente — en términos de derechos civiles — diversas actividades gubernamentales en la guerra contra el terrorismo.

Irons, Peter, *Justice at War,* **University of California Press, 1983.** Crónica del director del Earl Warren Bill of Rights Project de la University of California en San Diego, sobre la reclusión de japoneses-americanos durante la guerra y los casos que recusaron la acción ante los tribunales.

Morgan, Richard E., *Domestic Intelligence: Monitoring Dissent in America,* **University of Texas Press, 1980.** Este profesor de derecho y gobierno en Bowdoin College revisa en forma breve los abusos de espionaje dentro del país revelados en la década de 1970 y las reformas adoptadas posteriormente para evitar futuros abusos.

Rehnquist, William H., *All the Laws but One: Civil Liberties in Wartime,* **Knopf, 1998.** El primer magistrado de Estados Unidos detalla la historia de la suspensión del hábeas corpus por el presidente Lincoln durante la Guerra Civil y hace un recuento más breve de las disputas por los derechos civiles durante la Primera y la Segunda Guerra Mundial.

Rosen, Jeffrey, *The Naked Crowd: Reclaiming Security and Freedom in an Anxious Age,* **Random House, que se publicará en enero de 2004.** Profesor adjunto de derecho en George Washington University y editor de temas jurídicos de *The New Republic* examina el efecto sobre la seguridad y la libertad de nuevas tecnologías para la vigilancia y "excavación de datos".

Artículos

Lithwick, Dahlia, y Julia Turner, "A Guide to the Patriot Act", *Slate,* **8-11 de septiembre de 2003 (www.slate. msn.com).** Esta serie de cuatro partes ofrece un detallado y equilibrado examen de las principales disposiciones de la ley.

Mac Donald, Heather, "Straight Talk on Homeland Security", *City Journal,* **Vol. 13, No. 3 (julio de 2003), pp. 28-41 (www.manhattan-institute.org).** Este miembro principal del consejo del conservador Manhattan Institute defiende las acciones del gobierno en la guerra contra el terrorismo.

Stone, Geoffrey, "Civil Liberties in Wartime", *Journal of Supreme Court History,* **Vol. 28, No. 3 (que aparecerá en diciembre de 2003), pp. 215-251.** Antiguo decano de la facultad de derecho de la University of Chicago estudia los conflictos por derechos civiles en la historia de EE.UU.

Informes y Estudios

Olshansky, Barbara, "Secret Trials: Military Tribunals and the Threat to Democracy", Seven Stories Press, 2002. Este informe de 80 páginas de la subdirectora jurídica del Center for Constitutional Rights critica severamente a la administración Bush por la creación de tribunales militares especiales.

People for the American Way, "Two Years After 9/11: Ashcroft's Assault on the Constitution", 9 de septiembre de 2003 (www.pfaw.org). Este detallado informe del grupo liberal en favor de los derechos civiles dice que las acciones del gobierno en la guerra contra el terrorismo han tenido un efecto "devastador" sobre los derechos civiles fundamentales.

Para obtener más información

American Civil Liberties Union, 125 Broad St., 18th floor; New York, N.Y. 10004-240; (212) 549-2500; 122 Maryland Ave., N.E., Washington, DC 20002; (202) 544-1681; www.aclu.org.

Center for National Security Studies, 1120 19th St., N.W., 8th Floor, Washington, DC 20036; (202) 721-5650; www.cnss.org.

Century Foundation, 41 East 70th St., New York, NY 10021; (212) 535-4441; www.tcf.org.

Federalist Society, 1015 18th St., N.W., Suite 425, Washington, DC 20036; (202) 822-8138; www.fed-soc.org.

Heritage Foundation, 214 Massachusetts Ave., N.E., Washington DC 20002; (202) 546-4400; www.heritage.org.

People for the American Way, 2000 M St., N.W., Suite 400, Washington, DC 20036; (202) 467-4999; www.pfaw.org.

5

Los juegos de azar en Estados Unidos

Patrick Marshall

Sin desalentarse a causa de las probabilidades de 76 millones contra una, los clientes de Dad's Restaurant de Lavonia, Georgia, esperan para comprar billetes el 11 de abril de 2002, con el objetivo de ganar el premio mayor de la lotería Big Game de $220 millones. Los jugadores de lotería en Estados Unidos perdieron más de $17 mil millones en 2002. Los críticos afirman que las loterías estatales dirigen su publicidad a los ciudadanos más pobres. Pero los defensores de loterías, casinos y otras formas de apuestas legales afirman que recaudan dinero para la educación y otras necesidades sociales.

Para *The CQ Researcher;*
7 de marzo de 2003.

El juego de lotería Pick 3 de Ohio resultó ser demasiado tentador para Patrick Murray. En el transcurso de ocho días en noviembre pasado, gastó $1.5 millones en billetes de lotería en JJ's Beverage and Deli y en la estación de servicio Eastlake Marathon de Wickliffe.

Murray, un paisajista de tiempo parcial de 42 años de edad, quien dependía de los pagos de su pensión por invalidez para llegar a fin de mes, perdió un total de $632,000. Fue arrestado, además, por firmar cheques sin fondo para saldar sus deudas de apuestas.

Si bien el caso Murray es extremo, quienes critican la legalización del juego sostienen que no es nada inusual.

"Miles de pobres diablos, un incalculable número de ellos adictos al juego, acuden diariamente a los mostradores de las tiendas generales, estaciones de servicio y tiendas de comestibles familiares", escribió Sam Fulwood III, columnista del Cleveland Plain Dealer, en un artículo sobre el caso Murray. "En un absurdo esfuerzo por hacerse ricos de repente, apuestan sobre qué número aparecerá en una pelota de Ping-Pong que sale disparada de un embudo. Muy pocos obtienen rendimientos por sus inversiones. Sin embargo, la avaricia lubrica la máquina de la lotería tan bien que un número suficiente de personas regresa y pierde dinero día tras día para mantener a flote este timo estatal".[1]

Al finalizar la Primera Guerra Mundial, el juego era prácticamente ilegal en Estados Unidos. En la actualidad, todos los estados con la excepción de Utah y Hawai permiten algún tipo de juego, incluso loterías patrocinadas por el gobierno en 38 estados y en Washington D.C. La promesa de premios que a menudo sobrepasan los $100 millones atrae a cientos de miles de jugadores a través de una vasta red de publicidad en carteleras y en televisión. De igual manera, las largas colas en las tiendas generales en el último día de un sorteo forman parte del mundo actual.

Sin embargo, las loterías estatales son tan sólo una parte del negocio. Los casinos, principal fuente de ingresos* de la industria del juego legal, se han extendido como un reguero de pólvora por todo el país. Se operan casinos en reservas indias en 23 estados y los llamados casinos comerciales operan en 11 estados.[2] Además, 41 estados permiten apostar en hipódromos y canódromos, haciendo de las apuestas pari-mutuel la forma de juego legal más generalizada del país, aún cuando se encuentra en disminución y recauda mucho menos que los casinos y las loterías.

Asimismo, las apuestas por Internet están creciendo considerablemente, a pesar de su cuestionable condición legal.

En un esfuerzo por rescatar las pistas, y alcanzar mayores recaudaciones impositivas, varios estados escasos de dinero están considerando dar pasos para legalizar nuevas formas de juego, tales como permitir la instalación de máquinas tragamonedas en los hipódromos y canódromos.

"En los últimos 25 años, Estados Unidos, una nación en la cual el juego legal era un fenómeno limitado y relativamente extraño, se transformó en una nación en la que dicha actividad es común y va en aumento", informó una comisión federal en 1999. La Nacional Gambling Impact Study Commission (NGISC) advirtió que el juego está creciendo tan rápidamente que puede exceder la capacidad de las autoridades federales y estatales para controlarlo.

"A medida que proliferan los sitios de apuestas en Internet y que se legalizan las que se realizan telefónicamente en más estados, un segmento cada vez mayor del

público puede realizar una apuesta sin siquiera salir de su hogar", explicaba el informe. "Las apuestas universalmente disponibles, 'las 24 horas del día' pueden pronto convertirse en una realidad".[3]

Los partidarios del juego sostienen que las loterías y otras actividades de juego proporcionan al estado financiamiento crucial para la educación y otros servicios. Sin embargo, los críticos afirman que el gobierno no debería alentar a los ciudadanos a gastar dinero en juegos de azar. Además, aseguran que el juego se aprovecha en gran medida del ciudadano pobre.

La última tendencia es la apuesta en el "racino", una pista de carreras que ofrece máquinas tragamonedas. El primer racino se inauguró en Iowa en 1989 y fue "tremendamente exitoso", asegura Frank Fahrenkopf, presidente de la American Gambling Association (AGA). Desde entonces, Delaware y West Virginia han legalizado este nuevo tipo de establecimiento. Según Frank Fahrenkopf, los impuestos provenientes de los tres racinos de Delaware representan el 9 por ciento del presupuesto estatal; los cuatro de West Virginia generan el 12 por ciento.

Las encuestas de opinión pública indican que los estadounidenses están acogiendo el juego con los brazos abiertos. La proporción de ciudadanos adultos que nunca han apostado ha disminuido de uno de cada tres a uno de cada siete, según el National Opinion Research Center, un proyecto de la University of Chicago. Además, entre 1975 y 1999, la proporción de adultos que jugaban a la lotería se duplicó a uno de cada dos, según el centro.[4]

Mientras tanto, los gastos promedio en apuestas como porcentaje del ingreso personal se han más que duplicado, de 0.30 a 0.74 por ciento, según informa el centro.[5] Si bien esos porcentajes son pequeños, los dólares se acumulan rápidamente. Los ingresos de las apuestas legales (o las pérdidas de los apostadores) casi se han cuadruplicado en nueve años, de $16.1 mil millones en 1982 a $63.3 mil millones en 2001, siendo la mayor parte de este aumento proveniente de loterías y casinos estatales.[6] El aumento en la actividad de los casinos por sí solo ha generado $3.6 mil millones en la recaudación impositiva federal.[7]

Las loterías estatales conforman un fenómeno del juego. En 1973, tan sólo siete estados contaban con

---

* Los ingresos son el dinero perdido por los jugadores, o el monto total apostado menos los pagos a algunos de ellos; ingresos es el equivalente a ventas. Ingresos no es lo mismo que ganancias, es decir, el dinero que queda luego de saldar los salarios y otros gastos generales y de infraestructura.

Todos los estados excepto dos permiten el juego

Al finalizar la Primera Guerra Mundial, las apuestas eran ilegales en Estados Unidos. Hoy en día, todos los estados, excepto Utah y Hawai, permiten algún tipo de apuestas. Existen veintinueve casinos estatales, el sector más lucrativo del juego; y treinta y ocho estados y el Distrito de Columbia poseen loterías patrocinadas por los estados, la segunda fuente de ingresos.* Otros estados permiten apuestas en pistas de carreras, juegos de bingo para caridad y otras formas de juego.

El juego de azar en Estados Unidos, 2001

▢ Estados con loterías		🦅 Casinos en reservas indígenas	
🃏 Casinos en tierra firme		⚓ Casinos en puertos	
🃏 Casinos de juego limitado		🐎 Casinos en las carreras	
🛳 Casinos flotantes		▥ Sin juegos de azar	
▨ Otras formas de juego			

* Los electores de Dakota del Norte y Tennessee aprobaron referéndums en noviembre que autorizan a los estados a establecer loterías.

Fuente: American Gaming Association, Bureau of Indian Affairs, State Gaming Commissions

loterías, cuyos ingresos eran de $2 mil millones. En 2001, ya existían en 38 estados y el Distrito de Columbia, y generaban más de $17 mil millones. El panel nacional sobre las apuestas descubrió que el gasto anual por persona en billetes de lotería aumentó de $35 en 1973 a $150 en 1997; en 2002 fue de $123.[8]

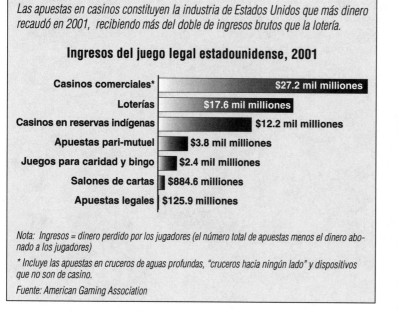

Las ganancias de los casinos sobrepasan los $39 mil millones

Las apuestas en casinos constituyen la industria de Estados Unidos que más dinero recaudó en 2001, recibiendo más del doble de ingresos brutos que la lotería.

Ingresos del juego legal estadounidense, 2001

Casinos comerciales*	$27.2 mil milliones
Loterías	$17.6 mil milliones
Casinos en reservas indígenas	$12.2 mil milliones
Apuestas pari-mutuel	$3.8 mil milliones
Juegos para caridad y bingo	$2.4 mil milliones
Salones de cartas	$884.6 milliones
Apuestas legales	$125.9 milliones

Nota: Ingresos = dinero perdido por los jugadores (el número total de apuestas menos el dinero abonado a los jugadores)

* Incluye las apuestas en cruceros de aguas profundas, "cruceros hacia ningún lado" y dispositivos que no son de casino.

Fuente: American Gaming Association

Si bien todavía generan ventas relativamente pequeñas en todo el mundo, las apuestas por Internet están entre los tipos de juego de más rápido crecimiento. "Las pequeñas operaciones anteriores se han convertido en una industria prácticamente de la noche a la mañana", reveló la National Gambling Impact Study Commission en su informe de 1999. "En mayo de 1998, existían aproximadamente 90 casinos en línea, 39 loterías, 8 juegos de bingo y 53 centros de apuestas deportivas. Un año después, hay más de 250 casinos en línea, 64 loterías, 20 juegos de bingo y 139 centros de apuestas deportivas que operan por Internet". En el mismo período, la comisión dijo que los ingresos aumentaron aproximadamente de $300 millones a $651 millones.

Actualmente, el experto en la industria Sebastian Sinclair, de Christiansen Capitol Advisors, una empresa de investigación y gerenciamiento, proyecta ingresos totales de $6 mil millones para 2003. Sinclair estima que hoy existen 1,800 sitios de apuestas por Internet.[9]

No obstante, el Departamento de Justicia de Estados Unidos considera ilegales las realizadas en línea. Se han presentado proyectos de ley en el Congreso para declarar ilegales las ciberapuestas y muchas empresas de tarjetas de crédito no aceptan los cargos correspondientes a ellas.

Las loterías y las apuestas por Internet facilitan cada vez más el juego. Los billetes de lotería, una modalidad llamada juego accesible, se pueden comprar en estaciones de servicio y tiendas generales, y puede accederse a los casinos de Internet desde cualquier computadora. Los críticos temen que semejante posibilidad aumente el número de jugadores patológicos y problemáticos, especialmente entre los jóvenes.[10]

Estudios realizados por la NGISC estimaron que el 1 por ciento de la población, o alrededor de 3 millones de personas, son jugadores patológicos.[11] Otros sostienen que la cifra podría ser considerablemente mayor.

"Tenemos 5 millones de jugadores patológicos y 15 millones de jugadores problemáticos", dice Tom Grey, director ejecutivo de la National Coalition Against Legalized Gambling. Pero el problema es aún mayor de lo que indican los números, agrega, dado que los hábitos de juego de cada uno de los 20 millones de jugadores afecta típicamente a seis de sus amigos y miembros de la familia. "Por lo tanto, tenemos 120 millones de personas que de alguna manera se ven afectadas por esto", explica. "Y esas son cifras sensatas".

Fahrenkopf afirma que los estudios realizados por la comisión indican que la información de Grey se encuentra "absolutamente fuera de lugar, no existen fundamentos para dichas acusaciones".

Sin embargo, los datos de las encuestas sugieren que el problema podría estar aún más generalizado de lo que indican las investigaciones. Según una encuesta Gallup de 1999, el 11 por ciento de los adultos confiesan jugar a veces más de lo que deberían, y el 9 por ciento de los adultos y el 10 por ciento de los adolescentes dice que las apuestas les han causado problemas familiares.[12]

No obstante, la NGISC tiene una opinión menos catastrófica sobre los apostadores problemáticos. "Hoy en día, la gran mayoría de los estadounidenses o bien apuestan por recreación y no experimentan efectos colaterales mensurables relacionados a sus apuestas, o bien deciden directamente no hacerlo", decía el "Informe Final". "Lamentablemente, algunos de ellos apuestan de tal manera que se dañan a sí mismos, a sus familias y a sus comunidades".[13]

Mientras tanto, a medida que los estados recurren a las apuestas para recaudar dinero, los críticos los acusan de haber ido demasiado lejos al fomentar el juego.

"Para algunos, los gobiernos estatales han sobrepasado el objetivo que habían expresado, el de utilizar la lotería para mejorar moderadamente los servicios públicos, y en cambio, han introducido de manera irresponsable el juego en la sociedad a escala masiva, a través de medidas tales como la publicidad constante y la instalación de máquinas de loterías en negocios de barrio", informó la comisión de apuestas.

"En este sentido", agregó la comisión, "los estados se han convertido en agentes activos para la expansión de las apuestas, preparando el camino para la introducción del juego comercial en todas sus formas. La pregunta que surge es: ¿Es ésta una función correcta del gobierno?"[14]

Para Grey la respuesta es un "no" rotundo. "¿Es tarea del gobierno estafarnos, aún cuando queramos que nos estafen?" pregunta Grey. "Cuando los políticos respaldan un producto desleal, los contribuyentes deben ser cuidadosos. No deseo que mis hijos y nietos hereden una nación en bancarrota".

¿Es una forma efectiva de recaudar dinero el juego patrocinado por el gobierno?

Las loterías estatales generan sumas importantes de dinero para los gobiernos que las administran. En 2002, en 38 estados y en el Distrito de Columbia se vendieron billetes por $42.4 mil millones y se lograron

ingresos de $17.7 mil millones, por debajo de los $17.6 mil millones de 2001.[15]

"Hemos recaudado más de $1.3 mil millones para las causas que respaldamos aquí en Colorado", dice Mark Zamarripa, director de la lotería estatal de Colorado y presidente actual de la North American Association of State and Provincial Lotteries (NASPL).

Si bien aumentar los impuestos sería una forma más simple de recaudar dinero, ya que no se necesitan realizar pagos, ni publicidad, ni abrir nuevos puntos de venta, etc., las loterías a menudo son políticamente más aceptables, asegura. "Pídale a la gente que escoja entre la lotería y un impuesto y la primera será siempre la más elegida", asegura Zamarripa.

Las loterías también se pueden comparar con las empresas privadas, afirman algunos de sus defensores. "Imagínese [darles] a sus accionistas entre el 23 y 35 por ciento de las ganancias por año", dice Tony Molica, director de la lotería estatal de Washington. "Es un negocio manejado de forma bastante eficiente y es lo mismo que deben hacer las loterías. Éstas le dan un gran valor económico a la comunidad".

Según un estudio realizado por la Indiana Gaming Commission, los casinos resultaron efectivos para crear puestos de trabajo en el noroeste de Indiana y a lo largo del Río Ohio, donde las oportunidades económicas escaseaban. El informe, a cargo del Center for Urban Policy and the Environment de la Indiana University, agrega que las recaudaciones impositivas han ayudado a las ciudades a reconstruir infraestructuras deterioradas, lo que también implicó beneficios económicos.

Sin embargo, dado que que los primeros casinos flotantes en Indiana tienen sólo cinco años, es imposible determinar si los beneficios superan los costos sociales.[16]

Los críticos afirman que si bien los ingresos pueden parecer astronómicos a los ciudadanos y a los directores de las loterías, no parecen tan significativos cuando se comparan con los presupuestos estatales. "En verdad, las loterías estatales contribuyen muy poco a los ingresos del estado", sostiene Melissa Kearney, profesora de economía del Wellesley College de Massachusetts. "Los ingresos de las 38 loterías representan entre el 2 y 4 por ciento. Es una porción muy pequeña de la torta".

El código de la lotería exige restricciones en la publicidad

Los críticos se quejan de que muchas loterías estatales engañan una y otra vez a los consumidores para inducirlos a gastar dinero en billetes de lotería; la mayoría lo hace usualmente mostrando la suma de dinero del premio mayor y evitando proporcionar información acerca de las posibilidades de ganar.

Además, según David Nibert, profesor de sociología de la Wittenberg University, de Springfield, Ohio, muchos estados dirigen su publicidad hacia las comunidades más pobres. "Pueden negarlo", dice, "pero se puede comprobar a partir de la observación de las regiones en las cuales invierten más dinero en difundir mensajes publicitarios".

Como respuesta a tales críticas, la North American Association of State and Provincial Lotteries (NASPL) publicó extensas pautas de publicidad en 1999 para las organizaciones que la integran. Algunos estados han promulgado leyes aún más restrictivas que las de las pautas. Colorado, por ejemplo, no permite publicidad en carteleras o que indique la cifra del premio mayor. Sin embargo, los críticos afirman que otros estados constantemente violan las normas.

Quienes proponen estas normas resaltan que instan a los participantes de lotería adultos a que jueguen con responsabilidad. Los mensajes en los medios sobre "juego responsable" son especialmente apropiados, ase-

Kearney sostiene que su investigación refuta además otra afirmación realizada por los defensores de la lotería: que las loterías estatales simplemente desvían el dinero de los ciudadanos de otros tipos de juego a una que los beneficia a todos. Dice Kearney: "No es así. La lotería aumenta el número de apuestas totales y muchas personas que anteriormente no apostaban comienzan a hacerlo". Según el estudio de Kearney, cuando un estado instituye una lotería, las posibilidades de que un adulto de ese estado apueste aumentan 55 puntos porcentuales.[17]

Si bien otros críticos también cuestionan cuánto contribuyen las apuestas a la economía, también reconocen que determinar la magnitud de tales contribuciones es bastante difícil. "Muchos de los debates se podrían zanjar si se pudiera demostrar que los beneficios superan apreciablemente los costos de las apuestas o vice versa", afirmó la comisión nacional de apuestas en 1999. "Pero una resolución con ese grado de nitidez ha eludido a los que pretenden arbitrar el asunto".

Los esfuerzos por evaluar las varias declaraciones de los defensores y oponentes se ven frustrados por la "falta de información confiable acerca del juego", según explica la comisión.[18]

Los defensores y críticos también concuerdan con que el impacto económico de las apuestas variará en gran medida dependiendo del tipo de apuesta en cuestión. En las llamadas apuestas en centros de juego, los jugadores visitan lugares específicos tales como casinos o pistas de carreras, para apostar; lugares en donde el contexto integrado por los restaurantes, comercios y el entretenimiento estimula la actividad de apostar. El juego accesible, como lo son las loterías estatales o las apuestas por Internet, no ofrecen actividades extra que generen ingresos.

En el caso de las apuestas en centros de juego, la comisión claramente descubrió que "cualquier costo social es superado por las ganancias económicas", dice Fahrenkopf de la AGA. Sin embargo, no existe evidencia de que el juego accesible promueva las inversiones de capital o el desarrollo económico. "Es discutible si el desarrollo económico superará los costos sociales" en el contexto del juego accesible, añade.

Lamentablemente, el juego accesible está experimentando el crecimiento más acelerado. Además, las ganancias recibidas por las loterías estatales pueden no ser tan considerables como parecen, afirman los críti-

guran estas pautas, durante épocas en que se juegan sumas importantes.

Las reglas también alientan a los estados a apoyar programas para los jugadores compulsivos a través de publicaciones, remisiones y capacitación a los empleados como un complemento necesario para la publicidad de las loterías. Sin embargo, una investigación a cargo del National Council on Problem Gambling descubrió que en 1998, 18 estados, que habían recaudado más de $3 mil millones en concepto de ingresos de apuestas, no destinaron nada de este dinero a programas para jugadores compulsivos.

Según las pautas de la NASPL, la publicidad de lotería no debería:

- Mostrar o fomentar el juego excesivo o una preocupación por las apuestas.
- Presentar la lotería como una alternativa al empleo, a la inversión financiera o como una forma de alcanzar la seguridad financiera.
- Exhibirse en o cerca de otros medios que dramaticen o exoneren el uso inapropiado de la lotería.
- Malinterpretar las oportunidades que tiene una persona de ganar un premio.
- Dar a entender que los juegos de lotería son juegos de habilidad.
- Dirigir la publicidad a los menores, o representar jugadores de loterías que sean menores de edad.
- Incluir personajes animados de programas infantiles.

Asimismo, de acuerdo con las pautas de la NASPL, la publicidad para las loterías debe incluir:

- Restricciones de edad.
- Las posibilidades de ganar.
- El monto de los pagos en efectivo y las anualidades correspondientes donde sea razonable y apropiado.
- Información respecto al uso de las ganancias de la lotería, evitando expresar declaraciones que confundan al público o puedan ser mal interpretadas.

cos, dado que directa o indirectamente reducen los ingresos recaudados por otros impuestos.

David Nibert, profesor de sociología de la Wittenberg University de Springfield, Ohio, explica que cuando las loterías estatales destinan las ganancias a por ejemplo, la educación, los ciudadanos pueden pensar que los fondos para ésta están garantizados por la lotería y los legisladores pueden volverse renuentes a gravar los ingresos con otros impuestos para financiar la educación.

"En todo caso, es un tipo de juego fantasma, en el cual se utiliza dinero de la lotería y se reducen los impuestos de alguna otra cosa", explica. Además, advierte, las loterías pueden ser una manera bastante inconstante de recaudar fondos. "Si sus ventas bajan, la educación puede sufrir".

Las loterías también pueden tener efectos indirectos sobre otros ingresos estatales. Si el objetivo son los réditos, opinan Charles Clotfelter y Philip J. Cook de la Duke University, entonces un registro exacto del desempeño de la lotería debe evaluar el efecto que las ventas de la misma tienen sobre otros ingresos estatales. Por ejemplo, argumentan, los ingresos provenientes del impuesto sobre las ventas podrían disminuir si las per-

sonas compraran los billetes de lotería con la parte de sus ingresos que de lo contrario habría sido destinada a gastos de consumo sujetos a impuestos.[19]

Ambos profesores de política pública advierten sobre otros posibles efectos indirectos: "A largo plazo, el funcionamiento y la promoción de la lotería pueden disminuir el ritmo del crecimiento económico en el estado y por lo tanto reducir los ingresos de los impuestos sobre las ventas y la renta. La situación puede llegar a un punto en el que el público comienza a considerar la búsqueda de un gran premio como un camino fácil hacia la riqueza y sustituye educación, ahorros y esfuerzos empresariales por el juego de la lotería, y entonces la totalidad de la economía puede verse perjudicada".[20]

Grey, de la National Coalition Against Legalized Gambling, está de acuerdo y dice: "La gente involucrada en la política pública, al analizar sólo los beneficios y no los costos, han logrado expandir el juego a un ritmo muy acelerado porque se trataba de dinero gratis. Es una adicción oculta. Los contribuyentes cargan con los costos. Como resultado, el gobierno promociona el producto y cosecha los beneficios, pero no

La mayoría de los estadounidenses apoya los juegos de azar

Casi dos tercios de los estadounidenses encuestados aprueban la legalización del juego tradicional, pero tan sólo el 20 por ciento apoya las apuestas por Internet. Más de la mitad compró un billete de lotería en el último año.

¿Compró un billete de lotería en el último año? Sí . . .	**57%**
¿Apuesta en casinos? Sí . . .	**31%**
¿Ganó más veces de las que perdió? Sí . . .	**26%**
¿O perdió más veces? Sí . . .	**49%**

¿Aprueba el juego legalizado?

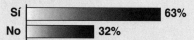

Sí — 63%
No — 32%

¿Las apuestas legales se deberían expandir, mantener en los niveles actuales o reducir/prohibir del todo?

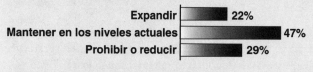

Expandir — 22%
Mantener en los niveles actuales — 47%
Prohibir o reducir — 29%

¿Aprueba las apuestas por Internet?

Sí — 20%
No — 75%

¿Cree que los casinos usualmente ayudan a la economía de una comunidad? Sí . . .

Adultos — 67%
Adolescentes — 51%

¿Cree que los casinos perjudican la vida cotidiana de la familia y la comunidad? Sí . . .

Adultos — 56%
Adolescentes — 70%

Fuente: The Gallup Organization, 1999. La encuesta telefónica se llevó a cabo tanto en inglés como en español entre 1,523 estadounidenses adultos mayores de 18 años de edad, junto con 501 adolescentes (de entre 13 y 17 años de edad) en Estados Unidos continental entre el 30 de abril y el 23 de mayo de 1999.

tiene en cuenta los costos de la adicción: las quiebras, los divorcios, la corrupción".

Fahrenkopf se enfurece ante tales afirmaciones. "El antiguo argumento, y todavía se puede escuchar en boca de algunos líderes religiosos que se oponen a las apuestas, es que genera delitos", afirma. "No es así. La National Gambling Impact Study Commission, integrada por un grupo de personas en contra del juego, dejó muy en claro que dicha afirmación es una falacia".

Fahrenkopf manifiesta que el panel también negó acusaciones que alegan que el juego aumenta las quiebras: "Estudios independientes han demostrado que todos los males sociales que presuntamente resultan de las apuestas, en realidad no tienen su origen en ellas".

Sin embargo, los críticos destacan que más que otorgarles a las apuestas una patente de sanidad, la comisión en realidad citó datos insuficientes para establecer relaciones causales específicas. La comisión preguntó: "¿Cómo se puede comparar una vida arruinada con los beneficios proporcionados a otra? ¿Cómo se puede medir los verdaderos costos de los delitos relacionados con las apuestas? ¿Cuál es el algoritmo que permitiría que la búsqueda de la felicidad sea comparada con las frías estadísticas que generan las apuestas patológicas?"[21]

El National Opinion Research Center cuantificó por lo menos una parte de los costos ocultos y estimó que los jugadores patológicos y problemáticos en Estados Unidos le cuestan a la sociedad alrededor de $5 mil millones al año en "productividad reducida, servicios sociales y pérdidas sufridas por acreedores". Sin embargo, según el estudio "estos cálculos no son adecuados para captar los costos intrafamiliares del divorcio y los trastornos familiares asociados a ambos tipos de jugador, el patológico y el problemático"[22]

En resumidas cuentas, aseguran los críticos, tanto el estado como los ciudadanos, depositan equivocadamente su esperanza y desesperación en las loterías. En respuesta a propuestas para expandir el juego, *The Seattle Times* dijo en febrero último: "Apostar dinero es la cocaína de las finanzas del gobierno. Si durante estas sesiones la legislatura expande las apuestas, los legisladores lo volverán a hacer una y otra vez".

"La fantasía de obtener dinero fácil, curiosamente persistente tanto en buenas y malas épocas económicas, combinada con las interminables crisis presupuestarias, garantizan que las apuestas continúen siendo explotadas para pagar los gastos del gobierno. El juego no es provechoso para el tesoro. Es un impuesto cívico a la estupidez. ¿Por qué fomentar una industria plagada de problemas sociales y legales y difícil de regular aún para los municipios que están en contacto más directo con el público?[23]

¿Las loterías victimizan a los pobres?

Si bien los ricos pueden gastar en total más en apuestas que los pobres, las loterías consumen una buena parte del presupuesto de los hogares pobres.

"Las personas con bajos ingresos gastan un porcentaje mucho más elevado de los mismos en billetes de lotería", afirma Cook de la Duke University. "A veces, hasta pareciera que las personas que ganan $10,000 al año gastan tanto como aquellos que ganan $60,000. Es sorprendente".

Peter Reuter, profesor de la Maryland University coincide: "No me sorprendería si fuera el impuesto más retrógrado". Los hogares con ingresos menores a $10,000, en promedio gastan el 5 por ciento de los mismos en billetes de lotería, mientras que los hogares con ingresos de $50,000 a $100,000 al año, tan sólo gastan 0.5 en ese concepto.

No obstante, los defensores de la lotería afirman que a diferencia de los impuestos, ésta es voluntaria, por lo

Los jugadores juegan al crap en el Caesar's Palace en Las Vegas. Los jugadores perdieron más de $39 mil millones en 2001 en los más de 500 casinos operados en 29 estados por tribus indígenas y otros operadores comerciales.

Getty Images/Robert Mora

tanto nadie se queja de que su venta sea, en esencia, un impuesto regresivo para los pobres. Dick van Wagenen, asesor político experto del gobernador Gary Locke, Demócrata por Washington, afirma: "A nadie se le obliga a jugar a la lotería". También explica que Washington posee uno de los sistemas tributarios más regresivos del país, que depende de los impuestos sobre las ventas minoristas y sobre los bienes y que no posee un impuesto progresivo sobre la renta. "Si el carácter regresivo fuera suficiente para la estructura tributaria del estado, habría cambiado hace mucho tiempo".

Reuter cree que es hora de tratar este asunto. "Nunca he escuchado a ningún político plantear este tema", afirma. "Sólo lo mencionan los economistas. Incluso aquellos en contra del juego no lo hacen, porque eso significaría en cierta medida aprobarlo. Además, los grupos que defienden a la gente de bajos recursos no desean involucrarse en la discusión, ya que eso sugeriría que los pobres son irresponsables. Entonces, es un tema sin interlocutor".

Otros críticos observan que las loterías tienen un atractivo especial para los pobres y para aquellos que tienen un problema de juego. El sociólogo Nibert escribe: "Las loterías suelen ser una válvula de escape que les provee a quienes se encuentran en aprietos económicos metas ilusorias, mientras que desvían su atención de las fuerzas económicas y políticas que son en primer lugar responsables de su destino".[24]

En efecto, Clotfelter y Cook descubrieron que entre el 20 por ciento de los jugadores con salarios por debajo de $10,000 al año, el gasto promedio semanal en loterías "es de unos sorprendentes $32".[25]

Otros aseveran que las loterías colocan al gobierno en la posición de aprovecharse de los males de sus ciudadanos. Los jugadores patológicos y problemáticos, alrededor del 2.5 por ciento de los adultos, representan aproximadamente del 5 al 15 por ciento de la recaudación de las apuestas, incluyendo los billetes de lotería, según expone un estudio del National Opinion Research Center. El juego patológico y problemático prevalece en mayor medida entre las minorías étnicas, aquellos individuos que no tienen educación universitaria y aquellos cuyo ingreso anual familiar es menor a $100,000.[26]

Nibert afirma: "La lotería refuerza la superstición y la magia". Además, en lugar de ser sólo "pasivamente" regresivas, la mayoría de ellas dirigen su publicidad a los grupos socioeconómicos más bajos y la diseña de manera que fortalezca sus esperanzas, afirma. "Por supuesto que lo niegan públicamente, y algunos se pueden engañar a sí mismos", dice Nibert al referirse a los funcionarios de las loterías. Sin embargo, hace tiempo que disponemos de estudios que describen el problema".

A modo de ejemplo, en 1990, menos de la mitad de las loterías estatales revelaban en sus avisos impresos las probabilidades de ganar, y tan sólo el 25 por ciento de ellas lo hacía en sus comerciales televisivos, según el estudio de Nibert.

También descubrió que los promotores de las loterías "dirigían la publicidad activamente" hacia la gente de color. Por ejemplo, afirma que en St. Louis, Missouri, el 71 por ciento del presupuesto destinado a publicidad impresa se dirigía a avisos en cuatro periódicos para gente de color; en Kansas City, la lotería gastó 81 por ciento de su presupuesto en publicidad gráfica en tres periódicos para gente de color y en uno para hispanos. "Estos avisos fueron diseñados para promocionar y legitimizar la lotería entre las comunidades de minorías", escribe Nibert.[27]

Tal cual Nibert predijo, los directores de las loterías disienten. "No hay razón para dirigir publicidad a personas que no tienen dinero", explica el director de la lotería de Colorado, Zamarrita. "Ganaremos nuestro dinero vendiéndoles billetes a personas que cuenten con ingresos disponibles".

Sin embargo, Zamarripa reconoce que puede existir un mayor mercado para la lotería en los vecindarios pobres que en los ricos, pero asegura que no tiene nada que ver con intentar captar clientes pobres. "Ciertamente hay más tiendas de vinos y licores, tiendas generales y estaciones de servicio en ciertas áreas que en los vecindarios prósperos", manifiesta Zamarripa. "Si uno vive en un barrio cerrado, seguramente no hay un "7-Eleven" en la esquina". Los jugadores de lotería adinerados compran billetes, explica, pero no lo hacen en sus vecindarios.

Los críticos, manifiesta, "toman información geográfica y demográfica y la presentan tendenciosamente para respaldar su argumento".

No obstante, algunos estados, incluso Colorado, han comenzado a restringir la promoción de las loterías. "Nuestra publicidad no genera falsas expectativas, e intentamos no aprovecharnos del instinto de los jugadores", explica Zamarripa. La publicidad de Colorado, en particular, no presenta personas que arrojan dinero al aire, renuncian a sus trabajos o compran limusinas. El estado tampoco utiliza la publicidad en cartelera ni anuncia el premio gordo en la radio o la televisión.

"Si anunciáramos a todo volumen que el premio gordo de Powerball es de $100 millones, podría tentar a las personas a salir a comprar billetes", afirma. Pero Colorado es una excepción: la mayoría de los estados diseña su publicidad con el fin de aumentar la venta de billetes.

Muchos críticos de las apuestas, incluyendo la National Gambling Impact Study Commission, se quejan del papel contradictorio de los gobiernos estatales "como promotores activos de las loterías al mismo tiempo que imponen un gran impuesto 'pecado' al comprador de billetes de lotería".[28] Los estados han "ingresado al negocio de venta de un producto de consumo popular, y lo han hecho con entusiasmo y dedicación", observan Clotfelter y Cook. "El cambio radical de postura de los estados, de la prohibición a la promoción, es asombroso".[29]

Keith S. Whyte, director ejecutivo del National Council on Problem Gambling, argumenta que los

CRONOLOGÍA

1789-1860 *Las loterías financian una gran variedad de proyectos públicos y privados.*

1820 Numerosos escándalos relacionados con la lotería obligaron a Nueva York a aprobar la primera prohibición constitucional contra las loterías.

1823 Los organizadores de una lotería autorizada por el Congreso para embellecer Washington, D.C., se fugan con el dinero.

1840 Para esta fecha, tan sólo Delaware, Missouri y Kentucky siguen permitiendo las loterías autorizadas por el estado.

1860-1905 *Los estados necesitados de dinero recurren a las loterías durante la Guerra Civil.*

1868 Louisiana le otorga a la Louisiana Lottery Co. una autorización para ser la lotería exclusiva del estado durante 25 años.

1878 Louisiana es el único estado que no prohíbe las loterías.

1895 El Congreso prohíbe todo material de lotería en el comercio interestatal.

1905 La Corte Suprema de Estados Unidos reafirma el uso por parte del gobierno del poder político para controlar el juego. La lotería de Louisiana, plagada de escándalos, es clausurada.

1930s-1940s *Aumenta el juego en casinos y pistas de carreras*

1931 Nevada legaliza la mayoría de los tipos de apuestas.

1933 Se legalizan las apuestas parimutuel en Michigan, New Hampshire y Ohio.

1964-Presente *Las apuestas se extienden por todo el país.*

1964 La legislatura de New Hampshire autoriza la primera lotería legal de este siglo. Nueva York hace lo mismo en 1967 y Nueva Jersey en 1970.

1974 Massachussets ofrece los primeros billetes de lotería para raspar.

1975 Se enmienda la ley federal para permitir que las loterías estatales hagan publicidad en radio y televisión.

1976 Nueva Jersey legaliza los casinos de Atlantic City.

1987 La Corte Suprema de Estados Unidos autoriza a los indígenas estadounidenses a operar instalaciones de apuestas.

1988 El Congreso aprueba la ley Indian Gaming Regulatory Act.

1990 Colorado aprueba las apuestas en casinos para tres pueblos pequeños.

1994 Se crea la National Coalition Against Legalized Gambling.

1996 El Congreso crea la National Gambling Impact Study Commission (NGISC).

1998 El juego de lotería Powerball ofrece un premio récord a nivel mundial de $295.7 millones.

1999 El informe a cargo de la NGISC pide reducir el juego accesible existente.

2000 Dos ganadores comparten el premio gordo más grande en la historia, $363 millones.

2 de octubre de 2002 La ley Unlawful Internet Gambling Funding Prohibition Act, respaldada por el representante Jim Leach, republicano por Iowa, es aprobada en la Cámara de Representantes.

21 de noviembre de 2002 La Corte de Apelaciones del 5to Distrito de Estados Unidos en Nueva Orleáns confirma una desestimación del tribunal de distrito sobre una demanda de acción popular entablada por jugadores a través de Internet, lo que resulta en una nueva gran victoria legal para los defensores de las ciberapuestas.

Enero de 2003 Los legisladores de Connecticut prohíben las apuestas en "Las Vegas Night" patrocinadas por iglesias y otras organizaciones sin fines de lucro (12 de enero) . . . La National Football League decide no autorizar la promoción publicitaria de los casinos de Las Vegas durante los comerciales del Super Tazón (15 de enero).

Se culpa al juego accesible de generar problemas

Al menos la mitad de los funcionarios de servicios sociales encuestados en Carolina del Sur, Montana y Oregon culpan al juego accesible (loterías y apuestas por Internet) de aumentar el abuso de drogas y alcohol y de otros impactos sociales negativos.

En su opinión, ¿en qué medida el juego accesible tuvo un impacto social negativo en su comunidad?

	Alto impacto	Poco impacto	No tuvo impacto	No existen fundamentos para juzgar
Mayor violencia familiar	3	5	0	4
Mayor abuso/negligencia infantil	3	5	0	5
Mayor cantidad de divorcios	4	4	0	5
Mayor falta de vivienda	3	3	0	6
Mayor abuso de alcohol	4	5	0	4
Mayor abuso de drogas	3	6	0	4
Mayor cantidad de apuestas problemáticas/patológicas	10	3	0	0
Mayor cantidad de suicidios	2	5	0	6

Nota: Trece organismos u organizaciones respondieron a todas las preguntas excepto a las de violencia familiar y falta de viviendas, que obtuvieron respuestas de 12 organismos.

Fuente: General Accounting Office, "Convenience Gambling: Information on Economic and Social Effects in Selected Locations", octubre de 2000

estados que promueven en forma agresiva el juego tienen una responsabilidad especial para con sus ciudadanos". En 1998, su grupo descubrió que 18 estados, que habían recaudado más de $3 mil millones en ingresos provenientes de las apuestas, "no gastaban un centavo en programas para gente con problemas de juego", agrega.

¿Debería ser prohibido o regulado el juego por Internet?

Los críticos de la floreciente industria de apuestas por Internet se quejan de que no está regulada, no trae ingresos locales y es de acceso demasiado fácil, tanto para los jugadores problemáticos como para los menores.

"Las apuestas por Internet no están reguladas, son dañinas para la economía y ponen en peligro al indivi-

duo", afirma el representante Jim Leach, republicano por Iowa, quien presentó la Ley Unlawful Internet Gambling Funding Prohibition Act.

Dado que el estado legal de los casinos en Internet no ha quedado claro, los sitios de ciberapuestas están todos localizados offshore o en el extranjero. Por lo tanto, no están sujetos a leyes federales ni estatales que aseguren su honestidad, así como tampoco pueden los gobiernos estatales gravar impuestos sobre ellos.

Actualmente, los sitios de apuestas en Internet están autorizados por gobiernos de aproximadamente 75 países, desde naciones pequeñas de islas del Caribe tales como Antigua hasta estados de Australia y algunas naciones indígenas de Canadá. "Empresarios de todo el mundo están involucrados en esto", explica I. Nelson Rose, especialista en derecho de Internet del Whittier College de California. "Es un asunto de enorme dimensión".

El Departamento de Justicia de Estados Unidos considera ilegales las apuestas por Internet según la ley Wire Pager Act de 1961. Los fiscales estadounidenses han procesado exitosamente casos de corredores que dirigían ciberapuestas para eventos deportivos. Sin embargo, el otoño pasado, un Tribunal de Distrito de Estados Unidos de Louisiana dictaminó que la ley de 1961 se aplicaba únicamente a las apuestas de deportes y no a los juegos de casino por Internet. La Corte de Apelaciones del 5to Distrito recientemente confirmó ese dictamen.

Los últimos Congresos han intentado eliminar las lagunas legales. El año pasado, el proyecto de ley de Leach, que prohibiría a los bancos y empresas de tarjetas de crédito estadounidenses procesar transacciones financieras originadas en sitios de apuestas de Internet, fue aprobado por la Cámara de Representantes pero no por el Senado.

No obstante, la propuesta de Leach puede ya haber tenido efecto. "A decir verdad, actualmente su proyecto de ley está ampliamente en vigencia ya que las empresas de tarjetas de crédito están instituyendo sus disposiciones a voluntad", expresa Sinclair de Christiansen Capital Advisors.

Las empresas de tarjetas de crédito "tienen problemas para procesar las transacciones, por lo que algunas empresas de juego pierden alrededor del 20 por ciento del negocio", asegura Sinclair.

No obstante, las transacciones no se han eliminado por completo. Algunas compañías de apuestas están ofreciendo abonar honorarios por transferir dinero, explica, "por lo tanto, les está costando más. Pero esto no desalienta a las personas".

Por su parte, un gran segmento de la industria de apuestas tradicional favorece los esfuerzos para declarar ilegales las apuestas por Internet. "Nos oponemos [a las apuestas por Internet]", asegura Fahrenkoft. "No creemos que exista la tecnología para regularlas".

La asociación de loterías también se opone a las ciberapuestas, principalmente porque son consideradas competencia. "Actualmente, en Internet se apuestan miles de millones de dólares", manifiesta Zamarripa. "Estoy convencido de que nos ha afectado, si bien no contamos con una cifra específica".

Sin embargo, unas pocas empresas de apuestas estadounidenses, al igual que algunos casinos indígenas, están evaluando la posibilidad de ofrecer operaciones en línea. "Hay que aplacar a algunos grupos cada vez que se trata uno de estos proyectos de ley", expresa Rose de Whittier College. "El Departamento de Justicia también cree que no debería haber leyes especialmente redactadas para Internet".

Algunos analistas sostienen que las leyes para excluir las apuestas por Internet fracasarán, y que sería más conveniente regular la industria. "Todo lo que lograría el proyecto de Leach sería generar una nueva industria completamente ilegal: intermediarios encargados de procesar pagos para las transacciones de apuestas por Internet", asegura Sinclair. "Imagine los beneficios para la persona que cree el mejor artilugio para procesar pagos que burle el proyecto de Leach. Se hará más rica de lo que se pueda imaginar".

Sinclair desestima los argumentos sobre si las apuestas por Internet deberían prohibirse por no poder ser reguladas. Agrega: "Ya se ha hecho en el Reino Unido. La idea no es controlarlas. Es 'incentivarlas'".

Si la gente tiene acceso a sitios de Internet autorizados y controlados, argumenta Sinclair, no habrá razón para que recurran a sitios *offshore* no regulados. "Además, en términos acordes a la esencia regulatoria del juego, Internet es 10 veces mejor que el mundo real, porque toda transacción queda registrada", explica.

Algunos analistas sostienen que legalizar las ciberapuestas también produciría otros beneficios. Las apuestas por Internet alentarían al sector privado a desarrollar capacidad de red y aplicaciones comerciales, sostiene Tom W. Bell, director de estudios de telecomunicaciones y tecnología en el libertario Cato Institute y profesor de derecho en Chapman University School of Law, de Orange, California. Además, las apuestas por Internet ofrecen un "ambiente más saludable" que los casinos, los cuales ofrecen "alcohol sin límite", expresa.

Finalmente, las apuestas por Internet generarían una bien recibida competencia a la industria del juego, sostiene. "Los jugadores merecen todos los beneficios de los que disfrutan otros consumidores de servicios de entretenimiento, incluso el beneficio de la competencia", dijo Bell a la comisión de estudios sobre las apuestas. "Al ofrecerles a los consumidores acceso económico y fácil a una variedad de oportunidades de juego, Internet introducirá competencia en una industria que desde hace tiempo disfruta de la protección de prácticas de autorización altamente restrictivas".[30]

ANTECEDENTES

Las primeras loterías

Si bien la participación del estado en las apuestas, y particularmente en las loterías, posee una antigua tradición en la historia de Estados Unidos, el gobierno en general había evitado dirigir las operaciones de apuestas hasta la época actual.

Mucho antes de que se fundara Estados Unidos, las loterías se utilizaban para recaudar dinero dirigido a varios proyectos. Aun el asentamiento de Jamestown se financió parcialmente con dinero proveniente de loterías

Los casinos en las reservas indígenas embolsan miles de millones

Las operaciones de juego dirigidas por tribus indígenas estadounidenses han experimentado un crecimiento extraordinario en tan sólo unos pocos años. En 1988, los ingresos de los casinos indígenas eran de $100 millones. En el año 2001, habían aumentado a $12.7 mil millones.[1]

En efecto, muy pocas reservas indígenas contaban con casinos antes de 1987, cuando la Corte Suprema de Estados Unidos dictaminó para el caso de *California vs. Cabazon Band of Mission Indians* que los estados que permitían el juego no podían prohibirlo en las citadas reservas. Al año siguiente, el Congreso aprobó la ley Indian Gaming Regulatory Act (IGRA).

Dicha norma exige que los ingresos de las operaciones de casinos recibidos por las tribus sean utilizados para promover el desarrollo económico y bienestar de las mismas. La ley también impone que las tribus realicen acuerdos con los estados determinando la envergadura y el horario en que opera el casino así como los juegos específicos que se pueden jugar. Además, estos acuerdos generalmente incluyen las disposiciones que indican qué porción de las ganacias corresponde a los estados.

Luego de que la tribu Seminole no lograra llegar a un acuerdo con Florida, ésta demandó al estado en 1991, acusándolo por no haber negociado de buena fe. En 1996, la Corte Suprema dictaminó que según la 11va Enmienda a la Constitución, las tribus no pueden demandar al estado en una corte federal.

A pesar de que el fallo del alto tribunal se interpretó en gran medida como una autorización para que los estados ejerzan su poder para prohibir las apuestas de casinos en las reservas indígenas, es claro que los estados no están dispuestos a a hacerlo. En efecto, dados sus apremiantes déficits presupuestarios, ellos parecen alentar más operaciones de juego en las reservas, para de ese modo aumentar su porción de las ganancias provenientes de esos casinos. En Nueva York y Connecticut, por ejemplo, los estados reciben el 25 por ciento de los ingresos de los casinos indígenas.

Mientras tanto, California desea utilizar su acuerdo para sacar un mejor provecho. Los casinos indígenas del estado han aportado alrededor de $130 millones al año a un fondo para ayudar a tribus que no tienen casinos y para reducir los efectos sociales del juego. No obstante, el gobernador Gray Davis, demócrata por California, desea incrementar la porción del estado a $1.5 mil millones para ayudar a aliviar el déficit presupuestario de $34 mil millones de California. A cambio, las tribus exigen la eliminación de las limitaciones del estado sobre el número de máquinas tragamonedas y que se les otorgue la exclusividad de las operaciones con las mismas.[2]

Mientras los estados recurren cada vez más a los casinos en búsqueda de ingresos, algunos críticos han acusado a los instalados en reservas indias de ser poco más que estafas que brindan gran riqueza a unos pocos aborígenes e inversores externos; pero ningún beneficio a la mayoría de los indígenas.

"Aproximadamente el 80 por ciento de los ingresos están destinados al 3 o 5 por ciento de las tribus", afirma el representante Frank R. Wolf, republicano por Virginia, presidente del Appropriations Subcommittee on Commerce, Justice, State and Judiciary. "Por ende, la mayoría de las tribus no recibe nada. Sin embargo, hay tribus que tienen viviendas inadecuadas, poca educación, problemas de alcohol y una pésima atención médica. El hecho de que el Congreso y la administración hayan permitido que esto suceda casi le ha dado al gobierno una excusa para decir 'Bueno, no vamos a darles más dinero'".

En efecto, según la National Indian Gaming Commission, los 39 casinos indígenas más importantes en 2001 representaban el 66 por ciento de los ingresos totales.[3] Existen alrededor de 320 operaciones de apuestas en reservas indígenas, pero muchas son de pequeña escala, tales como estaciones de servicio con una pocas máquinas tragamonedas, en lugar de instalaciones de casino amplias con el estilo tradicional de los mismos tales como el Foxwood Resort Casino de Ledyard, Connecticut, el más grande del mundo. Los Mashantucket Pequot Tribe, Foxwoods, son dueños de este casino de 11 años, que ofrece mucho más que sus 5,500 máquinas tragamonedas, cientos de mesas de juego, Keno, Bingo, póquer y carreras de caballos. El complejo turístico también posee tres hoteles, 30 opciones gastronómicas, el Fox Theatre con capacidad para 1,450 personas y el B.B. King Dance and Nite Club.

Algunos críticos han acusado a los casinos indígenas de no estar del todo regulados y por ende sujetos a corrupción.

"Algunas tribus dispersas hace tiempo, asistidas por nuevos padrinos financieros que no son indígenas, se están reagrupando para beneficiarse con las ganancias imprevistas provenientes del juego", escriben para la revista *Time* los periodistas ganadores del Premio Pulitzer Donald Bartlet y James Steele. "Otras están buscando nuevas reservas, algunas en áreas que nunca habitaron, a menudo hasta en otros estados, simplemente para poder construir un casino".[4]

El problema, según Bartlett y Steele, es que la mayoría de los indígenas no se benefician de los ingresos mientras que los inversores externos, en algunos casos extranjeros, están cosechando beneficios gigantescos. "Ciertamente los indígenas de unas pocas tribus han prosperado", escriben. "En California, la Navidad llegó antes de tiempo este año para los 100 miembros de la Table Mountain Rancheria, quienes recibieron en el Día de Acción de Gracias cheques por $200,000 cada uno, correspondientes a su porción de las ganancias del Table Mountain Casino. Esto fue adicional al estipendio mensual de $15,000 que recibe cada miembro. Pero incluso estas cifras palidecen frente a las fortunas que forjan los inversionistas detrás de bambalinas quienes financian los palacios de juego. Reciben cifras de hasta cientos de millones de dólares".

Esta desigualdad en las ganancias generadas por los casinos indígenas con amplios márgenes de ganancias destinados a unas pocas tribus e inversores no aborígenes, "ayuda a explicar por qué el juego en las reservas no ha logrado sacar a la mayoría de los indígenas estadounidenses de la pobreza", escriben los dos investigadores.

El representante Wolf está de acuerdo. "Creo que están retirando más dinero de lo que la ley permite", dice. "La secretaria del interior no está haciendo su trabajo. Debería estar administrando". Wolf dice que si bien hay 700 personas que controlan las operaciones de apuestas en los doce casinos de Atlantic City, tan sólo alrededor de 40 de ellas monitorean las operaciones en los cientos de casinos indígenas. "Aquellos que poseen

operaciones de apuestas tribales han estado reteniendo los fondos de la ley Indian Gaming Regulatory Act de modo que no haya nadie para hacer cumplir la ley", se queja Wolf.

La National Indian Gaming Association se lamenta amargamente de que tales acusaciones son infundadas. Describiendo el artículo de *Time* como "una historia distorsionada al punto de ser un cuento de hadas", Ernest L. Stevens Jr., presidente de la asociación, sostiene en una carta abierta a *Time* que ninguna acusación de corrupción ha sido probada y que los ingresos de las apuestas, en efecto, benefician a las tribus indígenas.

"El juego en las reservas significa independencia", escribió Stevens. "A través de éste, las tribus han creado más de 300,000 puestos de trabajo a nivel nacional. Los empleos en territorio indígena son valiosos, ya sean 80 puestos en la reserva Pine Ridge, ubicada en el condado más pobre de Estados Unidos, o 3,000 empleos en la Oneida Nation de Nueva York, en las afueras de Syracuse. Muchos casinos indios son los mayores empleadores en sus áreas, sin embargo, su informe desestima completamente la importancia del trabajo para nuestra gente, que ha sufrido históricamente sorprendentes índices de desempleo, altos niveles de pobreza y falta de oportunidades económicas en territorio indígena".[5]

Stevens no abordó el tema de las ganancias que reciben los inversores que no son indígenas, excepto para decir que "es posible que una tribu elija contratar a una compañía administradora o urbanizadora como ejercicio de su soberanía individual".

"Consideramos muy ofensivo que *Time* publique un artículo que menosprecia la autonomía de gobierno de las tribus y los intentos muy positivos de los gobiernos tribales por superar el desposeimiento, la pobreza y los males sociales que los aquejan desde hace cientos de años", concluye Stevens.

---

[1] National Indian Gaming Commission.

[2] Carla Marinucci, "Tribes Trash Davis Over Gaming Plan", *The San Francisco Chronicle*, 23 de enero de 2003.

[3] Sitio Web de National Indian Gaming Commission, "Tribal Revenue", marzo de 2003.

[4] Donald L. Bartlett y James B. Steele, "Wheel of Misfortune: Why Indian Casinos Aren't All They're Promised To Be", *Time*, 16 de diciembre de 2002.

[5] Carta con fecha del 10 de diciembre de 2002.

cuando fue fundado en 1607. La Virginia Company of London obtuvo permiso de la corona para recaudar dinero por medio de loterías, pero luego fueron prohibidas porque desviaban demasiado dinero de Inglaterra.

Las Colonias, sin embargo, habían percibido el potencial de las loterías como recaudadoras de ingresos. Las 13 Colonias originales lo permitían. A diferencia de las loterías actuales, regularmente programadas, estas primeras recaudadoras de fondos financiaban proyectos específicos, tales como iglesias, hospitales, bibliotecas e instalaciones portuarias, como muelles y embarcaderos. Los ingresos de las loterías se utilizaron para ayudar a establecer Harvard, Yale y otras universidades.

A pesar de su popularidad, las loterías generaron controversias desde sus comienzos. En 1699, por ejemplo, los ministros congregacionalistas de Boston se quejaban de que las loterías eran "una trampa para la gente", dado que les pagaban demasiado poco a los ganadores.[31] En respuesta a tales quejas, muchas Colonias aprobaron leyes que exigían licencias gubernamentales para las loterías.

Cuando comenzó la Guerra de la Independencia, el Congreso Continental inmediatamente creó una lotería para recaudar $10 millones para la campaña solidaria de la población durante la guerra. Sin embargo, no se vendieron suficientes billetes y la lotería se canceló.

Las loterías continuaron siendo populares durante el siglo XVII, a pesar de sufrir frecuentes acusaciones por sobornos y corrupción. En 1823, por ejemplo, los organizadores de una lotería privada, aprobada por el Congreso para recaudar fondos con el objeto de embellecer Washington, D.C., huyeron con todo el dinero. Y en 1831, una lotería de Pennsylvania recaudó $5 millones, pero entregó tan sólo $27,000 al estado.

La loterías no sólo cayeron en desgracia debido a que tenían reputación de ser poco fiables y corruptas, sino también porque los bancos habían comenzado a ofrecer fuentes alternativas de capital. Para 1834, nueve estados, Illinois, Maine, Massachusetts, New Hampshire, Nueva Jersey, Nueva York, Ohio, Pennsylvania y Vermont, habían prohibido las loterías. Y en 1840, tan sólo Delaware, Missouri y Kentucky todavía las permitían.

El juego viaja al oeste

En el siglo XVII, los salones de cartas y las apuestas en casinos se esparcieron a lo largo de Estados Unidos. Gracias a la Fiebre del Oro, para 1850 San Francisco comenzaba a establecerse como sucesora de Nueva Orleáns como la meca de las apuestas de la nación. Si bien las casas de apuestas no eran administradas por los gobiernos locales o estatales, éstas usualmente estaban autorizadas y, de esta manera, brindaban importantes fuentes de ingresos.

La Guerra Civil revivió las loterías como fuente de ingresos estatales, y el Sur, más que el Norte, recurrió a las loterías para financiar la campaña de la guerra. En 1868, poco después del final de la guerra, la Louisiana Lottery Co. recibió autorización para administrar la única lotería del estado.

No obstante, el apoyo al juego se evaporó rápidamente pues se lo consideró corrupto una vez más. En 1878, la lotería de Louisiana era la última de las loterías legales de Estados Unidos que sobrevivía. Muchos estados también prohibieron los juegos de casino y, en 1890, el gobierno federal declaró ilegal el envío o la publicidad de billetes de lotería a través de los estados.

La ley federal resultó ruinosa para la lotería de Louisiana y cuando se cerró en 1895 los auditores descubrieron que la mayor parte de sus ingresos habían sido desviados ilícitamente. A finales de siglo, 35 estados habían aprobado enmiendas a la constitución para prohibir las loterías.

En 1910, la única forma de juego legal en Estados Unidos era el de las carreras, y esto tan sólo en 3 estados. En efecto, Arizona y Nuevo México habían sido obligados a prohibir las apuestas para alcanzar categoría de estado.

Raíces mafiosas

No es sorprendente que la desesperación económica causada por la Gran Depresión abriera una vez más las puertas al juego legal. A medida que la penuria financiera se esparcía luego del colapso del mercado de valores de octubre de 1829, la legalización del juego comenzó a ser vista como una manera de reactivar la economía.

Los casinos no relacionados con los indígenas pagaron $3.6 mil millones en cargas impositivas

Más de 400 casinos en 11 estados con casinos comerciales generaron $3.6 mil millones en concepto de recaudación impositiva en 2001 y emplearon más de 364,000 trabajadores. Los casinos de los indígenas estadounidenses, que no están incluidos en el siguiente cuadro, operan en 23 estados, pero no pagan impuestos federales. Generalmente pagan una porción de sus ingresos al estado.

Operaciones de casinos comerciales estadounidenses, 2001
(Los casinos indígenas no fueron incluidos)

Estado	No. de casinos	Ingresos brutos de apuestas de casinos*	Impuesto a ingresos por apuestas	Empleados de casinos	Salarios de empleados
Colorado	43	$631.8 m	$92.0 m	7,132	$194.8 m
Illinois	9	1.8 mil m	555.2 m	11,000	376.1 m
Indiana	10	1.8 mil m	492.6 m	16,000	517.5 m
Iowa	13	922.9 m	216.9 m	9,226	255.9 m
Louisiana	16	1.8 mil m	374.8 m	18,620	534.8 m
Michigan	3	1.0 mil m	219.3 m	7,599	309.2 m
Mississippi	30	2.7 mil m	322.6 m	32,510	1.0 mil m
Missouri	11	1.1 mil m	322.7 m	10,516	269.0 m
Nevada	247	9.5 mil m	688.0 m	205,151	6.8 b
New Jersey	12	4.3 mil m	342.4 m	45,592	1.2 mil m
South Dakota	40	58.6 m	4.5 m	1,458 (in '00)	23.5 m
Total	**434**	**$25.6 mil millones**	**$3.6 mil millones**	**364,804**	**$11.5 mil millones**

Ingresos = dinero que perdieron los jugadores (cifra apostada menos los pagos a los jugadores)

Fuentes: American Gaming Association, Christiansen Capital Advisors LLC

En 1930, Massachusetts comenzó el movimiento al legalizar el bingo para ayudar a que iglesias y otras organizaciones de caridad recaudaran dinero. Nevada legalizó la mayor cantidad de tipos de juego en un intento por estimular su economía, lo que resultó ser formidablemente exitoso. Además, en 1933, varios estados legalizaron las apuestas en las carreras de caballos.

Con el regreso de la prosperidad nacional luego de la Segunda Guerra Mundial, la industria en ciernes de Nevada experimentó un auge, y el crimen organizado financió muchas de las nuevas instalaciones. El primer gran casino de posguerra de Las Vegas, The Flamingo, fue construido en 1946 por el mafioso Benjamín "Bugsy" Siegel. Por lo menos otras cuatro principales propiedades en "Las Vegas" tenían vínculos con el bajo mundo: el Desert Inn (vinculado con el sindicato del crimen de Cleveland liderado por Moe Dalitz); el Stardust (abierto por el mafioso de California Tony Stralla); el Thunderbird (financiado por los gángsters neoyorquinos Meyer y Jake Lansky); y el Tropicana (vinculado con el mafioso de Nueva York, Frank Costello).

El Senador Estes Kefauver, Demócrata por Tennessee, presidente del Special Committee to Investigate Organized Crime del Senado, realizó audiencias televisadas en 1951, lo que sirvió para educar al público sobre el

¿Los gobiernos estatales deberían formar parte del negocio de la lotería?

SÍ

Mark Zamarripa
Presidente de la North American Association of State and Provincial Lotteries

Escrito para *The CQ Researcher*, 27 de febrero de 2003

La cuestión sobre si los gobiernos deberían o no involucrarse en las apuestas data de los orígenes de nuestro país.

En la década de 1740, Benjamin Franklin organizó una lotería para adquirir un cañón con el objeto de utilizarlo para la defensa de Filadelfia. Venció con éxito las objeciones religiosas y morales de la mayoría de la población cuáquera de la ciudad y del consejo de la ciudad al enfatizar la naturaleza política de una lotería y como era apropiado que el gobierno la organizara.

Franklin consideraba que las loterías eran políticas, dado que no son coercitivas y los ciudadanos compran oportunidades por su propia voluntad. También consideraba apropiado que los gobiernos las administraran, dado que la integridad del juego y la imparcialidad de los salones sólo podían ser aseguradas por el poder gubernamental.

Las loterías actuales no son diferentes. Los procedimientos de reglamentación de las estatales son mucho más abiertos y accesibles para el público que aquellos de las empresas privadas. Todas las reuniones de directorio de la lotería son públicas, y sus registros de la lotería son documentos públicos, sujetos al escrutinio de los medios en todo momento. Aquellos en la legislatura que se oponen a la lotería pueden examinar los detalles más insignificantes de la misma y votar sobre sus operaciones comerciales. Además, si el público no aprueba la forma en que se administra, tiene derecho a recurrir a

las urnas y a la sanción máxima que es no comprar billetes.

Como alguien que ha estado asociado a la industria de la lotería durante más de veinte años puedo señalar investigaciones que demuestran que la mayoría de la gente está de acuerdo con el juego administrado por el estado. Por ejemplo, en Colorado, hemos preguntado sistemáticamente a la gente del estado si cree que es apropiado que el gobierno obtenga ingresos a través de la lotería. De un pico de 78 por ciento a un piso de 68 por ciento, el público aprueba abrumadoramente las apuestas administradas por el estado. Al ofrecer loterías, los gobiernos estatales ayudan a estimular las economías locales a través de ingresos para los negocios minoristas y para los productos y servicios generados mediante programas fomentados por loterías especialmente para dicho fin.

Si se puede confiar en los estados para que elaboren su propia política fiscal (de miles de millones de dólares), entonces está demás decir que debieran ser capaces de regular las loterías que generan una cantidad de dinero relativamente pequeña (un promedio de un medio del 1 por ciento del presupuesto estatal).

En cuanto a los que alegan que las loterías no están reguladas, en realidad se están quejando de que los reguladores tomaron decisiones con las que ellos no están de acuerdo. Pero el público ha sido claro: apoyan a las loterías porque incrementan los ingresos.

¿Los gobiernos estatales deberían formar parte del negocio de la lotería?

NO

Harvey N. Chinn
Director Ejecutivo, California Coalition Against Gambling Expansion
Escrito para *The CQ Researcher*, 27 de febrero de 2003

Estados Unidos cuenta con una tradición de trabajo duro y de éxito. Nuestros ancestros llegaron a esta tierra como inmigrantes pobres. Encontraron empleo, trabajaron diligentemente y alcanzaron independencia y prosperidad. Vivimos en ciudades que ellos construyeron, viajamos en caminos que trazaron, asistimos a escuelas que fundaron y adoramos las estructuras que erigieron.

La prosperidad ha introducido recientemente un nuevo valor en nuestro país: la idea de que podemos hacernos ricos sin trabajar. La fantasía es enriquecerse rápidamente, sin esfuerzo. Las apuestas son la llave para esta nueva forma de vida. ¿Por qué trabajar cuando uno lo puede tener todo con un billete de lotería?

El año pasado, California vendió 2,896,372,533 de estos coloridos billetes. El gobernador de California alardeó, "Estoy orgulloso de los logros alcanzados por la California Lottery y su continuo apoyo a la educación pública".

Desde el punto de vista de los consumidores, la venta de casi 3 mil millones de billetes de lotería es una decepción de magnitudes increíbles. Treinta y nueve estados comercializan un producto que representa una pérdida para la mayoría de los clientes. Asediados por carteleras y comerciales de televisión y radio, los ciudadanos se ven persuadidos a comprar billetes que prácticamente no tienen valor.

El estado está violando sus propios ideales de protección al consumidor a través del juego. Debería insistir en que los fabricantes y quienes proveen servicios no engañen a los consumidores, en que siempre sean sinceros en su publicidad y en que entreguen los productos que comercializan.

Las loterías patrocinadas por el estado explotan a los pobres. Nuestros ciudadanos más carenciados compran la mayor parte de los billetes. Cuanto más improbables son las posibilidades de ganar, más largas son las colas de compradores. No creemos que sea función del gobierno comercializar billetes perdedores a millones de incautos.

El mismo gobernador que alardeó de que sus ciudadanos compraron el año pasado casi 3 mil millones de billetes de lotería, ahora dirige un estado que tiene un déficit de $35 mil millones este año. A pesar de la lotería, 51 casinos operantes, apuestas de caballos, salones de bingo y póquer, California es desesperantemente pobre. Los presupuestos y los servicios se reducen, la educación se ve amenazada y la atención médica disminuye.

Las apuestas desvían millones de dólares del mercado minorista. En lugar de comprar alimentos, automóviles, muebles y viviendas, los salarios de los trabajadores se desvían a las apuestas patrocinadas por el estado. Las apuestas no enriquecen a la sociedad, nos empobrecen a todos. Ningún estado se puede hacer rico por medio del juego.

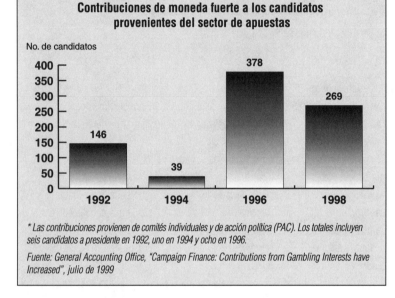

Aumentaron las contribuciones por parte de la industria a candidatos políticos

El número de candidatos al Congreso y otros cargos federales que reciben contribuciones de "dinero fuerte"* proveniente del sector de apuestas aumentó un 80 por ciento desde 1992 hasta 1998. Durante el mismo período, las contribuciones no reguladas de "dinero suave" a los partidos políticos aumentaron alrededor de medio millón de dólares a casi $4 millones, un aumento del 840 por ciento.

Contribuciones de moneda fuerte a los candidatos provenientes del sector de apuestas

No. de candidatos

Año	No. de candidatos
1992	146
1994	39
1996	378
1998	269

* Las contribuciones provienen de comités individuales y de acción política (PAC). Los totales incluyen seis candidatos a presidente en 1992, uno en 1994 y ocho en 1996.

Fuente: General Accounting Office, "Campaign Finance: Contributions from Gambling Interests have Increased", julio de 1999

alcance de la influencia de la mafia en Nevada y en otros puntos del país.

En 1966, el empresario multimillonario Howard Hughes adquirió tres casinos en Las Vegas e infundió respeto a la industria del juego de Nevada. Luego, la legislatura del estado aprobó la ley Corporate Gaming Act, que expuso aún más los casinos al escrutinio público al permitirles a corporaciones públicas ser propietarios.

Durante los siguientes seis años, empresas como Hilton, Hyatt y Metro-Goldwyn-Mayer invirtieron en hoteles y casinos en Las Vegas, mejorando aún más la imagen de la ciudad.[32] Según la American Gaming Association, hoy en día muchas empresas que cotizan en bolsa tienen una participación en el negocio de las apuestas.

En los últimos años, la industria ha intentado esculpir un perfil más grato, promocionando Las Vegas y Atlantic City como destinos vacacionales de los que toda la familia puede disfrutar. La transformación de Las Vegas en una comunidad de residentes permanentes y en un centro turístico orientado a la familia, susceptible de una amplia cobertura por parte de los medios, prueba fehacientemente la efectividad de este propósito.

En su informe, la National Gambling Impact Study Commission diagnosticó a la insdustria del juego como "libre de mafia": "Toda la evidencia presentada a la comisión indica que leyes estatales efectivas, junto con la adquisición corporativa de la mayor parte de la industria, han eliminado el crimen organizado de la propiedad y operación de los casinos".[33]

El juego en los estados

Los estados en sí no retomaron las apuestas hasta 1964, cuando New Hampshire autorizó la primera lotería estatal moderna. Nueva York hizo lo mismo en 1967 y Nueva Jersey en 1970.

En 1985, tres estados relativamente pequeños, Maine, New Hampshire y Vermont, introdujeron la primera lotería multiestatal con el fin de generar premios gordos más grandes y, presuntamente, mayor interés público que el que sus pequeños mercados individuales podían brindar. En 1988, Oregon, Iowa, Kansas, Rhode Island, West Virginia y el Distrito de Columbia hicieron lo mismo, creando la Multi-State Lottery Association.

Las loterías multiestatales, en efecto, generan importantes premios. En 2000, el Big Game generó el monto de premios más grande de la historia: $363 millones. El premio gordo se dividió entre dos parejas: Joe y Sue Kainz, quienes dirigen una pequeña cervecería en las afueras de Chicago, y Larry y Nancy Ross, de Shelby Township, Michigan, propietarios de un negocio de instalación y mantenimiento de piscinas. Ellos superaron las probabilidades de 76 millones en una. Ambas parejas decidieron recibir su parte del premio récord de $181.5 millones en una suma total de aproximadamente $90 millones (previos a la deducción de los impuestos).

Asimismo, los casinos han respondido a los tiempos cambiantes. Dado que cada vez más estadounidenses pueden apostar sin viajar a Las Vegas o a Atlantic City, los casinos en esas ciudades se adaptaron y ofrecen una variedad más amplia de entretenimiento para atraer a las familias así como a los jugadores.

A medida que las operaciones de apuestas estatales tanto como las privadas se expandieron considerablemente en las siguientes tres décadas, también lo hizo el ímpetu del movimiento antiapuestas.

La National Coalition Against Legalized Gambling, formada en 1994, se inquieta por la rápida expansión de las apuestas a lo largo y ancho del país, especialmente debido a su "poder adictivo sobre los jóvenes, las familias y gobiernos", expresa el sitio Web del grupo.

"Necesitamos su ayuda para restaurar el 'Sueño Americano' que identifica el trabajo arduo y la educación como maneras de progresar, en vez del lema vacío del juego, que enuncia que todo lo uno necesita para salir adelante es tener suerte", expone el sitio Web.

El grupo hizo campaña contra las propuestas de votación para legalizar la expansión de actividades relacionadas con las apuestas en 10 estados y tuvo éxito en 6. La victoria más importante fue la derrota de una propuesta de 1994 para autorizar 47 casinos en Florida. En 1995, otras seis propuestas legislativas y de voto para expandir las apuestas fueron rechazadas. Dos medidas exitosas fueron posteriormente invalidadas por los tribunales.

La industria de las apuestas creó la American Gaming Association en 1995, cuando, asegura Fahrenkopf, la administración de Clinton buscó gravar un impuesto federal sobre el juego. "Básicamente, nos dimos cuenta de que necesitábamos una sociedad gremial que representara la industria, igual que los fabricantes de pastas", expresa.

En 1996, el grupo dijo que se había opuesto a los esfuerzos del Congreso por establecer la National Gambling Impact Study Commission porque sentía que llevaría a cabo "una evaluación parcial de la industria", expresó Fahrenkopf. "Queríamos asegurarnos de que no tomaría en cuenta únicamente los efectos negativos de las apuestas sino que realizaría una evaluación equilibrada".

La comisión fue creada, según la ley autorizante, porque "han surgido preguntas en cuanto al impacto social y económico de las apuestas, y los gobiernos federal, estatales, locales y de tribus de indígenas estadounidenses no poseen información reciente y detallada sobre estos impactos"[34] "Si las apuestas legales son el gran impulso económico que sus defensores dicen que son, no deberían temer los resultados de este estudio", manifiesta el Senador Lauch Faircloth, republicano por Carolina del Norte, quien apoyó esta ley. "Si no es así, merece una mirada más atenta".[35]

SITUACIÓN ACTUAL

Ciclo de prosperidad

El juego en Estados Unidos tiende a alternar entre ciclos de auge y depresión, y es claro que en este momento goza de un ciclo de prosperidad formidable, a pesar de las muestras de desaprobación del naciente movimiento antiapuestas.

La economía inestable y la crisis que ha causado en el presupuesto estatal han abierto las puertas aún más a las apuestas. Con el fin de ayudar a borrar déficits que sumarían $85 mil millones para el año fiscal 2004, las legislaturas están considerando propuestas que van desde loterías nuevas a los denominados "racinos", pistas de carreras de caballos y canes donde hay bancos de máquinas de video para apostar.[36]

Por ejemplo, en 2001, Nueva York legalizó más casinos de tribus indígenas, la participación en la lotería multiestatal y apuestas en juegos de video en los hipódromos. Las propuestas para expandir las operaciones de apuestas están en espera, ya sea en las legislaturas o en votaciones futuras, en por lo menos otros 19 estados.

California, por ejemplo, propone permitir a las tribus indígenas expandir las operaciones de casinos a cambio de un nuevo gravamen sobre las ganancias. Además, varios estados, incluso Florida, Indiana, Kansas, Kentucky, Maryland, Massachusetts y Pennsylvania, están considerando legalizar o expandir los casinos o las máquinas tragamonedas en las pistas de carreras.

En Maryland, por ejemplo, el recientemente electo gobernador republicano Robert Ehrlich quiere reducir el déficit de $1.8 mil millones de los últimos dos años otorgándoles licencia a 10,500 máquinas tragamonedas en las pistas de carreras del estado. Ehrlich afirma que el plan podría generar mil millones de dólares al año para el estado.

Hasta el momento, los legisladores se han mostrado poco entusiastas con la idea, y es muy probable que el voto conjunto del bloque de sus 42 miembros afroamericanos zanjará la cuestión. "Tengo que asegurarme de que los afroamericanos se van a ver beneficiados, que las comunidades no serán destruidas", expresó Obie Patterson, originario de Fort Washington, delegado del estado y presidente del bloque. Patterson desestima la propuesta del gobernador de otorgarles el 3 por ciento de las ganancias a las comunidades locales. "Ni siquiera se puede construir veredas con eso", dijo con desdén.[37]

El síndrome NIMBY (Not In My Back Yard/ En mi patio no) también obstaculiza la acción de la legislatura estatal o local contra las apuestas, afirma Gary Hanson, director ejecutivo del Washington State Council on Problem Gambling. "Los grupos anti-apuestas tienden a ser NIMBY", afirma. "Se entusiasman mucho por frenar el juego en su área . . . pero no hacen nada por [frenarlo en otros lugares]".

Sin la coordinación de grupos locales, sostiene Hanson, es muy difícil frenar la expansión de las apuestas.

Acciones en el Congreso

Las apuestas se consideran generalmente un tema que debe ser supervisado por los estados, por lo tanto el Congreso ha tomado una postura de no intervención en los últimos años, con la excepción de la ley Indian Gaming Regulatory Act de 1988, la cual regulaba los tipos de apuestas permitidas en las reservas indígenas.

Otra excepción a la postura de no intervención del Congreso fue la aprobación de la ley National Gambling Impact Study Commission Act de 1996. Preocupados por el rápido crecimiento de las apuestas en Estados Unidos, los legisladores crearon el panel de

nueve integrantes para estudiar el impacto social y económico de varios tipos de apuestas.

En sus recomendaciones finales en 1999, el panel sugirió, entre otras cosas, que las loterías estatales:

- Suspendieran y redujeran las operaciones existentes de juego accesible;
- Dieran "declaraciones de impacto antiapuestas" antes de introducir o expandir cualquier operación de juego;
- Limitasen la publicidad y los puntos de venta para reducir la dependencia en las ventas en los barrios de bajos ingresos; y
- Restringieran la expansión de nuevos juegos, redujeran la publicidad y limitasen el mercado.

El panel también afirmó que el Congreso debería delegarle a un organismo federal la recolección de información anual sobre las operaciones de lotería. Sin embargo, con excepción de la reducción y restricción de la publicidad en unos pocos estados, no se siguió ninguna de las recomendaciones de la comisión.

"El público sencillamente no cree en las recomendaciones que este grupo particular de personas preparó", expresa Zamarripa de la asociación de loterías estatales.

Zamarripa también se queja de que los hallazgos de la comisión no tomaron en cuenta toda la información disponible. "La amplia evidencia provista por las loterías no fue considerada en varias recomendaciones", expresó.

Otros tienen explicaciones diferentes. "La industria de las apuestas está muy involucrada con el proceso político, y creo que ha revertido muchos cambios que deberían estar siendo implementados", dice el representante Frank R. Wolf, republicano por Virginia.

Grey, de la National Coalition Against Legalized Gambling, sostiene que el poder político del dinero de las apuestas ha impedido cualquier otra acción basada en las recomendaciones. "Son contribuciones de campaña", dice Grey para explicar la inacción del Congreso respecto a la reglamentación de las apuestas. "Fíjense en Frank Fahrenkopf [de la American Gambling Association]. Él es el hombre del millón de dólares".

En efecto, las contribuciones a las campañas provenientes del sector de las apuestas han aumentado considerablemente en los últimos años. Según un informe de la General Accounting Office de 1999, las contribuciones a los candidatos federales por parte de la industria de las apuestas aumentaron de $1.1 millones en 1992 a $5.7 millones en 1998, mientras que el número de candidatos que reciben dinero de la industria de las apuestas aumentó un 80 por ciento.[38] Durante el mismo período, las donaciones no reguladas o el denominado "dinero fácil" destinados a los partidos políticos de parte de la industria de las apuestas, aumentaron en un sorprendente 840 por ciento.

La propuesta del representante Leach para prohibir el juego por Internet, respaldada por la mayoría de los sectores de la industria del juego, incluyendo las loterías estatales, es la única ley federal de apuestas en curso. La mayoría de las operaciones convencionales de apuestas favorecen la medida dado que consideran a las ciberapuestas como un serio competidor potencial y porque afirman que no puede ser regulada.

No se han programado audiencias adicionales para el proyecto de ley de Leach.

Fahrenkopf de la AGA afirma que es lógico que a medida que la industria de casinos comerciales crecía en los años noventa y pasaba de desarrollarse en dos estados a once, sus contribuciones políticas aumentaran junto con su perfil público. "No pido disculpas porque nuestras empresas participen en el proceso político", expresa a menudo. "La ley dice que esto es lo que las empresas pueden hacer y esto es lo que todas hacen".

PERSPECTIVAS
Batalla cuesta arriba

Aquellos que buscan contener o evitar la expansión de las apuestas en Estados Unidos claramente enfrentan una lucha cuesta arriba.

El juego aumenta y las oportunidades para apostar proliferan. Además, es poco probable que las presiones presupuestarias de los estados que han llevado a un mayor uso de las loterías estatales como fuente de ingresos disminuyan en el corto plazo.

"En esos tiempos, cuando los ricos se hacen más ricos y los pobres más pobres, y los estados están en crisis financiera, las loterías proveen un poco de dinero suelto", expresa el sociólogo Nibert. "Pero son injustas [porque están dirigidas a los pobres y constituyen un

impuesto regresivo]. Sin embargo en los momentos difíciles esos temas se olvidan rápidamente".

Tampoco parece probable que el gobierno federal intervenga y tome acción alguna, si bien el representante Leach cree de manera "mesuradamente optimista" que puede reunir suficientes seguidores para prohibir el juego por Internet. "Uno tiene que ser práctico", manifiesta Leach. "además, para hablar claro, [prohibir las actuales formas legales de juego] es algo en lo que el Congreso no se va a inmiscuir".

El representante Wolf coincide. "¿Por qué no interviene el Congreso? Esa es una buena pregunta", manifiesta. "No hay voluntad política". Wolf coloca sus esperanzas en la naturaleza cíclica de la popularidad del juego. "Las apuestas se vuelven desenfrenadas, como sucede ahora, y luego se extinguen por sí mismas", explica. "Este ciclo dura generalmente 20 años. Lo triste del asunto es que mucha gente sale lastimada".

A pesar de los desalentadores obstáculos, Tom Grey, de la National Coalition Against Legalized Gambling, piensa que las fuerzas antiapuestas prevalecerán, al menos en lo que respecta a las loterías estatales. "Vamos a ganar" asegura. "Tenemos todos los aces de la baraja. Ahora no pueden ingresar a ningún estado sin tener que luchar".

Grey sostiene que el talón de Aquiles de la lotería es el litigio sobre su impacto en la salud pública. "Es un tema de salud pública, y seguirá el camino del tabaco", afirma. "Las demandas ya comienzan a surgir".

Por ejemplo, David Williams, un ex auditor del estado, ahora en bancarrota, demandó a un casino de Indiana en el tribunal federal por permitirle apostar aun cuando los operadores del casino sabían que él era adicto al juego. Williams alega haber perdido $175,000 en tres años. Argumenta que los casinos deberían estar obligados a rechazar a jugadores compulsivos así como las tabernas están obligadas a no servir a aquellos que están ebrios".

En realidad, el casino le prohibió el ingreso a Williams en marzo de 1998 y le envió una carta informándole que esa sería su situación hasta que demostrara que sus apuestas "no amenazaban su seguridad y/o bienestar". Sin embargo, Williams regresó al casino y nadie lo detuvo".

El caso se comenzará a juzgar en abril.[39]

Grey afirma que su organización está intentando formar una coalición para litigar presentando el juego como un tema de salud pública. "Las apuestas no son disposiciones económicas correctas, no constituyen una política pública aceptable ni mejoran la calidad de vida", sostiene. "El debate no debería discutir si la gente puede aprender a no apostar, sino si el gobierno debería actuar como promotor de las apuestas".

Sin embargo, Fahrenkopf de la American Gaming Association argumenta que el juego es una forma críticamente importante de recaudar dinero, especialmente en tiempos difíciles. "Cuando los tiempos son duros, los gobernadores y las legislaturas estatales no quieren recortar los servicios públicos, porque es entonces cuando los servicios públicos se necesitan más que nunca", manifiesta. Al mismo tiempo, uno no quiere aumentar los impuestos e inhibir las inversiones de capital que crearán más trabajo y producirán más ingresos para el estado. Por eso las apuestas han demostrado ser, en todas sus formas, una alternativa muy, muy exitosa".

Además, Fahrenkopf sostiene que las apuestan ofrecen varios beneficios importantes para la sociedad que los críticos pasan por alto. "Es una industria limpia desde el punto de vista de que no hay chimeneas que contaminan el medio ambiente", asegura. "En segundo lugar, promueve la inversión de capital y el desarrollo económico. En tercer lugar, genera empleos. Y por último, se pueden gravar impuestos gigantescos sobre ellas".

NOTAS

1. Sam Fulwood III, "State Makes Money Feeding Off its Weak", The [Cleveland] Plain Dealer, 6 de febrero de 2003.
2. Para enterarse de los antecedentes, consulte Richard L. Worsnop, "Gambling Boom", The CQ Researcher, 18 de marzo de 1994, pp. 242-264, y Richard L. Worsnop, "Gambling Under Attack", The CQ Researcher, 6 de septiembre de 1996, pp. 769-792.
3. National Gambling Impact Study Commission, 1999, capítulo 1, p. 1.
4. National Opinion Research Center, University of Chicago, "Gambling Impact and Behavior Study", 1 de abril de 1999, p. viii.
5. Ibid.
6. General Accounting Office, "Impact of Gambling: Economic Effects More Measurable Than Social Effects", abril de 2000. Las cifras se expresan en dólares estadounidenses constantes de 1998.
7. Ibid.
8. National Gambling Impact Study Commission, op. cit., capítulo 1, p. 1; North American Association of State and Provincial Lotteries, www.naspl.org/rankpercap.html.
9. Kevin McCoy, "Online gamble pays off for Internet sports books", USA Today, 29 de marzo, 2002, p. 1B.
10. Los expertos ofrecen definiciones variadas para los términos juego "patológico" y "problemático". Un estudio, por ejemplo, define a los jugadores patológicos como aquellos que pierden un promedio de $4,013 al año, mientras que los jugadores problemáticos pierden un promedio de $669 al año. Consulte Worsnop, op. cit., "Gambling Under Attack".
11. National Gambling Impact Study Commission, op. cit., capítulo 7, p. 19.
12. Gallup Poll, 30 de abril – 23 de mayo de 1999.
13. National Gambling Impact Study Commission, op. cit., capítulo 3, p. 4.
14. Ibid.
15. North American Association of State and Provincial Lotteries, http://www.naspl.org/sales&profits.html.
16. Barnet D. Wolf, "Strange bedfellows: Unusual coalitions form in battle for and against gambling", The Columbus Dispatch, 27 de octubre, 2000.
17. Melissa Kearney, "State Lotteries and Consumer Behavior", National Bureau of Economic Research, noviembre 2002.
18. National Gambling Impact Study Commission, op. cit., capítulo 1, p. 6.
19. Charles T. Clotfelter and Philip J. Cook, Selling Hope: State Lotteries in America (1989), p. 217.
20. Ibid.
21. National Gambling Impact Study Commission, op. cit., capítulo 1, p. 7.
22. National Opinion Research Center, op. cit., p. ix.

23. Editorial, *The Seattle Times,* 9 de febrero de 2003.

24. David Nibert, *Hitting the Lottery Jackpot: Government and the Taxing of Dreams* (2000), p. 16.

25. Clotfelter and Cook, *op. cit.,* p. 229.

26. National Opinion Research Center, *op. cit.,* p. ix.

27. Nibert, *op. cit.,* p. 55.

28. National Gambling Impact Study Commission, *op. cit.,* capítulo 2, p. 3.

29. Clotfelter and Cook, *op. cit.*

30. Testimonio ante la National Gambling Impact Study Commission, 21 de mayo de 1998.

31. John Samuel Ezell, *Fortune's Merry Wheel: The Lottery in America* (1960), p. 18.

32. John Dombrink and William N. Thompson, *The Last Resort: Success and Failure in Campaigns for Casinos* (1990), p. 22.

33. National Gambling Impact Study Commission, capítulo 3, pp. 1-2.

34. *Congressional Record,* 17 de julio de 1996, p. S7971.

35. *Congressional Record,* 18 de julio de 1996, p. S8298.

36. Para enterarse de los antecedentes, consulte Rachel Cox, "States Face Massive Budget Crises", *The CQ Researcher,* 10 de enero de 2003, pp. 12-13.

37. Citado in Ovetta Wiggins, "Slots Plan Gets Little Support in County", *The Washington Post,* 27 de febrero de 2003, p. T3.

38. General Accounting Office, "Campaign Finance: Contributions from Gambling Interests have Increased", julio de 1999.

39. Laura Parker, "Gambler Says Casino Played Him", *USA Today,* 20 de febrero de 2003.

BIBLIOGRAFÍA

Libros

Clotfelter, Charles T., y Philip J. Cook, *Selling Hope: State Lotteries in America,* **Harvard University Press, 1989.** Si bien la información disponible hoy en día es más amplia que la de hace 10 años, los dos profesores de la Duke University (política pública y economía) ofrecen una historia detallada de las loterías estatales.

McGowan, Richard, *State Lotteries and Legalized Gambling,* **Praeger, 1994.** Este experto en apuestas, ofrece una excelente charla sobre el desarrollo de las loterías estatales a lo largo de la mitad de la década de 1990. McGowan, sacerdote jesuita, es profesor adjunto del Carrol School of Management de Boston College e investigador adjunto de la Harvard Medical School, Division on Addictions.

Nibert, David, *Hitting the Lottery Jackpot: Government and the Taxing of Dreams,* **Monthly Review Press, 2000.** Este profesor de sociología de la Wittenberg University de Ohio, va más allá de Clotfelter y Cook y afirma que las loterías victimizan al pobre.

Artículos

Bartlett, Donald L., y James B. Steele, "Wheel of Misfortune", *Time,* **16 de diciembre de 2002.** Dos reconocidos periodistas investigadores exploran la disparidad en los beneficios recibidos por las tribus indígenas que cuentan con casinos, así como también el papel de los inversores que no son indígenas en estos casinos.

Informes y estudios

Bell, Tom W., "Internet Gambling: Popular, Inexorable and (Eventually) Legal", *Policy Analysis,* **No. 336, 8 de marzo de 1999.** Un profesor adjunto de la Chapman University School of Law e investigador adjunto del Cato Institute, se expresa a favor de la legalización de las apuestas por Internet, dado que no hay forma de frenarlas y además porque los consumidores se beneficiarán con la competencia adicional.

Clotfelter, Charles T., Philip J. Cook, Julie A. Edell y Marian Moore, "State Lotteries at the Turn of the Century: Report to the National Gambling Impact Study Commission", Duke University, 23 de abril de 1999. Básicamente una actualización del libro de 1989 de Clotfelter y Cook sobre las loterías estatales, es un informe que ofrece un panorama conciso de las operaciones de lotería, cómo son comercializadas y quiénes las juegan.

General Accounting Office, "Impact of Gambling: Economic Effects More Measurable Than Social Effects", abril de 2000, GAO/GGD-00-78. Existe infinidad de datos sobre problemas familiares, delito y suicidio, pero "los sistemas de seguimiento generalmente no recopilan información sobre las causas de estos incidentes, por lo que no pueden ser relacionadas con el juego".

Evans, William N., y Julie H. Topoleski, "The Social and Economic Impact of Native American Casinos", National Bureau of Economic Research, septiembre de 2002. Si bien los casinos trajeron aparejadas subas significativas en la tasa de empleo y disminución de las tasas de mortalidad, los autores también descubrieron un aumento de 10 por ciento en los índices de quiebras, delitos violentos y robos de automóviles.

Kearney, Melissa, "State Lotteries and Consumer Behavior", National Bureau of Economic Research, noviem- bre de 2002. Luego de analizar encuestas de hogares a cargo, Kearney llegó a la conclusión de que el dinero que gastan los hogares pobres en billetes de lotería no está siendo desviado de otras actividades de entretenimiento, como algunos alegan, sino directamente del presupuesto para el hogar.

National Gambling Impact Study Commission, "Final Report", 18 de junio de 1999. Luego de reunir testimonios de cientos de expertos, la comisión recomendó evitar una mayor expansión de las apuestas y limitar las actuales operaciones disponibles.

Para obtener más información

American Gaming Association, 555 13th St., N.W., Suite 1010 East, Washington, DC 20004; (202) 637-6500; www.americangaming.org. Representa a la industria de los casinos comerciales.

National Coalition Against Legalized Gambling, 100 Maryland Ave., N.E., Room 311, Washington, DC, 20002; (800) 664-2680; www.ncalg.org.

National Council on Problem Gambling, 208 G St., N.E., Washington, DC 20002; (202) 547-9204; Línea de Ayuda Nacional (800) 522-4700; www.ncpgambling.org.

National Indian Gaming Association, 224 Second St., S.E., Washington, DC 20003; (202) 546-7711; www.indiangaming.org.

National Indian Gaming Commission, 1441 L St., N.W., Suite 9100, Washington DC 20005; (202) 632-7003; www.nigc.gov.

North American Association of State and Provincial Lotteries, 2775 Bishop Road, Suite B, Willoughby Hills, Ohio 44092; (216) 241-2310; www.naspl.org.

6

Matrimonio entre homosexuales

Kenneth Jost

Mainframe Photographics, Inc.

Massachusetts podría convertirse en el primer estado en reconocer el matrimonio entre homosexuales si la corte suprema del estado falla a favor de Hillary y Julie Goodridge, aquí con su hija Annie, y otras parejas de homosexuales. Los defensores de los derechos de los homosexuales manifiestan que estos necesitan y merecen que se les otorgue los mismos beneficios simbólicos y prácticos que disfrutan las parejas de heterosexuales. No obstante, los grupos religiosos y los conservadores sociales manifiestan que el reconocimiento legal a las parejas del mismo género va en contra de la tradición histórica, del orden moral y de lo que más conviene a la infancia y a la sociedad en general.

Para *The CQ Researcher;*
5 de septiembre de 2003.

Como abogada de Gay and Lesbian Advocates and Defenders (GLAD), Mary Bonauto se solidariza con las parejas que buscan su ayuda porque las entiende. Muchos de sus problemas, entre los que se cuentan los beneficios médicos que no se pueden compartir, límites a la custodia de los hijos, penalizaciones tributarias, surgieron a partir de la imposibilidad de contraer matrimonio de las parejas del mismo género.

Sin embargo, durante casi toda la década de los noventa, Bonauto eludió el tema del matrimonio entre homosexuales por considerarlo prematuro. Solía decir que el momento no era el adecuado; aún no. No obstante, en 1998, ella y otros abogados de GLAD decidieron que había llegado el momento de tomar acción y demandaron al estado acogiéndose a una disposición única en la constitución de Vermont.

En diciembre de 1999, la Corte Suprema de Vermont ordenó, a través de un fallo que causó mucha discusión, que la asamblea legislativa otorgara a las parejas homosexuales los mismos beneficios legales que gozan los heterosexuales casados. Por encima de las protestas de los conservadores sociales, la asamblea legislativa creó un estado civil similar al matrimonio para las parejas del mismo género: "las uniones civiles".[1]

Bonauto espera que ahora pueda llegar aún más lejos en Massachusetts. Hillary y Julie Goodridge y otras seis parejas de gays y lesbianas representadas por GLAD se encuentran a la espera de una sentencia del tribunal superior en la demanda de *Goodridge vs. Massachusetts Department of Public Health,*

Disminuye el apoyo a las relaciones gay

El respaldo de los estadounidenses a la legalización de las relaciones homosexuales y las uniones civiles tuvo un incremento constante desde los años sesenta hasta los ochenta, pero cayó considerablemente después de que el 26 de junio la Corte Suprema revocara una ley antisodomía de Texas. Se pensaba que el fallo serviría para preparar el camino de nuevos derechos civiles para los gays, pero las últimas encuestas tienden a señalar un retroceso en contra de reconocer las relaciones entre personas del mismo género.

¿Las relaciones homosexuales entre adultos que las aceptan han de ser legales?

	1977	5 a 7 de mayo de 2003	25 a 26 de julio de 2003
Sí	43%	60%	48%
No	43%	35%	46%

¿Se debe permitir que las parejas de homosexuales establezcan uniones civiles legales?

	5 a 7 de mayo de 2003	25 a 26 de julio de 2003
Sí	49%	40%
No	49%	57%

En general, ¿deben los homosexuales disfrutar de igualdad de derechos en términos de oportunidades laborales?

Sí	88%
No	9%

¿Deben las parejas de homosexuales tener derecho legal a adoptar hijos?

Sí	49%
No	48%

¿Está usted a favor de una enmienda constitucional que defina el matrimonio como entre un hombre y una mujer, prohibiendo así el matrimonio entre parejas de gays o lesbianas?

Sí	50%
No	45%

■ Sí □ No

Fuente: Gallup Poll, 1977; USA Today/CNN/Gallup Poll, 5 a 7 de mayo, 25 y 26 de julio de 2003

que podría convertir a Massachusetts en el primer estado que reconozca el matrimonio entre homosexuales.

Las Goodridge no encuentran nada extraordinario en su petición jurídica. Todo lo contrario, encuentran sorprendente que la ley no les brinde la oportunidad de legalizar su unión después de 16 años de compartir su vida y la crianza común de una hija durante los últimos 8 años.

"Tenemos una hija. Somos dueñas conjuntas de una propiedad. Poseemos testamentos. Tenemos autorización para tomar decisiones de atención médica. No obstante, entre nosotras no existe una relación legal", explica Julie. "Eso es lo que queremos cambiar con el caso del matrimonio".

Los defensores de los derechos de los homosexuales enfatizan la distinción entre legitimar el matrimonio civil entre parejas del mismo género y obtener el reconocimiento religioso. "Cada religión puede decidir individualmente respecto a celebrar los matrimonios o aceptarlos", manifiesta Evan Wolfson, por mucho tiempo abogado defensor de los derechos de los homosexuales y actualmente director ejecutivo del grupo de defensores Freedom to Marry (Libertad para casarse) con sede en Nueva York. "No obstante, ninguna religión tiene porqué dictaminar quién puede obtener una licencia de matrimonio civil".

A pesar de todo, una serie de grupos religiosos y conservadores se oponen fuertemente a que las parejas del mismo género obtengan un reconocimiento legal, aduciendo que esto está en contraposición con la tradición histórica, el orden moral y lo que más conviene a los niños y a la sociedad en general.

Según manifiesta Connie Mackey, vicepresidenta de Family Research Council, una organización cristiana con sede en Washington, "estamos a favor del matrimonio tradicional entre un hombre y una mujer". "Rechazamos las pretensiones de la comunidad gay de imponerle al público su agenda".

Según Ron Crews, presidente del Massachusetts Family Institute, quien presentó un alegato amicus curiae, el "matrimonio significa la unión de un hombre y una mujer". "Resulta muy arriesgado para los tribunales o los cuerpos legislativos tomar parte en el cambio de definición de una palabra".

"Únicamente la relación entre un hombre y una mujer tiene una asociación natural con la nueva generación de niños", afirma Daniel Avila, abogado de la Conferencia Católica de Massachusetts. "Ninguna otra relación cuenta con ese potencial".

Los defensores del matrimonio entre personas del mismo género responden que si a las parejas de gays y lesbianas se les permite casarse, sus relaciones se fortalecen y también se les brinda protección legal concreta y beneficios económicos.

"Únicamente el matrimonio trasmite el amor y el compromiso que los demás entienden y respetan automáticamente", dice Bonauto. "Sólo el matrimonio proporciona una red de seguridad jurídica que protege el vínculo emocional y la seguridad económica de la pareja".

El matrimonio civil es una poderosa e importante confirmación de amor, una fuente de respaldo y reconocimiento social, y la puerta de entrada legal a una amplia gama de protecciones, responsabilidades y beneficios, la mayoría de los cuales no se puede replicar en ninguna otra forma", comenta Wolfson.

Los activistas afirman también que al legalizar el matrimonio entre personas del mismo género se ayuda

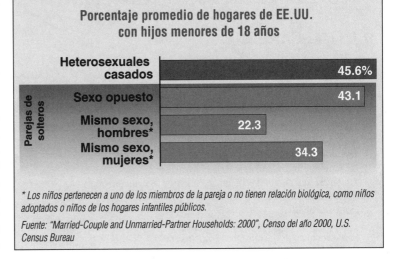

Muchas parejas de gays tienen hijos

Casi una cuarta parte de las parejas de gays que viven juntos, y una tercera parte de las lesbianas crían hijos. Entre los heterosexuales, el 46% de las parejas casadas y el 43% de las parejas de solteros tienen hijos.

Porcentaje promedio de hogares de EE.UU. con hijos menores de 18 años

Heterosexuales casados	45.6%
Sexo opuesto	43.1
Mismo sexo, hombres*	22.3
Mismo sexo, mujeres*	34.3

Parejas de solteros

* Los niños pertenecen a uno de los miembros de la pareja o no tienen relación biológica, como niños adoptados o niños de los hogares infantiles públicos.

Fuente: "Married-Couple and Unmarried-Partner Households: 2000", Censo del año 2000, U.S. Census Bureau

al número cada vez más grande de niños que son criados por padres gays o lesbianas. "Significa mucho para los niños que sus padres cuenten con el respaldo y el reconocimiento que una familia se merece", dice Wolfson.

Las siete parejas que demandaron en Massachusetts han estado juntas por periodos que oscilan entre tres y más de 30 años. Cuatro de las parejas tienen niños. Durante una conferencia de prensa en abril de 2001 cuando se presentó la demanda, varios de los demandantes comentaron sobre los problemas prácticos a los que se han tenido que enfrentar por no estar casados. Sin embargo, las Goodridge también comentaron que fueron impulsadas a unirse a la demanda por un sorprendente intercambio de palabras con su hija Annie, que en ese momento tenía 5 años.

Una noche, después de escuchar la canción de los Beatles "All you need is love", Hillary le preguntó a Annie si conocía a gente que se amara mutuamente. Annie enumeró a varios de los amigos casados de su mamá.

"¿Qué opinas de tu mami y ma?" Le preguntó Hillary, utilizando los nombres que ella y Julie tomaron

La bendición a los matrimonios de homosexuales es materia de gran oposición en EE.UU.

El ex sacerdote de Boston, Jon Schum, no se considera un renegado, pero se declara en contra de las enseñanzas oficiales de la iglesia católica romana; vive en relación dedicada con otro hombre y celebra ceremonias de compromiso para parejas gays y de lesbianas.

Schum nunca buscó las oportunidades para oficiar ceremonias de parejas del mismo género. Sin embargo, la gente que lo conoció a través de Dignity, una organización católica de homosexuales, le pidió que les ayudara a celebrar sus uniones "dentro del contexto de sus tradiciones católicas".

La media docena de ceremonias que Schum ha celebrado durante los últimos dos años han estado rodeadas de la mayoría de los rituales de una boda católica, incluso la lectura de las escrituras y el intercambio de votos y anillos. Él considera que también son católicos en esencia. "El amor entre parejas de gays y lesbianas también es real, igualmente auténtico, igualmente sagrado, igualmente sacramental, como el amor entre personas casadas", afirma Schum.

No obstante, la jerarquía de la iglesia se opone con firmeza a otorgar reconocimiento alguno a las uniones del mismo género, bien sea a través de la iglesia o de las leyes. "No existe absolutamente ninguna base para considerar que las uniones homosexuales son en alguna forma similares, o remotamente análogas al plan del Señor para el matrimonio y la familia", expresó el Vaticano el 31 de julio en su declaración doctrinal. La declaración afirma que los legisladores católicos tienen "el deber moral" de oponerse a cualquier paso encaminado a reconocer el matrimonio entre homosexuales.[1]

La Conferencia de Obispos Católicos de Estados Unidos había emitido con anterioridad una declaración similar en contra de cualquier "posibilidad de otorgar el estatus legal de matrimonio" a las relaciones del mismo género. "Ninguna unión del mismo género puede cumplir con el pleno y único potencial expresado por la relación marital", expresó el secretariado de la conferencia para la familia, los laicos, la mujer y la juventud en una declaración de principios el 3 de junio.

La mayoría de otras religiones de Estados Unidos, entre ellas las Ortodoxa Occidental, la Convención Baptista del Sur y otras confesiones protestantes evangélicas también se oponen a la bendición de las uniones del mismo género.[2]

La Iglesia Episcopal de Estados Unidos reconoció oficialmente la bendición de uniones del mismo género durante su convención de agosto en Miniápolis, pero se negó a establecer una liturgia para esas ceremonias. El acuerdo fue la culminación de una convención apoteósica dominada por un agudo debate sobre la posible elección de un sacerdote gay declarado, V. Gene Robinson, como obispo de New Hampshire.[3]

Entre otras confesiones protestantes importantes, la United Methodist Church prohíbe las ceremonias para parejas del mismo género, mientras que la iglesia presbiteriana de Estados Unidos permite que los clérigos oficien los rituales para las parejas del mismo género, pero especifica que estas ceremonias son distintas a las bodas. La iglesia luterana evangélica planea expedir un informe sobre el tema en el 2005.

para ellas antes del nacimiento de Annie. Annie le respondió: "Si ustedes se amaran, se casarían".

La Corte Suprema de Justicia de Massachusetts escuchó las audiencias del caso el 4 de marzo. La procuraduría general del estado exhortó a los siete magistrados a que rechazaran la demanda, aduciendo que la legislatura cuenta con un fundamento lógico para limitar el matrimonio a parejas heterosexuales, esto es, motivar la procreación y la crianza infantil. Adicionalmente, según afirma Judith Yogman, asistente del pro-

Entretanto, los ministros de la Universal Fellowship of Metropolitan Community Churches, predominantemente gays, han celebrado ceremonias de compromiso para parejas del mismo género desde 1968. La iglesia unitaria universalista y la Iglesia unida de Cristo son partidarias de tolerar las uniones entre parejas del mismo género. El judaísmo de la reforma liberal les otorga a los rabinos la opción de presidir ceremonias de compromiso de parejas entre personas del mismo género.

Los miembros del clero que celebran las ceremonias para las parejas homosexuales ven esta labor como uno más de sus deberes pastorales. "Me considero un sacerdote que trata de vivir su ministerio en la mejor forma posible", afirma Schum. "Es el trabajo que estoy llamado a realizar".

Schum comenta que la declaración del Vaticano sobre el matrimonio entre personas del mismo género aun cuando no lo sorprendió, sí lo "enojó". "El tono de la carta es cruel", agregó. "Carece de fundamento. Es injusta. Tan sólo refleja que la jerarquía no está dispuesta a mantener ningún tipo de diálogo con católicos gay y lesbianas; tampoco ningún tipo de diálogo respecto al nuevo conocimiento sobre homosexualidad".

Marianne Duddy, ex directora ejecutiva de Dignity, muestra hoy, cinco años después de que un sacerdote católico la "casó" con su compañera, reacciones similares ante la declaración del Vaticano. "Me sentí terriblemente triste e increíblemente atacada", afirma Duddy, una trabajadora social clínica en Boston. "El Vaticano nos despersonaliza totalmente".

La declaración del Vaticano también se opone a la adopción por parte de gays o lesbianas, al afirmar que "en realidad significaría violentar a esos niños", porque los colocaría en ambientes hogareños viciados. Duddy, quien se encuentra en el proceso de adoptar a una hija que ha acogido desde principios de 2002 en su hogar formado por ella y su compañera, expresó que esa parte de la declaración "la agredió muy especialmente".

Los católicos de Estados Unidos parecen divididos sobre el tema. Una encuesta realizada la primavera pasada por el Pew Forum on Religion and Public Life concluyó que el respaldo de los católicos estadounidenses al matrimonio entre homosexuales aumentó del 27% en 1996 al 38%.[4] La encuesta se realizó antes del fallo de la Corte Suprema de Estados Unidos que revocó las leyes estatales contra la sodomía el pasado junio. Otras encuestas realizadas posteriormente indicaron una disminución en el respaldo público hacia el matrimonio entre homosexuales.

Específicamente, una encuesta de *Washington Post* realizada en agosto, justo después de que la acción de la Iglesia Episcopal concluyó que una gran mayoría de estadounidenses, el 60%, está en contra del rechazo de la iglesia hacia las relaciones homosexuales. La verdad es que casi la mitad de todos los estadounidenses que van a la iglesia declararon que abandonarían sus iglesias si sus ministros bendecían a parejas del mismo género. Un poco menos, el 58%, se opone a las uniones civiles, que otorgaría a las parejas homosexuales algunos de los derechos legales de las casadas, sin involucrar la parte religiosa.[5]

---

[1] "Considerations Regarding Proposals to Give Legal Recognition to Unions Between Homosexual Persons," 31 de julio de 2003, www.vatican.va. Para ver el cubrimiento, consulte los siguientes artículos: Frank Bruni, "Vatican Exhorts Legislators to Reject Same-Sex Unions," *The New York Times*, 1 de agosto de 2003, p. A1; Alan Cooperman y David von Drehle, "Vatican Instructs Legislators on Gays," *The Washington Post*, 1 de agosto de 2003, p. A1.

[2] "Few U.S. Religions Bless Same-Sex Unions," The Associated Press, 7 de agosto de 2003.

[3] El cubrimiento se puede ver en los siguientes artículos: Alan Cooperman, "Episcopal Church Ratifies Compromise on Gay Unions," *The Washington Post*, 8 de agosto de 2003, p. A2; Monica Davey, "Episcopal Church Leaders Reject Proposal for Same-Sex Union Liturgy," *The New York Times*, 8 de agosto de 2003, p. A20.

[4] Pew Forum on Religion and Public Life, "Religion and Politics: Contention and Consensus," 24 de julio de 2003 (http://www.pewforum.org).

[5] Richard Morin y Alan Cooperman, "Majority Against Blessing Gay Unions," *The Washington Post*, 14 de agosto de 2003, p. A1.

---

curador general, cualquier cambio depende de la legislatura y no de los tribunales.

La fecha límite para una decisión no oficial de la corte venció a mediados de julio, pero Bonauto dice no estar sorprendida de que los magistrados se tomen su tiempo con este caso. "Esta es una opinión que se está observando con gran atención", afirma. "La presión es muy fuerte".

El tema del matrimonio entre homosexuales se ha venido fermentando por décadas, pero sólo hasta la década de los noventa se convirtió en una prioridad para

Los demandantes de Massachusetts

Las siete parejas de homosexuales que demandaron en Massachusetts en busca de su derecho a contraer matrimonio disfrutan de relaciones largas que oscilan entre tres y 32 años. La demanda — Goodridge vs. Massachusetts Department of Public Health — podría convertir a Massachusetts en el primer estado del país en reconocer el matrimonio entre homosexuales.

Julie y Hillary Goodridge
Julie, de 45 años, asesora de inversiones; Hillary, de 46 años, administradora de una fundación.
Llevan juntas 16 años, ceremonia de compromiso en 1995; una hija, Annie de 8 años.

David Wilson y Robert Compton
David de 58 años, ejecutivo empresarial; Rob, de 53, dentista.
Llevan juntos tres años; ceremonia de compromiso, octubre de 2000

Gloria Bailey y Linda Davies
Gloria, 62; Linda, 57; psicoterapeutas, comparten su consultorio.
Viven juntas desde hace 32 años.

Richard Linnell y Gary Chalmers
Rich, de 39 años, enfermero; Gary, de 37 años, maestro de escuela.
Juntos desde hace 14 años; un hijo, Paige de 10 años.

Maureen Brodoff y Ellen Wade
Maureen, 50 años, abogada; Ellen, 54 años, abogada, bufete privado.
Llevan juntas más de 20 años; una hija, Kate, de 14 años.

Gina Smith y Heidi Norton
Gina, 38 años, investigadora; Heidi, 38 años, directora programa de derecho, ambas trabajan con el Center for Contemplative Mind in Society.
Llevan juntas 12 años; ceremonia de compromiso, 1993; dos hijos: Avery, 6 años; Quinn, 3 años.

Ed Balmelli y Michael Horgan
Ed, 42 años, ingeniero de computadores; Michael, 43 años, administrador de sistemas de computación.
Siete años juntos; unión civil, Vermont, octubre de 2000.

Fuente: Gay and Lesbian Advocates and Defenders (www.glad.org.).

someterá a la sentencia del tribunal provincial más alto de Ontario y preparará la legislación que legalice el matrimonio entre parejas del mismo género en todo el país.

El tema se convirtió en prioridad en la agenda política de EE.UU. después de una decisión trascendental tomada por la Corte Suprema que invalidaba las leyes estatales en contra del sexo homosexual. El fallo del 26 de junio en *Lawrence vs. Texas* declaraba que los homosexuales tenían derecho a sostener relaciones físicas íntimas sin la intervención del gobierno.

El concepto no manejó directamente el tema del matrimonio entre homosexuales. No obstante, según Bonauto, el fallo respalda la demanda del matrimonio homosexual. "*Lawrence* confirmó lo que nosotros habíamos alegado, que si un derecho es fundamental para algunos, lo es también para todos", manifestó. "En la constitución no existe una excepción para los homosexuales".

Un dirigente académico que se opone al matrimonio entre parejas del mismo género afirma que el fallo de *Lawrence* ha movilizado partidistas tanto a favor como en contra del tema. "Definitivamente ha revitalizado el movimiento a favor de los derechos de los homosexuales", afirma Lynn Wardle, profesora en la facultad de derecho de Brigham Young University en Provo, Utah. "También hará lo mismo con el movimiento conservador defensor de la familia. De modo que se presentarán enfrentamientos políticos".

Los defensores del matrimonio entre homosexuales tienen la esperanza, y sus opositores el temor, de que un fallo que reconozca las relaciones entre personas del mismo género en un estado, tendrá un efecto dominó en otros estados. Los opositores esperan que las leyes

los defensores de los derechos de los homosexuales. Antes de Vermont, los tribunales estatales de Hawai y Alaska expidieron normas preliminares a favor del matrimonio entre homosexuales, pero estas acciones fueron coartadas mediante enmiendas constitucionales estatales.

Sin embargo, durante este lapso, Holanda y Bélgica se convirtieron en el primer y segundo país en reconocer el matrimonio entre parejas del mismo género, ambos países a través de leyes aprobadas por el congreso. Posteriormente en junio, el gobierno canadiense anunció que se

Aquí las siete parejas de homosexuales que demandaron por el derecho a contraer matrimonio en Massachusetts; Julie y Hillary Goodrige, en el extremo a la derecha. Se espera que el fallo en la demanda de *Goodridge vs. Massachusetts Department of Public Health* se dé en cualquier momento.

denominadas en defensa del matrimonio (DOMA, por sus siglas en inglés), promulgadas por el congreso y 37 estados, permitirán que los estados individualmente se opongan a reconocer el matrimonio entre parejas del mismo género que se haya celebrado en otras partes.

El presidente Bush se unió al debate el 30 de julio al declarar que su administración está buscando la forma de "codificar" la definición de matrimonio como un hombre y una mujer. Algunos opositores del matrimonio entre homosexuales dicen que se necesita una enmienda constitucional, pero reconocen que será difícil ganar la mayoría de dos tercios en el congreso y la aprobación de tres cuartos de los estados para ratificar la enmienda.

Por otra parte, todos excepto dos de los candidatos demócratas a la presidencia, están a favor de otorgar beneficios jurídicos a las parejas del mismo género, pero sólo

tres de los candidatos, los cuales están muy bajos en las encuestas, apoyan el matrimonio entre homosexuales.[2]

Entretanto, las encuestas de opinión indican un aparente retroceso sobre el tema, durante las semanas siguientes al fallo *Lawrence*. El respaldo a las uniones civiles ha aumentado, pero bajó en 10% o más en las encuestas realizadas en mayo y julio.

El tema sigue su curso en los tribunales y otras partes; a continuación se presentan algunas de los principales debates que se están discutiendo:

¿Favorecería a los homosexuales la legitimización de las uniones entre parejas del mismo género?

Bill Flanigan y Robert Daniel, una pareja gay de San Francisco, hicieron todo cuanto pudieron para formalizar su relación. Se registraron como pareja de hecho, tal como lo permiten las leyes de San Francisco, y Daniel formalizó una autorización que permite que Flanigan tome decisiones médicas relacionadas con el tratamiento de Daniel para el SIDA.

Sin embargo, todos estos preparativos no fueron suficientes cuando Daniel, críticamente enfermo, ingresó al Shock Trauma Center de la University of Maryland en Baltimore el 16 de octubre de 2000. El personal del hospital no permitió que Flanigan se acercara a la habitación de Daniel durante cuatro horas, hasta que llegaron la madre y hermana de Daniel y dieron su permiso. Para entonces, Daniel estaba inconsciente y sus ojos ya cerrados. Murió sin la oportunidad de despedirse.

Los abogados de Lambda Legal Defense and Education Fund, un grupo de defensores de homosexuales, dicen que este rechazo del hospital demuestra que los gays y las lesbianas pueden disfrutar de los beneficios prácticos que las parejas de heterosexuales dan por sentado, únicamente si se les permite casarse legalmente. "Somos un país dividido por la discriminación del matrimonio", dice el abogado David Buckel. "Bill y Robert pagaron un terrible precio por esa discriminación".

Algunos opositores del matrimonio entre personas del mismo género rechazan cualquier paso legal que permita a las parejas de homosexuales disfrutar de beneficios parecidos a los del matrimonio. "¿Qué los hace diferentes a otros tipos de personas que quieren obtener los mismos beneficios del matrimonio?", pregunta Mackey de Family Research Council. "¿Por qué otorgar derechos especiales para este grupo de personas?"

Sin embargo, otros opositores declaran que no están en contra de que las parejas gay disfruten de algunos de los beneficios del matrimonio, siempre y cuando que el matrimonio, como tal, se reserve para los heterosexuales. "Mucho de lo que piden se puede hacer sin tener que redefinir radicalmente la palabra 'matrimonio'", dice Crews del Family Institute de Massachusetts. "Ya existen cosas a disposición de aquellos que desean mantener una relación que no califica para el matrimonio".

La verdad es que muchas parejas de gays y lesbianas ya estructuran sus negocios en forma mancomunada. Compran casas juntos, se nombran el uno al otro en sus testamentos y, en algunos estados, adoptan niños en forma conjunta. Las disposiciones de las sociedades nacionales, reconocidas por los gobiernos de algunas ciudades y estados y por un número cada vez mayor de empresas privadas, permiten a los empleados designar a un compañero gay, o compañera lesbiana para que reciba los beneficios médicos.

No obstante, los defensores del matrimonio entre homosexuales se quejan de que las parejas de homosexuales no pueden acceder a estos beneficios sin tener que hacer esfuerzos especiales. "Es complicado y quita mucho tiempo", comenta Mark Strasser, profesor de la facultad de derecho de la Capital University en Columbus, Ohio. Adicionalmente, no se puede disfrutar de algunos derechos y beneficios del matrimonio sin cambios en la ley, tales como apoyo al cónyuge en caso de una ruptura o el manejo confidencial de las comunicaciones entre esposos.

"Acceso a la atención médica, toma de decisiones médicas, herencias, impuestos, inmigración, y la lista es de nunca acabar", dice Wolfson de Freedom to Marry. "Los homosexuales tienen las mismas necesidades de estructura, apoyo y responsabilidad que los heterosexuales".

Las parejas de gays también desean un reconocimiento simbólico de sus relaciones que sólo el matrimonio puede trasmitir. Según afirma Wolfson, "el matrimonio es una palabra importante cuando se define una relación".

Strasser manifiesta que el matrimonio constituye "una declaración pública", lo mismo que un "reconocimiento interno" sobre el compromiso que la pareja adquiere, el uno hacia el otro.

Los abogados del caso de Massachusetts recalcan los beneficios prácticos y simbólicos del matrimonio para las parejas de gays y lesbianas. "Únicamente el 'matrimonio' trasmite el amor y el compromiso que los demás entienden y respetan automáticamente", dice Bonauto, abogada de GLAD. "Sólo el 'matrimonio' proporciona una red de seguridad jurídica que protege el vínculo emocional y la seguridad económica de la pareja".

En su escrito, el estado reconoce los argumentos para otorgar a las parejas del mismo género los mismos beneficios que disfrutan las parejas casadas, pero declara que no le corresponde a los tribunales decidir sobre el tema. El poder legislativo "está mejor capacitado para decidir si debe hacerlo o no, cuando y cómo efectuar un cambio tan fundamental y de tanta envergadura en la legislación de Massachusetts", declaran los abogados del estado.

Anteriormente, algunos defensores de los derechos de los homosexuales se habían manifestado en contra, o poco entusiastas, para presionar a favor de los derechos del matrimonio, pues consideraban que el tema no era prioritario o que se asimilaba a las normas sociales de los "convencionales". Actualmente, la comunidad gay parece estar unida alrededor del tema y comprometida para convertirlo en una prioridad.

Por su parte Wardle, de Brigham Young University, reconoce que las parejas de homosexuales se pueden beneficiar con el reconocimiento legal. Sin embargo, señala que "sólo unos pocos, un grupo muy pequeño, disfrutaría de los beneficios". "La sociedad, como entidad, asumiría los costos".

¿Las uniones entre parejas del mismo género afectan al matrimonio entre heterosexuales?

Estados Unidos tiene el índice más alto de divorcios de cualquier país industrializado; entre una tercera parte y la mitad de todos los matrimonios terminan en ruptura. También es alto el número de parejas de distinto sexo que viven juntas sin estar casados: casi 5.5 millones de familias, esto es, 9.1% de todas las familias de Estados Unidos.[3]

Los opositores del matrimonio entre personas del mismo género citan esas cifras como evidencia de que el matrimonio tradicional está en crisis. Según ellos, otorgar reconocimiento legal a las parejas de gays y lesbianas tan sólo agregará más presión a una institución que consideran vital para la sociedad estadounidense.

"El matrimonio es la institución preferida de la ley, y por una buena razón", afirma Wardle. "Contribuye a una sociedad en cuyos derechos, valores y culturas se fundamenta y en donde se protege la libertad. Es crítico para nuestra forma de vida".

Reconocer el matrimonio entre homosexuales "rompe con miles de años de cultura", agrega MacKey de Family Research Council. "Tendría un efecto muy extraño".

No obstante, los proponentes manifiestan que reconocer las uniones del mismo género no tendrá efecto alguno en las parejas heterosexuales y sí fortalecerá las relaciones homosexuales.

"Las parejas del mismo género se interesan en las mismas cosas que las parejas de distinto sexo", dice Buckel. "Que las personas estén dispuestas a ser legalmente responsables entre sí, es algo bueno para las comunidades".

"Es una tontería afirmar que cuando las parejas de homosexuales se comprometen a construir una vida juntos están privando a otros de algo", dice Wolfson. "Existe suficiente matrimonio para compartir. No se trata de que las parejas gay vayan a utilizar todas las licencias matrimoniales".

Los opositores son más específicos al advertir sobre los efectos potenciales de legalizar el matrimonio entre homosexuales, para los niños. Cuando se le presiona para que indique otras consecuencias posibles, Mackey afirma que quizá haya presiones para que se otorguen beneficios parecidos a los del matrimonio a otros arreglos de vida. "Si una tía y sobrina viven juntas, ¿por qué no podrían beneficiarse con las mismas leyes tributarias?" Pregunta Mackey.

Mackey también sugiere que al legalizar los matrimonios de homosexuales se pueden aumentar los índices de divorcio y la incidencia de parejas de distinto género que viven juntas. "No existiría razón alguna para casarse", afirma. Al preguntársele si el reconocimiento del matrimonio gay promovería la homosexualidad, Mackey replicó, "definitivamente, sí".

En su informe sobre el caso *Goodridge,* la procuraduría general de Massachusetts reconoce que la actitud pública con respecto a "los matrimonios no convencionales" ha cambiado desde que se promulgaron las leyes del estado sobre el matrimonio. El informe evita de manera significativa cualquier crítica específica a las relaciones de gays o lesbianas y en ningún momento afirma que reconocer las uniones del mismo género pueda afectar el comportamiento de las parejas heterosexuales.

Sin embargo, una coalición de grupos religiosos conservadores afirma en su alegato de amigos de la corte que reconocer el matrimonio homosexual "institucionalizaría una visión radicalmente diferente de las relaciones sexuales". Los grupos, entre los que se encuentran la Conferencia Católica de Massachusetts y la Asociación Nacional de Evangélicos, sugieren que al reconocer el matrimonio homosexual "se está enseñando que en esencia los hombres y las mujeres no se necesitan el uno al otro y que pueden, y quizá deban, vivir separados".

El informe del demandante no cubre específicamente el potencial efecto sobre las parejas heterosexuales, pero un informe amicus curiae presentado por un grupo de 26 historiadores sociales y jurídicos señala que los cambios a la ley del matrimonio por mandato del tribunal, tales como revocar las leyes antimestizaje (matrimonio interracial), son ampliamente aceptados en la actualidad. Permitir que parejas del mismo género contraigan matrimonio, según afirman los historiadores, "constituye el paso lógico en . . . la reforma del matrimonio, para que se adapte a la naturaleza evolutiva de las relaciones íntimas y los derechos de las personas en esas relaciones".

Bonauto afirma rotundamente que no habrá efecto alguno sobre el matrimonio heterosexual si se reconoce legalmente la unión entre personas del mismo género. "En este momento, hombres y mujeres homosexuales trabajan hombro a hombro con personas heterosexuales en el sitio de trabajo", agrega. "Hombres y mujeres homosexuales se comprometen el uno al otro, los padres de gays y lesbianas envían a sus hijos a la escuela. Nada de eso va a cambiar con el matrimonio".

"Las familias de gays y lesbianas ya son parte de la comunidad", continúa Bonauto. "Hablamos de proporcionarles más protección legal. No se trata de cambiarle la vida a nadie".

No obstante, Wardle se mantiene firme en que el efecto sobre la sociedad será importante y perjudicial. "Tienen que observar a los niños que se van a criar en sus casas. ¿Qué mensaje se enviará a la sociedad globalmente en lo referente a la igualdad de hombres y mujeres? ¿Qué mensajes les enviamos a los niños que crecen en esta sociedad? ¿Qué tipo de mensaje envía la sociedad sobre el valor de esta institución, sobre el valor del compromiso con esta institución?", pregunta.

"El matrimonio ya está sufriendo", agrega Wardle. "El matrimonio y las familias que se fundamentan en el matrimonio ya están cargando un buen peso".

¿Se ayuda, o se perjudica a los niños que se crían en hogares de homosexuales?

Hace cuatro años, los abogados del estado de Vermont exhortaron a la Corte Suprema del estado para que mantuviera la prohibición a matrimonios entre personas del mismo género, principalmente sobre el supuesto de que preservar el matrimonio tradicional es esencial para "legitimar" niños y brindarles seguridad. La corte rechazó el argumento.

Según afirman los magistrados, muchas parejas de homosexuales ya adoptan niños o dan a luz a través de técnicas de reproducción asistida. No permitir que las parejas del mismo género disfruten de la protección legal del matrimonio, concluyó la Corte, "expone a sus hijos precisamente a esos riesgos para cuya protección, según afirma el estado, se diseñaron las leyes del matrimonio.

Defensores y opositores del matrimonio entre personas del mismo género están en total desacuerdo con respecto a los efectos de criar niños en hogares homosexuales. Los opositores insisten en que el matrimonio tradicional es el mejor escenario para criar niños. Según Crews, del Massachusetts Family Institute, "todos los estudios sociales de importancia que se han realizado hasta la fecha señalan el entorno óptimo para la crianza de los niños el hogar formado por un papá y una mamá casados, no sólo dos adultos".

En realidad, algunos opositores del matrimonio entre personas del mismo género sostienen que criar niños en hogares homosexuales es perjudicial para los niños. "El estilo de vida homosexual no concuerda con la crianza adecuada de los niños", escribe Timothy Dailey, un antiguo investigador del Family Research Council. "Las relaciones homosexuales son típicamente inestables y en esencia incapaces de brindar a los niños la seguridad que necesitan".[4]

Los defensores del matrimonio entre personas del mismo género sostienen que los estudios de ciencia social demuestran que los niños criados en hogares de homosexuales funcionan tan bien como aquellos niños criados en hogares heterosexuales. "Los gays son padres adecuados y amorosos, y los niños criados por ellos tienen vidas felices y saludables", dice Wolfson de Freedom to Marry.

CRONOLOGÍA

1980s *Avanzan los derechos de homosexuales, pero los conservadores sociales fortalecen su oposición; el SIDA se convierte en epidemia.*

1984 Berkeley, en California, se convierte en la primera ciudad en otorgar beneficios a parejas de hecho de gays y lesbianas.

1986 La Corte Suprema de Estados Unidos confirma las leyes que prohíben la sodomía homosexual con consentimiento.

1987 Suecia otorga a las parejas que viven juntas, incluso a aquellas del mismo género, la mayoría de los beneficios legales del matrimonio; en Dinamarca (1989) y Noruega (1993) se promulgan leyes similares.

1990s *Los primeros fallos de los tribunales estadounidenses que insinúan el reconocimiento de uniones del mismo género provocan una fuerte oposición de parte de grupos conservadores.*

1993 La Corte Suprema de Hawai declara que el estado tiene que justificar su prohibición a los matrimonios del mismo género . . . la segunda marcha a favor de los derechos de los gays en Washington reúne una multitud de 300,000 personas.

1996 El 20 de mayo, la Corte Suprema de EE.UU. revoca la iniciativa de Colorado de prohibir las medidas discriminatorias en contra de los homosexuales . . . El 21 de septiembre, el presidente Bill Clinton firma la ley en defensa del matrimonio (Defense of Marriage Act), que niega el reconocimiento federal a los matrimonios de personas del mismo género y apoya

las revocaciones similares de los estados; para el año 2003, 37 estados tienen leyes similares . . . El 2 de diciembre el tribunal de primera instancia de Hawai sentencia como inconstitucional la prohibición al matrimonio entre personas del mismo género.

1998 El 27 de febrero el juez de primera instancia de Alaska expide una resolución preliminar exigiendo que el estado justifique la prohibición al matrimonio entre parejas del mismo género . . . El 3 de noviembre, los votantes de Alaska aprueban una enmienda constitucional que prohíbe el matrimonio homosexual; en la misma fecha, los votantes de Hawai aprueban una enmienda autorizando al cuerpo legislativo a prohibir el matrimonio entre personas del mismo género.

1999 El 20 de diciembre, la Corte Suprema de Vermont ordena al estado que permita que las parejas del mismo género disfruten de los beneficios legales otorgados a los heterosexuales.

2000s *Los defensores de los derechos de los homosexuales y los conservadores sociales continúan en la lucha asociada con las uniones del mismo género.*

2000 El 7 de marzo, los votantes de California aprueban la proposición 22 que prohíbe el reconocimiento de matrimonios del mismo género . . . El 26 de abril, el gobernador de Vermont, Howard Dean, firma la ley que crea el estado "unión civil" para las parejas del mismo género, con vigencia a partir del 1 de julio . . . El 12 de septiembre, los Países Bajos promulgan la primera ley

nacional que reconoce oficialmente el matrimonio entre personas del mismo género.

2001 El 11 de abril, siete parejas de gays y lesbianas presentan una demanda de matrimonio entre personas del mismo género ante el tribunal estatal en Boston. El 8 de mayo de 2002, el juez de primera instancia confirma la prohibición al matrimonio entre parejas del mismo género.

2002 En septiembre, el *New York Times* se convierte en el primer periódico importante en publicar anuncios de ceremonias de compromiso de parejas del mismo género.

2003 El 30 de enero, Bélgica reconoce el matrimonio entre parejas del mismo género . . . El 4 de marzo, la Corte Suprema de Justicia de Massachusetts escucha las audiencias en la demanda de matrimonios de personas del mismo género . . . El 10 de junio, la corte suprema de Ontario ordena a la provincia permitir el matrimonio entre personas del mismo género con vigencia inmediata . . . El 26 de junio, la Corte Suprema de Estados Unidos declara inconstitucional las leyes estatales que prohíben el sexo homosexual . . . Durante un foro realizado el 15 de julio, tres candidatos demócratas a la presidencia apoyan el matrimonio gay ante activistas de los derechos de homosexuales; otros seis se muestran a favor de otorgar beneficios legales a parejas del mismo género . . . El 30 de julio el presidente Bush manifiesta que desea "codificar" la definición de matrimonio como entre un hombre y una mujer.

Los estudios en disputa dan buenas notas a los padres gay

Mark Brown siempre quiso tener hijos, pero su compañero Bob Cesario gustaba de la tranquilidad de un hogar sin niños. Sin embargo, después de más de 20 años juntos, enamorados desde la universidad, decidieron hace algunos años que estaban preparados "para un embarazo", tal como lo expresa Mark.

Actualmente, con una hija de 4 años y un bebé en su hogar de Los Angeles, Mark sale a trabajar todos los días mientras que Bob abandonó por el momento su carrera para dedicar la mayor parte de su tiempo a los niños.

Según Mark, "es el padre que se queda en casa". "Él se encarga de la atención primaria mientras que yo soy el proveedor del hogar".

Sus hijos, Ella y Sander Brown, están entre un número que se estima entre 1 y 9 millones de jóvenes que en la actualidad son criados por padres homosexuales, hombres y mujeres, en Estados Unidos, tanto por parejas del mismo género como por padres solos.[1] Con toda probabilidad, esta cifra está creciendo, ya que los gays y las lesbianas cada vez buscan más la adopción, la crianza conjunta, la reproducción asistida o mediante alquiler de útero para poder traer niños a sus vidas y sus hogares.

Los grupos defensores de los gays se sienten orgullosos de esta tendencia. "Existe todo tipo de niños que se desarrollan en hogares maravillosos dirigidos por padres gay", afirma David Buckel, un abogado de Lambda Legal Defense and Education Fund en Nueva York.

No obstante, los conservadores religiosos y sociales observan este desarrollo como un experimento social peligroso. "No hay duda de que la estructura convencional del matrimonio de un hombre y una mujer es la mejor para criar niños", dice Connie MacKey, vicepresidente de relaciones con el gobierno del Family Research Council con sede en Washington.

Sin embargo, una amplia variedad de grupos de bienestar infantil, de médicos y de otros profesionales concuerdan con las organizaciones homosexuales en que los niños que crecen en hogares de homosexuales se desarrollan igual de bien que aquellos criados por padres heterosexuales. En un documento que refleja la posición más amplia sobre el tema, un grupo de trabajo de American Academy of Pediatrics concluye que "ninguna información ha señalado riesgos para los niños que crecen en una familia con uno o más padres homosexuales".[2]

El informe que se publicó en febrero de 2002 clasificó unos 20 documentos de investigaciones publicadas que estudian a padres gays y lesbianas y sus hijos. Concluyó que "no existe una diferencia sistemática" entre padres gay y padres que no lo son en cuanto a salud emocional y destrezas o actitudes de los padres hacia la crianza.

En general, los críticos afirman que los estudios están viciados — debido a su mal diseño, el tamaño pequeño de la muestra o la opinión sesgada de los investigadores. Todos los estudios son "extremadamente deficientes", escriben Robert Lerner y Althea Nagai, socios de una firma de consultoría en investigación de ciencias sociales, en un documento que aparece en un sitio web que se opone al matrimonio gay.[3]

No obstante, un estudio británico que los críticos citan con frecuencia concluyó que los niños criados por lesbianas son ligeramente más propensos a considerar una pareja del mismo género que los niños criados por madres solteras. El estudio examinó 27 hogares en cada grupo y 14 años después realizó entrevistas de seguimiento con 46 niños de los dos grupos.[4]

Lynn Wardle, profesor de derecho en la Brigham Young University de Provo, Utah, dice que el estudio comprueba que los niños de padres homosexuales "son más propensos a experimentar con el comportamiento homosexual". Prosigue diciendo que la homosexualidad entre adolescentes "está asociada con" el alcohol y el abuso de narcóticos y promiscuidad. "Antes de aprobar los padres homosexuales, tenemos que considerar muy seriamente cómo será la vida de esos niños", afirma Wardle.

Ellen Perrin, jefe de pediatría del grupo de investigación y profesora en el Centro Médico New England en Boston, comenta que los críticos como Wardle ignoran una segunda conclusión del estudio: que el número de niños que eventualmente se identificaron como homosexuales fue aproximadamente igual en los dos grupos. Dice que no sorprende el hecho de que más niños de parejas lesbianas estuvieran dispuestos a comportamientos homosexuales por haber crecido con alguien con una pareja del mismo género.

No obstante, una de las investigadoras amiga de la causa homosexual afirma que sospecha que los estudios futuros pueden demostrar que una "minoría ligeramente mayor" de niños de padres homosexuales resultan siendo "no exclusivamente heterosexuales" comparados con los niños de padres heterosexuales. Judith Stacey, profesora de sociología en New York University, agrega: "La mayoría de la gente homosexual tiene padres convencionales, y la mayoría de los padres gays tienen hijos con tendencias convencionales".

Stacey, junto con una colega de su anterior facultad en la University of Southern California, le dio cierto giro al debate sobre los niños criados por homosexuales al escribir un artículo en 2001 mostrando evidencia de "efectos benéficos" en los niños criados en hogares homosexuales. Ella y Timothy Biblarz, ambos heterosexuales, concluyeron en ese documento que había "clara evidencia" de diferencias "moderadas e interesantes" entre los niños criados por homosexuales y aquellos criados por padres heterosexuales.[5]

Stacey indica que muchas de esas diferencias posiblemente serán más positivas que negativas para los niños en los hogares homosexuales. Ella sospecha que la responsable de esas diferencias es la vía nada convencional hacia la paternidad y maternidad tomada por los hombres y mujeres homosexuales. "La crianza de los niños por parte de homosexuales es una de las formas de crianza más programadas", afirma Stacey. "No se tienen hijos por accidente, no se tienen hijos no programados".

Brown y Cesario, ambos de 48, tomaron una vía algo convencional hacia la crianza de los niños: la adopción.

Tres estados prohíben por ley la adopción a parejas de gays o lesbianas y en otros varios los jueces generalmente no la permiten. El estatuto de Florida que prohíbe la adopción a personas o parejas de gays o lesbianas tiene actualmente pendiente un cuestionamiento constitucional ante el tribunal federal de apelaciones en Atlanta.[6] La ley de Misisipí prohíbe la adopción a parejas de gays o lesbianas, mas no a personas individualmente; Utah prohíbe la adopción a cualquier pareja que cohabite.

Otros homosexuales toman caminos más difíciles hacia la paternidad o maternidad, parecidos a las que toman los padres heterosexuales con problemas de fertilidad. Algunos hombres homosexuales "comparten la paternidad y maternidad" con lesbianas solteras o con parejas de lesbianas; con frecuencia el hombre facilita esperma para inseminar artificialmente a la madre que dará a luz. Algunas mujeres utilizan esperma de donantes anónimos para su embarazo, por lo demás natural. Algunos hombres gays le proporcionan esperma a una mujer que les sirve de madre portadora o madre suplente. Algunos hombres o mujeres utilizan la denominada "gestación con madre portadora", en donde se fertiliza el embrión de una mujer con esperma de un hombre para luego implantarlo en una mujer que lo porta hasta el final del embarazo.

Los especialistas y defensores de ambos lados concuerdan en que se requieren más estudios sobre los efectos de la crianza de niños por homosexuales. "Queda mucho por investigar sobre los niños de padres gays o lesbianas", explica Perrin. "Aun cuando también es mucho lo que no sabemos sobre los niños de padres heterosexuales".

Wardle asiente. "Sabemos algunas pocas cosas que plantean asuntos sorprendentes", afirma. "También hay muchas otras que no conocemos debido a que este tipo de arreglos es muy nuevo".

Brown, un escritor y productor de televisión, copresidente del grupo de padres gays de los Los Angeles, el Pop Luck Club, está convencido de que los padres gays son "extremadamente conscientes, serios y muy cariñosos". Agrega, "los niños se desarrollan en un ambiente de amor, independiente de que tengan un solo padre, un padre gay o un padre heterosexual".

---

[1] Edward O. Laumann, "National Health and Social Life Survey, 1995," citado en American Academy of Pediatrics, "Technical Report: Coparent or Second-Parent Adoption by Same-Sex Parents," Vol. 109, Núm. 2 (febrero de 2002), pp. 341 a 344.

[2] *Ibid.*, p. 344.

[3] Robert Lerner and Althea K. Nagai, "No Basis: What the Studies Don't Tell Us About Same-Sex Parenting," enero de 2001.

[4] S. Golombok, F. Tasker, C. Murray, "Children Raised in Fatherless Families From Infancy: Family Relationships and the Socioemotional Development of Children of Lesbian and Single Heterosexual Mothers," en *Journal of Child Psychology and Psychiatry,* Vol. 38 (1997), pp. 783 a 791.

[5] Judith Stacey y Timothy J. Biblarz, "(How) Does the Sexual Orientation of Parents Matter?" *American Sociological Review,* Vol. 66 (abril de 2001), pp. 159 a 183.

[6] El caso de *Lofton vs. Kearney,* 01-16723-DD. La ley de Florida fue reiterada por un Tribunal del Distrito de EE.UU. el 30 de agosto de 2001; el caso fue apelado en marzo ante el Tribunal de Apelaciones del Circuito 11vo de EE.UU.

Getty Images/Scott Olson

Manifestantes en Chicago marchan para celebrar la sentencia de la Corte Suprema de Estados Unidos del 26 de junio que revoca una ley de Texas en contra del sexo homosexual. El fallo no contempló directamente el matrimonio entre personas del mismo género, pero los defensores de los derechos de los homosexuales afirman que es un respaldo para la demanda que está pendiente en Massachusetts.

Según agrega el profesor de leyes Strasser, el reconocimiento legal a parejas de homosexuales fortalecería su capacidad para criar niños. "Esta es una forma de ayudarles a fortalecer su unión, permitiendo que los niños se críen y se desarrollen en forma óptima. "Esta no es una razón para negar el reconocimiento, sino un motivo para reconocerlo."

El debate se centra en parte sobre los resultados de los estudios de ciencia social, profundamente cuestionados. Los defensores del matrimonio entre personas del mismo género afirman que los estudios demuestran en forma congruente que no existen diferencias significativas entre niños criados en hogares homosexuales con aquellos criados por parejas heterosexuales. Los opositores afirman que los estudios son metodológicamente viciados e ideológicamente sesgados.

Recientemente, dos investigadores amigos del movimiento gay complementaron el debate al volver a interpretar estudios anteriores que según ellos demuestran que los niños criados en hogares gay son más tolerantes ante el comportamiento homosexual que aquellos criados en hogares convencionales. Los investigadores, Judith Stacey de la New York University, y Timothy Biblarz de la University of Southern California en Los Angeles, consideran favorable este resultado, pero los opositores del matrimonio entre homosexuales aducen que el estudio respalda su argumento de que la crianza de niños por parejas homosexuales es perjudicial para los niños.[5]

La procuraduría general de Massachusetts cita el estudio de Stacey-Biblarz, junto con otra investigación, para sostener que la evidencia sobre el efecto de la crianza de niños por parejas homosexuales "no es concluyente". A pesar de los cambiantes papeles de hombres y mujeres, los abogados del estado afirman que el cuerpo legislativo "aún puede creer razonablemente que el escenario favorable para criar niños es el de una familia compuesta por un padre y una madre de distinto sexo".

En el lado opuesto, una coalición formada por una organización de salud mental y una de bienestar social informaron al tribunal supremo del estado mediante un informe amicus curiae que está "fuera de todo debate científico" el hecho de que los niños de parejas gays y lesbianas están "tan bien adaptados y sicológicamente sanos" como aquellos de padres heterosexuales.

Los defensores de los matrimonios homosexuales manifiestan que virtualmente todos los estados permiten, y muchos estimulan, la adopción de niños por padres gays o lesbianas ya que ayuda a aliviar las cargas de los sistemas estatales de hogares infantiles hacinados y carentes de fondos.

"El problema de los niños desprovistos de hogar constituye una dificultad importante para el estado", afirma Strasser. "La idea de que los niños de alguna forma están mejor en un orfelinato que en un hogar formado por dos adultos del mismo género que se aman y están dispuestos a atenderlos, resulta un argumento demasiado increíble de plantear".

Algunos opositores al matrimonio homosexual reconocen los beneficios de la adopción por parte de parejas homosexuales, pero insisten en que no se requiere de un reconocimiento legal más amplio para las parejas homosexuales. "Si redefinimos el matrimonio, al estado se le dificulta distinguir, sobre bases legales, una pareja de casados de cualquier otro que desee adoptar", afirma Avila de la Conferencia Católica de Massachusetts. "Pueden existir muy buenos motivos para mantener el supuesto a favor de una pareja de casados".

Sin embargo, otros opositores del matrimonio entre personas del mismo género, sencillamente se oponen a la adopción por parte de homosexuales. "Tenemos demasiados niños en nuestros hogares infantiles y sistemas de servicio social", manifiesta Crews. "No obstante, no tenemos que redefinir radicalmente el matrimonio para enfrentar el problema de las necesidades de los niños".

ANTECEDENTES

'Un poco más que hermanos'

A través de toda la historia de la humanidad y en todo el mundo, los hombres se han emparejado con hombres y las mujeres con mujeres, para buscar compañía, apoyo y, frecuentemente, amor físico. Estas relaciones del mismo género han disfrutado en cierta medida de la aceptación social. En el Occidente, no obstante, las autoridades religiosas y civiles han condenado casi unánimemente las relaciones homosexuales desde la Edad Media.

Los defensores del matrimonio entre homosexuales en la actualidad, en particular el profesor de leyes de Yale, William Eskridge en su libro *The Case for Same-Sex Marriage,* encuentran analogías históricas que se remontan a épocas bíblicas de David y Jonatán, y Ruth y Noemí.[6] Eskridge observa que las relaciones del mismo género entre hombres fueron comunes en la antigua Grecia — testigo de ello es la disertación de Platón sobre el amor en *Symposium* — y que el emperador romano, Nerón, tuvo una ceremonia matrimonial formal con su amante masculino, Esporo.

"Los matrimonios entre personas del mismo género son un hecho común en la historia de la humanidad", escribe Eskridge, y la mayoría de las sociedades los ha tolerado", excepto en Occidente.

Pero sus opositores interpretan la historia en forma diferente. Recalcan que la Biblia condena la homosexualidad: "No te acostarás con varón, como con mujer: es abominación." (Levítico, 18:22). A pesar de la aceptación de las relaciones entre personas del mismo género en la antigua Grecia y Roma, enfatizan, al igual que Eskridge reconoce, que las actitudes cambiaron a finales del Imperio Romano. Las versiones sobre parejas de hombre con hombre adoptan un tono satírico, y un decreto imperial en 342 dC ordenaba la ejecución de hombres que se casaran con otros hombres.

Los puntos de vista tan opuestos sobre la historia emergen dramáticamente con la publicación, en 1994, de un controvertido libro, *Same Sex Unions in Premodern Europe,* por el historiador de Yale, John Boshell.[7] El primer profesor con titularidad permanente en una de las universidades de Ivy League que abiertamente declaró su homosexualidad, Boswell encontró evidencia en cerca de 60 manuscritos litúrgicos, de entre el siglo VIII y el XVI, que respaldan su tesis de que la iglesia católica medieval bendecía de forma rutinaria las uniones del mismo género.

Según reportó Boswell, las oraciones para unir a "hermanos" aparecen en manuscritos junto con otras para compromisos y matrimonios. Las ceremonias incluían rituales asociados con el matrimonio: encendido de velas, colocación de las manos en las dos partes sobre el Evangelio, la unión de sus manos derechas, coronación, un beso y algunas veces círculos alrededor del altar, según cuenta Boswell. Estos ritos "posiblemente significan un matrimonio ante los ojos de los cristianos más corrientes", concluyó.[8]

Los críticos argumentan que Boswell, quien murió seis meses después de la publicación de su libro, exageró, malinterpretó o tergiversó las ceremonias descritas en las liturgias. Sostienen que las ceremonias bendecían las adopciones fraternales o las amistades, y no las relaciones físicas. "Pretender que las escrituras aprobaban el estilo de vida homosexual o que de alguna forma las bendecían, sencillamente es algo que no se encuentra allí", manifiesta Crews, un ministro presbiteriano.

La violencia doméstica entre homosexuales

Muchos de los ataques de furia de Stephen surgen de improviso. En un momento está preparando la comida, "charlando y bailando un poco". De pronto está lívido, furioso porque su amante, Patrick, ha cortado mal las zanahorias.

"¡Mira esto!", vocifera. "¡No sirven para nada! De una manotada lanza las zanahorias al suelo.

Unos segundos después, está golpeando a Patrick en la cabeza, la cara, el pecho. Aterrorizado, Patrick corre hacia el dormitorio.

Así comienza la versión de *Men Who Beat the Men Who Love Them* de Patrick Letellier y David Island sobre el abuso doméstico entre homosexuales.[1]

Este libro, de 1991, fue el primero en tratar el tema tabú del abuso entre parejas del mismo género, un problema que durante mucho tiempo ha sido ignorado por el movimiento de violencia doméstica. Lettelier e Island plantearon la idea, entonces radical, de que el abuso doméstico es tan frecuente en las parejas de gays como en las de heterosexuales, y afecta a un número aproximado de 500,000 gays en todo el país.

"Actualmente, la violencia doméstica es el tercer problema más grande de salud que enfrentan los homosexuales hombres", escribió.[2]

Aun cuando la investigación de la violencia doméstica entre homosexuales es incipiente y con frecuencia anecdótica, por lo menos un estudio a gran escala corrobora el planteamiento de los autores.[3] Dicho estudio encuestó a 2,881 homosexuales hombres de cuatro ciudades y concluyó que dos de cada cinco participantes han experimentado la violencia doméstica. Otros estudios más pequeños sugieren que la violencia doméstica se puede presentar en un número aún más grande de relaciones de lesbianas.[4] Para efectos comparativos, la violencia doméstica se presenta en 25% a 33% de las relaciones heterosexuales.[5]

A pesar de estas conclusiones, muchos heterosexuales piensan que no existe mucha violencia doméstica en relaciones del mismo género. Según los investigadores, la mayoría de la gente percibe a los hombres como dominantes y a las mujeres como pasivas y no pueden visualizar a los primeros como víctimas y a ellas como las agresoras.

Claire Renzetti, una profesora de sociología de Saint Joseph's College en Filadelfia, cuenta que cuando habla del tema en público, la gente se "muestra verdaderamente sorprendida, y hasta lo encuentra gracioso, como si fuese una rareza más".

Los mismos gays y lesbianas con frecuencia se muestran reacios a comentar el abuso homosexual. Las lesbianas quizá no estén dispuestas a echar por tierra una "visión utópica de un mundo pacífico en que las mujeres son las protagonistas", y los gays posiblemente deseen conservar la ilusión de que en cierta forma están más evolucionados que la sociedad dominante y paternalista en la que viven, explica Sandra E. Lundy, una abogada de Boston y autora de un artículo sobre abuso homosexual, publicado en 1993 por *New England Law Review*.[6]

Otros se sienten tan amenazados por la homofobia de la sociedad que no quieren reconocer los problemas internos. "Cuando siempre enfocamos la violencia desde fuera, mirarla desde adentro puede resultar aterrador", comenta Melissa Bates, una defensora de víctimas del Programa de Recuperación de la Violencia del Fenway Community Health en Boston.

La comunidad gay puede estar ignorando el problema por temor a que se exploten las estadísticas sobre violencia doméstica entre el mismo sexo para descarrilar el matrimonio entre homosexuales, afirma Rachel Baum, directora asociada de la National Coalition of Anti-Violence Programs con sede en la ciudad de Nueva York, que recopila información sobre el abuso. "No queremos proporcionarles municiones a nuestros opositores quienes afirmarían que nuestras relaciones son enfermizas y malsanas", agrega.

Los defensores de las víctimas manifiestan que el silencio que rodea el abuso del mismo género, junto con

En una evaluación favorable en un sitio en la red con historias de gays, el profesor Paul Halsall de la Fordham University denomina la tesis de Boswell como "innovadora", pero reconoce las críticas de varios especialistas, incluso de algunos profesores que se han declarado abiertamente homosexuales.

la falta de modelos de roles para relaciones sanas entre personas del mismo género, otorga a los agresores poder y hace más difícil que las víctimas reconozcan que se encuentran atrapadas en relaciones abusivas.

"Los victimarios tratarán de definir la realidad de sus parejas", afirma Beth Leventhal, directora ejecutiva y fundadora de La Red, una organización de Boston que ayuda a lesbianas abusadas. "Si es la primera relación de la víctima después de su destape, le dirán: 'así es como hacemos las cosas'".

Aun para aquellos que decidan presentarse, la ayuda es escasa o inexistente. Aun cuando en las principales ciudades han surgido unas cuantas líneas de ayuda y programas de asesoría durante los últimos 20 años, grandes franjas del país rural permanecen sin servicios. "Las víctimas pueden encontrarse muy lejos de los recursos en términos de zonas montañosas, nieve, lo que sea", dice Denise de Percin, directora ejecutiva del Colorado Anti-Violence Program, que atiende a todo el estado.

Los refugios para mujeres golpeadas están orientados hacia mujeres heterosexuales y pueden negarse a atender a lesbianas, o no filtrar bien a las solicitantes, permitiendo así que las agresoras se infiltren en el sistema.

Los gays e individuos transexuales cuentan aún con menos posibilidades de refugio, por lo general se limitan a vivienda de emergencia en hoteles por corto tiempo.

Sólo unas pocas ciudades tienen programas de tratamiento para agresores, que obligan a muchos a buscar ayuda en programas de 12 pasos, clases de control de la ira y asesoría de parejas. Entretanto, el tratamiento de la violencia del mismo género por las fuerzas de la policía varía de forma dramática. A pesar de que algunas fuerzas de la policía están entrenadas para manejar llamadas de violencia doméstica del mismo género, otros tienen mucha dificultad para distinguir entre la víctima y el agresor.[7]

Algunos oficiales "basan su juicio en el que sea más grande, o en la pareja que se vea más hombruna o masculina", cuenta Bates. "Algunas veces, hasta la víctima termina en prisión". En los casos en que la víctima se defiende, la aplicación de la ley rotula la violencia como "abuso mutuo", presumiendo que se trata de una pelea entre iguales.

Las víctimas se enfrentan, incluso, a más incongruencias en los tribunales. En algunos estados, la ley de violencia doméstica aplica únicamente a parejas heterosexuales; en otros, los jueces pueden expedir órdenes de restricción a las dos partes.

Las leyes que impiden que las parejas del mismo género adopten hijos, también se aplican en contra de las víctimas. Cuando el cónyuge biológico es el agresor, él o ella puede amenazar a la víctima, que si lo/la deja, él/ella no podrá volver a ver al niño.[8]

Ante el prospecto de enfrentarse a la "revictimización" institucional por parte de la policía y los tribunales, muchas víctimas deciden no presentar cargos.

Shawna Virago, directora del programa de supervivientes de la violencia doméstica en Community United Against Violence en San Francisco, dice que la solución, en general, es educar sobre el abuso doméstico.

"Es una epidemia nacional de violencia, y no está recibiendo atención", manifiesta Virago.

— Kelly Field

[1] David Island y Patrick Letellier, *Men Who Beat the Men Who Love Them* (1991), p. 1.

[2] *Ibid.*

[3] Gregory L. Greenwood, *et al.,* "Battering Victimization Among a Probability-Based Sample of Men Who Have Sex With Men," *American Journal of Public Health,* diciembre de 2002, páginas 1964 a 1969.

[4] Gwat-Yong Lie y S. Gentlewarrier, "Intimate Violence in Lesbian Relationships: Discussion of Survey Findings and Practice Implications," *Journal of Social Service Research,* 1991, p. 146.

[5] National Coalition Against Domestic Violence (Coalición nacional en contra de la violencia doméstica).

[6] Sandra E. Lundy, "Abuse That Dare Not Speak Its Name: Assisting Victims of Lesbian and Gay Domestic Violence in Boston," *New England Law Review,* invierno de 1993.

[7] Programas nacionales de coalición antiviolencia, "Lesbian, Gay, Bisexual and Transgender Domestic Violence in 2002," julio de 2003, p. 17.

[8] Beth Leventhal y Sandra E. Lundy, eds., *Same Sex Domestic Violence* (1999), p. 21.

Sin embargo, James Brundage, profesor de leyes e historia de la University of Kansas, especializado en el periodo medieval, dice que la tesis de Boswell tiene pocos seguidores en la actualidad. "Los historiadores de la academia no toman muy en serio ese libro", admite.

Según Eskridge, cualquiera que haya sido la aceptación de que fueron objeto las relaciones del mismo género en la antigüedad, las autoridades religiosas y civiles europeas adoptaron una oposición que no deja lugar a dudas. A partir del siglo XIII, los gobiernos promulgaron las primeras leyes que prohibían "los crímenes contra la naturaleza", escribe, y las leyes eclesiásticas previas "entraron en vigencia de manera más estricta".[9]

A pesar de la oposición, las relaciones del mismo género sobrevivieron en el Occidente actual, tanto en Europa como en Estados Unidos. Las subculturas homosexuales han existido en muchas ciudades europeas desde el siglo XVIII y para principios del siglo XX en ciudades de Estados Unidos, como Nueva York, Chicago, San Francisco y Washington.

Típicamente, las parejas del mismo género eran discretas, pero a mediados del siglo XX la unión entre personas del mismo género fue incrementando visiblemente. Durante los años sesenta, los primeros activistas defensores de los derechos de los homosexuales cuestionaban el matrimonio y algunas parejas se involucraban en ceremonias de casamientos que no tenían ninguna validez legal. Sin embargo, Eskridge concluye, "estos 'matrimonios' no disfrutaron de reconocimiento legal ni de la posibilidad de lograrlo".[10]

Fuera del closet

En los setenta, las parejas de gays y lesbianas comenzaron a intentar casarse legalmente, pero los tribunales rechazaron todos sus intentos a lo largo de los ochenta. Sin embargo, el movimiento a favor de los derechos de los homosexuales, que empezaba a crecer, no le dio gran importancia al asunto. Las opiniones respecto a la importancia, o valor del matrimonio, se encontraban divididas. Además, los defensores de los derechos de los homosexuales tenían otros temas más importantes que cubrir, como la discriminación laboral, las leyes antisodomía y el SIDA.[11]

La discusión dentro de la comunidad gay y lesbiana se remonta a 1951, cuando se publicó el primer manifiesto homosexual importante en los Estados Unidos: *The Homosexual in America,* escrito bajo el seudónimo de Donald Webster Cory. En un capítulo sobre las relaciones, Cory concluyó que a los homosexuales se les debía permitir casarse. Llegó a esa conclusión sólo después de lo que Eskridge llama una discusión "desesperada" en la que cita como impedimentos para una relación estable entre hombres homosexuales el odio a sí mismos y a la promiscuidad.

Este incipiente movimiento a favor de la liberación homosexual salió a la luz vitalizado y radicalizado después de un allanamiento de la policía al Stonewall Inn, un bar muy popular de Greenwich Village, que, en 1969, desencadenó dos días de tumultos por parte de activistas homosexuales en la ciudad de Nueva York. No obstante, el matrimonio no era un objetivo que todos compartían. Los líderes del Gay Liberation Front lo denunciaron como "uno de los apoyos más insidiosos y básicos del sistema", y a la familia como "el microcosmos de opresión". Entendido así, el matrimonio reprime la libertad sexual, oprime a la mujer y apoya el sistema capitalista.

No obstante, para finales de la década de los sesenta surgían relaciones más formales entre parejas de gays y lesbianas. En 1968, la Universal Fellowship of Metropolitan Community Churches que acogía a los homosexuales, comenzó a celebrar bodas para parejas del mismo género. A principios de los setenta, las sinagogas de gays y lesbianas siguieron el ejemplo. En Minnesota, una pareja gay integrada por Richard John Baker y James Michael McConnell contrajo matrimonio en ceremonia religiosa en 1970 y luego, sin éxito, solicitaron la licencia matrimonial del estado. Demandaron ante el tribunal del estado, aduciendo que la negación de la licencia era inconstitucional. La Corte Suprema de Minnesota rechazó su apelación en 1971, constituyéndose en la primera sentencia con apelación en Estados Unidos relacionado con el matrimonio entre personas del mismo género.[12]

Los funcionarios públicos y los tribunales de otras jurisdicciones respondieron de igual manera, con sólo aisladas excepciones. En 1975, el secretario judicial del condado de Boulder en Colorado expidió licencia matrimonial a por lo menos seis parejas del mismo género, después de recibir la aprobación del fiscal del condado. Como resultado de manifestaciones públicas, el procurador del estado ordenó que no se expidieran más licencias. Un miembro del Consejo en Washington, D.C., presentó una propuesta para legalizar los matrimonios de homosexuales pero tuvo que retirarla después de una fuerte oposición por parte de grupos religiosos. Las parejas de homosexuales que plantearon el reclamo ante el tribunal se enfrentaron a toda clase de bloqueos. Según relata Eskridge, profesor de derecho de Yale, entre 1971 y 1993 todos los jueces que tuvieron que decidir sobre el tema, sentenciaron que las parejas de homosexuales no tienen derecho estatutario o constitucional para contraer matrimonio.[13]

Dado que la opinión estaba dividida dentro de la comunidad gay, y fuera de ella la oposición era categórica, los defensores de los derechos gay dejaron la idea en suspenso durante los ochenta y se concentraron en otros temas, con un poco de éxito. En 1981, Wisconsin se convirtió en el primer estado en prohibir la discriminación por orientación sexual en vivienda, empleo o alojamiento público. Muchos estados rechazaron las leyes antisodomía que se usaban para procesar el comportamiento homosexual; sin embargo, los defensores de los derechos de los homosexuales fueron tristemente sorprendidos por la sentencia de la Corte Suprema de EE.UU. en 1986 que reiteraba la constitucionalidad de esas leyes.[14] No obstante, en 1984, los defensores de los derechos de homosexuales ganaron reconocimiento para las parejas del mismo género al lograr persuadir a los gobiernos de algunas ciudades y estados, comenzando con Berkeley, California, de otorgar a los homosexuales los beneficios de una pareja de hecho.

El debate sobre el matrimonio dentro de la comunidad gay se tornó más visible en 1989 después de un extraordinario debate entre dos altos funcionarios del Lambda Legal Defense and Education Fund, publicado en un periódico gay. Por una parte, su director ejecutivo, Thomas Stoddard, afirmaba que el matrimonio era "el tema que más probabilidades tiene de lograr un mundo libre de discriminación contra lesbianas y gays". Por la otra, Paula Ettelbrick, directora jurídica, creía que el matrimonio obligaría a los homosexuales a entrar a la línea central y a desviar los esfuerzos del movimiento hacia reformas sociales más amplias.[15]

A pesar de este debate continuo, la mayoría de homosexuales, hombres y mujeres que respondieron en 1994 una encuesta de *The Advocate*, una revista para homosexuales, deseaba contar con la posibilidad de casarse. Entre los hombres homosexuales, el 59% respondió que le gustaría casarse con otro hombre si pudiera, y el 26% contestó que posiblemente lo haría. En una encuesta similar entre lesbianas, en 1995, siete de cada diez encuestadas respondieron que se casarían si las leyes lo permitieran.[16]

En defensa del matrimonio

Los esfuerzos para ganar reconocimiento legal para las uniones del mismo género se intensificaron durante la década de los noventa, como consecuencia de los fallos favorables de los tribunales de Hawai y Alaska y por un aumento aparente de la monogamia entre parejas de gays y lesbianas. Sin embargo, y a pesar de la creciente aceptación social de la homosexualidad, la nueva tendencia en los tribunales provocó un fuerte retroceso. Los fallos de Hawai y Alaska fueron efectivamente anulados mediante enmiendas constitucionales del estado; al mismo tiempo, el congreso y dos terceras partes de los estados aprobaron leyes orientadas a prohibir el reconocimiento de los matrimonios entre gente del mismo género. No obstante, al final de la década, Vermont se convirtió en el primer estado en otorgar a las parejas del mismo género beneficios parecidos a los del matrimonio en un estado civil recién creado: las uniones civiles.

El caso de Hawai comenzó con una demanda presentada en 1991 ante el tribunal del estado por tres parejas homosexuales con el ánimo de invalidar la exclusión estatutaria del matrimonio entre personas del mismo género, alegando razones constitucionales, estatales o federales.[17] Un juez de primera instancia rechazó la demanda, pero la Corte Suprema de Hawai le otorgó a los defensores una victoria transitoria en mayo de 1993. La corte dictaminó que la prohibición a los matrimonios entre personas del mismo género significaba discriminación sobre las bases de género y podría mantenerse bajo la constitución de Hawai únicamente si el estado podía demostrar un interés gubernamental imperioso que la justificara.[18]

Cuando el caso volvió al tribunal de primera instancia, el estado defendió la prohibición al matrimonio entre parejas del mismo género sobre la base de que las parejas de gays y lesbianas no serían padres y madres lo

¿Se debe legitimar el matrimonio entre homosexuales?

SÍ

Mary Bonauto

Directora del Proyecto de Derechos Civiles, Gay and Lesbian Advocates and Defenders (GLAD)

Extractos tomados del sitio Web de GLAD, 15 de agosto de 2003

El matrimonio es un importante componente básico de familias y comunidades fuertes. Las bodas representan una oportunidad para que los amigos, la familia y los vecinos se reúnan para reconocer el compromiso para toda la vida que la pareja se hace el uno al otro. Esta ocasión fortalece el vínculo de una pareja y marca su inclusión como familia en las comunidades de las que hacen parte.

El matrimonio, sin embargo, es mucho más que una ceremonia. Primero, es una relación única, sinónimo de "familia", de tal forma que si alguien está "casado", nadie se atreve a cuestionar el derecho de esa persona a permanecer al lado de su cónyuge. La palabra en sí constituye una de las protecciones. En segundo lugar, es la puerta de ingreso a cientos de protecciones legales establecidas por el estado y a más de 1,000 del gobierno federal. Las parejas que están casadas dan por sentados sus derechos de visitas a los hospitales, la seguridad de sus hijos y los derechos a heredar.

Aún cuando las familias de gays y lesbianas pueden protegerse en formas limitadas mediante la creación de testamentos, autorizaciones para asumir la atención sanitaria y adopciones, todo esto está lejos de emular las protecciones automáticas y la paz mental otorgada por el matrimonio. Las personas no pueden hacer nada respecto a cambiar las leyes sobre pensiones, los derechos de supervivencia, la protección a dependientes del trabajador o sistema tributario, entre muchas otras.

El matrimonio es también una institución social de máxima importancia, la expresión definitiva del amor y el compromiso. Mientras permanezca de exclusividad de las parejas de distinto género, los hombres y mujeres del mismo género no serán clasificados como ciudadanos plenos, y serán marcados, junto a sus hijos, con un sello de inferioridad. Negar la seguridad que otorga el matrimonio tan sólo sirve para debilitar a las familias de gays y lesbianas y a las comunidades a las que pertenecen.

Lejos de minar el matrimonio, la lucha por una igualdad total para las parejas de gays y lesbianas es un reconocimiento a la importancia que tiene el matrimonio dentro de la sociedad y a su poder sobre nuestras vidas. Aumentar el acceso al matrimonio de adultos con relaciones firmes, fortalecerá la institución en vez de debilitarla. En su búsqueda por la libertad para casarse, las parejas de gays y lesbianas sencillamente piden que sus relaciones sean objeto del mismo respeto bajo la ley que se otorga a otros, con el fin de obtener la seguridad y protección que sus familias necesitan.

¿Se debe legitimar el matrimonio entre homosexuales?

NO

Ron Crews
Presidente, Massachusetts Family Institute

Escrito para *The CQ Researcher*, agosto de 2003

La presión para legalizar el "matrimonio" homosexual se fundamenta en por lo menos tres mitos, a saber: el comportamiento sexual entre personas del mismo género es genético e inmodificable, las relaciones homosexuales son exactamente iguales que el matrimonio entre un hombre y una mujer, y los niños criados por parejas del mismo género se desarrollan igual que aquellos criados por un padre y una madre casados. Ninguno de estos mitos es cierto.

La definición de matrimonio se basa en el hecho de que todos los seres humanos desde su concepción tienen en cada célula de sus cuerpos, cromosomas xx si son mujeres o cromosomas xy si son varones. Ni las cirugías para cambiar de sexo, ni los tratamientos hormonales pueden cambiar esos cromosomas.

Estas diferencias permanentes contribuyen a una definición firme de lo que significa estar casados. Esta ha sido la definición legal, social, histórica y teológica del matrimonio a través de los tiempos.

Por otro lado, la orientación sexual, o la atracción hacia el mismo sexo, puede cambiar, como efectivamente cambia. Jeffrey Satinover, psiquiatra y autor de *Homosexuality and the Politics of Truth,* comenta que un estudio importante, realizado para entidades públicas de EE.UU. para investigar la epidemia del SIDA, concluyó que el 75% de los muchachos que a los 16 años cree que son homosexuales, se ha vuelto heterosexual por vida sin intervención alguna. Además, el promedio de vida de aquellos que practican el sexo homosexual se reduce aproximadamente 20 años; con frecuencia dejan niños huérfanos.

En algunos aspectos, las parejas del mismo género se pueden ver como una pareja de casados, pero carecen del elemento esencial. Puede que tengan niños, también los orfanatos los tienen. Sin embargo, eso no los convierte en un matrimonio. Puede que tengan relaciones responsables durante un largo periodo de tiempo. Los padres y los hijos, los hermanos y las hermanas, y los amigos tienen relaciones responsables prolongadas. Sin embargo, eso no constituye un matrimonio. Sólo la unión de un hombre y una mujer, con cromosomas inmutables xx y xy en cada célula de sus cuerpos, que representan las dos mitades de la raza humana, pueden constituir un matrimonio y crear la siguiente generación.

La siguiente generación necesita de un padre y una madre. Todo estudio de ciencias sociales que se respete, preparado hasta la fecha, ha confirmado, independiente de las medidas que se hayan utilizado, que los niños se desarrollan mejor cuando tienen un padre y una madre. Privar a un niño en forma deliberada de un padre o una madre es cruel e injusto.

¿Las personas que sienten atracción hacia el mismo sexo merecen ser tratadas con dignidad? ¡Por supuesto que sí! ¿Tenemos que cambiar la definición de matrimonio para complacerlas? ¡Por supuesto que no!

Getty Images/Douglas McFadd

Karen Ahlers y Michelle Blair después de intercambiar votos matrimoniales simbólicos en la First Parish Church de Framingham, Massachusetts, el 2 de agosto. Los defensores de los derechos de los homosexuales manifiestan que los grupos religiosos pueden decidir acerca de celebrar matrimonios pero no deben tener voz ni voto en que se legalice el matrimonio civil. A principios de agosto, los dirigentes de la iglesia episcopal le otorgaron a la diócesis de EE.UU. la posibilidad de bendecir uniones del mismo género.

suficientemente buenos. Al rechazar tal argumento, en diciembre de 1996, el juez declaró la prohibición al matrimonio entre parejas del mismo género como inconstitucional pero dejó la sentencia pendiente de apelación. Durante este tiempo, los opositores del matrimonio entre gente del mismo género obtuvieron, en noviembre de 1998, la ratificación de una enmienda constitucional que autoriza al cuerpo legislativo a limitar el matrimonio sólo a parejas heterosexuales. En 1999, la Corte Suprema del estado interpretó la enmienda para validar de forma retroactiva la prohibición a matrimonios del mismo género, eliminando la necesidad de un acto legislativo.[19]

Una demanda similar fue instaurada por una pareja gay en Alaska y empezó de manera comparable, sólo que una enmienda constitucional la interrumpió en una etapa más temprana. El juez del caso les otorgó a los demandantes una victoria preliminar en febrero de 1998, al sentenciar que el estado tenía que justificar la negación de su derecho "esencial" de escoger su pareja.[20] El estado apeló ante la Corte Suprema de Alaska, pero durante el año siguiente el cuerpo legislativo aprobó, y los votantes ratificaron una enmienda constitucional que definía el matrimonio como la unión entre un hombre y una mujer.

El caso de Hawai produjo temor entre los opositores de que una sentencia final para los demandantes podría forzar a los otros 49 estados a reconocer los matrimonios gay que fueron aprobados allí. Como la demanda avanzaba hacia un juicio, el Congreso actuó rápidamente, en un año de elecciones, para promulgar una legislación federal orientada a coartar cualquier fallo del tribunal del estado a favor del matrimonio gay. La Ley en Defensa del Matrimonio (DOMA), aprobada abrumadoramente por las dos cámaras y convertida en ley por el presidente Bill Clinton el 21 de septiembre de 1996, declaraba que los estados no estaban obligados a reconocer matrimonios entre personas del mismo género que hubieran sido sancionados legalmente en otros estados. También definía matrimonio y cónyuge en términos heterosexuales para los tribunales federales, impidiendo así que las parejas de homosexuales puedan presentar declaraciones de renta conjuntas u obtener beneficios conyugales de seguridad social u otros programas federales.[21]

Algunos cuerpos legislativos estatales ya habían aprobado leyes similares antes de que el congreso se pronunciara; durante los siguientes años muchos siguieron el ejemplo. A finales del año 2000, más de 30 estados tenían las denominadas "mini-DOMA" en los registros. La lista incluía tres medidas aprobadas por los votantes en 2000: una iniciativa adoptada en marzo por votación electoral, en California, y las enmiendas constitucionales ratificadas en noviembre en Nebraska y Nevada. Todas las leyes de manera específica definían el matrimonio como la unión de un hombre y una mujer. Algunas sencillamente parecían prohibir los matrimonios entre gente del mismo género por parte de los propios residentes del estado; la mayoría tenían más alcance y también prohibían reconocer los matrimonios entre gente del mismo género aprobados en otros estados.

No obstante, y al mismo tiempo, tres parejas homosexuales de Vermont habían ganado una victoria trascendental de la Corte Suprema del estado. En diciembre de 1999, por decisión casi unánime, la corte declaró que el estado tenía que otorgar a las parejas del mismo género "los beneficios y protecciones comunes que surgían del matrimonio bajo las leyes de Vermont". La corte dejó al cuerpo legislativo del estado la decisión de legalizar el matrimonio, como alegaba el único magistrado en desacuerdo, o crear alguna forma de "sociedad doméstica paralela".[22] Sin campo para actuar, el cuerpo legislativo aprobó en abril de 2000 un proyecto de ley que creaba para los homosexuales el estado civil denominado "unión civil"; el entonces gobernador demócrata, Howard Dean, lo firmó como ley para que cobrara vigencia a partir del 1º de julio.

"Igualdad en el matrimonio"

Cuando la ley de Vermont sobre la unión civil aún no cumplía un año, siete parejas de gays y lesbianas interpusieron una demanda con el objeto de legalizar el matrimonio gay en el estado vecino de Massachusetts. *Goodridge vs. Massachusetts Department of Public Health*, se convirtió en un importante enfrentamiento sobre el tema, con un total de 26 expedientes amicus curiae presentados en favor y en contra, antes de que la Corte Suprema del estado escuchara ambas partes en marzo de 2003.

Mientras tanto, el matrimonio entre personas del mismo género avanzaba en otros países; primero en los Países Bajos, en septiembre de 2000 y luego en Bélgica y Canadá en 2003. Además, sus defensores declararon que la sentencia de la Corte Suprema de Estados Unidos del 26 de junio, revocando las leyes estatales antisodomía, tendía las bases preliminares para una mayor igualdad legal de los homosexuales en Estados Unidos.

Las siete parejas demandantes de Massachusetts hicieron énfasis en los problemas prácticos generados al no poder contraer matrimonio.[23] Hillary Goodridge recordó cómo, a pesar de tener un documento legal conocido como autorización para tomar decisiones de salud, tuvo dificultad para visitar en el hospital a Julie, su pareja, cuando esta tuvo un parto difícil. El maestro Richard Linnell observó que su seguro de salud cubrió al hijo que adoptó conjuntamente con su pareja, Gary Chalmers, pero tuvo que hacer un pago adicional para cubrir a Chalmers. Gloria Bailey y Linda Davies manifestaron que a medida que se acercaban al retiro, se dieron cuenta que tendrían que afrontar impuestos que las parejas de casados no tenían que pagar al vender sus casas, o su consultorio compartido de psicoterapia.

"El tratamiento desigual no está en acuerdo con la constitución", expresó Jennifer Levi, abogada de GLAD en abril de 2001 durante la conferencia de prensa donde se anunció la demanda. "Lo que estas parejas buscan es igualdad".

La gobernadora en ejercicio, Jane Swift, respondió confirmando su oposición al matrimonio entre personas del mismo género. "Yo creo que el matrimonio, y su reconocimiento, es una institución importante dentro de nuestra comunidad y nuestro país, y debe ser para parejas heterosexuales", dijo Swift, republicana.

Un año después, en su concepto de 26 hojas en que rechaza la demanda, el juez Thomas Connolly se escudó en lo que él llamó la definición "centenaria" del matrimonio y el papel "principal" de la procreación en el matrimonio. "Cuando se reconoce que la procreación es el principal objetivo del matrimonio, lo razonable es que los legisladores limiten el matrimonio a las parejas de distinto sexo quienes, teóricamente, cuentan con la capacidad de procrear", escribe Connolly. El juez manifestó que los demandantes deben dirigir su alegato al cuerpo legislativo y no a los tribunales.[24]

La verdad es que los países europeos manejan el tema a nivel legislativo, y no judicial. Tres países escandinavos habían aprobado leyes varios años antes que otorgaban beneficios legales a las parejas del mismo género: Suecia en 1987, Noruega en 1989 y Dinamarca en 1993. Los Países Bajos fueron aún más lejos en septiembre de 2000, al legalizar el matrimonio entre personas del mismo género. La medida fue aprobada por el parlamento holandés 109 votos contra 33, sólo con oposición de unos pocos partidos cristianos. Bélgica, que es predominantemente católica, siguió el ejemplo

El tema del matrimonio entre homosexuales plantea riesgos políticos

El tema del matrimonio entre homosexuales constituye un riesgo para republicanos y demócratas en la elección presidencial del próximo año. Algunos conservadores, como el ex candidato presidencial Gary Bauer, actualmente presidente del grupo conservador American Values, dicen que para los votantes será cuestión de definir "valores".

No cabe duda de que el presidente Bush será presionado para que explique en más detalle su posición ante el matrimonio: un hombre y una mujer. Al hacerlo, tendrá que satisfacer a los cristianos, la rama derecha de su partido, sin excluir a los votantes independientes y a los moderados del GOP que están a favor de la privacidad individual por encima de la intromisión del gobierno.

"No puedo imaginar que la Casa Blanca se mantenga ausente de ese debate y se limite a repetir "creemos que el matrimonio es entre un hombre y una mujer", dice Bauer. "Hay que poner sobre el tapete una política que implante los valores de sus partidarios. De lo contrario, ¿por qué tendrían que continuar sus partidarios con la alianza?"[1]

en enero de 2003, pero sólo después de un debate parlamentario más prolongado.

Los magistrados de la corte suprema de Massachusetts cuestionaron enérgicamente a los abogados de ambas partes cuando se les presentó el caso *Goodridge* el 4 de marzo.[25] "¿Por qué considera usted que nosotros tengamos que decidir sobre este tema?", le preguntó el magistrado Roderick Ireland a Bonauto, representante de las parejas. La magistrada Martha Sosman preguntó si un dictamen para las parejas llevaría a reconocer la poligamia.

Sin embargo, uno de los magistrados observó la aparente paradoja de permitir que las parejas del mismo género adopten niños, pero no permitir que se casen. "¿No le parece que esas ideas son un tanto contradictorias? Le preguntó el magistrado John Greaney a Judith Yogman, la asistente del procurador general del estado, a cargo del caso. Algunos observadores vieron las preguntas como un estímulo para los demandantes, pero otros fueron más cautelosos frente a hacer predicciones.

Mientras que los magistrados de Massachusetts deliberaban sobre el caso, el gobierno canadiense tomó medidas para convertirse en el tercer país occidental en reconocer oficialmente el matrimonio entre personas del mismo género. El Primer Ministro Jean Chretien anunció el 17 de junio que su gobierno prepararía leyes para reconocer el matrimonio homosexual — una semana después de que el Tribunal Supremo de Ontario ordenó el reconocimiento inmediato del matrimonio entre homosexuales en las provincias más pobladas de Canadá.[26] Los tribunales provinciales de Columbia Británica y Quebec también habían respaldado el matrimonio gay en sentencias anteriores.

Además, el fallo de la Corte Suprema de EE.UU. por seis votos contra tres, que revoca las leyes contra la sodomía, animaron a los defensores del matrimonio entre homosexuales. La opinión del magistrado Anthony M. Kennedy, representando a la mayoría, observaba que el caso no contempló "si el gobierno debe otorgar reconocimiento formal a cualquier relación que pretendan celebrar las personas homosexuales".

No obstante, el magistrado Antonin Scalia, en desacuerdo, dijo que el dictamen del 26 de junio dejó a las leyes que limitan el matrimonio a parejas de distinto sexo, sobre "terrenos bastante tambaleantes". El tema de portada de *Newsweek* sobre el fallo enmarcó el asunto en forma dramática: "¿Será el matrimonio entre personas del mismo género el siguiente paso?"[27]

En tanto, Lynn, la esposa del vicepresidente Dick Cheney y conservadora incondicional, denomina la idea de que el gobierno se entrometa en las alcobas de la gente como "una exageración".[2] La hija de Cheney es lesbiana, como también lo es la del candidato demócrata a la presidencia Richard Gephardt. Ambas trabajan activamente en las campañas de sus padres.

Sin embargo, otra rama del Partido Republicano que es homosexual, Log Cabin Republicans, también puede presionar a Bush para que tome partido. "La administración Bush tendrá que decidir sobre hacer pública su opinión" aceptando a los homosexuales "como parte de la familia estadounidense y del partido republicano," dijo Patrick Guerriero, ex alcalde de Melrose, Massachusetts, quien dirige actualmente el grupo.

Los candidatos demócratas también se han mostrado renuentes a apoyar el matrimonio entre homosexuales. En julio, durante un foro patrocinado por la Campaña de Derechos Humanos, los nueve candidatos demócratas a la presidencia aprobaron los beneficios a las sociedades del mismo género, pero ninguno de los principales candidatos ha aceptado el matrimonio homosexual.

El tema del matrimonio homosexual podría afectar los resultados de los demócratas en el Medio Oeste, los estados del sur, las áreas rurales y entre los estadounidenses mayores de 50 años, todos ellos segmentos demográficos claves en donde el apoyo a los derechos de los homosexuales no tiene la fuerza de las zonas urbanas, las costeras y los votantes jóvenes.

---

[1] Citado por Susan Page en "Gay Rights Tough to Sharpen into Political 'Wedge Issue,'" *USA Today*, 28 de julio de 2003, p. A10.

[2] Frank Rich, "Gay Kiss: Business As Usual," *The New York Times*, 22 de junio de 2003.

SITUACIÓN ACTUAL

Los compromisos

Deb Price y Joyce Murdoch han sido una pareja comprometida desde 1985, pero estas dos periodistas de Washington, D.C., se sienten como recién casadas desde que contrajeron matrimonio en Toronto el 27 de junio.

"Los ojos se me llenaron de lágrimas cuando tomé conciencia de que después de 18 años juntas, Joyce y yo estábamos legalmente casadas", escribe Price, reportera del *Detroit News*, en la columna que publica sobre el estilo de vida gay. Comenta que ella y Murdoch "se sienten abrumadas" por su nueva condición de "esposas".[28]

Según Murdoch, editora gerente de política en la revista semanal *National Journal*, "ambas nos hemos sentido verdaderamente conmovidas por toda la emoción que representa volver a hacer parte de una institución que se remonta a miles de años". "Esta nueva página fue maravillosa".

Price y Murdoch están entre las cientos de parejas estadounidenses que han ido a Canadá a contraer matrimonio desde el 10 de junio que el tribunal provincial de Ontario falló a favor del matrimonio entre parejas del mismo género. Canadá atrae, no sólo porque está geográficamente cerca, sino también porque no impone requisito de ciudadanía o residencia para reconocer el matrimonio entre gente del mismo género — al contrario de los otros — Países Bajos y Bélgica.

El aumento vertiginoso de matrimonios homosexuales al otro lado de la frontera es sólo una señal de la creciente visibilidad de parejas del mismo género en Estados Unidos. Más de 200 periódicos estadounidenses, el más importante de ellos *The New York Times*, publican ahora los anuncios de compromiso de parejas del mismo género.[29] La revista para novias Bride, la de mayor circulación masiva, muestra una historia de página entera sobre uniones del mismo género en el número que se encuentra en circulación.[30]

El reconocimiento de las parejas del mismo género por parte de los medios dominantes se ha reflejado dramáticamente en las cadenas de TV. Los Premios Tony de este año mostraron a dos compositores ganadores que son pareja, compartiendo un beso de celebración. También, el nuevo espectáculo en vivo de este verano, "Boy Meets Boy" es uno más de los programas de mucha visibilidad con orientación gay, como el muy exitoso "Will and Grace" y uno nuevo de transformación, "Queer Eye for the Straight Guy", en donde cinco hombres homosexuales transforman el estilo de vida de hombres heterosexuales.

Por otro lado, el U.S. Census Bureau reportó en marzo que en su recuento del año 2000 encontraron 594,000 parejas del mismo género que viven juntas, un aumento del 300 por ciento sobre el número registrado en el censo anterior de 1990.[31] La cifra, que se divide casi que en partes iguales entre parejas de gays y lesbianas, representa el uno por ciento de los hogares en todo el país.

Los demógrafos y otros especialistas en temas de homosexualidad dicen que la cifra real es muchísimo más alta. El aumento que se reporta desde 1990 se atribuye en gran parte, a una mayor disposición de las parejas del mismo género a revelar su estado.

"Muchas parejas de gays y lesbianas se sentían más cómodas revelando su relación al gobierno en el 2000, que en 1990", afirma Gary Gates, un investigador asociado del Urban Institute, una organización de investigación, de tendencias liberales, con sede en Washington. "Esto es el resultado de la mayor aceptación de las parejas del mismo género en nuestra sociedad".

De acuerdo a los datos del censo, aproximadamente una tercera parte de las parejas de lesbianas (34.3%) y una cuarta parte de las parejas gay (22.3%) tienen niños en sus hogares. Frente a un 45.6% de hogares de parejas casadas y 43.1% de hogares de parejas de distinto sexo sin casar.

Los datos del censo también mostraron un aumento en el número de parejas de distinto sexo solteras, de 3.2 millones en 1990 a 5.5 millones en 2000. Los conservadores sociales encontraron las estadísticas preocupantes.

"La tendencia es continua y ha comenzado a crecer", según comentó Allan Carlson del Family Research Council, a *The New York Times*. "No es sano. Los compromisos asociados con la cohabitación no son tan firmes ni tan fuertes como los del matrimonio".[32]

Gates comenta que en otras medidas de estabilidad social, otros datos del censo indican que las parejas del mismo género se encuentran entre las parejas de distinto sexo que no están casadas y las parejas casadas. Dos terceras partes de las parejas del mismo género son dueñas de la vivienda que comparten, comparadas con el 43% de las parejas de distinto sexo que no están casadas y el 81% de las parejas casadas. Un poco más de la tercera parte (38%) de las parejas del mismo género viven en la misma vivienda de hace cinco años, en comparación con el 18% de la parejas solteras de distinto sexo y el 58% de las parejas casadas.

"Encuentro fascinante el hecho de que aún sin estar casadas, las parejas de gays y lesbianas muestran características indicadoras de buena estabilidad", afirma Gates. "De igual manera, existen muchos derechos y privilegios asociados al matrimonio que las parejas del mismo género no tienen. Durante el transcurso de la vida resulta mucho más difícil ser una pareja del mismo género que una pareja de casados heterosexual".

Después de 12 años juntos, Martin Grochala y Fred Reuland han vivido esos problemas: las dificultades de ser sinceros acerca de su relación, el temor a ser rechazados por amigos o familiares y los pasos adicionales que una pareja de gays tiene que tomar para mantener su hogar y proteger sus vidas y propiedades. Sin embargo, cuando la pareja de Chicago celebró una ceremonia de compromiso en julio, el amigo que escogieron para que la presidiera los instó a considerar esas dificultades como un motivo de celebración, no de pesar.

"Es cierto, son sólo retos", afirma Grochala. "En vez de decirnos 'pobre de ustedes', nos dijo que esos retos son magníficas oportunidades para hacer de nosotros unas buenas personas".

El debate sobre el matrimonio

Los defensores de los derechos de los homosexuales amplían e intensifican su presión para lograr la aprobación del matrimonio entre parejas del mismo género, mientras esperan el pronunciamiento del tribunal superior de Massachusetts, que muchos piensan será un fallo favorable. Por su lado, los opositores intensifican sus esfuerzos para coartar cualquier fallo del tribunal estatal para que se sancionen las relaciones del mismo género a través de legislación federal o de una enmienda a la constitución, de ser necesario.

Las encuestas de opinión indican una disminución al respaldo para las relaciones del mismo género desde que la Corte Suprema se pronunció en junio en el caso de antisodomía en Texas. Los grupos antigay manifiestan que el cambio resulta de una reacción en contra del matrimonio homosexual y otras partes de lo que ellos denominan la agenda gay. Los defensores de los derechos de los homosexuales describen el cambio como una caída a corto plazo y mencionan el mayor respaldo entre la gente joven para el matrimonio entre parejas del mismo género como un indicio de la tendencia de la opinión pública a largo plazo sobre el tema.

Los grupos a favor de los derechos de los gay trabajan para conseguir respaldo para el matrimonio entre gente del mismo género, de organizaciones e individuos de ideas afines, que no pertenezcan a la comunidad gay y lesbiana. Por ejemplo, Lambda Legal está recopilando apoyo de una gran variedad de organizaciones que luchan por las libertades civil y religiosa, de figuras políticas y celebridades del mundo del entretenimiento, empresarial y otras profesiones. "Al igual que con cualquier movimiento a favor de los derechos civiles, existe la necesidad de buscar aliados, particularmente aliados que no sean gays", explica Wolfson de Freedom to Marry.

Como parte del esfuerzo más grande para obtener apoyo masivo, Human Rights Campaign, la organización gay para actividades políticas, utiliza un sitio en la red (www.millionformarriage.org) con el propósito de obtener un millón de firmas para una petición que apoya el matrimonio gay. Para principios de septiembre el sitio había recolectado más de 155,000 firmas.

En el lado contrario, los grupos sociales conservadores intensifican sus esfuerzos a través de los medios de comunicación. "La comunidad gay ha forzado la agenda", afirma Mackey del Family Research Council, "de modo que la gente tiene que reaccionar ahora".

Como ejemplo, la Traditional Values Coalition, un grupo cristiano conservador, dice que está enviando un correo a 1.5 millones de votantes conservadores para que apoyen una enmienda constitucional que prohíba el matrimonio entre gente del mismo género. "Yo lo denomino el momento decisivo para la cristiandad estadounidense", manifestó el reverendo Lou Sheldon, fundador del grupo, al *Washington Post*. "Lo que peligra es nada menos que la doctrina de la creación".[33]

Los opositores se centran parcialmente en una posible enmienda a la constitución de EE.UU. que impida que los estados reconozcan individualmente el matrimonio entre gente del mismo género, o que a ellos se les exija reconocer un matrimonio de estos celebrado en cualquier otro estado. Tres días después del fallo de la

Corte Suprema en el caso del sexo entre homosexuales, Bill Frist, republicano por Tennessee y líder mayoritario del senado, dijo en una entrevista en la televisión que apoyaba sin restricción una enmienda a la constitución que prohíba el matrimonio entre homosexuales. No obstante, en agosto, Frist dijo que el tema no está en la agenda del Senado para lo que resta del año.[34]

Por otro lado, el 30 de julio, durante una conferencia de prensa, el presidente Bush dijo que estaba a favor de limitar el matrimonio a parejas heterosexuales. "Pienso que el matrimonio se da entre un hombre y una mujer, también creo que tenemos que codificarlo en una forma u otra, para lo cual tenemos abogados que están buscando la forma de hacerlo lo mejor posible", expresó Bush.

Un proyecto de enmienda presentado por la representante Marilyn Musgrave, republicana por Colorado, definiría el matrimonio como "una unión entre un hombre y una mujer". Además, estipularía que tanto la constitución de Estados Unidos, como las constituciones de los estados o las leyes estatales o federales no se pudieran interpretar como si exigieran que se puede "conferir el estado de casado o las consecuencias legales que se derivan de este, a parejas o grupos de solteros".

Algunos opositores del matrimonio entre homosexuales no están convencidos de que la enmienda a la constitución sea necesaria. "Estaríamos a favor de medidas en defensa del matrimonio en cada estado, y de ser necesario, una enmienda constitucional", afirma Mackey. Otros piensan que la enmienda de Musgrave no llegará muy lejos. "Deseamos una enmienda que impida las uniones civiles y las sociedades domésticas, una que impida el reconocimiento legal de sociedades del mismo género independiente del nombre que se les dé", dice Sandy Rios, presidenta de Concerned Women of America.

Por otro lado, los partidarios del matrimonio entre homosexuales afirman que la enmienda se excede al prohibir cualquier arreglo parecido al matrimonio entre parejas del mismo género. Según manifiesta Vincent Samar, quien dicta un curso sobre orientación sexual y derecho en Kent College of Law de Chicago, la enmienda "limita todo indicio de matrimonio, incluso los derechos a heredar, el apoyo infantil o la toma de decisiones asociadas con la atención sanitaria". Samar califica la enmienda de "peligrosa".[35]

Para que una enmienda constitucional sea ratificada se requiere la aprobación mayoritaria de dos terceras partes en ambas cámaras del congreso y luego por los cuerpos legislativos en tres cuartas partes de los estados (38). Los partidarios reconocen que la ratificación se enfrenta a una dura batalla. Sin embargo, una encuesta reciente indica un respaldo mayoritario bien sea a una ley, o a una enmienda constitucional que prohíba el matrimonio entre gente del mismo género.

La encuesta, realizada para The Associated Press a través de International Communications Research, informó que un 52% de quienes respondieron contestaron a favor y el 41% se opone a la ley que prohíbe este tipo de matrimonio. La enmienda constitucional para definir el matrimonio como la unión de un hombre y una mujer obtuvo el respaldo del 54% de los encuestados y la oposición del 42%. La encuesta también concluyó que una mayoría, el 53%, está en contra de las leyes que permiten que los gays o las lesbianas formen una unión civil con beneficios parecidos a los del matrimonio.

PERSPECTIVAS

¿Un nuevo mundo feliz?

Como parte de su argumento a favor del reconocimiento del matrimonio entre personas del mismo género a mediados de los noventa, Eskridge, profesor de derecho de Yale, predijo que el movimiento causaría cambios importantes en la comunidad gay y en la sociedad en general. El matrimonio entre parejas del mismo género, escribió, "hará a los gays más civilizados", pues promueve el compromiso, reduce la promiscuidad y estimula la integración hacia una cultura más grande. También "civiliza a Estados Unidos", dijo Eskridge, al reemplazar el "odio de grupos homofóbicos" con un tipo de "aceptación y colaboración de grupo" que sea fuente de fortaleza y orgullo de los estadounidenses.

Los opositores, por su lado, también prevén un cambio significativo, pero no para bien. Los abogados de Marriage Watch de la Catholic University, al invocar la imagen de la utopía negativa del novelista Aldous Huxley, manifiestan en su informe de amigos de la corte, en el caso *Goodridge*, que "el propuesto 'mundo feliz' del matrimonio" necesariamente conllevaría la legalización

del incesto y la poligamia y dejaría las "restricciones morales . . . reducidas a un montón de cenizas".

Hoy día, los defensores del matrimonio entre parejas del mismo género refutan las funestas predicciones de los opositores, pero también minimizan en cierto grado los posibles cambios para la comunidad homosexual o la sociedad en general. "Las parejas casadas de homosexuales pagarán sus impuestos, matricularán a sus hijos en la escuela y discutirán sobre quién tiene que sacar la basura, igual que cualquier otra pareja de casados, y esto no incidirá negativamente ni el matrimonio ni la familia de nadie", dice Wolfson de Freedom to Marry.

No obstante, en el momento, y de acuerdo con las tres encuestas realizadas por servicios de comunicación nacionales desde el fallo de la Corte Suprema en el caso *Lawrence,* en junio pasado, la aceptación del matrimonio gay parece que se está desvaneciendo. La encuesta de la Associated Press, la más reciente, muestra posibles problemas para cualquier candidato político que enfrente el tema. La mitad de los encuestados dijeron que posiblemente no respaldarían a un candidato presidencial que estuviera a favor de las uniones civiles (44%), o del matrimonio entre homosexuales (49%), mientras que sólo un 10% aproximado dijo que posiblemente sí lo respaldaría.

Una dosis de realidad política también está disminuyendo la euforia entre la comunidad homosexual respecto a las medidas orientadas al matrimonio entre homosexuales en Canadá. La legislación que el gobierno tenía planeada para legitimar los matrimonios entre personas del mismo género en todo el país enfrenta perspectivas inciertas para su aprobación, según informan las agencias de noticias. Algunos miembros del parlamento canadiense sugieren que sean los votantes quienes decidan sobre el tema a través de un referendo nacional. Las encuestas indican que los canadienses están divididos casi en partes iguales sobre el tema.

Los partidarios del matrimonio gay en Estados Unidos le restan importancia a las cifras de las últimas encuestas por considerarlas una caída pasajera. Dado que existen demandas en curso en Arizona y Nueva Jersey, y que el caso de Massachusetts continúa pendiente de fallo, tienen plena confianza de que un avance importante es inminente.[36] "Dentro de un año veremos parejas gay legalmente casadas en Estados Unidos", dice Wolfson, "y el pueblo estadounidense lo aceptará".

Los opositores denuncian el papel de los tribunales sobre el tema. "La única forma para que la agenda gay avance es debido a tribunales incontrolables". "Consideramos un problema muy serio que los tribunales acepten retos que no tienen razón para aceptar".

Por su parte, Wardle, de Brigham Young University, quien se opone al matrimonio entre personas del mismo género, dice que está resignado con las normas desfavorables de los tribunales de algunos estados: "Significa que las relaciones homosexuales que se reconozcan en un estado no serán válidas en algunos otros estados".

No obstante, Wardle y Strasser, de la escuela de leyes de Capital University y partidarios del matrimonio gay, coinciden en que es improbable que la Corte Suprema falle a favor del matrimonio entre gente del mismo género en un futuro cercano.

Sin embargo, las legislaciones individuales de los estados podrían ordenar que se otorguen beneficios parecidos a los del matrimonio a parejas homosexuales, aún sin la orden de la corte. La legislación de California está a punto de aprobar un proyecto de ley que otorgaría a las parejas de hecho registradas, entre ellas las parejas de gays y lesbianas, una serie de beneficios que incluyen la posibilidad de solicitar apoyo infantil y pensión alimenticia, y el derecho a recibir cobertura sanitaria bajo el plan del compañero. El proyecto de ley que fue aprobado por el senado estatal el 28 de agosto y que está a la espera de la aprobación final por parte de la Asamblea, también otorgaría a las sociedades domésticas los mismos privilegios que disfrutan los heterosexuales en relación con la inmunidad que garantiza que ninguno de los cónyuges tenga que declarar en contra del otro. El gobernador demócrata, Gray Davis, apoya el proyecto y ha prometido firmarlo cuando le llegue.[37]

Sin resolución definitiva a la vista, parece que las dos partes se preparan para una larga lucha. Los opositores creen tener la opinión pública a su favor, que, al final, será la que prevalecerá. "A pesar de lo que se ve en la cultura popular y en los medios de comunicación, y a falta de algo que presione el retroceso de la agenda gay, a pesar de ese silencio interrumpido únicamente por grupos como el nuestro, parece que los estadounidenses responden a lo que nosotros consideramos verdadero", dice Rios de Concerned Women of America.

"Si las masas populares deciden asumir la responsabilidad de este tema, el matrimonio quedará codificado como un hombre y una mujer".

Sin embargo, los partidarios del matrimonio entre homosexuales afirman que otros movimientos de derechos civiles han luchado largo y duro para ganar por encima de la opinión pública. "Nuestro movimiento a favor de los derechos civiles estará en el mismo tipo de marcha 'lenta pero segura' a favor de la igualdad en el matrimonio", afirma el abogado Buckel de Lambda Legal Defense.

"El resultado es inevitable", continúa. "Se trata de la familia. Cualquiera que tenga una familia sabe lo lejos que se puede llegar cuando se trata de proteger las necesidades de la familia".

NOTAS

1. Para mayor información, consulte los siguientes informes de *The CQ Researcher:* Kenneth Jost, "Gay Rights Update," 14 de abril de 2000, pp. 305 a 328; Richard L. Worsnop, "Gay Rights," 5 de marzo de 1993, pp. 193 a 216; Charles S. Clark, "Marriage and Divorce," 10 de mayo de 1996, pp. 409 a 432.

2. Darryl Fears, "3 Support Same-Sex Marriage; Democrats Appear At Rights Forum," *The Washington Post,* 16 de julio de 2003, p. A8.

3. U.S. Census Bureau, "Married-Couple and Unmarried-Partner Households: 2000," *Informes especiales del Censo 2000,* febrero de 2003, pp. 1-13.

4. Timothy J. Dailey, "Homosexual Parenting: Placing Children at Risk," Family Research Council, 30 de octubre de 2001.

5. Judith Stacey y Timothy J. Biblarz, "(How) Does the Sexual Orientation of Parents Matter?" *American Sociological Review,* Vol. 66 (abril de 2001), pp. 159 a 183.

6. Información extraída de *The Case for Same-Sex Marriage: From Sexual Liberty to Civilized Commitment, Free Press,* 1996. Pp. 15 a 50 de William

N. Eskridge Jr. El capítulo también se puede encontrar en "People with a History: An Online Guide to Lesbian, Gay, Bisexual, and Trans History," un sitio Web que el Profesor Paul Halsall de Fordham University mantiene (www.fordham.edu/halsall/pwh).

7. John Boswell, *Same-Sex Unions in Premodern Europe* (1994). Si desea consultar las revisiones representativas, consulte Marina Warner, "More Than Friendship," *The New York Times Book Review,* 28 de agosto de 1994, p. 7; Wendy Doniger, "Making Brothers," *Los Angeles Times Book Review,* 31 de julio de 1994, p. 1; y a Camille Paglia, "Plighting Their Troth," *Book World (The Washington Post),* 17 de julio de 1994, p. X1. Si desea ver un compendio de las fuentes, consulte "People with a History", *op. Cit.*

8. Boswell, *op. cit.,* p. 191.

9. Eskridge, *op. cit.,* p. 35.

10. *Ibid.,* p. 44.

11. Datos tomados de Eskridge, *op. cit.,* pp. 51 a 86.

12. El caso es *Baker vs. Nelson,* 191 N.W.2d 185 (Minn. 1971).

13. Eskridge, *op. cit.,* p. 56. Los casos de ocho estados se listan en la nota a pie 28, en las pp. 232 a 233.

14. El caso de *Bowers vs. Hardwick,* 478 U.S. 186 (1986).

15. El debate que originalmente se publicó en *OUT/LOOK, National Lesbian and Gay Quarterly* (otoño de 1989), se reproduce en el artículo de Suzanne Sherman (ed.), *Lesbian and Gay Marriage: Private Commitments, Public Ceremonies* (1992), pp. 13 a 26. Stoddard murió en 1997; Ettelbrick, actualmente director de políticas de familia en National Gay and Lesbian Task Force, es ahora mucho más partidario de ganar el reconocimiento legal de las relaciones del mismo género.

16. Janet Levin, "Sexual Relations: The 1994 Advocate Survey of Sexuality and Relationships: The Men," *The Advocate,* 23 de agosto de 1994, pp. 32 y 33; Janet Levin, "Lesbian Sex Survey: The 1995 Advocate Survey of Sexuality and Relationships: The Men," *The Advocate,* 22 de agosto de 1995, pp. 26 y 27.

17. Para mayor información sobre las principales demandantes, Ninia Baehr y Genora Dancel, consulte Eskridge, *op. cit.,* pp. 1 a 4.

18. El fallo es de *Baehr vs. Lewin,* 852 P.2d 44 (Hawai 1993).

19. El fallo es *Baehr vs. Miike.* El fallo de la Corte Suprema de Hawai, que no se ha publicado oficialmente, se puede ver en 1000 LEXIS 391.

20. El fallo es *Brause vs. Bureau of Vital Statistics,* 1998 WL 88743 (Super. de Alaska).

21. Consulte 1996 *CQ Almanac, pp.* 5-26–5-29.

22. El caso es *Baker vs. the State,* 744 N.W.2d 864 (Minn. 1999).

23. Para conocer el cubrimiento, consulte a Trudy Tynan, "Gay couples sue over right to marry in Massachusetts," The Associated Press, 11 de abril de 2001; Yvonne Abraham, "Gays Seek Right to Marry," *The Boston Globe,* 12 de abril de 2001, p. A1; Linda Bock, "Gays Seek OK for Marriage," *The* (Worcester) *Telegram and Gazette,* 12 de abril de 2001, p. A1.

24. Para ver el cubrimiento, consulte a Kathleen Burge, "Judge Dismisses Same-Sex Marriage Suit," *The Boston Globe,* 9 de mayo de 2002, p. B6.

25. Para ver el cubrimiento, consulte a Kathleen Burge, "SJC Peppers Lawyers on Same-Sex Marriage," *The Boston Globe,* 5 de marzo de 2003, p. A1.

26. El caso es *Halpern vs. Canada* (A.G.), C39172 (Court of Appeal for Ontario, 10 de junio de 2003). http://www.ontariocourts.on.ca/decisions/2003/june/halpernC39172.htm

27. Evan Thomas, "The War Over Gay Marriage," *Newsweek,* 7 de julio de 2003, pp. 38 a 45.

28. Deb Price, "Gay Newlyweds Embrace Canadian Marriage," *The Detroit News,* 7 de julio de 2003.

29. Tres estados no tienen periódicos que publiquen los anuncios de las parejas del mismo género, a saber: Misisipí, Oklahoma y Dakota del Sur. Si desea la lista completa, consulte el sitio Web de Gay and Lesbian Alliance Against Defamation: www.glaad.org.

30. David Toussaint, "Outward Bound," *Bride's,* septiembre y octubre de 2003, p. 346.

31. U.S. Census Bureau, *op. cit.*

32. Citado por Christopher Marquis, "Total of Unmarried Couples Surged in 2000 U.S. Census," *The New York Times,* 13 de marzo de 2003, p. A22.

33. Citado por Evelyn Nieves, "Family Values Groups Gear Up for Battle Over Gay Marriage," *The Washington Post,* 17 de agosto de 2003, p. A6.

34. Consulte Bill Swindell y John Cochran en "Gay Marriage Debate Holds Land Mines for Both Parties," *CQ Today,* 1 de agosto de 2003.

35. Aparición en "NewsHour with Jim Lehrer" de PBS el 31 de julio 2003.

36. El caso de Nueva Jersey es *Lewis vs. Harris,* L-00-4233-02 (Corte Suprema del Condado de Hudson), presentado el 26 de junio de 2002. El caso de Arizona es *Standhardt vs. Superior Court,* 1 CA-SA-03-0150, debatido frente a la Corte de Apelaciones de Arizona, el 19 de agosto de 2003.

37. Consulte Carl Ingram, "Domestic Partners Bill OKd," *Los Angeles Times,* 29 de agosto de 2003, p. B1.

BIBLIOGRAFÍA

Libros

Boswell, John, *Same-Sex Unions in Premodern Europe,* **Villard, 1994.** Este historiador de Yale, homosexual declarado, presenta una tesis muy controvertida al afirmar que la iglesia católica medieval llevaba a cabo ceremonias para bendecir uniones entre hombres asiduamente.

Eskridge, William N., *The Case for Same-Sex Marriage: From Sexual Liberty to Civilized Commitment,* **Free Press, 1996.** Profesor de la facultad de derecho de Yale, expresa su punto de vista a favor del reconocimiento legal del matrimonio entre personas del mismo género.

Lewin, Ellen, *Recognizing Ourselves: Ceremonies of Gay and Lesbian Commitment,* **Columbia University Press, 1998.** Profesora de antropología y estudio de mujeres de la University of Iowa, ofrece una amplia versión de ceremonias de compromisos de gays y lesbianas en Estados Unidos, incluso la propia de la autora.

Strasser, Mark, *On Same-Sex Marriage, Civil Unions, and the Rule of Law: Constitutional Interpretation at the Crossroads,* **Praeger, 2002.** Un profesor de la facultad de derecho en Capital University, Columbus, Ohio, presenta sus puntos de vista a favor del reconocimiento del matrimonio entre parejas del mismo género.

Wardle, Lynn D., Mark Strasser, William C. Duncan y David Orgon Coolidge (eds.), *Marriage and Same-Sex Unions: A Debate,* **Praeger, 2003.** Ensayos cuidadosamente sopesados de 20 contribuyentes sobre puntos de vista históricos, filosóficos y constitucionales con respecto al matrimonio entre personas del mismo género. Incluye dos páginas con casos.

Artículos

Bumiller, Elisabeth, "Why America Has Gay Marriage Jitters," *The New York Times,* **10 de agosto de 2003, Sec. 4, p. 1.** Analiza la opinión pública sobre el matrimonio entre homosexuales después de que las encuestas muestran una caída en el respaldo público.

Thomas, Evan, "The War Over Gay Marriage," *Newsweek,* **7 de julio de 2003, pp. 38-45.** Análisis periodístico sobre el tema del matrimonio entre parejas del mismo género inmediatamente después del fallo de la Corte Suprema de EE.UU. que revoca las leyes estatales contra la sodomía.

Wardle, Lynn D., "A Critical Analysis of Constitutional Claims for Same-Sex Marriage," *Brigham Young University Law Review,* **Vol. 1996, Núm. 1, pp. 1 a 101.** Critica ampliamente los argumentos para reconocer el matrimonio entre parejas del mismo género; también comenta sobre el "desequilibrio" en la literatura jurídica sobre el tema. Wardle es profesor de la facultad de derecho en la Brigham Young University.

Informes y estudios

American Academy of Pediatrics, "Technical Report: Coparent or Second-Parent Adoption by Same-Sex Parents," Vol. 109, Núm. 2 (febrero de 2002), pp. 341 a 344. Un grupo de pediatras examina alrededor de 20 estudios para llegar a la conclusión que a los niños criados por padres gays o lesbianas les va igual de bien que a los niños criados en hogares heterosexuales.

Cahill, Sean, Mitra Ellen and Sarah Tobias, "Family Policy: Issues Affecting Gay, Lesbian, Bisexual and Transgender Families," National Gay and Lesbian Task Force Policy Institute, 2002. Cataloga ampliamente, desde un punto de vista partidario, las leyes y políticas que afectan a los individuos y familias de gays y lesbianas.

Lerner, Robert, y Althea K. Nagai, "No Basis: What the Studies Don't Tell Us About Same-Sex Parenting", enero de 2001 (www.marriagewatch.org). Crítica de dos científicos sociales a los estudios que pretenden demostrar que los niños criados por padres gays o lesbianas se desarrollan igual que aquellos criados en hogares heterosexuales.

Para obtener más información

Concerned Women for America, 1015 15th St., N.W., Suite 1100, Washington, DC 20005; (202) 488-7000; www.cwfa.org. Grupo conservador no gubernamental que se opone al matrimonio entre personas del mismo género y a otras partes de lo que han denominado la "agenda homosexual".

Family Research Council, 801 G St., N.W., Washington, DC 20001; (202) 393-2100; www.frc.org. Un grupo nacional defensor de la familia que se opone al matrimonio entre homosexuales.

Freedom to Marry, 116 West 23rd St., Suite 500, New York, NY 10011; (212) 851-8418; www.freedomto marry.org. Grupo defensor del matrimonio entre homosexuales; trabaja hacia la movilización de apoyo de personas ajenas a la comunidad de gays y lesbianas.

Gay and Lesbian Advocates and Defenders, 30 Winter St., Suite 800, Boston, MA 02108; (617) 426-1350; www.glad.org. Organización regional defensora de los derechos de homosexuales; representa a los demandantes en el caso de matrimonios homosexuales en Massachusetts.

Lambda Legal Defense and Education Fund, Inc., 120 Wall St., Suite 1500, New York, NY 10005-3904; (212) 809-8585; www.lambdalegal.org. Organización nacional defensora de los derechos de homosexuales; representa a los demandantes en el caso de matrimonios homosexuales en Nueva Jersey.

Massachusetts Family Institute, 381 Elliot St., Newton, MA 02464; (617) 928-0800; www.mafamily.org. Organización pro familia fundada en 1991; se opone al matrimonio entre homosexuales.

7

Crisis en las llanuras

Brian Hansen

El pequeño pueblo de Utica, Kansas, está desapareciendo, al igual que innumerables pequeñas comunidades rurales en todas las Grandes Llanuras. Cientos de miles de jóvenes las abandonan en búsqueda de un futuro mejor en áreas urbanas. Algunos expertos culpan a los subsidios agrícolas y la multiplicación de las grandes agroindustrias. Otros opinan que el cambio es inevitable. Para empeorar las cosas, severas sequías han devastado a la región durante varios años.

AP Photo/Charlie Riedel

Para *The CQ Researcher;*
9 de mayo de 2003.

Los colosales montacargas para granos y él depósito de agua con techo rojo aún sobresalen del agreste paisaje de la pradera que rodea New England, Dakota del Norte. Sin embargo, a pesar de los vestigios de su pasada prosperidad, los tiempos han cambiado. El pequeño pueblo ubicado en el corazón de Estados Unidos agoniza.

En los años 50, recuerda Glenn Giese, un morador del pueblo por mucho tiempo, New England contaba con 1,200 habitantes y una gran cantidad de restaurantes, comercios, iglesias y escuelas.

Hoy en día, New England es un lugar desolado. La población, que actualmente es de 490 personas, sigue disminuyendo. La escuela católica cerró hace unos años; las inscripciones en la escuela pública se reducen a un ritmo constante. Muchas tiendas de Main Street han cerrado.

"Ya casi no queda nada", afirma Giese, ex director de la autoridad de desarrollo laboral del condado de Hettinger. "Todo el lugar más o menos ha perecido".

La misma historia ocurre en literalmente miles de pueblos pequeños de la Gran Llanura. Durante los últimos 20 años, muchos condados rurales de la región han experimentado la disminución de sus poblaciones en un 20, 30, 40 por ciento o más. Actualmente, alrededor de 261 condados de la llanura, un área más grande que Francia y Alemania juntos, cuentan con menos de 6 personas por milla cuadrada. En el siglo XIX, el U.S. Census Bureau definió dichos lugares escasamente poblados como "frontera".[1]

La decadencia de las Grandes Llanuras rurales

Las Grandes Llanuras comprenden alrededor de 500 condados en la región central del país. Si bien algunas áreas urbanas de la región han aumentado sus poblaciones en décadas recientes, aproximadamente el 70 por ciento de los condados rurales han disminuido en aproximadamente un tercio durante los últimos 20 años. Los condados de otras áreas que han perdido población se ubican principalmente en el sur del Valle de Mississippi, el desierto de California del Sur y el norte de Nueva Inglaterra.

Áreas que experimentan considerables pérdidas de población

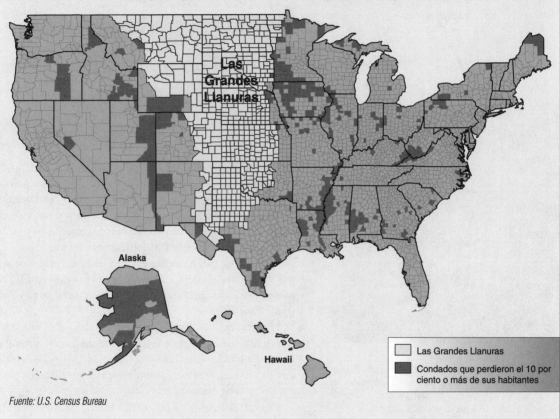

Las Grandes Llanuras

| | Las Grandes Llanuras |
| | Condados que perdieron el 10 por ciento o más de sus habitantes |

Alaska

Hawaii

Fuente: U.S. Census Bureau

"Las Grandes Llanuras se están vaciando", explica Peter Froelich, un experto en despoblación de la Dickinson State University de Dakota del Norte. "Numerosas comunidades cuentan sólo con una últimas generación de habitantes a menos que ocurra algo que cambie la situación completamente".

Las Grandes Llanuras estadounidenses son un vasto ecosistema de praderas que se extiende desde Dakota del Norte y Montana en el norte hasta Texas y Nuevo México en el sur. Las llanuras limitan al oeste con la Montañas Rocosas, pero la región no posee límites físicos nítidos en el este y el sur. Como tal, su tamaño total aún se discute. Según el U.S. Department of Agriculture (USDA), las llanuras comprenden 477 condados en 11 estados, aproximadamente una quinta parte de la superficie de Estados Unidos, excluyendo a Hawai y

Alaska.[2] (En Canadá, las llanuras abarcan parte de Alberta, Manitoba y Saskatchewan.)

La crisis que hoy amenaza a las llanuras no es nueva. Muchas comunidades de la llanura han experimentado dificultades desde que el Congreso aprobó un puñado de leyes en el siglo XIX con el fin de poblar el área. Una de las medidas fundamentales, la ley Homestead Act de 1892, repartía extensiones de 160 acres a quien quisiera construir una casa, plantar cultivos y labrar el terreno durante cinco años. La táctica fue efectiva, pues cientos de miles de personas corrieron a las llanuras a probar suerte en la agricultura, expulsando tanto a los indígenas estadounidenses como a los búfalos.

Sin embargo, la dura realidad de la vida en la llanura, los veranos secos y calurosos, los inviernos brutalmente fríos y la escasez de actividades culturales, doblegaron el espíritu de muchos colonos soñadores. Para 1890, hordas de colonos desilusionados continuaban preparando sus carretas y partiendo.

Mientras tanto, en décadas recientes el número de indígenas estadounidenses y de búfalos en las llanuras ha aumentado considerablemente mientras que las pequeñas comunidades predominantemente blancas que alguna vez abundaron en la región han disminuido a un ritmo constante.[3]

"Lo que está sucediendo es bastante sorprendente", afirmó Patricia Locke, una anciana de la tribu Lakota y Chippewa de la enorme reserva sioux Standing Rock Sioux Reservation que se extiende por Dakota del Norte y del Sur. "Por un lado es como una evacuación y, por el otro, es como un regreso a casa".[4]

Los expertos no concuerdan con qué medidas deban tomarse, si es que se debe tomar alguna, para enfrentar los cambios que están ocurriendo en las Grandes Llanuras. Algunos opinan que el gobierno federal debe atraer habitantes y negocios al área mediante incentivos finan-

Muchos habitantes abandonaron los pueblos pequeños

Los pequeños pueblos de 249 condados de las Grandes Llanuras han perdido aproximadamente el 40 por ciento de sus habitantes desde 1950. El éxodo total fue de alrededor de 500,000 personas, y causó un profundo impacto en las diminutas comunidades.

Cambio en la población de los pequeños pueblos de los condados rurales
(En pueblos con menos de 2,500 habitantes)

	Pérdida de población	Cambio de porcentaje
1950-1960	-144,176	-11.8%
1960-1970	-139,628	-13.0
1970-1980	-42,586	4.5
1980-1990	-97,060	-10.8
1990-2000	-23,447	2.9
1950-2000	-446,897	-36.6%

Fuente: North Dakota State Data Center

cieros, al igual que la ley Homestead Act atrajo a los colonos del siglo XIX con terrenos gratis. Otros piden que se reforme el programa de subsidios agrícolas, pues afirman que en su mayoría enriquecen a las grandes haciendas, permitiéndoles aumentar el precio de la tierra y, como resultado, los pequeños y medianos agricultores se ven obligados a marcharse. No obstante, otros expertos mantienen que la idea de tratar de detener la despoblación de las llanuras es un intento vano y que la región debería ser transformada en una reserva para la fauna salvaje, los indígenas estadounidenses y los turistas.

Con seguridad, las granjas y las haciendas producen muchos de los alimentos de la nación, en gran parte debido a innovaciones en tecnología, plaguicidas, fertilizantes, semillas y métodos de riego.[5]

Sin embargo, el progreso en las llanuras también estimula la disminución de la población. Al aumentar considerablemente la cantidad de tierra que puede trabajar eficientemente una sola persona, la tecnología ha disminuido abruptamente la necesidad de mano de obra agrícola. Como resultado, el tamaño de las haciendas en toda la llanura ha crecido, incluso cuando sus

Donde vagan los búfalos

❝ Desde el punto de vista de la humanidad, la exterminación del búfalo ha sido una bendición.

Muchos se han visto beneficiados por ella; además supongo que comparativamente, pocos de los que hubiésemos preferido la continuación del viejo orden de cosas, tan sólo con el objeto de satisfacer nuestro propio placer egoísta, tenemos derecho a quejarnos".[1]

Cuando Theodore Roosevelt escribió esas palabras en 1885, el búfalo ya estaba por extinguirse. Antes de que los ferrocarriles trajeran a los cazadores y colonos a las llanuras, aproximadamente de 40 a 60 millones de búfalos (su nombre científico es bisonte) vagaban libremente. Roosevelt, él mismo un cazador, observó que las incontables manadas eran incompatibles con la colonización del Oeste. Para 1890, sólo quedaban unos pocos cientos de estos animales.

Actualmente, gracias a conservacionistas y a aproximadamente 3,000 hacendados que crían búfalos, cerca de 300,000 a 400,000 bisontes habitan tierras públicas o privadas en las Grandes Llanuras. El magnate de los medios Ted Turner, quien es propietario de 1.7 millones de acres distribuidos en 14 haciendas instaladas en siete estados occidentales, posee más de 25,000 cabezas.[2] En enero de 2002 inauguró una cadena de restaurantes llamada Ted's Montana Grill, donde los comensales pueden elegir entre 20 variedades de hamburguesas de carne de vaca o de bisonte, la cual posee un tercio de la grasa del pollo sin piel, menos calorías y menos colesterol.

No obstante, la carne de bisonte, que también se vende por Internet y en algunas cadenas de supermercados en todo el país, es más cara que la de vaca. En el almacén Harris Teeter de Arlington, Virginia, una libra de búfalo molido cuesta $5.99, comparada con $2.89 a $5.49 por libra de carne vacuna molida, según la calidad.

El mayor precio refleja la estrategia de los criadores de bisonte para comercializar el búfalo como una carne de primera calidad y para recuperar los costos de la compra de los animales vivos, explica Bill Nelson, director del Center for Cooperatives de la North Dakota State University. Hace tres o cuatro años, un búfalo maduro costaba entre $3,000 y $4,000, pero el mercado se desplomó en años recientes cuando ya no revestía carácter de novedad, y en consecuencia los precios bajaron a

$300. Nelson piensa que la carne de búfalo es "buena, pero que no vale la pena pagar por ella el doble o el triple del precio de la carne vacuna".

"Hay un gran excedente de carne de bisonte en el mercado que no se vende", afirma.

Nadie en el negocio de la cría del bisonte o del ganado vacuno piensa que el búfalo será competencia de la vaca, básicamente debido a la ventaja de la carne de vaca en el mercado y a la magnitud de sus números. En 2002, se mataron más de 35 millones de vacas para servir al mercado cárnico estadounidense, en comparación con sólo 25,340 búfalos.[3] Sin embargo Tony Willman, director de servicios técnicos de las 51 tribus de la Inter-Tribal Bison Cooperative (ITBC), cree que la carne de búfalo sirve a un nicho: los consumidores ecológicamente conscientes interesados en los alimentos saludables. La cooperativa es propietaria de 9,000 búfalos.

La ITBC aprovecha las ventajas económicas del búfalo de una manera "cultural y ecológicamente aceptable para las tribus", según opina Willman, quien las ayuda en todo, desde el diseño de planes comerciales hasta la construcción de corrales y cercas. "Sí apoyamos la utilización del búfalo como herramienta económica, sólo nos oponemos al abuso indiscriminado del animal," agrega. "Abarrotados en parcelas de alimentación, de pie sobre sus propias heces . . . se puede ver físicamente el daño que esta condición causa a los animales".

"No nos agrada hacer del búfalo una materia prima", asegura Jarid Manos, fundador y director ejecutivo del Great Plains Restoration Council, una organización sin fines de lucro dedicada a "recuperar el búfalo silvestre y restaurar las comunidades saludables y sustentables en las Grandes Llanuras".[4] No obstante, él reconoce el potencial económico del animal y está de acuerdo con su comercialización en algunos casos, tales como cuando se le permite al búfalo vagar libremente por el campo y se le dispara en el campo sólo en el último minuto. "Cada paso debe realizarse tan ecológica y respetuosamente como sea posible", agrega.

Los grupos que luchan para regenerar las manadas de búfalos y los ecosistemas de las llanuras, incluso varias organizaciones indígenas, resaltan la necesidad de respetar y honrar al búfalo. El Great Plains Restoration

Council se dedica a fomentar la idea de la conversión de las llanuras en una extensa reserva ecológica — llamada Buffalo Commons — donde la gente, los búfalos y los animales tradicionales de la llanura, tales como los perros de pradera, coexistan en paz. El concepto de la Buffalo Commons fue propuesto por primera vez a fines de los años 80 cuando los profesores de Nueva Jersey Frank y Deborah Popper lo recomendaron como solución para los constantes problemas de las llanuras, que incluyen sequías, erosión de la capa superior del suelo, despoblación y dependencia de los subsidios agrícolas.[5]

Sin embargo, no todos concuerdan con la idea de que el búfalo pertenezca más a la llanura que la gente.

Aproximadamente 400,000 búfalos habitan en tierras públicas y privadas de las Grandes Llanuras, gracias a conservacionistas y a aproximadamente 3,000 criadores de bisontes.

U.S. Fish & Wildlife Service

Manoos explica que a menudo la gente pone reparos a los commons porque temen que se les expropiará sus tierras. "Existe un gran temor maquinal de que alguien va a llegar y se va a llevar alguna cosa" explica. "Queremos ofrecerle algo a la gente de las llanuras, y no quitárselo".

De hecho, Russ Miller, gerente general de las estancias de Ted Turner, admite que "no estoy tan familiarizado con el Buffalo Commons como debería estarlo", aunque cree que la idea de una reserva puede no ser aceptada por los resistentes individualistas que habitan en el Oeste. "El colectivismo es muy difícil de reconciliar con la idea del libre mercado que muchos propugnan", agrega.

El criador de ganado Don Fritz del Harrer's Lost Lake Ranch de Montana no apoya la reserva. "Se puede hacer funcionar cualquier cosa en un papel y en un ambiente controlado", pero cuando se trata de ganarse la vida en las llanuras, el bisonte no es la solución, afirma.

Fritz cree que el búfalo daña más la tierra que el ganado vacuno, y que ha visto muchos "cráteres" creados por el pisoteo de los búfalos. "Nuestras vacas no hacen agujeros en la tierra tan sólo por estar de pie", dice. "Los bisontes son más difíciles de administrar y de manejar, y le hacen más daño a la tierra". Considera la cría de búfalos tan sólo "una moda pasajera".

La noción de que el búfalo daña más la tierra que el ganado no es muy popular entre los amantes del bisonte y los hacendados. El búfalo ha coevolucionado junto a las Grandes Llanuras y está bien adaptado a su duro clima. Se sabe que puede hurgar a través de la nieve para encontrar pasto y, a diferencia de las vacas, no necesita ayuda de los humanos para dar a luz. Debido a que necesitan menos ayuda humana, los búfalos pueden ser manejados por menos mano de obra, lo que reduce los costos de la estancia.

John Hansen, quien administra las cuatro estancias de Turner en Nebraska, afirma que una sola persona puede manejar 1,000 cabezas de búfalo, mientras que muchos ganados necesitan 2.5 trabajadores. No obstante, las haciendas pueden incurrir en mayores costos de capital porque al búfalo le gusta vagar más, y por lo tanto se necesitan cercas más resistentes.

Dadas estas ventajas y desventajas, Willman, de la ITBC, aún piensa que el búfalo puede salvar a las tribus indígenas que hace años fueron forzadas a vivir en reservas "no aptas para hombres ni bestias".

"El búfalo es una herramienta ideal para tratar de ganarse la vida en algunas de estas tierras marginales", agrega.

—Molly B. Lohman

[1] Theodore Roosevelt, *The Works of Theodore Roosevelt* (1926), p. 206.

[2] Ted Kerasote, "Where Will the Buffalo Roam?" *Sports Afield*, 1 de febrero de 2001, p. 58.

[3] USDA National Agricultural Statistics Service, "Livestock Slaughter Annual Summary," 7 de marzo de 2003, http://usda.mannlib.cornell.edu/reports/nassr/livestock/pls-bban/

[4] Great Plains Restoration Council, www.gprc.org/about.html, 15 de abril de 2003.

[5] Deborah and Frank Popper, "The Bison Are Coming," *High Country News*, 2 de febrero de 1998, www.highcountrynews.org.

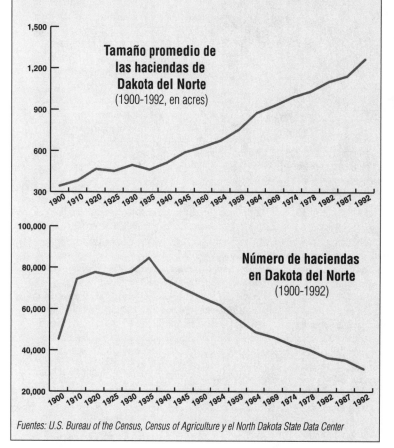

Haciendas más grandes, menos agricultores

La haciendas de las Grandes Llanuras son mucho más grandes de lo que lo eran en 1900, principalmente debido a los avances tecnológicos que hicieron menos costosa la agricultura a gran escala. En Dakota del Norte, una finca promedio en 1992 contaba con más de 1,200 acres, un tamaño cuatro veces mayor que en 1900. El número de haciendas en el estado disminuyó alrededor de un tercio durante el mismo período.

Tamaño promedio de las haciendas de Dakota del Norte
(1900-1992, en acres)

Número de haciendas en Dakota del Norte
(1900-1992)

Fuentes: U.S. Bureau of the Census, Census of Agriculture y el North Dakota State Data Center

que el número de empleos agrícolas disponibles ya no iguala a la población de la región".

Mientras tanto, los pocos empleos que quedan a menudo son ocupados por mexicanos, centroamericanos y asiáticos atraídos a las praderas por agricultores y empaquetadores de carnes que deben competir con los mercados actualmente globalizados de materias primas que pagan salarios bajos tales como Brasil.[6]

Para contener el éxodo de trabajadores agrícolas desplazados, y de futuros jóvenes agricultores, muchas comunidades de la llanura tratan de desarrollar nuevas oportunidades laborales. Algunos se aferran al concepto de la agricultura con "valor agregado", que transforma materia prima agrícola en otros productos de mayor precio. Por ejemplo, varias comunidades en apuros de Dakota del Norte han construido instalaciones para fabricar pastas con el famoso trigo duro de la región.

Una pocas comunidades han invertido en servicio de Internet de banda ancha y otras tecnologías de avanzada para impedir que las empresas abandonasen la región. Por ejemplo, Watford City, una ciudad de 1,435 habitantes en Dakota del Norte, ayudó a financiar un línea de alta velocidad T1 que convenció a la institución de propiedad local, el First International Bank & Trust, a no mudar su casa matriz, conservando así docenas de empleos bien remunerados en el área.[7]

números, y el número de tareas agrícolas que antiguamente realizaban, se ha reducido.

"Hemos convertido la agricultura en algo que requiere mucha menos mano de obra y mucho más capital y tecnología y, como resultado, numerosas personas han sido desplazadas", explica John Cromartie, investigador demográfico del USDA. "De alguna manera, las Grandes Llanuras son víctima de su propio éxito, por-

No obstante, pocas comunidades rurales están creando las clases de empleos necesarios para evitar que ambiciosos egresados universitarios y otros profesionales busquen mejores oportunidades. La manufactura, la industria de más rápido crecimiento en las llanuras rurales, está dominada por plantas envasadoras de carnes que pagan sólo de $7 a $10 la hora por realizar tareas peligrosas y desagradables.

Las cárceles también se han convertido en una industria de rápido crecimiento en la llanuras rurales. En años recientes, muchos pueblos que experimentan dificultades han construido prisiones para estimular sus deterioradas economías, aunque los empleos creados en general no atraen a los jóvenes profesionales.

"Hay mucha gente muy bien educada, trabajadora y productiva en esta región, pero se marchan en multitudes", explica Rod Hewlett, decano de la facultad de negocios de la Minot State University de Minot, Dakota del Norte. "Sólo toman la decisión lógica y racional de irse adonde existen mayores oportunidades económicas":

La bulliciosa ciudad de St. Paul, en Minnesota, ciertamente le ofreció mayores oportunidades a Melanie Simmons, de 23 años de edad, que Northwood, Dakota el Norte, que cuenta con una población de 959 habitantes que continúa disminuyendo. Melanie se marchó de su pueblo natal el año pasado. "Las oportunidades laborales en mi pueblo son en verdad insignificantes", manifestó Simmons. "Allí no tengo futuro".[8]

Según datos del Census Bureau, durante la década de 1990, algunos condados rurales perdieron casi el 50 por ciento de sus habitantes de 20 a 34 años de edad. Si bien muchos partieron debido a razones laborales, algunos se fueron en pos de la clase de actividades culturales y sociales que las áreas rurales no poseen.[9]

Jóvenes que abandonan las Grandes Llanuras

Las áreas rurales de las Grandes Llanuras, tales como el Condado de McIntosh, Dakota del Norte, cuentan en general con menos habitantes entre las edades de 20 a 34 años que de cualquier otro grupo de edad. Los demógrafos opinan que la escasez de este sector de la población es un "golpe doble" para la región, debido a que este grupo generalmente forma familias.

Grupos de edad por género, Condado de McIntosh, Dakota del Norte
(como porcentaje de la población del condado, 2000)

Hombres	Edad	Mujeres
2	De 0 a 4	2
2	De 5 a 9	2
3.2	De 10 a 14	3.2
3.1	De 15 a 19	3.5
0.9	De 20 a 24	1.2
1.6	De 25 a 29	1.2
2.0	De 30 a 34	1.7
2.7	De 35 a 39	3.0
3.9	De 40 a 44	3.2
3.3	De 45 a 49	2.4
2.2	De 50 a 54	2.7
2.4	De 55 a 59	2.9
2.9	De 60 a 64	3.5
3.6	De 65 a 69	3.8
3.6	De 70 a 74	3.8
3.7	De 75 a 79	3.5
2.1	De 80 a 84	3.5
2.1	De más de 85 años	4.5

Mejores edades para tener hijos (De 20 a 24, De 25 a 29, De 30 a 34)

Fuente: North Dakota State Data Center

"Muchos jóvenes se ven atraídos por las luces brillantes y las grandes ciudades", explica Jim Silvestre, economista de la University of Montana de Missoula.

Para algunos, el clima y la geografía son factores importantes. De hecho, en un esfuerzo por disipar la inhóspita imagen que presenta a Dakota del Norte

Jacob Jorgenson inspecciona fideos de huevo en la Dakota Growers Pasta Co. en Carrington, Dakota del Norte. Los agricultores locales suministran trigo duro para los fideos de la empresa.

como un frío páramo sin árboles, algunos legisladores y líderes comerciales han propuesto renombrar el estado simplemente como "Dakota". La cámara de comercio estatal está a favor del cambio de nombre, aun cuando muchos columnistas de periódicos y comediantes se han ensañado con la propuesta.

Así lo hizo el humorista Dave Barry: "Los cambios de nombre son una idea sólida, basada en el principio científico que subyace en el área de la mercadotecnia: La gente es estúpida. Los expertos en mercadotecnia saben que si se cambia el nombre de un producto, LA GENTE CREERÁ QUE ES ALGO DISTINTO".[10]

Mientras tanto, el brusco descenso de los tasas de natalidad se ha aunado al éxodo de jóvenes, dejando atrás comunidades llenas de habitantes ancianos que no se pueden cuidar a sí mismos. Muchos pueblos, forzados a consolidar o dar de baja ciertos servicios, ya no pueden brindar atención médica u otras necesidades. Algunos condados rurales sobrellevan niveles de pobreza que compiten con aquellos de la región de los Apalaches.

Mientras habitantes y legisladores lidian con la crisis en el corazón de la nación, he aquí algunos de los temas que se discuten:

¿Debe el gobierno utilizar incentivos financieros para atraer pobladores a las Grandes Llanuras?

Utilizando la ley original Homestead Act como guía, el senador Byron Dorgan, demócrata por Dakota del Norte, presentó el mes pasado una ley que otorgaría varios incentivos con el fin de reducir el éxodo de la región.[11] Dorgan, cuyos abuelos y bisabuelos se encontraban entre los primeros colonos que se instalaron en las llanuras, asegura que su ley New Homestead Economic Opportunity Act aborda "una crisis de proporciones épicas".

"Una lenta e implacable muerte acecha a muchas comunidades rurales ubicadas en el corazón de Estados Unidos, y ni un sólo estado ha logrado encontrar una solución para detenerla, porque ésta los supera a todos", afirma Dorgan. "Es un fenómeno que debe afrontar a nivel nacional".

El proyecto de Dorgan, que actualmente cuenta con una docena de partidarios, proporcionaría descansos impositivos a la gente que compra una vivienda o establece un negocio en los condados rurales que han perdido al menos un 10 por ciento de sus habitantes durante los últimos 20 años. A los universitarios recién egresados que se muden a estas áreas se les permitirá cancelar la mitad de los gastos de sus préstamos universitarios garantizados por el gobierno federal.

La ley también establecería un fondo de capital para emprendimientos de $3 mil millones con el fin de fomentar el desarrollo comercial en los llamados "condados de alta emigración". Además, autorizaría al gobierno a igualar algunos o todos los fondos que invierte la gente en cuentas "Homestead" libres de impuestos tomando como modelos las Individual Retirement Accounts. Con el objeto de obtener la calificación para recibir los incentivos, los nuevos "colonos" deberán vivir y trabajar en un condado rural durante 5 años como mínimo.

Según información del Census Bureau, más de 300 condados en todo el país calificarían para el proyecto de Dorgan, la mayoría ubicados en las Grandes Llanuras. En Dakota del Norte, por ejemplo, lo harían 48 de los 53 condados, incluso Hettinger, donde nació Dorgan en 1942. Más extenso que el estado de Rhode Island, el condado tenía 5,000 personas en 1960, cuando Dorgan se graduó de la escuela secundaria como parte de una clase de nueve alumnos. Actualmente, la población llega a 2,715 habitantes, lo que representa una pérdida de población del 46 por ciento durante los últimos 40 años. Dakota del Sur, Nebraska, Iowa, Montana y Kansas también tienen elevadas concentraciones de condados de alta emigración que calificarían según el proyecto de Dorgan.

Richard Rathge, director del North Dakota State Data Center de Fargo, se declara a favor de una fuerte intervención federal para frenar la despoblación de la región. Si Washington no toma cartas en el asunto, explica Rathge, toda la nación tendrá que asumir los costos del creciente desempleo, la falta de vivienda, el abuso de sustancias, el crimen y otros problemas que resultan de la emigración excesiva a las ciudades.

"Tenemos la responsabilidad, al igual que durante la primera era de los colonos, de garantizar que todas las regiones de Estados Unidos sean económicamente viables, y que la gente pueda vivir donde lo decida", explica Rathge. "Si no lo hacemos, les generaremos más problemas a las ciudades y áreas urbanas a las que emigran".

Myron Gutmann, profesor de historia de la University of Michigan y autoridad en el tema de las tendencias demográficas de las Grandes Llanuras, concuerda con que toda la nación sufre cuando los pueblos pequeños mueren y la población rural se ve desplazada. Sin embargo, Gutmann duda que los descansos impositivos y otros incentivos financieros vayan a tentar a muchos estadounidenses a reasentarse en las agonizantes comunidades rurales. Según su opinión, las prioridades de la nación, y el legendario encanto de la frontera, han cambiado radicalmente desde que las llanuras fueron colonizadas hace 140 años.

"La original ley Homestead Act le facilitó a la gente hacer algo que de todos modos deseaban hacer", explica Gutmann, concretamente mudarse al oeste. "No estoy seguro de que ese sea el caso actualmente. Si hubiera gente joven y de edad mediana buscando una forma de reasentarse en las Grandes Llanuras, entonces sería posible diseñar un programa eficaz. No obstante, si a la gente no le interesa, no creo que el gobierno pueda atraerlos artificialmente".

Otros críticos se preocupan por cuánto les costará a los contribuyentes la iniciativa de Dorgan. No está claro cuál es el costo total de esta nueva ley Homestead Act; la única cifra firme son los $3 mil millones del fondo de capital para emprendimientos, que se asignaría durante 10 años. Keith Turner, un profesor de economía jubilado que vive en el pequeño pueblo de Union, Nebraska (200 habitantes), afirma que el gobierno ya ha desperdiciado mucho dinero para reparar las carreteras y otras infraestructuras en comunidades que claramente están por desaparecer.

"Seguimos invirtiendo en el rescate de estos pueblos", manifiesta Turner. "Lo único que hacemos es prolongar su desaparición. ¿Por qué debe seguir existiendo un pueblo cuando pierde su razón de ser?

Lawrence Sinclair, un asesor de granjas lecheras del cercano pueblo de Meadow Grove (con una población de 311 habitantes que continúa disminuyendo), está de acuerdo. "Toda esta farsa de que vamos a mantener al pasado con vida es estúpida", expresó Sinclair. "Estos pueblos pequeños ya son historia".[12]

Si bien Dorgan reconoce que su propuesta no salvaría a todas las comunidades moribundas, afirma que les daría a algunas la oportunidad de volver a prosperar.

Explica Dorgan: "Veo mucha gente realmente estupenda que vive en comunidades fantásticas cuyo futuro está en peligro. No sé si esta es la solución, es sólo que no me siento bien sin hacer nada".

¿Se detendría el éxodo de las Grandes Llanuras si se mejoraran los subsidios agrícolas?

El programa de subsidios agrícolas está diseñado para mantener la solvencia de los agricultores durante los años de escasez de cultivos o de desplome en los precios de la materias primas. Los defensores del programa de 70 años de antigüedad afirman que los subsidios también estimulan a los agricultores a producir cosechas abundantes, las cuales evitan que la nación dependa de materias primas extranjeras.

Durante los últimos 40 años, el gobierno federal ha repartido más de $350 mil millones en subsidios de apoyo a las materias primas entre los agricultores.[13] El Congreso establece el tamaño del programa de subsidios, y aprueba un "proyecto agrícola" cada cinco o siete años. En mayo pasado, el presidente Bush firmó un proyecto de ley agrícola que les brindará a los agricultores aproximadamente $90 mil millones en subsidios para el cultivo de materias primas durante los próximos 10 años.[14]

Sólo los que siembren productos que forman parte del programa, básicamente granos, arroz y algodón, serán elegibles para estos subsidios. No lo serán los que cosechen frutas, verduras o críen ganado. En toda la nación, sólo aproximadamente el 40 por ciento de los 2 millones de agricultores del país reciben estos pagos. Esencialmente, el programa les otorga a los agricultores una subvención por cada acre sembrado con los cultivos del programa.

Además de los subsidios para materias primas, el gobierno también paga, o subsidia eficazmente, a los agricultores para que no utilicen ciertos terrenos para la producción agrícola. Los llamados "pagos de conservación" están diseñados para preservar tierras ambientalmente delicadas y para mantener elevados los precios de los cultivos al desalentar el exceso de producción.

Los subsidios fluyen sistemática y copiosamente a las Grandes Llanuras, donde la mayoría de los granjeros siembra trigo, maíz, soya y otros cultivos del programa. Por ejemplo, aproximadamente el 80 por ciento de las haciendas de Dakota del Norte recibieron subsidios entre 1996 y 2001.[15] En conjunto, las 24,185 fincas del estado recibieron más de $4.4 mil millones en subvenciones durante ese período de 5 años.[16] Las haciendas de otros estados de las Grandes Llanuras están subvencionadas a niveles similares.

Ya que los subsidios para materias primas están condicionados por la producción, los agricultores que plantan más cultivos obtienen pagos mayores. De esta manera, la mayor parte de los subsidios consignados a

las Grandes Llanuras son destinados a grandes operaciones de agroindustria. En Dakota del Norte, por ejemplo, el 77 por ciento de las subvenciones pagadas entre 1996 y 2001 se otorgó a sólo el 20 por ciento de las fincas elegibles para el programa.

Estas haciendas típicamente tienen más de 1,000 acres y generan ventas anuales de cultivos por $250,000 o más. Por ejemplo, Dalrymple Farms de Casselton, Dakota del Norte, recibió del gobierno más de $1 millón en 2001. En comparación, las operaciones más pequeñas y menos redituables, que representan el 80 por ciento de la industria agrícola de ese estado, obtuvieron aproximadamente $1,100 cada una.[17]

Algunos expertos sostienen que, al recompensar principalmente a los agricultores más grandes, el programa de subsidios del gobierno ha contribuido a la despoblación de las Grandes Llanuras. Según esta opinión, las grandes subvenciones aumentan artificialmente el precio de las tierras, lo que dificulta que los jóvenes aspirantes a agricultores compren o alquilen tierra de cultivo que no se les otorgue como herencia o regalo. Frustrados, elegirían carreras alternativas, las que a menudo les exige mudarse del área. En un vertiginoso espiral descendente, los servicios vitales de pueblos pequeños como ferreterías, peluquerías y concesionarios de automóviles cierran sus puertas debido a que sus clientes abandonan el pueblo.

"No importa cuánto tratemos de combatir el estancamiento rural con apoyo de los precios y subsidios para la producción de materias primas, de todos modos llevará a grandes porciones de infraestructura física y social a abandonar vastas áreas de la Grandes Llanuras", asegura Bruce Babcock, un economista de la Iowa State University de Ames. "No digo que los subsidios fueron la causa de la disminución de la población, pero es obvio que el fomento de la producción de materias primas mediante las subvenciones no ha logrado mantener a la gente en las áreas rurales".

Chuck Hassebrook, director ejecutivo del Center for Rural Affairs, un grupo de defensa ubicado en Walthill, Nebraska, está de acuerdo: "Detener los pagos destinados a las grandes haciendas contribuiría a estabilizar a las comunidades rurales. Actualmente, cada dólar que el gobierno paga en concepto de subsidios agrícolas se transforma en un aumento de los precios de las tierras,

C R O N O L O G Í A

1850-1900 *Los colonos acuden en grandes cantidades a las tierras indígenas confiscadas por el gobierno mediante guerras o tratados violados.*

1850 El descubrimiento de oro en California provoca una estampida hacia el Oeste.

1854 La ley Kansas-Nebraska Act pone las tierras indígenas a disposición de los colonos.

1862 El Congreso aprueba la ley Homestead Act; los colonos reciben terrenos de 160 acres.

1863 Sioux oglalas liderados por su jefe Red Cloud atacan fuertes del ejército a lo largo del Bozeman Trail en el Territorio de Montana.

1866 El general Philip H. Sheridan propone una manera de llevar paz a las Grandes Llanuras: "Al matar al búfalo se mata al indio".

1868 El tratado de Fort Laramie pone fin a la guerra a lo largo del Bozeman Trail al otorgarles a los sioux una enorme franja de las llanuras norteñas.

1870 Los cazadores de búfalos a bordo de los ferrocarriles y el creciente mercado de cuero y carne de la costa este comienzan a decimar salvajemente a la especie.

1874 El descubrimiento de oro en el área de las Colinas Negras atrae cazadores de fortuna blancos a territorio sioux, violando así el tratado de Fort Laramie.

1877 El Congreso revoca el tratado de Fort Laramie y

recupera las Colinas Negras, una región rica en minerales que estaba en posesión de los indígenas.

1887 La ley Dawes Act pone fin a la tradición indígena de la propiedad comunal de tierras y le permite a los colonos blancos adquirir tierras tribales "excedentes".

29 de diciembre de 1890 La caballería asesina salvajemente a cientos de indígenas en Wounded Knee, Dakota del Sur, poniéndo fin al movimiento armado de los indígenas contra la colonización de las llanuras.

1893 El historiador Frederick Jackson Turner declara el "cierre" de la frontera occidental.

1900-1950 *Los pueblos de las llanuras aumentan en tamaño pero luego disminuyen con la llegada del Dust Bowl.*

1931 Una grave sequía asedia las llanuras sureñas; la tierra utilizada en exceso para el pastoreo y las siembras comienza a tomar vuelo.

1933 El gobierno comienza a adquirir tierras de cultivo y cría de ganado ambientalmente delicadas para protegerlas de una mayor erosión; a establecer precios de apoyo para las materias primas agrícolas y a pagarles a los agricultores para que no utilicen ciertas tierras para la siembra y así frenar la sobreproducción y elevar los precios.

14 de abril de 1935 Millones de toneladas de tierra son transportadas por el peor "torbellino negro" del Dust Bowl.

1937 Finalmente llueve y termina el Dust Bowl.

1950-Presente *La mayoría de las comunidades que dependen de la agricultura pierden habitantes.*

1954 Por primera vez el número de tractores en las fincas excede el número de caballos y mulas.

1981 La recesión mundial y las crecientes tasas de interés devastan a los agricultores en todo el país.

1987 Los académicos Frank y Deborah Popper declaran la colonización de las Grandes Llanuras "el error de cálculo agrícola y ecológico más grande y duradero de la historia de Estados Unidos".

1988 La sequía afecta a los agricultores de las llanuras.

1999 La sequía afecta nuevamente a las llanuras.

2000 Censos decenales revelan que la mayoría de los condados de la Grandes Llanuras continúan perdiendo población.

2003 El senador Byron Dorgan, demócrata por Dakota del Norte, y otros legisladores proponen utilizar incentivos financieros para frenar el éxodo de los pobladores de las llanuras.

Agricultura en la Era Espacial

Gracias a la tecnología de la Era Espacial, los agricultores de vanguardia en la Grandes Llanuras ni siquiera necesitan manejar los tractores (excepto para doblar). Los Sistemas de Posicionamiento Global (GPS, pos sus siglas en inglés) guiados por satélites, los mantienen en curso.

"Los operadores ya no necesitan tener las manos en el volante y por lo tanto, pueden estar hablando en sus celulares, realizando mercadotecnia u otra cosa", explica Jess Lowenberg-DeBoer, director del Site Specific Management Center de la Purdue University. "Estas tecnologías de orientación ayudan a los agricultores a delinear sus caminos más eficientemente sin pasar dos veces por la misma área o saltarse alguna".

Los avances tecnológicos en décadas recientes no sólo han modificado la manera en que los agricultores cultivan y administran sus cultivos sino también el cariz y el tamaño de los pueblos de llanura de Estados Unidos.

Las computadoras les permiten controlar de cerca sus campos. Los modernos equipos cosechadores pueden medir por ejemplo, cuánto maíz se ha cultivado en un acre específico. Cuando esas mediciones se coordinan con las lecturas del GPS obtenidas de la cosechadora, el agricultor puede determinar qué partes de su campo no producen lo suficiente y tomar medidas adecuadas, explica Lowenberg-DeBoer.

En la hacienda Bettger de Fairmont, Nebraska, la tecnología ayuda a Bob Bettger y a sus dos hermanos, junto a otras personas que trabajan a tiempo completo, a cultivar 4,500 acres de maíz y soya.

Utilizando la información proporcionada por los monitores de campo computarizados, pueden "decidir si gastar dinero en más fertilizantes o herbicidas o en otros aportes para aumentar la productividad", sostiene Bettger. De esta manera, en lugar de cubrir un campo entero con fertilizante, lo que aumenta la contaminación y desperdicia el abono, los agricultores pueden ubicar con exactitud las áreas que más lo necesitan mediante máquinas fertilizantes de ritmo variable.

Considerando el costo de una gran máquina agrícola, la alta eficiencia es relativamente poco costosa. Los sistemas cartográficos GPS cuestan aproximadamente $5,000, mientras que los mejores sistemas de conducción automática cuestan más de $60,000, afirma Lowenberg-DeBoer. En comparación, el costo combinado de los Bettger fue de aproximadamente $250,000, y pueden cosechar tanto maíz como soya.

Los tractores comerciales también son bastante costosos. las seis máquinas de los Bettger cuestan de $50,000 a $200,000, de acuerdo con el tamaño y el número de accesorios.[1] Los tractores actuales y equipos combinados a menudo incluyen servicios modernos como una cabina hermética con aire acondicionado, radio AM/FM y un asiento con suspensión neumática para el conductor.

La maquinaria agrícola de los Bettger les permite recoger una inmensa cosecha de otoño con muy poca mano de obra. Utilizando su propio equipo combinado, y un segundo equipo alquilado durante la época de recolección, los Bettger producen 463,000 fanegas de maíz por cosecha en aproximadamente 30 días. Su promedio de 185 fanegas por acre vence considerablemente al promedio estatal de Nebraska de 132 fanegas por acre.[2]

Sin embargo, las técnicas agrícolas tradicionales también contribuyen a la eficiencia de los Bettger. Por ejemplo, las tecnologías químicas de control de malas hierbas desarrolladas en los años 60, incrementaron enormemente la eficiencia agrícola. "Si uno cuenta con un control químico de malas hierbas que se aplica desde el brazo de un tractor, en lugar de cubrir de 20 a 30 acres por día, puede cubrir cientos con mucha menos mano de obra"; dice Loweng-DeBoer.

Antes de 1960, la mecanización básica generó algunos de los mayores cambios en la agricultura estadounidense. "El tractor a gasolina les permitió a los agricultores estadounidenses realizar toda la tarea con máquinas en lugar de caballos", explica Loweng-DeBoer.

Cada avance tecnológico le permitía a las haciendas producir más con menos. En 1890, los agricultores utilizaban arados tirados por caballos y necesitaban 40 horas de trabajo para producir 100 fanegas de maíz. Para los años 50, los agricultores con tractores producían la misma cantidad de maíz en aproximadamente 12 horas.[3] Los agricultores modernos, en promedio, necesitan alrededor de tres horas.[4]

Ya que se necesitan menos personas para trabajar franjas mayores, las pequeñas fincas casi han desaparecido de las Grandes Llanuras. Desde el cambio de siglo, el tamaño de la finca estadounidense promedio ha superado el triple, de 150 acres a 500. De hecho, el 2 por ciento más grande de ellas produce el 50 por ciento de las ventas agrícolas netas.[5]

Además es probable que la tendencia continúe. "Hay gente que habla de haciendas de alrededor de 10,000 acres — 16 millas cuadradas — y la tecnología lo hace posible", explica Mark Drabenstott, director del Center for the Study of Rural America, una unidad del Federal Reserve Bank of Kansas City.

Drabestott apoya entusiastamente los aumentos en la productividad agrícola. "La productividad impulsa las mejoras de los estándares de vida", agrega, "y durante los últimos 50 años hemos reducido la porción de ingresos disponibles que los estadounidenses gastan en alimentos del 22 por ciento en 1950 a aproximadamente el 10 u 11 por ciento actual".

Gran parte de la búsqueda de una mayor eficiencia ha sido impulsada por la globalización de los mercados mundiales de materias primas. En Brasil, importante competidor de los agricultores estadounidenses, los menores costos de tierra y mano de obra mantienen los gastos de producción de los cultivadores de soya un 20 por ciento más bajos que los de sus pares estadounidenses.[6]

"No obstante, los menores precios de las materias primas también son una dificultad para los agricultores estadounidenses a la hora de ganarse la vida. "Se puede contar con pequeñas granjas muy eficientes, con un tamaño de unos cuantos cientos de acres, pero si sólo se gana $150 por acre, más vale que tenga un ingreso que no dependa de la agricultura", opina Bettgers.

Las duras verdades económicas generadas por la tecnología hacen que las comunidades rurales de las Grandes Llanuras pierdan habitantes. "¿Cómo se encuentran otras

La moderna tecnología agrícola como los rociadores encapuchados les permite a los operadores dirigir el herbicida justo hacia áreas específicas entre filas de granos de sorgo.

fuentes de crecimiento económico en lugares que históricamente dependían de las materias primas?" se pregunta Drabenstott. "Esa es una cuestión que muchas de estas comunidades comienzan a aceptar".

Los economistas esperan que los pequeños agricultores puedan obtener el interés del consumidor en productos agrícolas especializados, de mano de obra intensiva, tales como la carne y el pollo criados "humanamente" y productos orgánicos. "Encuestas recientes demuestran que el 50 por ciento de los consumidores abonarían una prima por alimentos producidos en una manera ambientalmente responsable", afirma Hassebrook.[7]

"Existen oportunidades para que los pequeños y medianos agricultores cultiven productos de otras maneras y para que le brinden al consumidor nuevas opciones de alimentos", agrega Drabenstott.

Drabenstott espera que los nichos del mercado ayuden a preservar las comunidades agrícolas de las llanuras. "Sólo porque la tecnología posibilite mayores granjas cada día", reflexiona, "no significa necesariamente que se baje el telón sobre las llanuras, anunciando el fin del acto".

—Benton Ives-Halperin

---

[1] Consulte el sitio Web de John Deere: http://www.deere.com/ servlet/AgHomePageServlet

[2] Consulte el sitio Web del USDA: http://www.usda.gov/nass/ pubs/ranking/croprank.htm#Nebraska

[3] Consulte el sitio Web del Economic Research Service (ERS): http://www.usda.gov/history2 /text4.htm

[4] *Ibid.*

[5] *Ibid.*

[6] Jennifer L. Rich, "U.S. Farmers Look Back . . . and See Soy Growers In Brazil Shadowing Them," *The New York Times,* 10 de julio de 2001, p. A1.

[7] Para enterarse de los antecedentes, consulte Kathy Koch, "Food Safety Battle: Organic vs. Biotech," *The CQ Researcher,* 4 de septiembre de 1998, pp. 761-784.

por lo que el gobierno subvenciona a las grandes fincas y éstas le quitan las tierras a las operaciones más pequeñas y de esta manera los llevan a la quiebra".

Hassebrook no está a favor de la abolición total de los subsidios agrícolas, como sostienen algunos expertos. "Eso simplemente aceleraría la despoblación de las Grandes Llanuras", explica, porque muchos agricultores y economías rurales han llegado a depender de los pagos. De hecho, según información del USDA, en algunas áreas de las llanuras, los subsidios representan más del 30 por ciento del ingreso agrícola neto.[18]

Por el contrario, Hassebrook cree que el gobierno debería limitar la cantidad de subvenciones destinados a las grandes haciendas para mantener el precio de las tierras. "Límites razonables les brindarían a más jóvenes la oportunidad de involucrarse en la agricultura", sostiene.

No obstante, Don Lipton, vocero del American Farm Bureau Federation, el grupo de defensa agrícola más grande de la nación, asegura que los jóvenes rehuyen a la agricultura por muchas razones, pero no porque los subsidios no estén limitados.

"En primer lugar, no hay una estampida de jóvenes haciendo cola para ser agricultores", explica Lipton. "Vieron u oyeron hablar de lo que pasaron sus padres y vecinos durante la crisis agrícola de los años 80, y por eso el número de personas de las llanuras que se dedicarán a la agricultura no es muy grande".

Mark Gaede, director de asuntos gubernamentales para la política ambiental de la National Association of Wheat Growers, está de acuerdo. Él no cree que los subsidios sean la razón principal por la que las haciendas aumentan de tamaño y la tierra se vuelve más cara. Gaede explica: "No es un factor tan determinante como las simples fuerzas económicas que obligan a las fincas a operar a una escala más económicamente eficiente. Esas fuerzas hacen que las operaciones sean más grandes, lo cual saca de circulación a las operaciones más pequeñas".

Mary Hay Thatcher, la principal miembro del grupo de presión Farm Bureau, opina que los subsidios agrícolas no contribuirán a abatir la tendencia hacia las megahaciendas. Además, sostiene Thatcher, los operadores de las grandes fincas deberían obtener mayores subsidios, porque son los que se arriesgan, efectúan

mayores gastos y producen la mayor parte de los alimentos de la nación.

"Efectivamente, la mayoría de las subvenciones se destinan a un pequeño porcentaje de los productores, pero son esos mismos productores los que suministran el 90 por ciento de nuestros alimentos", opina Thatcher. "Sin embargo, no se están enriqueciendo con los pagos gubernamentales, algunos de ellos tienen los mismos problemas financieros que los agricultores pequeños".

El proyecto de ley agrícola del año pasado limitó las subvenciones gubernamentales destinadas a las grandes fincas a $360,000, aunque muchos defensores rurales opinan que el umbral es muy alto y que el programa tiene demasiadas lagunas jurídicas como para ser efectivo.[19]

¿Debe transformarse a las llanuras en una vasta reserva ecológica?

Durante años, varias propuestas han exigido reemplazar las granjas y haciendas subsidiadas en partes de la Grandes Llanuras que presentan dificultades económicas, con refugios de vida salvaje. Los que sugieren esta opción aseguran que eliminar tierras no rentables de la producción no pondrá en peligro el suministro alimenticio de la nación porque otras partes del país producen un excedente de los llamados cultivos en hilera y ganado. Mientras tanto, afirman, permitir que los bisontes y otros animales vaguen libremente restaurará la salud ecológica de la llanura y creará una estabilidad económica duradera para la comunidades que linden con las nuevas reservas.

La propuesta más promocionada, y polémica, fue realizada por dos académicos de la costa este, Frank y Deborah Popper. En 1987, el equipo compuesto por marido y mujer denominó la colonización de las Grandes Llanuras como "el error de cálculo agrícola y ecológico más grande y duradero de la historia estadounidense".[20] Basados en un análisis de información proveniente de censos, los Popper pronosticaron que una vasta franja de la región, más de 139,000 millas cuadradas que abarcan más de 110 condados en 10 estados, se "despoblaría casi totalmente" con el paso del tiempo. La única manera de evitar que el área se convierta en un "yermo absoluto", escribieron, es que el gobierno federal adquiera propiedades individuales que se hagan disponibles y las transforme en una serie de refugios multiuso para fauna salvaje que denominaron como "Buffalo Commons".

Si bien la propuesta Buffalo Commons puede estar lejos de convertirse en una política nacional, continúa incentivando el actual debate acerca del futuro de las Grandes Llanuras. Calvin Beale, demógrafo del USDA, opina que la idea ha "obligado a la gente de las llanuras a reconocer el hecho de que existe una grave condición que deben enfrentar".

El vicegobernador Jack Dalrymple, republicano por Dakota del Norte, está de acuerdo. "Nunca he visto algo que haga hablar y pensar tanto a la gente", expresó.[21]

Los indígenas estadounidenses, los ambientalistas y los grupos relacionados con el turismo aprueban ampliamente el concepto de los Buffalo Commons. Por otra parte, los hacendados, los agricultores, las empresas de energía y los políticos lo consideran en general como una agresión contra sus sustentos y formas de vida.

Los Popper, quienes denuncian haber recibido amenazas de muerte debido a su propuesta, explican que no defienden la reubicación forzada de los habitantes, como sostienen algunos de sus críticos. Al contrario, afirman que sólo quieren atraer atención a lo que está ocurriendo, y proponen una solución para ello.

"Algunos sectores de las Grandes Llanuras se han estado despoblando desde finales del siglo XIX, y existen indicios de que la región en general pronto se convertirá en el área más pobre del país, reemplazando al sur", explica Frank Popper, profesor de planeamiento de utilización de la tierra de la Rutgers University de Nueva Jersey. "Todos los jóvenes se marchan, por lo que la población restante es mucho más vieja que el promedio estadounidense. La propuesta Buffalo Commons es sólo una metáfora para encontrar una nueva excusa para la utilización de esta área en deterioro que se base en la restauración en reemplazo de la extracción".

Los Popper admiten que le costaría miles de millones al gobierno federal comprar las tierras para la Buffalo Commons, aunque sostienen que la inversión sería una fracción de lo que los contribuyentes ya gastan en subvencionar a los agricultores y hacendados de la región. Opinan que las reservas ecológicas podrían sustentar una gran variedad de actividades, tales como la caza, el ecoturismo, las granjas eólicas y la cría en libertad de bisontes. Lo más importante es, explican los Popper, que crear la reserva Commons reduciría la erosión del suelo, la destrucción de pastos nativos y otros devastadores daños ambientales causados por décadas de agricultura mal asesorada, incluso el agotamiento del vital suministro acuífero subterráneo conocido como el acuífero Ogallala Aquifer.

"Lo que sugiere la propuesta Buffalo Commons es la concentración de la agricultura en áreas donde tenga más sentido", asegura Deborah Popper, profesora de

Library of Congress

Tiempos difíciles
En 1935, cerca de Liberal, Kansas, tras años de erosión eólica, la tierra cubre los cultivos y los edificios. (arriba). Hacia 1895, los colonos John y Marget Bakken vivían en una casa de tepe cerca de Milton, Dakota del Norte. Los padres de John eran inmigrantes noruegos; Marget nació en Noruega.

geografía del College of Staten Island, City University of New York. "¿Por qué utilizamos el agua para cultivar [cosechas excedentes] que no necesitamos?

Chuck Hassebrook, del Center for Rural Affairs, admite que las Grandes Llanuras plantean desafíos desalentadores para los agricultores y los hacendados. Sin embargo, al igual que otros críticos de la reserva Buffalo Commons, Hassebrook no se da por vencido.

"Ciertamente se han cometido errores ecológicos en las Grandes Llanuras, pero existe una manera sostenible de cultivar en este lugar, que tiene sentido económico y un número creciente de agricultores ya la emplean", agrega. "Esta comunidades pueden ser preservadas y existe gente decente aquí que merece una oportunidad al igual que todas los estadounidenses".

El decano Hewlett de la Minot State University está de acuerdo. Tirar la toalla y permitir que las llanuras se conviertan en una propuesta Buffalo Commons sería un "desperdicio" de estas tierras y de la gente que las trabaja actualmente, manifiesta. "No es muy compatible con el modelo capitalista, en el cual creo firmemente", explica Hewlett. "La belleza de ese modelo es la propiedad, alguien la posee, y alguien es responsable de convertirla en capital. Sería un desperdicio dejar que esta fértil y altamente productiva región se vuelva a transformar en pastizales".

Otros tienen una opinión más severa. En una oportunidad, el Fargo *Forum,* el periódico más grande de Dakota del Norte, editorializó sarcásticamente que en lugar de convertir a las llanuras en una vasto refugio de vida silvestre, el gobierno debería convertir a Nueva Jersey, donde viven los Popper, en un gran depósito de gasolina.[22] El senador Dorgan le otorga la misma importancia a la teoría de los Popper y sugiere que el verdadero error en la política de utilización de la tierra fue el desarrollo de las ciudades de la nación, no la colonización de la Grandes Llanuras rurales.

"Se puede afirmar que no es aceptable que las personas vivan hacinadas una encima de otra y pasen varias horas en el auto, y que una dispersión más amplia sería más conveniente para ellas, beneficiosa para el medio ambiente y más productiva para la economía", explica Dorgan. "El verdadero error no es que hayamos poblado el interior, sino que hayamos sobrepoblado lugares como el que habitan los Popper".

Mientras tanto, los Popper aseguran que lo expuesto en la propuesta Buffalo Commons ocurrirá de todos modos, aunque el gobierno federal no compre las propiedades, cuando la gente abandone el área o muera. Observan que en Estados Unidos existen aproximadamente 400,000 búfalos en tierras privadas y públicas, casi todas ubicadas en las llanuras. Atribuyen el resurgimiento de los animales a los esfuerzos de los gobiernos estatales, los grupos de conservación y los individuos como el multimillonario de Atlanta Ted Turner. Es un cambio notable, dicen los Popper, dado que hace menos de un siglo la especie estaba por extinguirse.

"Esperamos con confianza una mayor recuperación de los búfalos", expresa Frank Popper. "Ya no se trata de si ocurrirá lo expresado en la Buffalo Commons, sino de cómo sucederá".

ANTECEDENTES
'El gran desierto Estadounidense'

La ecología y la demografía de las Grandes Llanuras han cambiado radicalmente desde que los colonos blancos arribaron a la región a principios del siglo XVII. Ecológicamente, antes de ser "colonizadas", las llanuras se caracterizaban por extensos pastizales. Altos pastos de cinco a doce pies de altura dominaban las praderas más húmedas y más orientales. En las llanuras centrales y más secas abundaban los pastos de dos pies , y en las praderas occidentales, la región más seca, prevalecían los pastos cortos y las plantas desérticas.[23]

Las llanuras también contaban con una amplia gama de vida silvestre, la especie más famosa era el bisonte o búfalo. Hasta 70 millones de bisontes vagaban por las praderas antes de que llegaran los colonos blancos. El tamaño de una sola manada sorprendió a William Street: "Tenía más de 20 millas de ancho, nunca vimos el otro lado, al menos 60 millas de largo, quizás más: ¡Dos condados de búfalos!" declaró.[24]

También prosperaban pequeños animales antes de la colonización, los que incluían unos sorprendentes 5 millones de perritos de pradera de cola negra.[25] Además, había osos pardos, lobos, alces, antílopes y ovejas de montaña, entre miles de otros animales.

También habitaban la región más de veinticuatro tribus de indígenas, casi todas hablaban idiomas diferentes y reflejaban culturas radicalmente diferentes. Algunas, como las Hidatsa, Arikara y Mandan, estaban compuestas de agricultores sedentarios que vivían en tiendas permanentes con forma de domo hechas de lodo. Otras, tales como los Blackfoot, los Comanches y los Kiowa, eran nómadas, se desplazaban por las llanuras a pie en los llamados "travoises", trineos tirados por perros. Cazaban búfalos a pie, a menudo dirigiéndolos a cañones o cercamientos o incendiando pastizales para obligarlos a despeñarse por precipicios.

A mediados del siglo XVI, los indios de las llanuras comenzaron a domesticar caballos, los cuales habían sido traídos al Nuevo Mundo por los conquistadores españoles 200 años antes. Los caballos revolucionaron la vida del indio, aumentando su movilidad y habilidad para cazar búfalos, así como también su destreza para luchar contra los colonos blancos, los ocupantes ilegales y los soldados del gobierno que pronto comenzarían a invadir su tierra natal.

Los blancos comenzaron a apoderarse de las Grandes Llanuras tras 1803, cuando Estados Unidos compró todas las propiedades de Francia al oeste del Río Mississippi por $15 millones, o aproximadamente tres centavos por acre. La compra de Louisiana agregó a Estados Unidos más de 800,000 millas cuadradas de tierra, incluso la mayor parte de las Grandes Llanuras.

Muchos de los primeros exploradores blancos que pasaron por la región llegaron a la conclusión de que las Grandes Llanuras eran inhóspitas para la agricultura. Por ejemplo, en 1806, el general Zabulon Pike comparó la región con los "arenosos desiertos del África", y la declaró muy seca para la agricultura. Otro explorador, el comandante Stephen Long, concluyó que el área era "casi totalmente inservible para el cultivo", y la denominó "El Gran Desierto Estadounidense".[26]

En consecuencia, muchos de los primeros colonos estadounidenses sortearon las llanuras y continuaron hacia el oeste de las Montañas Rocosas, a menudo atraídos por la posibilidad de descubrir oro en California, Nevada y Colorado.

Por otra parte, el gobierno estadounidense decidió que las llanuras sureñas eran el lugar perfecto para reu-

El gran jefe sioux Sitting Bull depuso sus armas en 1881, aunque se resistió pacíficamente a los esfuerzos del gobierno por apoderarse de más tierras indígenas. En 1890 la policía indígena lo asesinó, temiendo que inspirara un nuevo levantamiento.

Library of Congress/foto sacada entre 1880 y 1890

bicar a los indios de los bosques de la costa este quienes obstaculizaban el asentamiento blanco en Georgia y otras partes del sudeste. En 1834, la caballería comenzó a trasladar por la fuerza a Cherokees, Choctaws y otras tribus de los bosques de sus tierras ancestrales a un enorme sitio que se extiende por los actuales estados de Oklahoma, Kansas y Nebraska.

Miles de indios murieron en la marcha forzada hacia el oeste, el tristemente famoso "Sendero de lágrimas". Para 1840, más de 100,000 cherokees habían sido trasladados por la fuerza a su nuevo hogar. El gobierno les prometió a los indios que podrían vivir en la tierra "por todo el tiempo que crecieran los árboles o fluyeran los arroyos".[27]

¿Se encuentra en peligro el suministro acuífero de las llanuras?

Vuele sobre las Grandes Llanuras durante un día de verano despejado y puede llegar a tener una reacción sorpresiva al notar los misteriosos círculos grabados en la tierra.

No, no son círculos trazados por extraterrestres. Son simplemente los patrones crecientes que resultan de los sistemas de irrigación de eje central.

Las exuberantes tierras de cultivo a sus pies hacen difícil imaginar que el agua sea un recurso escaso en las Grandes Llanuras. Sin embargo, durante la década de 1820 la región fue conocida como "el Gran desierto estadounidense" y se la denominó como inhóspita para la agricultura.

No obstante, los colonos comenzaron a acudir en grandes cantidades a las llanuras tan sólo 30 años después, atraídos por la errónea creencia de que podrían en verdad causar más precipitaciones al cultivar la tierra. La teoría de que "la lluvia sigue al arado" sostenía que al romper la dura capa de la llanura se filtraría más lluvia, la que luego, al evaporarse, volvería al aire. La mayor proporción de humedad en el aire, provocaría más precipitaciones. Las teorías relacionadas sostenían que se podría generar lluvia mediante la plantación de árboles, la colocación de cables telegráficos a través de las llanuras, la utilización de locomotoras a lo largo de las vías (el humo era el presunto estímulo) y haciendo volar dinamita en el aire.

Los colonos pronto aprendieron que sí había agua: en las profundidades de la tierra. Muchos obtuvieron la suficiente para sus familias cavando pozos. Pero debido a que las bombas impulsadas por molinos de viento extraían unos pocos galones por minuto, el riego a gran escala era poco práctico. De esta manera, muchos agricultores no pudieron prosperar en ese ambiente seco, incapaces de aprovechar el agua que se encontraba debajo de sus pies — conocida como la Ogalla Aquifer, en honor a la tribu indígena sioux y a un pequeño pueblo ubicado al oeste de Nebraska.

Antes de la Segunda Guerra Mundial, los científicos no estaban seguros acerca de los límites exactos de la reserva acuífera, ni sobre cuánta agua contenía. Actualmente, a pesar de haber sido considerablemente agotada durante las últimas décadas, los expertos opinan que la reserva es todavía la fuente de agua más grande de América del Norte. Se extiende subterráneamente por aproximadamente 174,000 millas cuadradas en ocho estados de las llanuras, desde la faja estrecha de Texas hasta Dakota del Sur en el norte. Se cree que contiene más de un cuatrillón de galones, suficiente como para llenar Lake Huron y una quinta parte de de Lake Ontario, o para cubrir los 50 estados a una profundidad de 1 pie y medio.[1]

Geológicamente, la reserva acuífera se parece más a una esponja que a un lago o río subterráneo. Atrapa agua en depósitos de grava, arena, arcilla y limo sobre una capa de roca firme. La reserva se formó hace al menos 10 millones de años por la erosión de las Montañas Rocosas y agua de deshielo glaciar. Los científicos calculan que le llevó más de 6,000 años llenarse de agua. Actualmente, su espesor varía de menos de 12 pulgadas a miles de pies.

Tras la segunda Guerra Mundial, los agricultores comenzaron a extraer enormes cantidades de la reserva acuífera, gracias al desarrollo de poderosas bombas de profundidad, económicas cañerías de aluminio y rociadores de eje central. Los pueblos también iniciaron su acceso a la reserva para obtener agua potable, y así su uso introdujo una nueva era en las Grandes Llanuras.

Hoy, aproximadamente 200,000 pozos le permiten a la reserva irrigar aproximadamente 16 millones de acres de cultivos en las llanuras, los que producen $20 mil millones al año en ingresos agrícolas y muchos otros incontables miles de millones en productos derivados. Como es lógico, los pueblos pequeños y las grandes ciudades como Lubbock y Amarillo, ubicadas en Texas occidental, prosperaron gracias a la reserva acuífera.[2]

"Desde el punto de vista satelital, la explotación de la reserva es uno de los cambios más profundos realizados por el hombre en América del Norte; sólo la urbanización, la deforestación y el daño a los ríos lo superan," escribió el periodista y ecologista Marc Reisner. "En un lapso de 20 años, las altas llanuras pasaron del marrón al verde, como si se hubiese instalado de repente un cinturón tropical entre las Rocosas y el meridiano cien".[3]

USDA/Jack Dykinga

Los cultivos de toda la llanura crecen en patrones circulares cuando se los riega mediante sistemas de irrigación de eje central.

Sin embargo, Reisner y otros expertos advierten que la prosperidad no durará eternamente. Los agricultores y los pueblos han estado extrayendo agua de la reserva a un ritmo vertiginoso, generando interrogantes acerca de su duración. En las décadas de 1970 y 1980, Texas fue el usuario más grande, extrayendo unos sorprendentes 11 mil millones de galones de agua subterránea por día. Nebraska, Colorado, Oklahoma y Nueva México también explotaron enormes cantidades. En consecuencia, en algunas áreas de las llanuras, el nivel freático ha disminuido de 100 a 200 pies — un descenso de 10 a 40 por ciento del volumen total de la reserva, según la U.S. Geological Survey.

La mayoría de los estados disminuyó los ritmos de extracción en años recientes, pero muchos todavía explotan la reserva mucho más rápido de lo que la naturaleza la puede recargar, aproximadamente media pulgada por año. Algunos críticos opinan que cuando se seque la reserva, o cuando el agua restante sea muy cara de extraer, las Grandes Llanuras sufrirán un segundo Dust Bowl.

El mes pasado, el Senado aprobó un proyecto de ley que le ordena al USGS determinar el índice de agotamiento de la reserva. "Este tipo de información es necesaria para poder destinar nuestros esfuerzos para preservar la Ogallala Aquifer con precisión", afirmó el senador Sam Brownback, republicano por Kansas, uno de los auspiciantes del proyecto.[4]

Mientras tanto, el polémico petrolero de Texas, T. Boone Pickens desea comercializar agua subterránea de su tierra ubicada en la franja estrecha a ciudades que no se encuentran sobre la reserva, tales como Dallas (ubicada a 300 millas). Los ecologistas afirman que el plan redundaría en un agotamiento mucho más rápido, generando un desastre agrícola y social. "Estamos preocupados por la gran exportación de agua subterránea", manifiesta Ken Kramer, director ejecutivo de la sección Lone Star del Sierra Club, quien observa que muchos otros empresarios tienen planes similares.

Pickens, de modo característico, no se arrepiente: "Estas declaraciones sin sentido, como 'Pickens va a causar el agotamiento de la Ogallala' y 'Vamos a volver a ser un Dust Bowl' y todas esas cosas son tonterías", declaró Pickens. "Maldición, no voy a hacer secar la reserva Ogallala. Pero sí puedo vender el excedente de agua".[5]

Mientras tanto, advirtió Reisner, "la extracción excesiva de agua subterránea de las altas llanuras es la más grande de la nación, del mundo, de toda la historia de la humanidad. Es cosa segura que la reserva Ogallala comenzará a agotarse; la única pregunta es cuándo".

---

[1] A menos que se indique de otra manera, todas las estadísticas citadas anteriormente acerca de la reserva Ogallala Aquifer provienen de la U.S. Geological Survey. El sitio Web de la USGS para obtener información acuífera es: http://ne.water.usgs.gov/highplains/hpactivities.html.

[2] Para enterarse de los antecedentes, consulte Erla Zwingle, "The Ogallala Aquifer: Wellspring of the High Plains," *National Geographic,* marzo de 1993, pp. 80-109.

[3] Consulte Marc Reisner, *Cadillac Desert: The American West and Its Disappearing Water* (1986), pp. 436-437.

[4] Comunicado de prensa, 8 de abril de 2003. El proyecto de ley es el S 212, la ley High Plains Aquifer Hydrogeologic Characterization, Mapping, Modeling and Monitoring Act de 2003. La Cámara de Representantes aún debe aprobar un proyecto de estudio.

[5] Citado en "High Noon at the Ogallala Aquifer," Salon.com, 1 de febrero de 2001.

Guerras indígenas

Sin embargo la promesa duró poco. Cuando los estadounidenses blancos se interesaron por las llanuras, Washington pronto comenzó a darle marcha atrás a sus compromisos con los indígenas. En 1854, el Congreso aprobó la ley Kansas-Nebraska Act, la cual abrió a los colonos la porción norte del territorio indígena. Aquellos que no conseguían una autorización legal para el asentamiento, simplemente ocupaban ilegalmente las tierras indígenas adyacentes.

Algunas tribus reaccionaron pasivamente, acordando vender más tierras al gobierno, el que a su vez la vendía a los colonos. Otros reaccionaron atacando a los colonos y ocupantes ilegales. En 1862, por ejemplo, una banda de guerreros sioux del sur de Minnesota asesinó a cientos de nuevos colonos, incluso mujeres y niños.

Washington no tuvo mucha compasión por las dificultades de los indígenas. Tras el incidente de Minnesota, conocido también como la Gran Guerra Sioux o el conflicto Estados Unidos-Dakota, el gobierno colgó a 38 indios, encarceló a más de 300 y desterró del estado al resto. Dos años después, un regimiento voluntario de caballería dirigido por el Coronel del ejército John M. Chivington atacó una reunión de indígenas cheyennes y arapahos acampados cerca de Big Sandy Creek en el sur de Colorado. Aunque los indígenas querían hacer las paces y se habían asentado en el área por sugerencia del ejército, las tropas de Chivington marcharon sobre el campamento y asesinaron a aproximadamente 150 personas, principalmente mujeres, niños y ancianos.

La encarnizada guerra se prolongó en las llanuras durante las tres décadas siguientes mientras los indígenas intentaban hacer retroceder la invasión a sus territorios. Por ejemplo, en 1863, el jefe Red Cloud y una banda de sioux oglala comenzaron a atacar los fuertes del ejército estadounidense a lo largo del sendero Bozeman Trail, en lo que actualmente es Montana. Los indígenas buscaban impedir que los mineros que buscaban oro y los colonos utilizaran el sendero para cruzar hacia las tierras de la tribu.

La firma del Fort Laramie Treaty en 1868 detuvo temporalmente el derramamiento de sangre. A cambio de la promesa de los indígenas de ser pacíficos, el gobierno abandonó los fuertes y les otorgó una gran extensión de tierra dentro y alrededor de las Colinas Negras, que actualmente integran la mitad occidental de Dakota del Sur.

Al año siguiente, el presidente Ulises S. Grant anunció la política de ubicar a todos los indígenas en reservas. El objetivo de la denominada "política pacífica" de Grant era convertir a los indígenas al cristianismo y forzarlos a abandonar sus culturas. Si bien algunos indígenas acataron la orden del gobierno y se mudaron pacíficamente a las reservas, muchos no lo hicieron.

Algunos funcionarios del gobierno creían que podían forzar a los indígenas a ir a las reservas mediante la eliminación de su histórica fuente alimenticia: el búfalo. "Mientras haya millones de búfalos en el oeste, los indios no podrán ser controlados", declaró el representante James Throckmorton, demócrata por Texas. El general Philip A. Sheridan, comandante de las fuerzas estadounidenses en el oeste, lo expresó aun más sucintamente: "Matando al búfalo se mata al indio". Con ese fin, Sheridan y otros líderes militares ordenaron a sus tropas masacrar una enorme cantidad de búfalos.

Washington facilitó la matanza otorgándoles a las empresas de ferrocarriles de la nación más de 180 millones de acres de tierra gratis en el oeste. Mientras los ferrocarriles se abrían camino a través de las llanuras luego de la Guerra Civil, los especuladores como William "Buffalo Bill" Cody efectivizaban la matanza de cientos de miles de búfalos que servían de alimento para los trabajadores de la industria. Una vez que las líneas ferroviarias fueron completadas, los civiles siguieron matando búfalos por deporte. Los operadores ferroviarios solían disminuir la marcha para que los pasajeros pudieran dispararles a los animales desde las ventanas del tren. Los cadáveres se dejaban pudrir en las llanuras.

También se mataba al búfalo por su lengua y su cuero, los cuales eran considerados por los estadounidenses como manjares. Los cazadores profesionales exterminaban búfalos a un ritmo vertiginoso. "Solían disparar literalmente hasta que los cañones de los rifles se calentaban tanto que se veían obligados a descansar", comenta Dave Carter, director ejecutivo de la National Bison Association, un grupo comercial ubicado en

Denver. Los cazadores abandonaban miles de cadáveres despellejados y sin lengua para que se pudrieran en las llanuras. Según Carter, en 1882 quedaban menos de 500 búfalos en las Grandes Llanuras.

Mientras tanto, en 1874, los buscadores de fortuna blancos comenzaron a acudir en gran número a las Colinas Negras en busca de oro. A pesar de que el tratado Fort Laramie Treaty de 1868 le exigía al gobierno evitar tales incursiones en las tierras indígenas, el ejército protegió a los prospectores. Indignados, miles de indígenas furiosos juraron proteger sus tierras contra los invasores.

El 25 de junio de 1876, alrededor de 3,000 indígenas liderados por los jefes Crazy Horse y Sitting Bull se reunieron para realizar una ceremonia religiosa en la curva del Río Little Bighorn en el Territorio de Montana. Un desenvuelto joven oficial del ejército, George Armstrong Custer, llegó a la escena junto con 220 soldados. Aparentemente sin darse cuenta de que se los superaba ampliamente en número, Custer atacó. Los indios los aniquilaron: asesinaron a Custer y a todos sus hombres.

A pesar de la victoria en Little Bighorn, los indios no pudieron detener el flujo de colonos blancos. En 1877, el Congreso revocó el tratado Fort Laramie Treaty y se volvió a apoderar de la rica región de las Colinas Negras junto con otros 40 millones de acres. Ese mismo año, Crazy Horse y aproximadamente 1,000 de sus seguidores, casi muertos de hambre, se rindieron al gobierno. Un oficial del ejército, temiendo que Crazy Horse planease una rebelión, le ordenó a un soldado que matase con su bayoneta al indefenso líder sioux.

Sitting Bull pronto corrió la misma suerte. El gran jefe sioux depuso sus armas en 1881, aunque se resistió pacíficamente a los esfuerzos del gobierno de apoderarse de más tierras indígenas. La policía indígenas, que temía inspirara una revuelta al adoptar la "Ghost Dance", una ceremonia contemporánea que algunos sioux creían que haría regresar a los búfalos y expulsaría de las llanuras a los colonos blancos, lo fusiló en la reserva indígena Standing Rock el 15 de diciembre de 1890.

Entonces el ejército persiguió a Big Foot, otro jefe sioux de quien también temían que adoptara la Ghost Dance. El 29 de diciembre alcanzaron al jefe y varios cientos de sus seguidores cerca del Wounded Knee Creek en Dakota del Sur. Cuando los soldados intentaron desarmar a los indios, alguien, no se sabe precisamente quién, hizo un disparo. En el pánico, los soldados comenzaron a disparar indiscriminadamente a la multitud. Se persiguió y mató por la espalda a los indígenas desarmados que se escapaban de la escena, mientras que a otros se los capturó y ejecutó.

En total, se asesinaron 200 indios en Wounded Knee, muchos de ellos no eran combatientes, o eran mujeres o niños.

Si bien las escaramuzas en la región continuaron durante varios años, la masacre de Wounded Knee marcó el fin de la lucha armada de los indígenas en su resistencia a la colonización de las Grandes Llanuras.[28]

Apropiación de tierras

La represión de los indígenas no era el único medio que poseía el gobierno para fomentar la colonización de las Grandes Llanuras. La histórica ley Homestead Act de 1862 puso las tierras "públicas", compradas a los indígenas estadounidenses y a naciones extranjeras, a disposición de los colonos que prometieran construir casas, sembrar cultivos y vivir en la tierra durante cinco años.

En el pequeño pueblo de New England, Dakota del Norte, Glenn Giese, director de desarrollo económico de la Slope Electric Power Cooperative, izquierda, y el director regional de prisiones Norbert Sickler esperan convertir un antiguo internado en una cárcel para mujeres.

¿Debe el gobierno federal subvencionar a los habitantes rurales de las Grandes Llanuras?

SÍ

Senador Byron Dorgan, Demócrata por Dakota del Norte
Copatrocinador, New Homestead Act

Extraído de un discurso en el Senado, 13 de marzo de 2003

Existe un implacable motor de despoblación en la región central de nuestro país . . . desde Dakota del Note a Texas. . . . Case un siglo y medio después de haber poblado el corazón de Estados Unidos mediante una norma llamada la ley Homestead Act . . . experimentamos esta incesante despoblación. En esas regiones, contamos con comunidades que son maravillosos lugares para vivir. De hecho, la gente aspira a recrear lo que tenemos en otras partes del país — escuelas sólidas, un gran lugar para criar a los niños, calles seguras y comunidades estupendas. Sin embargo, estas áreas rurales están siendo arrasadas por el éxodo de sus habitantes. la emigración está arruinando sus economías.

¿Debe importarnos? ¿Nos importa? Bien, cuando las ciudades estadounidenses se encontraban en apuros, adoptamos rápidamente como política nacional el Model Cities Program. . . . Destinamos considerables recursos a esas ciudades para salvarlas.

Hoy la pregunta es: ¿Salvaremos a la región central de nuestro país? ¿Importa? La ley bipartidaria llamada la New Homestead Act (S 602) confirma que sí importa. La contribución de la región central es muy importante para el resto de Estados Unidos. Debemos darle a la gente de dicha área las facilidades para ayudarles a reconstruir sus economías. Eso es lo que hace nuestra legislación.

No tenemos más tierras para seguir regalando. No obstante, les decimos a las personas y a los comercios, que si se quedan, que si vienen, que si construyen, que si invierten, aquí disponen de estos incentivos financieros. . . .

La nueva ley New Homestead Act ofrece recompensas impositivas y de otros tipos a individuos que se comprometan a vivir y trabajar en áreas rurales de alta emigración. Ayuda a pagar préstamos universitarios, ofrece créditos impositivos para la compra de viviendas, protege los valores de las mismas y establece el Individual Home Accounts, equivalente económico del otorgamiento de tierra gratis. Brinda incentivos fiscales para que los comercios puedan expandirse o ubicarse en áreas de alta emigración; créditos impositivos de inversión y depreciación acelerada. Finalmente, un nuevo fondo homestead para emprendimientos que contribuirá a garantizar que los empresarios y las compañías de estas áreas rurales obtengan el capital que necesitan para comenzar a expandir sus negocios.

Podemos efectivizar uno de dos procederes con respecto a este problema en la región central de Estados Unidos. Nos podemos sentar y rechinar los dientes, retorcernos las manos y decir: esto es horrible. Y en consecuencia, observar cómo continúa la despoblación durante los próximos 20 o 50 años, que nos llevaría a perder una parte considerable e importante de la economía de nuestro país.

O si no, podemos decidir que no vamos a permitir que esto ocurra, que no vamos a ser la rana en la sartén que sólo descubre en el último momento que es muy tarde para salir de ella.

¿Debe el gobierno federal subvencionar a los habitantes rurales de las Grandes Llanuras?

NO

Jerry Taylor

Director, Natural Resource Studies, CATO Institute

Escrito para *The CQ Researcher,* mayo de 2003

¿Por qué debería Estados Unidos exactamente "hacer algo" para detener la continua emigración , que ya ha durado un siglo, de las Grandes Llanuras? El senador Dorgan ofrece dos razones: La región cuenta con comunidades maravillosas, además el país salvó las ciudades, y por eso hoy debería rescatar estos sitios remotos. Sin embargo, ni una ni otra afirmación resiste un escrutinio.

Si bien es una presunción común que los pequeños pueblos de Estados Unidos son mejores incubadores de los valores familiares y las virtudes individuales que "las grandes ciudades", existen pocas investigaciones empíricas para respaldar dicha afirmación. Por haber vivido en Iowa rural, puedo dar fe de que la Main Street de Sinclair Lewis es tan auténtica hoy como lo era hace 80 años. Si las Grandes Llanuras fuesen un lugar tan bueno para vivir, ¿por qué esta desesperación por abandonarlas de cualquier manera posible?

Algunos afirmarían que esta emigración está menos relacionada con las virtudes de las Grandes Llanuras que con la falta de oportunidades laborales disponibles en las mismas. Quizás. Sin embargo, el registro del gobierno sobre las regiones económicamente inertes que se transforman en prósperas usinas financieras es abismal. La ambiciosa guerra federal en los Apalaches resultó ser una decepción. El norte de Nueva York se resiste a todos los intentos de resucitación auspiciados por el gobierno. Las zonas empresariales urbanas nunca

han cumplido sus promesas. ¿Qué le hace pensar al senador Dorgan que su campaña será diferente?

Además, la "ayuda" que los federales le brindaron al Estados Unidos urbano (y dado el desastre de la renovación urbana, la palabra "ayuda" bien merece estar entre comillas), se ha visto más que eclipsada con el paso del tiempo por los miles de millones otorgados todos los años a los agricultores de la región central en forma de apoyo a los precios de materias primas, seguros de subsidios de cultivos, pagos de ayuda por desastres y otros por el estilo. Si no fuera por los generosos subsidios agrícolas que les han sacado a los contribuyentes, las Grandes Llanuras serían un lugar mucho más vacío de lo que son actualmente. Nadie le "debe" nada al Estados Unidos rural.

Es la verdad pura y dura es que el considerable aumento de la productividad agrícola ha reducido la demanda de agricultores en la región central. A su vez, eso ha provocado deflación en el mercado de productos y servicios comerciales que atendía a los agricultores de esa región. ¿Por qué brindar subsidios para alentar a la gente a hacer cosas que el mercado les indica que no deben hacer?

Una economía dinámica necesita capital relativamente líquido y mercados laborales que respondan a realidades demográficas y comerciales eternamente cambiantes. Utilizar al gobierno para desalentar tales flujos de mano de obra y de capitales es una receta para la decepción en el mejor caso y para el desastre en el peor.

¿Debe transformarse a las llanuras en una reserva ecológica?

SÍ

Jarid Nidal Manos
Director Ejecutivo, Great Plains Restoration Council

Escrito para *The CQ Researcher*, 1 de mayo de 2003

Las Grandes Llanuras han experimentado mucho sufrimiento, derramamiento de sangre y penas en su corta historia, y actualmente se las percibe como un páramo plano y vacío. El Great Plains Restoration Council (GPRC) está modificando esa visión. El GPRC está armando la Buffalo Commons paso a paso, restituyendo los búfalos silvestres a las praderas y restaurando comunidades saludables y sustentables a las llanuras, desde las reservas indígenas hasta la ciudad y más allá aun, hacia el interior de la pradera.

Nadie dijo nunca que la Buffalo Commons de alguna manera implicara "desplazar a la gente". La Buffalo Commons contará con pueblos de llanura saludables que se desarrollarán con entusiasmo junto a provechosos y primigenios pastizales silvestres. La Buffalo Commons es un movimiento cultural y social de gente de todos los colores, culturas y comunidades que trabajan en conjunto en pos de un cambio positivo.

La economía agrícola nunca fue la adecuada para el clima extremadamente volátil y el terreno árido de nuestra región. Actualmente, a pesar de la matanza de la vida silvestre, los venenos, las trampas, las competencias de caza, los plaguicidas, la erosión masiva de la capa superior del suelo, el agotamiento del preciado Ogalla Aquifer y el confinamiento del pueblo indígena en reservas, la economía basada en el cultivo de granos y la ganadería vacuna aún no ha conseguido competir en el mercado mundial. Tampoco puede producir una economía estable y sustentable que siquiera se acerque a producir ganancias equivalentes a los subsidios de los contribuyentes utilizados para apuntalarla.

Vastas extensiones de las Grandes Llanuras hoy se encuentran en condiciones de "frontera", definida por Frederick Jackson Turner y el censo de 1890 como un área con seis habitantes por milla cuadrada o menos. El número de acres de las Grandes Llanuras en condiciones de frontera está aumentando. Por ejemplo, tanto en el censo de 1990 como en el de 2000, Kansas tenía más tierra de frontera que en 1890. Hay espacio para que el búfalo vague libremente otra vez como animal silvestre. Crear un corredor migratorio de búfalos salvajes de México a Canadá preservará la inmunidad natural de esta especie que ha sido puesta en peligro, salvará al perro de las praderas de la extinción, protegerá la capa superior del suelo, purificará nuestras contaminadas cuencas y creará la primera prosperidad verdadera para las comunidades de las Grandes Llanuras.

Conozco algunos pequeños hoteles y negocios históricos locales cuyos ingresos se irían por las nubes. Vendría gente de todo el mundo a gastar dinero y a celebrar, no un Oeste estadounidense de falsos mitos, sino el renacimiento de un Oeste estadounidense real, vivo, honorable y multirracial. Sudáfrica, Tanzania y Mozambique acaban de inaugurar un súper parque de 9 millones de acres, el primero de la Cape-to-Cairo Peace Parks Initiative de África. La nación más rica del mundo y única superpotencia se está quedando rezagada en el polvo.

¿Debe transformarse a las llanuras en una reserva ecológica?

NO

Peter K. Froelich, Ph.D.

Asistente de Proyectos Especiales y Coordinador, Great Plains Population Symposium Project, Dickinson State University

Escrito para *The CQ Researcher,* 1 de mayo de 2003

La idea de que las Grandes Llanuras deben transformarse en una extensa reserva ecológica tergiversa las contribuciones de la región al país y es injusta para con su gente. Tales propuestas tienen un atractivo romántico, pero en general no evidencian los costos de su creación y mantenimiento o el valor de lo que se perdería.

Las comunidades de las Grandes Llanuras enfrentan enormes desafíos económicos y demográficos, aunque las que deben inevitablemente retroceder y ser reemplazadas por "vida silvestre" controlada indican que están subvaloradas y que los estadounidenses están perdiendo el sentido de los cimientos de la nación. La colonización de las llanuras no fue un mal cálculo; fue un paso importante hacia el logro de una nación estadounidense unificada y la ratificación de la prosperidad y la seguridad nacionales. Las comunidades de las llanuras contribuyen enormemente al carácter y el bienestar de la nación. La pérdidas de sus dones no debe tomarse a la ligera.

Muchos de estos dones son tangibles. En 2001, los estados de las llanuras produjeron el 26 por ciento de la materia prima agrícola estadounidense, que incluía el 64 por ciento del ganado, el 25 por ciento del maíz y el 59 por ciento del trigo. Apenas Dakota del Norte produjo el 48 por ciento del girasol, el 27 por ciento de la cebada y el 88 por ciento de la semilla de colza. En 1999, las llanuras produjeron el 46 por ciento de la energía estadounidense, más que cualquier otra región.

También existen dones menos tangibles. Las Grandes Llanuras son una reserva de cultura tradicional que enseña el valor de la iniciativa y del trabajo arduo. Sus familias y escuelas producen estudiantes que se ubican entre los mejores de la nación. Las comunidades de las llanuras se encuentran entre las más seguras. Brindan seguridad, descanso y aprovisionamiento al borde de la carretera a muchos estadounidenses que dan por sentada la libertad de viajar de costa a costa. Mantienen y protegen grandes porciones de la infraestructura del país y, mediante su presencia, evitan que la región central de Estados Unidos se convierta en un extenso refugio de delincuentes y terroristas. Las comunidades de las Grandes Llanuras que se encuentran en vías de extinción son pérdidas para nuestra vida cultural y grietas en nuestra seguridad.

Se dice que los problemas de colonización de las Grandes Llanuras surgieron porque Jefferson y Lincoln no pudieron admitir la diversidad ecológica. Históricamente puede ser verdad, pero hoy debemos reconocer que la ecología de las llanuras incluye la ecología humana generada por la colonización. Una extensa reserva ecológica es también una visión foránea, que refleja la sociedad urbana post industrial desde la cual fluye. Las Grandes Llanuras necesitan una visión, pero debe tratarse de una que valorice sus paisajes y comunidades.

Cientos de miles de inmigrantes, aparceros, esclavos liberados y personas que tan sólo buscaban un nuevo comienzo llegaron a la región para pedir las autorizaciones de 160 acres de tierra "gratis". En 1900, se habían otorgado 80 millones de acres bajo esta ley. Sin embargo, los colonos genuinos en verdad se asentaron en menos de un quinto de la tierra. Turbios especuladores de tierra adquirieron enormes terrenos y los vendieron a precios exorbitantes.

Debido a que había pocos árboles en la llanura, muchos de los primeros colonos construían sus casas con lodo. Más tarde, cuando los ferrocarriles se extendieron a la región, los habitantes utilizaron madera enviada desde el este.

Pocos de los colonos que acudían a las llanuras estaban preparados para los desafíos agrícolas con los que se encontraron. Muchos creyeron, inocentemente, que podían plantar de la misma manera que lo hacían en sus pueblos natales. La mayoría no sabía que una gran franja de las llanuras era usualmente demasiado seca como para obtener cosechas de tamaño familiar en 160 acres de tierra no irrigada. En su afán por poblar las llanuras, el gobierno de Estados Unidos poco había considerado esta sombría realidad fundamental.

No obstante, las empresas ferroviarias tentaban a la gente para que se estableciera a lo largo de sus vías que atravesaban las llanuras. Por ejemplo, la línea Rock Island alentaba a la gente a migrar a Kansas, donde la empresa poseía tierras, describiendo el estado como "el jardín del mundo".

"Producirá todo lo que produce cualquier otra tierra", anunciaba la publicidad de una empresa, "con menos trabajo, porque llueve más que en cualquier otro lugar, en el momento justo".[29] Para atraer inmigrantes a la región, los ferrocarriles enviaron agentes a los puertos de la costa este e incluso a Europa. La estrategia funcionó: Para 1890, abundaban en las Grandes Llanuras miles de pequeños pueblos agrícolas, muchos de ellos con nombres escandinavos, alemanes e irlandeses.

A pesar del clima generalmente inhóspito para la agricultura, muchos colonos prosperaron en las décadas de 1860 y 1870, en gran parte debido a las precipitaciones que superaban el promedio. Además, los agricultores podían trabajar extensiones de tierra mucho más vastas gracias a los avances tecnológicos como los tractores y las cosechadoras a vapor, que recogían los cultivos de granos en un sólo paso. El alambre de púas, patentado en 1874, impulsó a muchos agricultores a comprar grandes extensiones de tierra para la cría de ganado.

Si bien tales progresos fueron muy ventajosos para el suministro alimenticio de la nación, también hacían quebrar a muchos agricultores al alentarlos a cosechar más alimentos de los que demandaba el mercado.

Los precios de los cultivos cayeron en picada a mediados de la década de 1890, cuando los agricultores de Estados Unidos y otros países industrializados inundaron el mercado con enormes excedentes. Muchos productores agrícolas estadounidenses, quienes ya estaban muy endeudados por la compra de equipamiento y tierras, pidieron prestado más dinero para poder subsistir. Pero muchos no lo lograron.

Entre 1889 y 1893, los bancos ejecutaron miles de fincas morosas, obligando a miles de colonos devastados a empacar y abandonar las llanuras.

Sequía y polvo

Otros colonos fueron afectados por el clima. El duro invierno de 1886-1887 causó la muerte de miles de cabezas de ganado en las llanuras norteñas y provocó un éxodo de hacendados y agricultores. Luego, durante la década de 1890 y 1900, las sequías obligaron a más de 18,000 colonos a abandonar Kansas occidental.

Del mismo modo, una sequía prolongada obligó a aproximadamente 60,000 colonos a abandonar Montana oriental entre 1919 y 1925, eliminando la producción de 2 millones de acres de tierra.

Sin embargo, Washington continuó promocionando la colonización de las llanuras. En 1887, el Congreso aprobó la ley Dawes Act, la cual puso fin a la propiedad de tierra comunal tradicional por parte de los indígenas y les permitió a los colonos blancos adquirir tierras tribales "excedentes". En efecto, en lo que constituyó el último avance impetuoso para poblar las llanuras, la ley arrebató más de 90 millones de acres de tierra perteneciente a los indígenas. En 1893, en medio del frenesí final de la colonización, el historiador Jackson Turner anunció estupendamente el "cierre" de la "frontera" estadounidense.

Por supuesto, aún se produjo cierto crecimiento. El puñado de áreas urbanas esparcidas por las llanuras —como Bismarck, Dakota del Norte, y North Platte, Nebraska, han crecido considerablemente desde la declaración de Turner. No obstante, en las llanuras rurales, cientos de condados alcanzaron el número máximo de su pobladores en la década de los 20 y desde entonces se encuentran en disminución.

Una de las emigraciones más importantes de la región ocurrió en la década de 1930, cuando los incesantes vientos de la llanura levantaron y transportaron grandes cantidades de tierra de los campos cultivados y los gastados campos de pastoreo.

La región rápidamente se volvió tristemente conocida como el "Dust Bowl", a medida que montones de tierra de hasta 10 pies eran acumulados por la ventisca como si de nieve se tratara, enterrando cercas y bloqueando caminos. Nubes de polvo volaban a 20,000 pies por encima de las llanuras, depositando miles de millones de toneladas de tierra en ciudades ubicadas a miles de millas. En Chicago, aproximadamente 12 millones de toneladas de polvo de las llanuras cayeron del cielo en un sólo día. [30]

El desastre hizo que 2.5 millones de personas abandonaran la región. Muchos agricultores de las Grandes Llanuras se dirigieron al Valle Central de California, donde eran atraídos por reclutadores que buscaban trabajadores dispuestos a trabajar por bajos salarios. "Si el polvo no volara. Si la parte superior se quedara en la tierra, la situación no sería tan mala", escribió el autor John Steinbeck en su poderosa novela de 1939, *The Grapes of Wrath*, acerca de las dificultades que las familias emigrantes como los Joad enfrentaban en California.

El Dust Bowl causó una sequía prolongada, pero se vio exacerbada cuando los agricultores, en su afán por obtener mayores cosechas, eliminaron la vegetación natural que mantenía en su lugar millones de acres de la frágil tierra de las praderas. La debacle impulsó al gobierno federal a comenzar a comprar terrenos ambientalmente delicados para protegerlos de una mayor erosión. A pesar de que algunos funcionarios deseaban sacar de la producción 125 millones de acres, el gobierno finalmente adquirió sólo 11.3 millones de acres, algunos de los cuales se devolvieron más tarde a los estados

El antílope antilocapra prospera en muchas partes de las Grandes Llanuras. Algunos expertos opinan que las áreas rurales continuarán perdiendo habitantes y que deberían transformarse en reservas ecológicas.

para las denominadas concesiones de tierras a universidades, o revendidos a compradores privados.

Aunque limitada a 11 millones de acres, la acción del gobierno marcó su tardío reconocimiento de que no todas las partes de las llanuras eran aptas para la agricultura. Actualmente, aproximadamente 3.8 millones de acres de tierras adquiridas tras el Dust Bowl se conservan como "pastos nacionales". Es una tierra, explica el U.S. Forest Service, "que nunca debería haber sido arada". [31]

Aproximadamente en la misma época, el gobierno comenzó a pagarles a los agricultores con el fin de detener la sobreproducción y elevar el precio de las fincas; también estableció apoyos para los precios de las materias primas. Las varias iniciativas contribuyeron a aminorar el ciclo de cultivos excedentes, desplome de precios y quiebras que habían llegado a caracterizar la vida en las llanuras.

Sin embargo, aún sufrirían más devastación. Los avances tecnológicos de los años 50 y 60 redujeron aún más la necesidad de mano de obra agrícola. Además, otra crisis ruinosa golpeó a los agricultores en los años 80, esa vez provocada por una recesión mundial, la caída de los precios de las materias primas y altas tasas de interés. Miles de agricultores, incluso muchos que habían hipotecado sus fincas para comprar nuevos equipos, perdieron todo lo que tenían. Algunos buscaron refugio en el alcohol y las drogas; unas pocas almas desesperadas tomaron armas y asesinaron a sus banqueros, a sus familias y se suicidaron. Una vez más, una profunda sensación de desesperanza y fracaso se esparció por la región central del país.[32]

"Las Grandes Llanuras son un lugar implacable", declaró Bob Warrick, un agricultor jubilado de Meadow Grove, Nebraska, un pueblo de 311 habitantes cuya población sigue disminuyendo. "Mucha gente ha fracasado en esta región".[33]

SITUACIÓN ACTUAL

Inmigrantes empaquetadores de carne

En años recientes, muchas comunidades en apuros de las Grandes Llanuras han intentado alejarse de la agricultura. Algunos han intentado atraer empleos de manufactura, los que actualmente representan menos del 10 por ciento de los puestos de trabajo en las Grandes Llanuras rurales, en comparación con el aproximadamente 20 por ciento de las regiones rurales de la nación en total. Aparentemente la táctica funciona: Durante los últimos 30 años, las comunidades rurales de las llanuras han atraído empleos industriales al doble del ritmo que los pueblos rurales de otras regiones.

La mayoría de estos nuevos puestos de trabajo son en plantas envasadoras, las cuales hasta los años 70 se concentraban en ciudades como Chicago y Kansas City. Sin embargo, actualmente los grandes operadores como ConAgra, IBP (Iowa Beef Packers) y National Beef, han descubierto que es más rentable ubicar sus mataderos en las altas llanuras de Texas, Oklahoma, Kansas, Colorado y Nebraska. Muchas de las plantas emplean de 500 a 1,000 obreros, pero las mismas están altamente concentradas geográficamente, razón por la cual relativamente pocas comunidades comparten los beneficios económicos. Más del 90 por ciento de los

empleos de envasado en las Grandes Llanuras se encuentran en sólo 12 condados de tres estados, según el economista del USDA, David McGranahan.

Sin embargo, las plantas envasadoras hacen poco para evitar que los trabajadores educados abandonen los estados de las llanuras, explica McGranahan, investigador de la USDA's Food and Rural Economics Division. Salvo unas pocas posiciones gerenciales, el trabajo en los mataderos es físicamente exigente y peligroso y les reditúa a los graduados universitarios mucho menos de lo que podrían obtener en otras áreas. Según McGranahan, menos de la mitad de los empleados de las envasadoras de carne completan la secundaria.

"No le ha ido muy bien a la industria manufacturera en las áreas rurales escasamente pobladas, excepto a las plantas envasadoras de carne", asegura McGranahan. "Sin embargo, se concentran tan sólo en unas pocas áreas y ciertamente no evitan que los trabajadores altamente educados abandonen la región".

De hecho, la mudanza de la industria a las llanuras ha atraído a la región básicamente a inmigrantes, a menudo como resultado de esfuerzos de reclutamiento llevados a cabo en México y América Central. Por ejemplo, miles de mexicanos acudieron a Finney County, Kansas, para trabajar en la planta envasadora de IBP cuando fue inaugurada en 1980. Más de 17,000 hispanos viven en el condado y representan más del 43 por ciento de la población del condado. En comparación, los hispanos representan sólo el 7 por ciento de la población total del estado.

Los condados de las llanuras que cuentan con plantas envasadoras son también nuevos hogares para grandes números de vietnamitas, camboyanos y laosianos. La mayoría gana de $7 a $10 por hora, lo que no es mucho comparado con los estándares nacionales, pero sí lo es comparado con lo que ganan en sus lugares de origen.

El auge de las prisiones

Muchas comunidades de las Grandes Llanuras han intentado combatir la despoblación y las economías decadentes mediante las prisiones. Durante los últimos 10 años, se construyeron al menos 245 cárceles en condados rurales en toda la nación, muchas en pequeñas comunidades del este de Colorado, el oeste de Oklahoma y el norte de Texas.

Muchos pueblos, en efecto, han crecido tras adquirir una prisión. Por ejemplo, el pequeño pueblo de llanura de Hinton, Oklahoma, obtuvo 400 nuevos habitantes, un aumento del 40 por ciento, tras la inauguración en 1998 de la Great Plains Correctional Facility.

"En verdad ha estimulado nuestra economía", explica Pam Harris, asistente administrativa de la Hinton Economic Development Authority, dueña del establecimiento. "Nos va mejor que a muchos otros pueblos de la región y en gran parte se lo debemos a la prisión".

No obstante, las comunidades rurales en apuros no pueden evitar que sus mejores y más brillantes trabajadores las abandonen y se los reemplace mediante la instalación de cárceles, observa Thomas Pogue, profesor de economía de la University of Iowa. Aun así, reconoce, muchos pueblos sumidos en la miseria tienen muy pocas opciones.

"Es una industria más estable para un pueblo que una planta industrial", afirmó Pogue. "El nivel de salarios representa un problema, pero estas prisiones se ubican donde la gente no tiene muchas otras opciones". Por ejemplo, el salario inicial de los guardiacárceles empleados por el Oklahoma Department of corrections es de $16,742 por año o de aproximadamente $10.76 por hora.

El pueblo de Sayre, ubicado en Oklahoma occidental, también experimentó un aumento considerable de su población tras la inauguración de la cárcel privada North Folk Correctional Facility en 1988. Sin embargo, la fuente principal del crecimiento de Sayre no fueron los 270 empleados de la cárcel sino sus 1,400 presidiarios. Todos llegan de Wisconsin, que envía miles de prisioneros a otros estados debido a la escasez de celdas. Los prisioneros mismos son engranajes importantes del motor económico de Sayre, pues abonan impuestos por las llamadas telefónicas de larga distancia y los artículos que compran en el comedor de la cárcel. Más importante aún, la ciudad recauda anualmente más de $400,000 en impuestos a la propiedad de la dueña de la prisión, La Corrections Corporation of America, ubicada en Nashville, Tennessee.

"La cárcel es extremadamente positiva para nosotros", afirmó el alcalde Jack. W. Ivester. "Aunque es una balsa de rescate, un salvavidas. Todavía estamos a flote. No nos estamos hundiendo, pero tampoco tenemos tierra a la vista".[34]

El decano Hewlett de Minot State concuerda con que las prisiones, las plantas envasadoras de carne y las empresas similares pueden tener un papel importante para preservar las comunidades de las llanuras, aunque explica que no son la mejor respuesta. Hewlett asegura: "Debemos superar esa clase de modelo económico anticuado. Debemos concentrarnos en la tecnología, la productividad y la innovación".

Hewlett observa que algunas comunidades de las llanuras intentan capitalizar el concepto de la agricultura de valor agregado: tomar materias primas agrícolas y transformarlas en productos más valiosos. La Bushel 42 Pasta Co. ubicada en Crosby, Dakota del Norte, fabrica especialidades de productos de pastas de trigo duro cultivado por pequeños granjeros en Dakota del Norte y Montana oriental. La empresa, inaugurada el año pasado, emplea actualmente a aproximadamente 75 trabajadores de planta y utiliza el trigo cultivado por 250 agricultores.

"Si no lo intentamos, nos moriremos", explica el presidente de la empresa, Les Knudson. "No estamos extinguiendo a un ritmo sorprendente".

En Crosby, Todd Benedict, el gerente de la planta, ve señales de mejora. "Casi todas las clases de la escuela han incorporado unos pocos estudiantes y además se han vendido muchos de los hogares que estaban vacíos", explica Benedict. "Bastantes empleados de las plantas llegaron de otro estado porque deseaban la calidad de vida que implica el ambiente rural de Dakota del Norte".

No obstante, es una historia diferente para Davisco Foods International, una empresa familiar de Minnesota que está construyendo una fábrica de muzzarella de $40 millones en Lake Norden, Dakota del Sur, y que cuenta con 432 habitantes. La planta necesitará la leche de 75,000 vacas, mucha más de la que las granjas lecheras de Dakota del Sur pueden producir. Por lo tanto, la oficina de desarrollo económico de Dakota del Sur ha recurrido a Europa, donde la poca tierra y las dificultades regulatorias han frustrado a muchos productores lácteos. El estado está intentando convencer a por lo menos 165 centrales lecheras extranjeras a reubicarse en la región cercana a la planta, asediándolos con préstamos a bajos intereses y otros incentivos. No obstante, tras tres años de búsqueda, sólo 13 han aceptado la oferta del mencionado estado.

Muchos posibles productores lácteos dicen que el estado no contará con servicios culturales. Otros no confían en el clima. "¿Suelen caer piedras de granizo del tamaño de pelotas de tenis?" preguntó el agricultor Tom Whittaker, de Tarporley, Inglaterra, en una reciente sesión de reclutamiento al noroeste de Londres. El representante de Dakota del Sur en la reunión, Joop Bollen, le dijo al público que los inviernos son fríos, aunque no como el húmedo invierno de Gran Bretaña. "En realidad es bastante agradable", afirmó Bollen, un escocés que se había mudado a Dakota del Sur 10 años antes con su esposa estadounidense. "El clima es muy bueno para las vacas".[35]

Jon Davis, gerente general de las operaciones queseras de Davisco, está de acuerdo. "No encontrará un área del país más adecuada para la producción exitosa de productos lácteos", expresó. "Dakota del Sur lo necesita a usted, a su familia y a sus vacas".

PERSPECTIVAS

Estadísticas sombrías

El futuro tiene buenos augurios para ciertas partes de las Grandes Llanuras. Algunas de la comunidades más grandes de la región han crecido considerablemente en años recientes, y además los demógrafos esperan que la tendencia continue. Por ejemplo, Fargo, en Dakota del Norte, hoy cuenta con una población de 90,600 habitantes, lo que refleja un aumento del 22 por ciento entre los años 1990 y 2000.

Los lugares como Fargo están creciendo, en parte debido a que están recuperando a algunos ex habitantes de las llanuras que habían abandonado la región en busca de otras oportunidades. Muchos de los que regresan manifiestan que se vieron atraídos por la calidad de vida. Por ejemplo, John y Shelane Hoverson, nativos de Dakota del Norte, se despidieron hace unos años de Phoenix, donde habían vivido durante cinco años, y se volvieron a mudar a Fargo para poder criar a sus hijos. Brent Hitterdahl, egresado de la University of North Dakota, volvió hace poco a su hogar tras considerar la vida en Toronto, Canadá y Sydney, Australia, demasiado estresante.

"Creo que mucha gente se frustra al vivir en una gran ciudad", afirmó Hitterdahl, quien administra una empresa de software en Fargo. "Hay muchas cosas que decepcionan diariamente a las personas".[36]

Muchos habitantes de las praderas están totalmente de acuerdo con los sentimientos de Hitterdahl, incluso Dave McIver, presidente de la Greater North Dakota Association, la cámara de comercio estatal. "La gente se sorprendería muchísimo ante la calidad de vida de la que podrían disfrutar aquí: el índice delictivo es bajo, el sistema escolar es excelente y además contamos con parte de la mejor caza y pesca de la nación", dice McIver. "Aquí tenemos muchas cosas buenas".

Sin embargo, se espera que la disminución de la población continúe, especialmente entre los jóvenes que abandonan las áreas rurales. En Dakota del Norte, más de un tercio de los habitantes de entre 18 y 25 años de edad afirman que "definitivamente" abandonarán el estado durante los próximos cinco años, según una encuesta estatal realizada el año pasado.[37] Eso se traduce en una pérdida de entre 30,000 y 38,000 personas. Otros estados de las llanuras calculan pérdidas similares.

Con estas sombrías estadísticas, incluso los más acérrimos defensores de las llanuras reconocen que gran parte de la región se encuentra al borde de la extinción. "Para ser realistas, no vamos a poder salvar a muchas de estas pequeñas comunidades rurales aunque agotemos los intentos", afirma Froelich, experto en despoblación de la Dickinson State University. "La agricultura nos mantuvo a flote durante 50 años y deberíamos habernos dado cuenta de que no sustentaría para siempre a nuestras comunidades".

Froelich opina que las llanuras rurales necesitan una nueva "visión" de lo que pueden llegar a ser. "Hemos creído por mucho tiempo que la única cosa que podemos ser es agricultores o gente que sustenta a los agricultores y nada más," agrega. "Lo que hoy necesitamos son innovadores: gente con una nueva visión".

No obstante, muchos ancianos no comparten su optimismo.

"Es inútil", dijo Jack Halsey, de 70 años de edad, un agricultor jubilado de Meadow Grove, Nebraska, un pueblo de 311 habitantes cuya población continúa disminuyendo. "Nada le devolverá la vida a estas comunidades rurales".[38]

NOTAS

1. Las estadísticas que se presentan en este párrafo están basadas en el censo estadounidense de 2000; es posible consultar numerosas tablas de datos en línea en www.census.gov.

2. Para obtener más información, consulte el sitio Web del USDA's Economic Research Service (ERS) en www.ers.usda.gov.

3. Mary H. Cooper, "Native Americans' Future," *The CQ Researcher,* 12 de julio de 1996, pp. 601-624.

4. Citado en Timothy Egan, "As Others Abandon the Plains, Indians and Bison Come Back," *The New York Times,* 27 de mayo de 2001, p. A1.

5. Para enterarse de los antecedentes, consulte David Hosansky, "Farm Subsidies," *The CQ Researcher,* 17 de mayo de 2002, pp. 433-456.

6. David Masci, "Debate Over Immigration," *The CQ Researcher,* 14 de julio de 2000, pp. 569-592.

7. David Masci, "The Future of Telecommunications," *The CQ Researcher,* 23 de abril de 1999, pp. 329-352.

8. Citado en Scott Calvert, "Anywhere but Here in N.D.," *The Baltimore Sun,* 26 de mayo de 2002, p. A1.

9. Consulte, por ejemplo, Jim Sylvester and Christiane von Reichert, "How You Gonna Keep 'Em Down on the Farm," *Montana Business Quarterly,* invierno de 2001.

10. Dave Barry, "North Dakota Wants Its Place in the Sun," *The Miami Herald,* 12 de agosto de 2001.

11. El proyecto de ley de Dorgan, S. 602, fue presentado el 12 de marzo de 2003.

12. Citado en Stephanie Simon, "Reaching for Rural Renewal," *Los Angeles Times,* 2 de julio de 2002, p. A1.

13. Para obtener más información, consulte U.S. General Accounting Office, "Farm Programs: Information on Receipts of Federal Payments," 15 de junio de 2001.

14. Hosansky, *op. cit.*

15. Basado en información del USDA obtenida a través de una demanda judicial de registro abierto presentada por *The Washington Post.* El Environmental Working Group, un grupo de defensa, publica información en línea en www.ewg.org/farm.

16. *Ibid.*

17. *Ibid.*

18. David H. Harrington and Robert Dubman, "Agriculture and new Agricultural Policies in the Great Plains," *Rural Development Perspectives,* Vol. 13, No. 1 (septiembre de 1999), U.S. Department of Agriculture Economic Research Service.

19. Hosansky, *op. cit.*

20. Consulte Frank Popper and Deborah Popper, "The Great Plains: From Dust to Dust," *Planning,* diciembre de 1987.

21. Citado en Matthew Engel, "The Buffalo Roam Again, *The* [Manchester] *Guardian,* 8 de febrero de 2003.

22. "Turn New Jersey Into a Tank Farm?" *The* [Fargo, N.D.] *Forum,* editorial, 3 de abril de 1988.

23. Para obtener más información, consulte Daniel S. Licht, *Ecology and Economics of the Great Plains* (1997).

24. Citado en *ibid.*

25. *Ibid.*

26. Para enterarse de los antecedentes, consulte Marc Reisner, *Cadillac Desert: The American West and Its Disappearing Water* (1986).

27. Se atribuye la frase a John H. Eaton, secretario de Guerra del presidente Andrew Jackson.

28. Para enterarse de los antecedentes, consulte Dee Brown, *Bury My Heart at Wounded Knee* (1971).

29. Citado en Reisner, *op. cit.,* p. 38.

30. Consulte Donald Worster, *The Southern Plains in the 1930s* (1979). Worster estima que una tormenta que comenzó en Montana y Wyoming el 9 de mayo de 1934, cirnió aproximadamente 12 millones de toneladas de tierra de las Grandes Llanuras sobre Chicago, cuatro libras por cada persona en la ciudad. Worster considera que la tormenta desplazó 350 millones de toneladas de tierra de las llanuras al litoral oriental.

31. Consulte Forest Service Web site: www.fs.fed.us/ grasslands.

32. Para enterarse de los antecedentes, consulte, por ejemplo, Osha Gray Davidson, *Broken Heartland: The Rise of America's Urban Ghetto* (1996).

33. Citado en Simon, *op. cit.*

34. Citado en Peter T. Kilborn, "Rural Towns Turn to Prisons To Reignite Their Economies," *The New York Times,* 1 de agosto de 2001, p. A1.

35. Citado en Erin White y Leila Abboud, "South Dakota Cheese Plant Looks for Farmers in Europe," *The Wall Street Journal,* 3 de marzo de 2003, p. A1.

36. Citado en Patrick Springer, "North Dakota Calls Many Natives Back Again," *The* [Fargo, N.D.] *Forum,* 28 de diciembre de 2002.

37. La encuesta telefónica estatal realizada entre 608 personas fue encargada por el periódico *Forum* (de Fargo, Dakota del Norte) y llevada a cabo por el Public Affairs Institute de la Moorhead State University de Moorhead, Minnesota.

38. Citado en Simon, *op. cit.*

BIBLIOGRAFÍA

Libros

Brown, Dee, *Bury My Heart at Wounded Knee: An Indian History of the American West,* Rinehart and Winston, 1970 (paperback 2001). Un historiador documenta convincentemente cómo se obligó a los indios a abandonar sus tierras y el modo como se los asesinaba o dejaba morir de hambre si se resistían.

Hampsten, Elizabeth, *Settlers' Children: Growing Up on the Great Plains,* University of Oklahoma Press, 1991. Un profesor de inglés de la University of North Dakota utiliza diarios, cartas e historia oral para documentar la vida de los hijos de los primeros colonos de las llanuras.

Licht, Daniel S., *Ecology and Economics of the Great Plains,* University of Nebraska Press, 1997. Un biólogo de vida silvestre describe cómo la colonización ha modificado el ecosistema de los pastizales de las Grandes Llanuras.

Manning, Richard, *Grassland: The History, Biology, Politics and Promise of the American Prairie,* Penguin Books,

1997. Un periodista especializado en ecología documenta cómo la agricultura, la cría de ganado y la colonización han modificado radicalmente las llanuras. El autor apoya la restauración de los pastos nativos y del búfalo.

Matthews, Anne, *Where the Buffalo Roam: Restoring America's Great Plains,* Grove Weidenfeld, 1992. El periodista Matthews documenta la polémica generada por la propuestas de Frank y Deborah Popper de convertir una gran franja de las llanuras en un refugio de vida silvestre.

Schwieder, Dorothy Hubbard, *Growing Up With the Town: Family and Community on the Great Plains,* University of Iowa Press, 2002. Schwieder recuerda su vida en las llanuras durante los años 30 y 40. Extensas notas y muchas fotografías de la época.

Artículos

Belsie, Laurent, "The Dwindling Heartland: America's New Frontier", *The Christian Science Monitor,* 11 de febrero de 2003, p. 1. La primera de una serie de cuatro partes que describe el éxodo de las Grandes Llanuras rurales.

Cohen, Sharon, "Census Shows Midwest Towns in Death Sprial", *Los Angeles Times,* 8 de abril de 2001, p. A1. Una descripción de la pérdida de jóvenes de las llanuras.

Egan, Timothy, "As Others Abandon Plains, Indians and Bison Come Back", *The New York Times,* 27 de mayo de 2001, p. A1. Hay más indios y búfalos en las llanuras que en cualquier otro momento desde la década de 1870.

Kilborn, Peter T., "Rural Towns Turn to Prisons to Reignite Their Economies", *The New York Times,* 1 de agosto de 2001, p. A1. Un registro periodístico del auge de la construcción de cárceles rurales.

Kristoff, Nicholas D., "America's Failed Frontier", *The New York Times,* 3 de septiembre de 2002, p. A19. El columnista Kristoff denomina la colonización de las Grandes Llanuras como "uno de los errores más grandes de Estados Unidos" y apoya la modificación radical del programa de subsidios agrícolas.

McGranahan, David A., "Can Manufacturing Reverse Rural Great Plains Depopulation?" *Rural Development Perspectives,* septiembre de 1999. Un economista del Departamento de Agricultura analiza el impacto de la industria manufacturera en las llanuras.

Popper, Deborah, y Frank Popper, "The Fate of the Plains: From Dust to Dust", *Planning,* **diciembre de 1987.** Dos académicos denominan la colonización de las Grandes Llanuras como "el error de cálculo agrícola y ambiental más grande de la historia estadounidense" y aseveran que gran parte de la región debe ser transformada en un refugio de vida silvestre". Frank Popper enseña en la Rutgers University, su esposa en el College of Staten Island.

Stearns, Matt, "Seeking 'Settlers' Circa 2003: Homesteading Bill Aims at Rural Flight", *The Kansas City Star,* **23 de marzo de 2003, p. A1.** Algunos legisladores estadounidenses desean atraer a gente y comercios a las llanuras, mediante incentivos financieros.

Thurow, Lester C., "Poverty Settles In Great Plains", *USA Today,* **30 de septiembre de 2002, p. A13.** Un profesor de historia de la University of Michigan opina que las llanuras son tan pobres como la región de los Apalaches o más.

Informes y estudios

Rathge, Richard R., Karen L. Olson y Ramona A. Danielson, "Snapshot of Demographic Changes in the Great Plains", *North Dakota State Data Center,* **septiembre de 2001.** Los demógrafos cuantifican el éxodo de gente de la región de las Grandes Llanuras utilizando mapas de condados, cuadros y tablas de información.

Para obtener más información

Center for Great Plains Studies, 1155 Q St., 306 Hewit Place, P.O. Box 880214, Lincoln, NE 68588-0214; (402) 472-3082; www.unl.edu/plains. Publica dos revistas académicas acerca de las Grandes Llanuras y ofrece programas de investigación, enseñanza y servicio social.

Center for Rural Affairs, 145 Main St., Lyons, NE 68038; (402) 687-2100; www.cfra.org. Un grupo de defensa que favorece la limitación de los subsidios federales destinados a las grandes haciendas y la diversificación de los programas gubernamentales de ayuda para el Estados Unidos rural.

Center for the Study of Rural America, 925 Grand Blvd., Kansas City, MO 64198; (816) 881-2756; www.kc.frb.org/RuralCenter/RuralMain.htm. Un organismo del Federal Reserve Bank of Kansas City que analiza temas económicos y normativos relacionados con el Estados Unidos rural.

Frontier Education Center, 723 Don Diego Ave., Santa Fe, NM 87505; (505) 820-6732; www.frontierus.org.

Ofrece investigaciones e iniciativas normativas sobre temas importantes para las comunidades geográficamente aisladas.

Great Plains Population and Environment Project, University of Michigan, P.O. Box 1248, Ann Arbor, MI 48106; (734) 615-8400; www.icpsr.umich.edu/plains. Un estudio multidisciplinario de la relación entre los humanos y el medio ambiente.

Great Plains Restoration Council, P.O. Box 1206, Fort Worth, TX 76101; (817) 335-0122; www.gprc.org. Un grupo de defensa dedicado a transformar a las Grandes Llanuras en una reserva ecológica.

Intertribal Bison Cooperative, 1560 Concourse Dr., Rapid City, SD 57703; (605) 394-9730; www.intertribalbison.org. Tribus indígenas estadounidenses que buscan reestablecer las manadas de búfalos en las tierras indígenas.

8

La exportación de trabajos

Mary H. Cooper

Los trabajadores de un centro de llamadas en Bangalore, India, ofrecen servicio las 24 horas del día a clientes en todo el mundo. Las empresas de Estados Unidos y de otros países están aumentando la contratación de servicios operativos en India, Filipinas, Rusia y otras fuentes de mano de obra capacitada y barata. Los proponentes del llamado "offshoring" (contratación externa) declaran que, a la larga, ayuda a la economía estadounidense; sin embargo, los críticos opinan que enviar al extranjero trabajos con altos salarios hace que los estadounidenses desplazados no tengan más remedio que aceptar trabajos menos atractivos.

Para *The CQ Researcher en español;*
20 de febrero de 2004.

R obin Tauch, programadora de computadoras, se benefició del auge tecnológico al punto de obtener un salario cercano a los $100,000 anuales mientras trabajaba para Computer Sciences Corp., una empresa ubicada en Dallas. Sin embargo, su pudiente estilo de vida terminó en agosto pasado cuando se unió a legiones de otros profesionales en informática en las filas del desempleo.

"Tengo montones de amigos que están buscando trabajo", declara. "Todos habíamos tenido empleos estables por 20 años o más. Por primera vez en nuestra vida nos han echado a la calle".

No obstante, la pérdida de su trabajo fue doblemente dolorosa para Tauch, ya que tuvo que capacitar a quienes la reemplazaron, dos técnicos provenientes de la India.

Situaciones similares están surgiendo a lo largo y ancho de Estados Unidos. Ansiosas de reducir los costos laborales, las firmas estadounidenses importan a trabajadores capacitados en informática (IT), consiguiéndoles visas temporales de trabajo. Una vez que entienden las necesidades específicas de la compañía que los hospeda, a menudo regresan a sus países de origen en donde establecen un departamento de informática para ésta, o reemplazan a los trabajadores que los capacitaron.

India es uno de varios países que ofrecen habitantes que ganan relativamente bajos ingresos, cuentan con educación de calidad, hablan inglés y que se benefician de los esfuerzos de EE.UU. por reducir costos. Sin embargo, India no es el único país en acoger esa ola estadounidense de empleos exportados.

Han desaparecido casi 3 millones de empleos industriales

Desde el año 2000 han desaparecido más de 2.8 millones de empleos industriales en EE.UU., principalmente en las industrias de la computación y equipos electrónicos y en la industria textil. Según los cálculos, la contratación en el extranjero fue la responsable de alrededor del 10 por ciento de las pérdidas. Otros estudios predicen que en los próximos 15 años se perderán hasta 14 millones de empleos no relacionados con la manufactura sino en el área de servicios, como centros de llamada para atención al cliente, contabilidad, solicitudes de reembolso de seguros y facturación.

Empleos estadounidenses perdidos en el sector manufacturero
Industrias específicas, 2000-2003

Industria	Trabajos perdidos
Computadoras y equipos electrónicos	455,000
Textiles y ropa	395,000
Maquinaria	301,000
Equipo de transporte	297,000
Materiales fabricados	288,000
Metales básicos	154,000
Equipo eléctrico y electrodomésticos	135,000
Plásticos	131,000
Impresión	132,000
Mobiliario	107,000

Fuente: Labor Department, Bureau of Labor Statistics, 4 de febrero, 2004; www.bls.gov.

Países como Irlanda y Filipinas también participan de esta tendencia. Los trabajadores extranjeros proporcionan una amplia gama de servicios empresariales, tales como: centrales telefónicas de atención al cliente, contabilidad, revisión de solicitudes de pago de seguros y facturación.

La exportación de empleos estadounidenses ha afectado a muchos sectores de la economía a tal grado, que se ha acuñado un nuevo término, "offshoring", abreviado de "offshore outsourcing" (contratación en el extranjero) para describir tal tendencia.

"Muchas de estas posiciones transferidas al extranjero son trabajos que en EE.UU. pagan altos salarios", declara Lester Thurow, decano de la Sloan School of Business en el Massachusetts Institute of Technology (MIT). "Aquí en Boston, por ejemplo, el Hospital General de Massachusets está contratando radiólogos. En lugar de tener aquí a un radiólogo con un salario de $450,000 para analizar los estudios de rayos-X o un IRM, envían los estudios a la India en donde los estudiará un radiólogo con un salario de $50,000".

Mientras tanto, General Electric, Microsoft y otras grandes empresas están expandiendo sus operaciones en la India, en aspectos que abarcan desde servicios básicos al cliente hasta investigación y desarrollo de vanguardia.[1]

Los defensores de las empresas opinan que la exportación no es nada más que la técnica actual para reducir y ahorrar costos y que, a la larga, beneficiará a los estadounidenses al permitir que las compañías incrementen su eficiencia y liberen su fuerza laboral para que en el futuro ésta pueda tener acceso a trabajos con mejor paga y más ventajosos. Los defensores de los trabajadores contraatacan diciendo que la contratación extranjera amenaza el nivel de vida de EE.UU. al hacer que los ciudadanos desplazados por esta tendencia tomen empleos con menos salarios.

El debate sobre si la contratación externa ayuda o perjudica a la economía también está emergiendo como un tema de gran importancia en la campaña para la presidencia.

En la década de los ochenta, el sector manufacturero de Estados Unidos comenzó a transferir trabajos al exterior como resultado de la incipiente desaparición de las barreras comerciales internacionales que lo forzaron a competir con fabricantes extranjeros que utilizaban mano de obra barata. Para sobrevivir, estas empresas comenzaron a trasladar los trabajos de sus fábricas ubicadas en el Noreste y Medio Oeste del país y con empleados con salarios elevados y organizados en sindicatos muy fuertes, a estados sureños, los cuales generalmente no cuentan con sindicatos y ofrecen bajos salarios, así como a países de Latinoamérica y Asia.

Los obreros y los gerentes de nivel medio continúan soportando la carga de la "reducción" del personal de la industria, que a su vez ha forzado a muchos obreros de las líneas de montaje a buscar empleos menos remunerados en la creciente industria de la venta al detalle y de servicios empresariales. Desde 1979, las fábricas estadounidenses han perdido casi cinco millones de empleos, más de la mitad de éstos — 2.8 millones — han desaparecido sólo a partir del año 2000.[2]

Sin embargo, últimamente las empresas estadounidenses han comenzado a "exportar" (esto es, a contratar empleados ajenos a la empresa) más de los puestos de sus profesionales con sueldos elevados, quienes hasta ahora habían sido protegidos de la inseguridad laboral por sus conocimientos especializados, generalmente adquiridos luego de varios años de costosa educación universitaria y de posgrado.

"La Web facilita que un trabajo que requiere de gran habilidad sea trasladado a la India, donde hay gran cantidad de personas que han estudiado no sólo en el MIT, sino en varios institutos académicos de alta tecnología de la India", dice Susan Aaronson, directora de estudios de globalización del Kenan Institute of Private Enterprise localizado en Washington D.C., y parte de la University of North Carolina. "Lo único novedoso acerca de esta situación es que ya está afectando la seguridad laboral de la clase media".

Los cálculos sobre la cantidad de trabajos estadounidenses perdidos a causa de esta tendencia varían considerablemente, en gran medida debido a que las compañías

Los trabajos contratados en el extranjero pagan salarios más bajos

Los programadores de computadoras en los países donde las compañías estadounidenses están contratando sus servicios ganan mucho menos que sus contrapartes estadounidenses (vea gráfica). De igual manera, se pagan bajos salarios en otros países como India, donde las empresas estadounidenses han comenzado a contratar empleos no relacionados con la tecnología (vea tabla).

Salarios promedio de los programadores
(por país)

País	Bajo	Alto
India	$5,880	$11,000
Filipinas	$6,564	
Federación Rusa	$5,000	$7,500
China	$8,952	
Irlanda	$23,000	$34,000
EE.UU.	$60,000	$80,000

Salarios por hora para empleos específicos
(2002/2003)

Ocupación	Dólares EE.UU.	India
Operador telefónico	$12.57	menos de $1
Técnico de registros médicos y transcriptores médicos	$13.17	$1.50-$2
Oficinista de nóminas	$15.17	$1.50-$2
Asistente legal o pasante	$17.86	$6-$8
Contador	$23.35	$6-$15
Analista o investigador financiero	$33-$35	$6-$15

Fuente: Ashok Deo Bardhan and Cynthia A. Kroll, "The New Wave of Outsourcing," Fisher Center for Real Estate and Urban Economics, University of California, Berkeley, otoño, 2003.

nacionales no están obligadas a informar sobre sus prácticas. Un informe señala a la exportación de empleos como la culpable de la pérdida de 300,000 empleos del total de 2.4 millones registrados desde 2001. Otro estudio prevé que en los próximos 15 años serán enviados al extranjero 14 millones de empleos en el área de servicios.[3]

Los economistas indican que la exportación explica la razón por la cual el país está sufriendo lo que llaman una recuperación "sin trabajos". Desde que en 2001 terminara la última recesión, la economía estadounidense se ha recobrado, salvo en lo que concierne al rubro del empleo.

El año pasado, la producción de bienes y servicios estadounidenses o el producto bruto interno (PBI) aumentó en un 3.1 por ciento, comparado con 2.2 en 2002 y tan sólo 0.5 por ciento en 2001.[4] La inversión empresarial y el gasto de los consumidores también han aumentado.[5] Sin embargo, el mercado laboral, que típicamente mejora durante los repuntes económicos, se ha estancado: en enero sólo se crearon 112,000 trabajos nuevos en las nóminas privadas, cerca de 38,000 menos de los previstos por los economistas.[6]

El presidente Bush declaró el 9 de febrero de 2004 que "la economía estadounidense es fuerte y se fortalece día a día" y predijo que en este año se crearán 2.6 millones de trabajos, incrementando las nóminas de empleos no agrícolas a 132.7 millones. En febrero del año pasado, la Casa Blanca predijo que en 2003 se crearían 1.7 millones de trabajos. En la práctica, tales nóminas mostraron una pequeña disminución. Desde que Bush tomó posesión de su cargo, el país ha perdido 2.2 millones de trabajos en nómina, el empleo no agrícola disminuyó, ubicándose en 130.2 millones.

La explicación para estas decepcionantes cifras de empleo radica en la mortificante tasa de productividad de la economía, ubicada en 9.4 por ciento en el último trimestre del año pasado.

"La exportación" es la razón más importante por la cual, aún cuando estamos experimentando una recuperación económica en términos de tasas de crecimiento, no tenemos una recuperación económica en el área de empleos", explica Thurow. "Al transferir toda la baja productividad de la economía estadounidense a China o la India aumenta el nivel de productividad de lo que queda".

Quienes apoyan la exportación dicen que es sólo el cambio más reciente en la economía estadounidense y que es normal encontrar algunos baches en el camino. "Esta tendencia de la transferencia de trabajos a otras localidades, tanto dentro como fuera del país, se inició cuando pasamos de ser una sociedad basada en la agricultura a la de hoy en día y esto implica una evolución continua", dice Robert Daigle, cofundador de Evaluaserve, una compañía trasnacional en Chappaqua, Nueva York. El vasto personal de Evaluaserve incluye 270 empleados en la India quienes realizan sondeos de mercado y redactan solicitudes de patentes para clientes corporativos en todo el mundo. "Las compañías están transfiriendo ciertas operaciones y obteniendo recursos en el extranjero para poder mantenerse competitivas", explica Daigle.

Mientras tanto, los grupos laborales se quejan de que el nuevo plan de amnistía migratoria, propuesto recientemente por el presidente Bush, podría inundar al país con aún más mano de obra barata procedente de México, deprimiendo los salarios estadounidenses para quienes desempeñan los trabajos más marginales.

Los representantes empresariales aducen que los intentos para bloquear el empleo de trabajadores extranjeros sólo podrían lastimar a la economía y a final de cuentas a los trabajadores estadounidenses. Además de la reducción de los costos laborales, dicen ellos, las fuerzas laborales globales permiten que las compañías ofrezcan servicios al cliente las 24 horas del día, al contar con centros de recepción de llamadas en Filipinas y en otros países cuyos empleados atienden a los clientes cuando los empleados estadounidenses están durmiendo.

No obstante, sus críticos dicen que la exportación refleja la búsqueda de ganancias por parte de las corporaciones, sin tomar en cuenta el costo social. "Cada vez que escuchamos una historia como la de esta joven mujer [Tauch] en Texas, nos da rabia", dice Mike Gildea, director ejecutivo del departamento para empleados profesionales de AFL-CIO.

Aun más, dice, la exportación podría dar una señal negativa a la siguiente generación de trabajadores con respecto al valor de la educación universitaria. "Son universitarios quienes han intentado hacer las cosas de manera legal para alcanzar el sueño americano" dice Gildea. "Han invertido años de aprendizaje académico.

En conjunto, estamos hablando del desperdicio de miles de millones de dólares invertidos en su educación. Y esto no tiene sentido económico".

En la actualidad el negocio de exportación reditúa $35 mil millones al año; el *Financial Times* informa que está práctica está creciendo entre un 30 y 40 por ciento anualmente y abarca el uno por ciento de los servicios del sector a nivel mundial.[7] Como dijera Nandan Nlekani, presidente ejecutivo de Infosys Technologies, durante la reciente reunión del Foro Mundial de Economía (FMI) realizado en Davos, Suiza: "Está en juego todo aquello que usted pueda enviar a través de un cable".[8]

De cualquier forma, los defensores de la exportación insisten en que la amenaza de la pérdida de trabajos estadounidenses ha sido presentada de manera exagerada. De acuerdo con Datamonitor, una firma británica de información, a nivel mundial sólo el 2 por ciento de los 4 millones de agentes en los centros de llamadas, trabajan fuera del territorio de la compañía matriz.[9]

Con la intensificación de la campaña electoral presidencial, los candidatos que buscan la nominación del partido demócrata, comienzan a subrayar la exportación como la razón clave de la escasez de buenos empleos. A continuación les presentamos algunos temas que seguramente alimentarán los próximos debates:

¿La exportación de trabajos realmente amenaza el nivel de vida estadounidense?

Tradicionalmente, durante las recesiones, los obreros estadounidenses eran despedidos con la promesa implícita de que volverían a ser contratados cuando se recuperara la demanda de los bienes y servicios. Los beneficios de desempleo generalmente duraban el tiempo suficiente para que sobrevivieran hasta que regresaran a sus trabajos y de manera típica se restauraban los niveles de calidad de vida anteriores a la recesión.

Sin embargo, la mayoría de los economistas dicen que la tendencia de las últimas décadas hacia la reducción de la fuerza laboral y la exportación ha marcado un cambio estructural o permanente en el mercado laboral estadounidense.[10] Los beneficios de desempleo ya no son utilizados para esperar a que termine la recesión sino para ayudar a que los trabajadores aprendan nuevos oficios y encuentren trabajos distintos a los que

Una persona en busca de trabajo pide consejo en el centro de empleo estatal en Arlington, Illinois, el pasado mes de octubre. Aun cuando la economía comienza a mejorar, los economistas la denominan como una "recuperación sin trabajo" debido al lento crecimiento de la bolsa de trabajo. En diciembre las empresas manufactureras eliminaron 26,000 trabajos, dejando en 516,000 el número de empleos industriales estadounidenses que desaparecieron el año pasado. Más aún, desde el año 2001 se ha perdido medio millón de trabajos en el sector de la tecnología".

desempeñaban y, frecuentemente, este proceso es más largo que el beneficio otorgado.

En un mercado laboral saturado, los trabajadores liquidados a menudo se ven obligados a aceptar trabajos con un salario inferior y, por ende, a considerar dos opciones: o bien sacrificar el nivel de vida de sus familias o compensar la pérdida de ingresos al hacer que otro miembro de la familia obtenga un trabajo. En el pasado, el sueldo del obrero de una fábrica era suficiente para

mantener a una familia, pero en la actualidad dos tercios de todos los hogares funcionales son sustentados
por dos o más de sus integrantes.[11] Aún así, el cambio
en el mercado laboral está excluyendo a muchos trabajadores estadounidenses de la clase media: la oficina del
censo informa que el 67 por ciento de los trabajadores
de tiempo completo ganan menos de $45,000 al año; la
mitad de todos los estadounidenses ganan menos de
$33,636 una cantidad muy reducida para que una
familia compre todos los enseres que conlleva el sueño
americano.[12]

Muchos economistas citan que el resultado de las
reducciones laborales de los años ochenta fue la explosión económica de los noventa, y señalan que esto es una
evidencia de que, a la larga, la exportación mejorará el
nivel de vida de los estadounidenses y otros empleados.

"La globalización y el traslado de trabajos hacia el
extranjero están creando nuevos mercados para los bienes y servicios de las compañías estadounidenses", dice
Daigle. "En la India, la clase media emergente vive el
mismo estilo de vida de los estadounidenses; situación
que no existía hace una o dos décadas. No solamente
traemos más trabajos a un lugar que los necesita deses-
peradamente, sino que también deriva beneficios para
las compañías estadounidenses".

Sin embargo, los críticos de la globalización de la
fuerza laboral indican que los beneficios creados para los
países en desarrollo y las compañías de EE.UU. no reper-
cuten en los obreros estadounidenses. "Ponemos en duda
la creencia de que los trabajadores han salido bien libra-
dos de esta situación", dice Gildea. "Muchísimos estudios han mostrado que los trabajos de manufactura
perdidos han sido reemplazados principalmente por
aquellos en el sector de servicios, el cual paga muy poco
y cuenta con beneficios laborales mínimos o nulos".

Los defensores de los derechos de los trabajadores
opinan lo mismo acerca de la situación actual de los
especialistas en tecnología con altos salarios y cuyos
trabajos están siendo transferidos al extranjero. "Nos
estamos convirtiendo en un país de Wal-Marts, donde
el único lugar en que a uno le alcanza para comprar es
Wal-Mart, y lo único que se consigue está fabricado
en China", dice John A. Bauman, presidente de la
Organization for the Rights of American Workers
(T.O.R.A.W.), un grupo de defensa formado en 2002

para concientizar al público acerca de la exportación
de empleos en informática. El trabajo de Bauman
como programador de computadoras fue eliminado
en 2002, dando fin así a una carrera profesional de 25
años. Al no poder conseguir trabajo, se vio obligado a
entregar paquetes para FedEx durante las vacaciones
de fin de año.

Ambos lados están de acuerdo en una cosa: hay
ganadores y perdedores en la globalización. "La contratación externa no amenaza el nivel de vida de nadie",
dice Josh Bivens, economista del Economic Policy Institute. "Lo que realmente causa es la redistribución de
los ingresos". La contratación externa eleva las ganancias corporativas, lo que beneficia a los accionistas pero
no a los trabajadores cuyo único ingreso proviene de un
salario.

La redistribución salarial ya ha aumentado la brecha
entre los estadounidenses ricos y pobres. Desde 1980,
la participación del ingreso agregado del 5 por ciento de
los hogares más ricos se ha incrementado de un 16 a un
22 por ciento, mientras que el recibido por el 20 por
ciento de los hogares más pobres de todos ha caído en
más del 80 por ciento, ubicándolo en tan sólo 3.5 por
ciento del ingreso total de EE.UU.[13]

Carla Hills, ex representante de comercio, compara
la ansiedad actual acerca del traslado de trabajos al
extranjero con la situación vivida en los ochenta, cuando
los estadounidenses temían al éxodo de trabajos de alta
tecnología a Japón. "Iban a elaborar los chips de las
computadoras y nosotros nos quedaríamos sólo mirán-
dolos", recuerda ella. "Sin embargo, esto nunca sucedió. Los precios de las computadoras bajaron . . . y todo
el público y cada uno de los negocios pudo adquirirlas.
Creamos trabajos no sólo en el área de las computadoras sino a lo largo de todo el espectro".[14]

Quizás los trabajos tarden un poco más en materializarse después de esta última recesión, dijo ella, debido
a que la economía ha sufrido un "cambio estructural"
sustancial y, por ende, "toma más tiempo subir la
cuesta que cuando la recuperación es simplemente
cíclica".[15]

Sin embargo, el senador Charles E. Schumer, demócrata de Nueva York, opina que los cambios estructurales
representan fundamentalmente "un cambio del para-
digma" de triple amenaza en la economía del mundo, y

bien podría prevenir que las clásicas teorías económicas den fruto. Primero, el capital fluye con mayor facilidad entre las fronteras, permitiendo que las compañías estadounidenses inviertan en instalaciones en el extranjero. Segundo, la comunicación de banda ancha permite enviar información y trabajo "alrededor del mundo en un parpadeo y sin requerir mayor esfuerzo", declara él.[16]

"Tercero, y más importante, contamos con entre 50 y 100 millones de chinos e hindúes bien educados y altamente motivados que llegan a competir al mercado", dice Schumer. "Si los trabajos de punta, los de gestión y los básicos pueden ser mejor realizados en el extranjero . . . ¿qué queda? "Claro que sí, nuestras compañías serán más sólidas, pero si el 80 por ciento, el 90 por ciento de sus empleados están en el extranjero y si los salarios estadounidenses son reducidos aún más en los nuevos trabajos — que se están creando — ¿qué podemos hacer?, se pregunta él.[17]

Craig R. Barrett CEO de Intel, el líder fabricante de chips para computadoras, pareciera estar de acuerdo. "La estructura del mundo ha cambiado", dice él. EE.UU. ya no ofrece empleos de alta tecnología ni profesionales".[18]

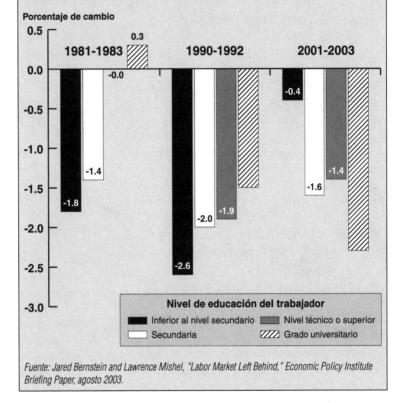

Graduados universitarios sufren más con la pérdida de empleo

Muchos de los trabajadores estadounidenses con un alto nivel de estudios han experimentado una baja aún mayor de sus tasas de empleo durante el actual periodo de recuperación económica, al contrario de aquellos trabajadores con menos educación. En contraste, en las dos recuperaciones previas las tasas de empleo bajaron más para aquellos trabajadores menos especializados.

Cambios en las tasas de empleo por nivel educativo

Porcentaje de cambio

Nivel de educación del trabajador

■ Inferior al nivel secundario   ▨ Nivel técnico o superior
□ Secundaria   ⧄ Grado universitario

Fuente: Jared Bernstein and Lawrence Mishel, "Labor Market Left Behind," Economic Policy Institute Briefing Paper, agosto 2003.

La solución, opina Hills, ex representante de comercio, son los incentivos en los impuestos para promover "la inversión en el capital humano" para que los estadounidenses puedan ejercer los trabajos de punta que serán creados en la próxima década".[19]

Bivens opina que es casi seguro que la tendencia sólo empeorará a medida que se incremente la exportación de trabajos estadounidenses. "Los ganadores van a ser aquellos que tienen acciones de grandes corporaciones", y continúa diciendo "mientras que aquellas personas que ganan la mayor parte de su dinero a través de un salario son quienes verán afectado su estilo de vida, es decir, los obreros quienes han estado viviendo una situación difícil durante las dos últimas décadas".

Las empresas manufactureras defienden la contratación externa como la única manera para poder seguir funcionando y, al mismo tiempo, proteger los empleos estadounidenses que aún quedan. "El sector manufacturero, más que cualquier otra actividad económica, está en el podio mundial", dice Hank Cox, vocero de la Nacional Association of Manufacturers. "Las compañías que brindan servicios o de venta al menudeo compiten con los negocios de la siguiente cuadra, pero nuestros competidores son: China, Corea y el resto del mundo, así que enfrentamos una intensa guerra de precios".

Cox explica que "mientras los precios de los bienes de manufactura han caído cerca de un 1 por ciento anual durante los pasados 7 años, los costos de producción (incluyendo salarios y particularmente los beneficios médicos) continúan a la alza. Muchos de ellos se han visto en la necesidad de escoger entre la contratación externa o el cierre de sus puertas".

Claro está, los proponentes de la exportación dicen que los estadounidenses debieran adoptar esta práctica y no lamentarse por ella. Un estudio realizado por McKinsey Global Institute muestra que la economía estadounidense obtiene hasta $1.14 en ganancias por cada dólar contratado.[20]

Más aún, dicen los proponentes, dado el inmenso déficit presupuestario de EE.UU., más que restringir la contratación externa de empleos gubernamentales, el país debiera trasladar aún más al exterior. Esto le ayudaría a ahorrar el dinero de los contribuyentes.[21]

¿Una mejor educación y capacitación en el trabajo protegerían los empleos de los estadounidenses?

Durante la reducción de la fuerza laboral de la década de los ochenta, los obreros de las fábricas fueron exhortados a asistir a cursos de recapacitación para obtener trabajos relacionados con computadoras que la veloz revolución de la alta tecnología estaba creando. Sin embargo, muchos de los obreros desempleados no regresaron a las aulas, muchos se ubicaron en nuevas posiciones en el área de servicios, aunque generalmente recibían salarios y beneficios más bajos que en sus antiguos empleos.

Ahora, a medida que la exportación comienza a mermar los trabajos de empleados con salarios más elevados, muchos expertos otra vez urgen a los desemple-ados estadounidenses para que se capaciten y logren llenar las posiciones altamente especializadas a medida que éstas se vuelven disponibles.

El presidente Bush hizo eco a este llamado. "Muchas de las ocupaciones con mayor futuro requieren una preparación sólida en matemáticas y ciencias, y una preparación más allá del nivel de estudios secundarios", declaró Bush en su informe presidencial anual en enero. "Propongo incrementar nuestro apoyo a los institutos universitarios de EE.UU., para que puedan capacitar a trabajadores para aquellas industrias que están creando la mayoría de los nuevos empleos". El presidente anunció su propuesta "empleos para el siglo XXI", que en el año fiscal 2005 podría proporcionar $100 millones para educación y capacitación, e incluye fondos para la recapacitación de los trabajadores desplazados".[22]

La iniciativa de Bush, sin embargo, ignora la difícil situación de los especialistas con estudios superiores subempleados. La tasa de desempleo entre los científicos e ingenieros con doctorados se encuentra alrededor del 10 por ciento.[23] Gene Nelson, un biofísico en Dallas, Texas, dice que no puede encontrar trabajo en su campo que le pague para vivir. "Para ser considerado como un empleado con estudios superiores, uno debe contar con un doctorado en ciencias o en ingeniería, lo que representa una inversión importante de tiempo y dinero", dice Nelson y continúa "hoy en día, quienes tienen un doctorado ganan menos que un graduado de secundaria que administra un restaurante de comida rápida en la esquina. Ahí lo tiene, usted ha obtenido un doctorado y no hay trabajos; las personas se están recibiendo para posiciones a nivel doctorado que simplemente no existen".

Nelson atribuye la falta de demanda de personas con doctorados, en parte, a las deplorables advertencias del final de los noventa, que indicaban que EE.UU. no estaba produciendo suficientes graduados en el área de ingeniería y ciencias.[24] A menos que el Congreso incrementara el número de visas de no inmigrantes para recibir profesionales calificados, las empresas estadounidenses argumentaban que no podrían mantener su ritmo competitivo en la revolución de alta tecnología. "Básicamente vivimos una situación diseñada por los patrones y cabildeada por las agencias gubernamentales que era totalmente falsa", dice Nelson, "porque sugirieron que se cernía sobre nosotros una escasez de científicos e ingenieros. Nada podría estar más lejos de la verdad".

Thurow dice que los llamados de atención eran justificados con respecto a los especialistas en informática, pero sólo temporalmente. "En EE.UU. a finales de los noventa existía una inmensa escasez de profesionales en informática". Aun cuando muchos programadores viejos y sin empleo cuestionaron si esta situación era real, el Congreso extendió el programa de visas temporales para los trabajadores de alta tecnología y aquellos con estudios superiores. Entre 1995 y 2000 entraron al país millones de trabajadores acogidos por este programa.

Pero la prosperidad pronto terminó: "Cuando vino el colapso de las empresas "punto com", éstas despidieron a cientos de miles de experimentados profesionales en informática" declara Thurow. Hoy en día existen cerca de 800,000 profesionales estadounidenses en informática que no tienen empleo.[25]

Aquellos trabajadores que han perdido sus empleos en informática debido a la exportación dudan que la educación y la capacitación disminuyan sus problemas. Después de que Tauch perdiera su trabajo en CSC, decidió inscribirse en instituto universitario para actualizar su licenciatura en informática. "Pero una vez que uno obtiene la capacitación y busca un trabajo, nadie le da nada a menos que tenga experiencia", explica ella. "El presidente Bush sigue diciendo que asistamos a los institutos universitarios pero eso es una broma".

No obstante, las empresas manufactureras de EE.UU. concuerdan con Bush acerca de la necesidad de contar con una fuerza laboral mejor educada, particularmente entre los egresados de la secundaria. "Nuestros miembros dicen que la educación es una de sus principales preocupaciones", dice Cox de NAM. "Dicen que los muchachos que salen de la escuela no pueden aprobar exámenes: escritos, de lectura, de matemáticas, ni tampoco de detección de drogas".

Cox apoya la iniciativa de los institutos universitarios de Bush y opina que ayudarán a que los graduados de secundaria en su transición a un mercado laboral más y más exigente. "Los empleos de manufactura modernos son como "Star Trek", dice Cox. Es un área de alta tecnología en donde un pelele no tiene cabida.

Estos son empleos de punta que pagan bien y tenemos que comenzar a dirigir al área de manufactura a nuestros jóvenes más brillantes".

Aun así, los veteranos del turbulento mercado laboral de las últimas décadas discuten el valor de la educación y la capacitación, aún para los jóvenes que ingresan a éste. Por ejemplo, entre los programadores de computadoras — que es el sector que ha recibido los golpes más bajos provenientes de la contratación externa — el desempleo se ha elevado de tan sólo 1.6 por ciento hace dos años al 7.1 por ciento actual, un porcentaje considerablemente más alto que el 5.7 por ciento que es el nivel de la tasa de desempleo nacional de EE.UU.[26]

"Ellos le dicen a uno que si toma cursos de computación, uno va a obtener un empleo en el campo de la informática", dice Bauman, un especialista en informática. "Puede inscribirse, recibir la educación, pero ¿para qué trabajos? Los que ya estamos desempleados estamos trabajando como conductores de FedEx, vendiendo automóviles y seguros de vida. Tengo dos hijos quienes tienen todos sus certificados de estudios y no han encontrado trabajo. Y es porque escucharon a su papá y en verdad esta vez hubiera deseado que no lo hubieran hecho".

¿Las reglas actualmente en vigor para las visas de trabajo perjudican a los trabajadores estadounidenses?

Traer empleados extranjeros a Estados Unidos temporalmente es una forma indirecta de exportar trabajos estadounidenses, opinan los críticos del programa de visas laborales de EE.UU. Aun cuando estos trabajadores contribuyan a la economía estadounidense, seguramente los trabajadores regresarán a sus países de origen cuando se venzan sus visas. Y aunque algunos acaban obteniendo residencia y trabajo permanentes, muchos son contratados con la condición de que abrirán oficinas estadounidenses satélites en sus países de origen al haber obtenido su capacitación en Estados Unidos.

"La importación de trabajadores con visa facilita la exportación de trabajos estadounidenses", opina Bauman. "Los trabajadores extranjeros aprenden la tecnología de las personas que viven en EE.UU., deducen cómo utilizarla en sus propios países y luego se llevan los trabajos al exterior". Entre tanto, los trabajadores extranjeros efectúan el apoyo computacional para el que fueron contratados. "Y los estadounidenses quedan fuera de juego".

Los programas de visas laborales temporales fueron creados para satisfacer la demanda por trabajadores durante los períodos de escasez laboral "percibidos" por los empresarios.[27] A principios del siglo XX, bajo el programa "bracero" entraron a los campos agrícolas "brazos mexicanos", apoyados por los intereses de los granjeros del Oeste, seguidos por los pastores de ovejas vascos cortadores de caña de azúcar caribeños, e investigadores académicos de Europa y Asia.

En 1990, para responder a lo que la industria tildó como una inminente y crítica escasez de trabajadores de alta tecnología, el Congreso aprobó la Ley de inmigración de 1990 la cual extendió las visas de no inmigrantes a varios profesionales técnicos, en especial las visas tipo H-1B, otorgadas a profesionales extranjeros por periodos de hasta 6 años para que ocuparan puestos para los que, según los empleadores, no disponían de suficientes trabajadores estadounidenses calificados. Este mismo mecanismo se ha utilizado para importar terapeutas físicos y, más recientemente maestros de primaria y de jardín de infantes. Además, el programa de visados L-1 introducido en 1970 permite que los ejecutivos y gerentes de multinacionales localizadas en EE.UU. trabajen aquí hasta por siete años; aquellos trabajadores con conocimientos especiales de los productos del empleador pueden permanecer en el país hasta por cinco años.

El año pasado este programa H-1B aprobó más de 217,000 visas laborales.[28] Según ZaZona.com, un servicio de monitoreo en línea operado por un crítico de estos programas, EE.UU. ha admitido desde 1985 a más de 17 millones de trabajadores extranjeros con visas H-1B, y se calcula que a finales de 2001 se encontraban en el país casi 900,000 de éstos.[29]

Quienes apoyan a la industria dicen que las visas ayudan a asegurar la competitividad estadounidense en el mercado global. "Contar con ingenieros de talento y mejor educación en todo el mundo es crítico para el éxito futuro de (nuestra) compañía", opina Patrick J. Duffy, abogado especialista en recursos humanos de

Intel Corp. Esta gigantesca empresa estadounidense de semiconductores, con alrededor de $27 mil de millones en ingresos, emplea cerca de 80,000 personas a nivel mundial; alrededor del 5 por ciento de los que trabajan en EE.UU. han recibido visas H-1B. "En el futuro . . . esperamos patrocinar a más empleados a través de visas H-1B, simplemente porque no podemos encontrar suficientes estadounidenses que cuenten con la educación superior, habilidades y experiencia que necesitamos".[30]

Más aún, dicen quienes están a favor de los programas de visas, éstos ayudan a proteger a los trabajos estadounidenses al ayudar a que las compañías nacionales permanezcan competitivas. "Cuando las compañías compiten en el mercado internacional, su incapacidad para administrar efectivamente su fuerza laboral puede representar la diferencia entre lograr la delantera o declarar la bancarrota", escribe Randel K. Johnson, vice-presidente de la Cámara de comercio de Estados Unidos. "A la larga, el resultado puede significar la pérdida de aún más trabajos".[31]

Sin embargo, los críticos opinan que los programas de visa simplemente han sido utilizados para reemplazar a los profesionales estadounidenses con extranjeros que reciben bajos sueldos. Aun cuando las leyes de visados establecen específicamente que los extranjeros deben recibir los salarios corrientes, sus críticos dicen que nadie vigila su cumplimiento y que los trabajadores H-1B ganan entre 15 y 33 por ciento menos que sus contrapartes estadounidenses.[32]

Nelson, un biofísico de Dallas, dice que las universidades estadounidenses fueron las primeras en promover los programas de visas, reduciendo los salarios de los científicos estadounidenses a lo largo y ancho del país. "Todo fue una estratagema para traer trabajadores baratos".

Además, prosigue, ya que los recipientes de visas H-1B sólo pueden trabajar para la empresa que presentó su solicitud de visa, es poco probable que tengan alguna objeción en contra de sus condiciones de trabajo, como la baja escala de salarios o la cantidad de horas.

"Esta visa fue diseñada para otorgar a los empleadores una flexibilidad increíble", explica Nelson. "Está condicionada en que el extranjero mantenga un empleo permanente. Así que si el patrón está descontento y lo despide, éste inmediatamente está sujeto a ser deportado.

CRONOLOGÍA

1970-1980 *La creciente competencia internacional promueve a que las compañías estadounidenses reduzcan sus costos de mano de obra, mudando sus fábricas a países con salarios más bajos.*

1970 El Congreso establece el programa de visas L-1 el cual permite que ejecutivos y gerentes extranjeros de empresas transnacionales ubicadas en EE.UU. trabajen en el país.

1976 Las modificaciones a la ley de migración y ciudadanía incrementan el número de visas otorgadas a trabajadores extranjeros y sus familias.

1990s *Gran cantidad de estadounidenses son atraídos por los trabajos en informática después de que el gobierno y la industria prometen que los trabajos de manufactura transferidos al extranjero serán reemplazados por trabajos nacionales en el área de la informática y predicen que pronto habrá una escasez de mano de obra de alta tecnología.*

1990 La ley migratoria establece el programa de visas H-1B para no inmigrantes.

1993 El Congreso aprueba el TLC para América del Norte, eliminando las barreras al comercio entre Estados Unidos, Canadá y México.

1998 El Congreso aumenta la expedición del número de visas H-1B anualmente, luego de que los empresarios estadounidenses abogan para traer más especialistas en informática extranjeros para ayudar a prevenir la ola de problemas debidos a las fallas en los sistemas de informáticos en el nuevo milenio.

2000s *El desempleo en el sector de alta tecnología se incrementa después de que la crisis del Y2K nunca se materializa, hay un colapso del auge tecnológico y las compañías estadounidenses comienzan a trasladar al extranjero empleos administrativos y de alta tecnología.*

Octubre 2000 Nuevamente el Congreso incrementa el número anual máximo de visas H-1B, a 195,000.

Noviembre 2001 La actual recuperación "sin trabajo" comienza, sobresalen elementos como el aumento de los precios de las acciones, el rendimiento económico y la productividad, la pérdida de empleos del sector manufacturero y pocos trabajos nuevos.

2002 Los profesionales en informática recientemente despedidos establecen la Organization for the Rights of American Workers (T.O.R.A.W.) para orientar e informar al público sobre la contratación de informática en el extranjero.

10 de julio, 2003 La representante Rosa L. DeLauro, demócrata de Connecticut, y el senador Saxby Chambliss, republicano de Georgia, presentan la reforma de ley para no inmigrantes [del programa de visas] L-1 para tomar cartas en el asunto a partir del informe sobre los abusos de este programa.

24 de julio, 2003 El senador Christopher Dodd, demócrata de Connecticut, y la representante Nancy L. Johnson, republicana del mismo estado, presentan la ley USA Jobs Protection Act que podría fortalecer la vigilancia y cumplimiento de los programas de visas H-1B y L-1 para prevenir que las compañías reemplacen ilegalmente a trabajadores estadounidenses calificados y paguen sueldos más bajos a los trabajadores extranjeros.

30 de septiembre, 2003 El Congreso recorta el tope anual de las visas H-1B de 195,000 a 65,000.

Diciembre 2003 En el décimo aniversario del TLC, los estudios muestran que desde que se aprobó esta ley se han creado más trabajos en EE.UU. que los que se han perdido.

7 de enero, 2004 El presidente Bush propone un plan para ofrecer un estado migratorio temporal legal a aquellos trabajadores inmigrantes que viven ilegalmente en EE.UU.

20 de enero, 2004 En su informe presidencial anual, Bush pide que los institutos universitarios establezcan un nuevo programa educativo y de capacitación laboral para empleados desplazados.

23 de enero, 2004 Bush firma como ley una medida para prohibir que las compañías estadounidenses subcontraten empleos gubernamentales a compañías ubicadas fuera de EE.UU.

6 de febrero, 2004 El Departamento de Trabajo informa que los empresarios estadounidenses añadieron solamente 112,000 nuevos trabajos en el mes de enero, cerca de 38,000 menos de los que esperaban los economistas.

Los países pobres prosperan gracias a la exportación de trabajos

Dentro de toda la controversia que rodea a la contratación de trabajos administrativos en el extranjero, no podemos negar una de sus consecuencias: la promoción de niveles de vida más altos para los países en desarrollo que inician su participación en la economía de mercado mundial.

A finales de la década de los ochenta, cuando las corporaciones estadounidenses comenzaban la exportación del trabajo de sus "trastiendas", como por ejemplo los procesos de facturación, acudieron a los países en vías de desarrollo con poblaciones de habla inglesa que recibían salarios bajos como Irlanda e Israel. Muchos de ellos eran aliados, lo que redujo los riesgos políticos asociados con la contratación en el extranjero.

No obstante, para los años noventa, el final de la Guerra Fría había abierto nuevos mercados laborales en el antiguo bloque soviético, a medida que estos países recibían al mercado libre con los brazos abiertos. La reducción gradual de las barreras comerciales de estas economías que en el pasado habían estado cerradas, como el caso de la India y China, provocaron que estos países fueran aún más atractivos como recipientes del traslado de trabajos.[1]

Hoy en día las compañías estadounidenses y europeas están transfiriendo una creciente y amplia variedad de trabajos administrativos — 500,000 en los últimos 5 años — a países pobres en todo el mundo, desde Filipinas hasta Rusia y sus antiguos aliados en Hungría, Rumania y la República Checa — virtualmente a cualquier país que tenga acceso a Internet de banda ancha y una fuerza laboral con educación técnica.[2]

Sin embargo, ningún país se ha beneficiado más que India con la reciente contratación de empleados administrativos extranjeros por parte de la industria de EE.UU., donde éstos representan el 2.5 por ciento del PBI.[3] Después de lograr su independencia en 1947, India no participó en la revolución industrial que enriqueció a su soberano imperial británico, permaneciendo sumida en la pobreza junto con el resto del Tercer Mundo.

Los gobiernos hindúes subsiguientes adoptaron políticas proteccionistas para que su autosuficiencia moviera su economía, pero también invirtieron con empeño en educación, especialmente en la creación de un gran sistema universitario dedicado a las ingenierías y las ciencias. Además, su experiencia como colonia británica le heredó a los mil millones de habitantes hindúes un capital duradero: el dominio del idioma inglés.

En resumen, la India ofrece trabajadores altamente educados, que hablan inglés, por un décimo de los salarios estadounidenses. Desde 1991 la contratación de administrativos ha ayudado a alimentar un incremento del 33 por ciento en la participación económica mundial de la India.[4]

Parte de la nueva riqueza ha ido a parar a los bolsillos de los trabajadores hindúes de alta tecnología, cuyos

En la realidad esto raramente ocurre, sin embargo, es una herramienta extremadamente poderosa".

Esta flexibilidad va más allá de los mismos extranjeros, dicen los críticos. "Al robarles su poder de negociación, el programa de visas también se lo roba a todos los que participan en la industria", opina Bivens del Economic Policy Institute. Si los patrones tienen acceso a trabajadores más baratos, pueden ignorar las demandas de aumento de salario de los empleados estadounidenses.

"No existe nada intrínsecamente malo con los trabajadores invitados, ni con los inmigrantes que desean convertirse en ciudadanos que tienen estos trabajos", añade Bivens. "Lo que está mal es la forma en que está estructurado el programa, que en general es bastante malo para los salarios de estas industrias".

Muchos críticos quieren que se eliminen todos los programas de visas de trabajo. "El programa H-1B equivale a un subsidio gubernamental, ya que proporciona beneficios económicos a una estrecha clase de entidades, mientras que el resto de nosotros no tiene beneficio alguno, o como en mi caso, éste es negativo", dice Nelson. "Nuestra inversión en educación, capacitación y experiencia ha sido reducida a un valor económico cercano a cero".

salarios continúan aumentando.⁵ Los jóvenes recién graduados de la universidad vuelan hacia los centros de contratación como Bangalore y Mumbai (antiguamente Bombay) para obtener la independencia económica que proviene de una paga generosa. Además se está relajando la antes estricta estructura social de división de clases y castas; y la nueva clase media de jóvenes profesionales emergente está relegando las honradas tradiciones del pasado como los matrimonios por compromiso y ahora están adoptando los hábitos de consumo de sus contrapartes estadounidenses.

Según los informes de la ONU, la India pronto enfrentará una dura competencia de otras localidades externas que inician su desarrollo como Bangladesh, Brasil, Singapur, Tailandia, Venezuela y Vietnam.⁶ A medida que los salarios de la India aumentan, es más probable que la competencia surja en China. El acelerado crecimiento de su base industrial y un potencial de mano de obra aún más grande convierten a este en una tentadora alternativa para que las empresas estadounidenses puedan reducir sus costos. Es igualmente probable que China supere su gran defecto: la gran necesidad del dominio de la lengua inglesa, a medida que las nuevas generaciones de trabajadores se gradúan de las escuelas chinas, donde ahora es obligatoria la enseñanza del idioma inglés.

La contratación de trabajos de manufactura en el extranjero por parte de EE.UU. y otros países industrializados ya ha beneficiado a los trabajadores en zonas económicas específicas, localizadas en la línea costera de China, que en los años ochenta fueron las primeras que se abrieron al comercio. "Existen 300 millones de personas en esas provincias costeras del Este, quienes han sido testigos de una extraordinario aumento de su nivel de vida", explica Edmund Raíz, gerente de cuenta de Guinness Atkinson China y del Hong Kong Fund.⁷

La apertura de China a la inversión extranjera, incluyendo la recepción de trabajos exportados, ya se siente en EE.UU. Como resultado del TLC de 1993, México disfrutó de una década de rápido crecimiento cuando las empresas manufactureras estadounidenses que buscaban mano de obra barata establecieron fábricas al sur de la frontera. No obstante, hoy en día México está perdiendo muchos de estos empleos ante la competencia de países con salarios aún más bajos, incluyendo a China.

"Hace cinco años México era el lugar lógico al que recurrían las empresas manufactureras", dice Jonathan Heath, economista de LatinSource, una firma de consultoría localizada en la Ciudad de México. "Ahora la lógica nos lleva a China".⁸

¹ Consulte Andy Meisler, "Where in the World Is Offshoring Going?" *Workforce Management*, enero 2004, p. 45.

² Christopher Caldwell, "A chill wind from offshore," *Financial Times*, 7 de febrero, 2004.

³ *Ibid.*

⁴ International Monetary Fund, "IMF Survey," 2 de febrero, 2004

⁵ Vea David E. Gumpert, "U.S. Programmers at Overseas Salaries," *Business Week Online*, 2 de diciembre, 2003.

⁶ U.N. Conference on Trade and Development, "E-Commerce and Development Report 2003," 20 de noviembre, 2003.

⁷ Erika Kinetz, "Who Wins and Who Loses as Jobs Move Overseas?" *The New York Times*, 7 de diciembre, 2003, p. A5.

⁸ Chris Kraal, "NAFTA 10 Years Later," *Los Angeles Times*, 2 de enero, 2004, p. A1.

De hecho, añade, debido a que se le considera demasiado capacitado para la mayoría de las vacantes de trabajo, tales como dependiente de tienda y asistente administrativo, en realidad tengo que ocultar el hecho de que tengo un doctorado".

ANTECEDENTES
El auge de la posguerra

A medida que Europa occidental, Japón y el bloque de la Unión Soviética se esforzaban en la reconstrucción después de la Segunda Guerra Mundial, el sector de manufactura de Estados Unidos disfrutó de su época de oro. La expansión de su producción y exportaciones creó millones de nuevos trabajos, aumentando rápidamente el número de hogares estadounidenses de clase media.

Reforzado por las protecciones sindicales, un sólo obrero de los sectores manufactureros líderes — acero, electrodomésticos y automóviles — llevaba a su hogar un "salario familiar", suficiente para mantener a toda la familia, además de que el patrón le proporcionaba seguro médico y pensión. Hasta los trabajos textiles de baja paga ofrecían oportunidades de mejorar su situación a los empobrecidos granjeros del Sur.

Durante la mayor parte de los años cincuenta y sesenta, Estados Unidos fue autosuficiente. A medida que Europa y el Este Asiático reconstruían sus economías, estos países constituían un vasto mercado para los bienes estadounidenses, al mismo tiempo que emergían lentamente como importantes competidores comerciales. Japón expandió su sector manufacturero al utilizar las técnicas de producción de EE.UU. y finalmente se convirtió en el líder exportador de juguetes de plástico y otros productos baratos. Europa se concentró en la exportación de automóviles y otros bienes de manufactura de gran valor para los consumidores estadounidenses.

El sector manufacturero estadounidense comenzó a construir industrias en el extranjero, donde los salarios eran mucho más bajos. Esta práctica se aceleró en los años setenta, cuando una serie de crisis energéticas marcaron el comienzo del final de la autosuficiencia estadounidense en la producción de petróleo — el combustible básico que impulsa la economía de Estados Unidos. El aumento de los precios de la energía causó una serie de recesiones y las siderúrgicas, las fábricas de automóvil y otras empresas manufactureras liquidaron a miles de empleados.

Por su parte, los consumidores estadounidenses fueron en pos de productos importados más baratos, tales como los crecientemente populares automóviles japoneses. Los sindicatos respondieron con campañas que instaban al público a "comprar artículos estadounidenses" con la intención de apuntalar al sitiado Medio Oeste, al que se nombró como el "cinturón oxidado" por su gran número de industrias cerradas.

No obstante, para mediados de los ochenta, el incremento en los costos de producción y la creciente competencia externa habían impulsado la reestructuración de más y más industrias. Muchas "redujeron" permanentemente sus fuerzas laborales, a menudo sustituyéndolas por máquinas automáticas. Otras subcontrataron al menos parte de su producción, ya sea para reducir sus costos al utilizar productores nacionales no sindicalizados u operaciones en el extranjero, donde la mano de obra es más barata. Las industrias textiles y del vestido, normalmente radicadas en los pueblos maquiladores del Sur, fueron las primeras en exportar una gran can-

tidad de trabajos estadounidenses, especialmente a las nacientes economías asiáticas.

Cuando Japón emergió como una gran potencia industrial, Hong Kong, Taiwán, Malasia, Corea del Sur y Singapur suplantaron a Japón como productores baratos de componentes que eran enviados a Estados Unidos en donde se realizaba el ensamblaje para obtener el producto terminado. A principios de los años ochenta, los fabricantes de automóviles y equipos electrónicos estadounidenses fueron los pioneros en iniciar la producción en el extranjero de componentes básicos para luego ensamblarlos en EE.UU., proporcionando así la base tecnológica para que otros países desarrollaran sus propias industrias".[33]

Mientras tanto, para reducir el costo del transporte de sus propios productos terminados hacia el mercado estadounidense, las compañías extranjeras comenzaron a abrir industrias en Estados Unidos, lo que en parte contribuyó a contrarrestar la fuga de trabajos al extranjero. A finales de los ochenta, en especial los fabricantes de autos europeos y japoneses crearon miles de nuevos empleos para los estadounidenses. Sin embargo, en su mayoría construyeron sus instalaciones fuera del corazón industrial, contratando trabajadores no sindicalizados, con salarios más bajos que los de sus colegas sindicalizados ubicados en el Medio Oeste.

Los salarios también sufrieron a medida que el sector manufacturero declinaba. Los trabajadores industriales liquidados a menudo tomaron empleos con baja paga y no sindicalizados en el creciente sector de servicios, como dependientes de tiendas y cajeros.

El TLC y más

La exportación de los trabajos de manufactura estadounidenses se aceleró en los años noventa, especialmente luego de que en 1993 el Congreso aprobara el Tratado de Libre Comercio para América del Norte (TLC), el cual eliminó las barreras comerciales entre Estados Unidos, Canadá y México. Las compañías de EE.UU., en búsqueda de mano de obra barata pero cercana a su mercado, construyeron cientos de fábricas llamadas "maquiladoras", justo al sur de la frontera, empleando cientos de miles de mexicanos. Para el año 2000, los trabajadores estadounidenses del sector textil — quienes ya atravesaban momentos difíciles a causa de la contratación externa en Asia — habían perdido más de 80,000 empleos adicionales que fueron transferidos a México como resultado del TLC.[34]

Sin embargo, según Mack McLarty, ex jefe de personal y enviado especial a las Américas. bajo las órdenes del presidente Bill Clinton, el TLC creó más trabajos estadounidenses de los que eliminó. Recientemente, McLarty escribió que durante la década en que esta ley entró en vigor, aún cuando cerca de 500,000 trabajos de la industria en EE.UU. fueron a parar a México debido al TLC, el número de empleos en el sector privado aumentó en 15 millones de plazas, con un aumento del salario por hora de un 10 por ciento.[35]

Aun cuando los trabajos de manufactura tradicionales continuaron desapareciendo durante los años noventa, la creciente productividad transformó varios sectores manufactureros de EE.UU. Emergió una nueva y organizada industria siderúrgica estadounidense, aún después de la quiebra de líderes industriales de la talla de Bethlehem Steel y LTV, aplastados por las importaciones más baratas provenientes de Japón y otros países. Al incorporar tecnologías de punta, International Steel Group y otras nuevas compañías han incrementado la producción de acero estadounidense durante las dos últimas décadas, de 75 millones de toneladas a 102 millones. Sin embargo, lo lograron incrementando su productividad, no creando trabajos: en la actualidad existen tan sólo 74,000 trabajadores siderúrgicos en EE.UU., cuando a principios de los años ochenta existían 289,000. Y aun cuando los salarios permanecieron elevados, entre $18 y $21 por hora, la generosa pensión y beneficios de seguro médico de las que sus predecesores disfrutaron, han desaparecido.[36]

Y aun así, el gran cambio de la manufactura tradicional a las telecomunicaciones, del comercio al menudeo, las finanzas y otras industrias continuó sin frenar. Entre 1980 — cuando las empresas manufactureras comenzaron a reducir su fuerza laboral — y 2002, General Motors eliminó el 53 por ciento de su fuerza laboral, Kodak el 46 por ciento y Goodyear el 36 por ciento. En el mismo periodo, United Parcel Service (UPS) incrementó su nómina en un 224 por ciento, McDonald's en un 253 por ciento y Wal-Mart barrió con un 4,715 por ciento.[37] Según el Institute for International Economics,

un cuarto de los obreros de fábrica quienes encontraron nuevos trabajos aceptaron una reducción de por lo menos el 25 por ciento en sus salarios.[38]

Durante los años noventa, los productores de equipo electrónico y de computadoras comenzaron a seguir el ejemplo de los antiguos fabricantes al comenzar a trasladar su producción al extranjero. A pesar de las rápidas mejoras en la productividad, acompañadas por grandes ganancias y el aumento de los precios de las acciones, las compañías de alta tecnología estaban ansiosas de mejorar su ventaja competitiva en la rápida industria globalizada.

El sector de servicios también buscó mano de obra más barata en el extranjero.[39] Las compañías de software encabezaron la fuga, estableciendo rápidamente a Bangalore, en India, como su principal centro extranjero. Otros países también se beneficiaron de la contratación extranjera estadounidense. Irlanda, que en su mayor parte no se benefició de la bonanza de la posguerra europea, floreció en los años noventa a medida que las corporaciones estadounidenses contrataban al exterior sus operaciones de facturación y otros servicios de "trastienda"; Filipinas y Malasia emergieron como localidades líderes para centros de llamadas; China se convirtió en un importante centro de servicios de "trastienda" y Rusia e Israel comenzaron a proporcionar software y sistemas computacionales hechos a la medida.

Durante los años noventa, muchos otros desarrollos no relacionados activaron aún más la contratación externa. El acceso a Internet a través de las conexiones de gran velocidad en banda ancha se diseminó de los países industrializados a los países en desarrollo, permitiendo que los gerentes en EE.UU. se comunicaran de manera barata y rápida con sus oficinas satélites. La utilización del idioma inglés como la lengua directa para hacer negocios en todo el mundo permitió que los trabajadores en India, Filipinas y otros países de habla anglosajona tomaran parte en el auge de la contratación externa. Además la ubicación de oficinas en distintos husos horarios permitió que los centros de llamadas brindaran servicio al cliente las 24 horas del día.

El impacto del Y2K

Antes de que los empresarios comenzaran a exportar un gran número de trabajos en informática y administración, pidieron a grandes voces la relajación de las leyes que limitaban las visas para no inmigrantes. Las deplorables predicciones de la National Science Foundation y del conservador Hudson Institute respecto a que las universidades estadounidenses no estaban produciendo suficientes profesionales técnicos especializados, sólo ayudaron a alimentar estas campañas.[40]

El Congreso citó estos estudios de 1990, cuando incrementó sustancialmente la entrada al país de un gran número de trabajadores especializados. La ley de inmigración de 1990 casi triplicó el número de entradas de trabajadores permanentes permitidos cada año y creó cientos de miles de espacios temporales para varios tipos de trabajadores especializados, incluyendo 65,000 bajo el controversial programa de H-1B. Esta ley también creó nuevas visas temporales para otros trabajadores especializados como enfermeras, científicos, maestros y artistas de la farándula; además de expandir el programa L-1 al permitir que las corporaciones multinacionales pudieran traer a Estados Unidos ejecutivos clave hasta por siete años.

A fines del siglo XX había un gran temor de que el 1 de enero de 2000 los sistemas computacionales se averiaran debido a que sus relojes internos no estaban programados para cambiar de 1999 a 2000.[41] Las compañías estadounidenses bregaron para contratar trabajadores extras para circunvalar el llamado "bug del Y2K", y los programadores escasearon. Los empresarios renovaron sus reclamos por la gran falta de trabajadores estadounidenses capacitados y trajeron miles de programadores extranjeros acogidos por el programa H-1B.

No se sabe si los temores fueron desproporcionados o si se reprogramaron suficientes computadoras para evitar el problema, el asunto es que el nuevo siglo llegó sin ningún incidente. No obstante, las compañías que habían empleado caros especialistas para reescribir sus códigos tenían un nuevo incentivo para reducir sus costos.

"Cuando llegó el año 2000, los empresarios comenzaron a liquidar más empleados", dice Bauman, presidente de T.O.R.A.W. "Sin embargo, los extranjeros con visa, quienes presuntamente obtenían salarios equiparables, les costaban menos". Maduros profesionales como Bauman recibían salarios más altos que los trabajadores H-1B, quienes a menudo apenas habían salido de la universidad. "Los empresarios estaban ahorrando

en el rubro de salarios de los extranjeros y decidieron quedarse con ellos".

A medida que comenzó el nuevo milenio, la eliminación de empleos estadounidenses en alta tecnología sólo se aceleró cuando el país entró en una recesión económica después de que el auge de las telecomunicaciones llegara a su fin La economía se estancó aún más luego de los ataques terroristas del 11 de septiembre de 2001. Los empresarios estadounidenses decidieron sacar aún más provecho del vasto y barato mercado laboral de la India, estableciendo operaciones en Bangalore y otras ciudades, dando inicio al auge de la contratación externa.

SITUACIÓN ACTUAL

Recuperación sin trabajo

La economía estadounidense continúa en su disparejo sendero de recuperación. El año pasado el índice industrial Dow Jones se elevó en un alentador 25 por ciento, después de experimentar dos años decepcionantes. El crecimiento del PBI — 8.2 por ciento en el tercer trimestre y 4 por ciento en el cuarto — sugiere que la recuperación, que oficialmente comenzó en noviembre de 2001, finalmente está repuntando. Las inversiones empresariales en equipo y software están a al alza, la inflación permanece a la baja, lo que ha impulsado a que la Reserva Federal mantenga las tasas de interés en sus niveles más bajos de las últimas décadas.[42]

"La exportación va en aumento; la productividad es alta y el número de empleos está aumentado", declaró Bush durante su informe anual.

Pero los datos del Departamento de Trabajo muestran la razón por la que los economistas la denominan "una recuperación sin trabajo". En diciembre, las nóminas de la industria sólo añadieron un total neto de 1,000 empleos. Las agencias que ofrecen empleados temporales y otros servicios contrataron 45,000 trabajadores; aquellos en el rubro de la construcción y los servicios para la salud también mostraron alzas. Pero el aumento en el número de nuevos empleos fue eclipsado a por la fuga continua de los trabajos de manufactura que tienden a pagar salarios y beneficios de clase media. En diciembre, las empresas de manufactura recortaron

26,000 trabajos, lo que situó en 516,000 los empleos industriales perdidos desde julio de 2000; además se han perdido medio millón de empleos de alta tecnología desde 2001.[43]

Aunque no se cuenta con estadísticas sobre cuántos trabajos se han perdido debido a la contratación externa y a las operaciones en el extranjero, los economistas están seguros de que la primera es un factor importante.

"Ciertamente juega un papel en la manufactura", dice Thurow del MIT. "Muchos de los componentes de los automóviles eran hechos en Estados Unidos, pero ahora se fabrican en varios países del tercer mundo. Y esto básicamente causa que los obreros y sus gerentes administrativos pierdan sus trabajos. La contratación externa comenzó desde los noventa, sin embargo no lo notamos por el rápido crecimiento económico del sector de alta tecnología".

Robert B. Reich, profesor de economía en la Brandeis University, quien fue secretario de trabajo durante la administración de Clinton, contiende que la mayoría de los trabajos en el sector manufacturero no están desapareciendo debido a la exportación sino más bien debido al aumento de la productividad resultante del mejoramiento de la eficiencia y las nuevas tecnologías. "Recientemente hice un recorrido por una fábrica estadounidense que tenía dos empleados y 400 robots computarizados", escribió Reich para *The Wall Street Journal*.[44]

Más aún, observó, aunque entre 1995 y 2002 desaparecieron más de 22 millones de trabajos industriales a nivel mundial, Estados Unidos ha perdido menos que muchos otros países ricos y pobres. Y observó que nuestro país ha perdido el 11 por ciento de sus trabajos de manufactura en ese periodo, mientras que Japón vio desaparecer el 16 por ciento, China el 15 por ciento y Brasil el 20 por ciento.[45]

Varias firmas dedicadas a investigar el sector empresarial han calculado la extensión actual de las operaciones en el extranjero e informan que es muy probable que crezca aún más en el futuro. La Information Technology Association of America encontró que el 12 por ciento de las compañías que la integran han iniciado operaciones en el extranjero, generalmente para contratar ingenieros programadores y de software.[46]

Forrester Research pronostica que en los próximos 15 años se transferirán al extranjero 3.3 millones de

empleos estadounidenses en el área de servicios, la mayoría son posiciones relacionadas con la informática como creadores de software y servicios secretariales.[47] Goldman Sachs calcula que hasta la fecha se han perdido 200,000 trabajos administrativos como resultado de las operaciones en el extranjero, a los que les seguirán seis millones en la próxima década.[48] Un estudio de la University of California en Berkeley calcula un número cercano a 14 millones en los próximos 15 años.[49]

La reducción de los costos del software y otros servicios permitirá que "grandes segmentos" de la economía mejoren su productividad, declaró Hills, ex representante comercio; ya que en la próxima década creará 20 millones de nuevos trabajos estadounidenses. "Esto es más rápido que la década pasada", opinó la ex representante, destacando que aún durante el auge de los años noventa sólo se crearon 15 millones de empleos. "Todos los estudios que han medido esta tendencia muestran que . . . el número de empleos [aumentará] más que en la década pasada. Y ésta es una perspectiva increíble".[50]

Algunos economistas opinan que los cálculos ignoran la habilidad que tienen las economías para absorber la pérdida de empleos. "El número de trabajos de alta tecnología contratado en el exterior todavía representa una mínima proporción de la sólida fuerza laboral de 10 millones de trabajadores en informática", escribe Reich, ex secretario de trabajo. "Cuando la economía estadounidense emerja totalmente de la recesión (como seguramente lo hará dentro de los próximos 18 meses), una gran porción de los trabajos de alta tecnología perdidos después de 2000 regresará de alguna forma".[51]

Sin embargo, Thurow opina que la contratación externa de empleados administrativos está todavía en pañales — totalizando sólo alrededor de $8 mil millones de los $400 mil millones que EE.UU. controla en el mercado global de software. "La contratación de personal administrativo en el extranjero está aumentando rápidamente", explica Thurow. "El tema se puede comparar con la violación de mujeres. No se ha violado a muchas, pero no se necesita contar con un gran número de casos antes de que todo el mundo se preocupe por la situación".

Es muy probable que estos temores se intensifiquen a medida que más compañías estadounidenses de tecnología anuncien la transferencia al extranjero de más

¿El gobierno debería intervenir para reducir la contratación en el extranjero de empleos de alta tecnología?

SÍ

Ron Hira

Presidente, R&D Policy Committee, Institute of Electrical and Electronics Engineers

Extraído del testimonio presentado ante el House Small Business Committee, 20 de octubre de 2003

Según los datos más recientes del Bureau of Labor Statistics, los ingenieros eléctricos, electrónicos y de hardware continúan enfrentando una tasa de desempleo más alta que el resto de la población, y casi del doble de la tasa de otros gerentes y profesionales. Las noticias para los gerentes de ingeniería son aún peores, con una tasa de desempleo del ocho por ciento. . . .

Para colocar esta situación en un contexto histórico, en los más de 30 años para los que se han compilado estadísticas para el Departamento de Trabajo, los dos años pasados son los primeros en los que las tasas de desempleo para los ingenieros eléctricos, electrónicos e informáticos son más elevadas que la tasa de desempleo general. En términos comparativos, la tasa de desempleo para los ingenieros eléctricos fue del 1.2 por ciento en 2000, menos de un quinto del nivel actual.

Es totalmente falso describir a la contratación externa como una propuesta 100 por ciento ganadora para los estadounidenses y para otros países, como a menudo lo indican los defensores del libre comercio. A esos defensores se les debería obligar a demostrar cómo los trabajadores que han sido afectados podrán ser compensados y apoyados para volver a ser ciudadanos productivos.

Estos defensores suponen, como parte de su argumento, que los trabajadores estadounidenses desplaza-

dos volverán a ser contratados. En lugar de suponer, deberíamos asegurarnos que tales trabajadores sean reintegrados a la fuerza laboral en puestos con el mismo nivel de habilidades y paga. . . .

El gobierno federal debe rastrear frecuentemente el volumen y la naturaleza de los trabajos transferidos al extranjero. Debiera obligarse a las compañías a enviar avisos previos sobre sus intenciones de transferir trabajos para que los empleados desplazados puedan hacer planes apropiados para minimizar sus problemas financieros, así como para que las agencias de apoyo gubernamental puedan prepararse para proporcionar la asistencia necesaria durante el periodo de transición. El Congreso debiera volver a analizar cómo rediseñar los programas estadounidenses de asistencia a los trabajadores para promover que aquellos desplazados del sector de alta tecnología logren reintegrarse a la fuerza productiva.

Nos encontramos en una nueva era de trabajo y aprendizaje de por vida y necesitamos métodos nuevos y más flexibles para proporcionar una asistencia significativa. El Congreso debería reforzar las protecciones para la fuerza laboral de los programas H-1B y L-1, además de su vigilancia y cumplimiento para asegurarse de que sirven su propósito respectivo sin afectar adversamente las oportunidades de empleo de los trabajadores estadounidenses en el sector de alta tecnología.

¿El gobierno debería intervenir para reducir la contratación en el extranjero de empleos de alta tecnología?

NO

Harris N. Miller
Presidente, Information Technology Association of America

Extraído del testimonio presentado ante el House Small Business Committee, 20 de octubre de 2003

Yo considero que en términos estadísticos, la tendencia hacia la contratación extranjera es una nube sobre el horizonte y no un huracán que destruye todo a su paso. Deberíamos mantener nuestra atención en el cambiante patrón climático, pero no deberíamos comenzar a proteger nuestras ventanas y guardar en la covacha nuestros muebles de jardín. La industria informática estadounidense enfrenta nuevos retos, pero no está desapareciendo.

Más de 10 millones de estadounidenses ganaron su sustento trabajando para el sector de informática. . . . Nueve de cada 10 de estos empleos corresponden a empresas fuera de dicha industria: bancos, bufetes de abogados, fábricas, tiendas y otras. Ocho de cada 10 de estos trabajos se ubican en microempresas: compañías que, podríamos argumentar, tienen la menor probabilidad de enviar sus empleos al extranjero.

Aun los analistas más fatalistas predicen que mucho menos de 500,000 trabajos especializados relacionados con computadoras serán transferidos al exterior en los próximos diez años. . . .

Si ha habido alguna tormenta, han sido los tres años de la "tormenta perfecta" que han provocado la convergencia de tendencias que han deprimido la escasez en la demanda de trabajadores estadounidenses en informática: la caída de las empresas "dot.com"; el colapso de las telecomunicaciones; la recesión; la

recuperación sin empleos y la desaceleración en el gasto de los consumidores — tanto nacional como mundial — para nuevos productos y servicios de informática. . . .

No pretendo quitarle importancia a los impactos muy reales que la competencia del exterior ha provocado en los trabajadores estadounidenses del sector de informática o sus familias. Miles de profesionales de este sector han seguido las reglas del juego: han estudiado con ahínco en la escuela, dedicado gran cantidad de horas de trabajo y hecho inversiones de sudor y dedicación en el capital de las compañías que los emplean, sólo para encontrarse desempleados o con empleos por debajo de sus capacidades. Una economía más vibrante y el gasto de más capital por parte del sector privado ayudarían muchísimo a estos individuos. No obstante, no todas las preocupaciones actuales pueden atribuírsele a la economía. . . .

Si bien intentar proteger empleos estableciendo barreras podría satisfacer nuestras emociones, el libre comercio y los mercados globales incitan a la inversión, al comercio y a la creación de empleos. . . . Por el contrario, la evidencia abunda de que el capital de trabajo que las compañías estadounidenses ahorran al transferir empleos y operaciones al extranjero, puede resultar en nuevas inversiones, innovaciones y creación de trabajos en este país.

trabajos clave. Se informa que la empresa America Online planea contratar más ingenieros de software hindúes para apoyar la construcción del software de Internet en sus instalaciones en Bangalore. Yahoo y Google pronto podrían seguir este ejemplo.[52] IBM planea transferir al exterior de EE.UU. casi 4,730 empleos administrativos.[53] Se estaría uniendo así a las filas de íconos estadounidenses como AT&T, Dell, Microsoft, Proctor & Gamble y Verizon.

Acción legislativa

Durante este año de elecciones presidenciales, la transferencia de operaciones al extranjero se está convirtiendo en un álgido tema político, a medida que la recuperación de la economía no genera todos los nuevos trabajos que la actual administración anticipó. Este déficit esta haciendo que el Congreso y los estados consideren propuestas dirigidas a refrenar la exportación de trabajos estadounidenses.

Una medida de ambos partidos en espera a ser considerada en el Congreso cerraría lo que los críticos han denominado las fugas más grandes contenidas en los programas de visas H-1B y L-1. La USA Jobs Protection Act, copatrocinada por el senador demócrata

Los programadores vietnamitas de computadoras asisten a una feria de trabajo en Hanoi, organizada en abril de 2002. Vietnam ha surgido como un importante centro de contratación en el extranjero para EE.UU., así como para firmas europeas y japonesas de alta tecnología.

Christopher J. Dodd y la republicana Nancy L. Johnson — ambos originarios de Connecticut — reforzaría la vigilancia federal de los programas de visado para prevenir que las compañías reemplacen ilegalmente a trabajadores estadounidenses especializados y ofrezcan salarios menores a los trabajadores temporales.

Otra propuesta presentada ante la Cámara de representantes por la representante Rosa DeLauro, demócrata por Connecticut, y ante el Senado por el senador Saxby Chambliss, republicano por Georgia, trata sobre los abusos reportados sobre el programa L-1. Desde el 30 de septiembre de 2003, cuando el Congreso rebajó el tope de las visas H-1B de 195,000 a 65,000, los críticos han señalado el abuso cometido por parte de las compañías participantes en el programa L-1, el cual no tiene topes, para importar trabajadores técnicos de áreas no administrativas.

"La disponibilidad de la categoría en las visas tipo L para aquellos que la solicitan bajo el rubro de "conocimientos especializados" — un término muy vago y que da pie a múltiples y flexibles interpretaciones — ha provocado un claro daño en la fuerza laboral estadounidense y ha contribuido directamente a la fuga de empleos desde que se inició la recesión más reciente", declaró Henry J. Hyde, republicano por Illinois, presidente del House Committee on International Relations, el 4 de febrero de 2004, durante la audiencia del comité sobre la reforma del programa de visas. "La laxitud de los procedimientos para obtener visas de tipo L o cualquier otra categoría de visa para no inmigrantes, es claramente una receta para el caos tanto en las políticas de visado como en la seguridad de las fronteras. Es hora de emprender una reforma".

Los representantes empresariales contraatacaron, explicando que cualquier intento de restringir la habilidad de las corporaciones estadounidenses para contratar trabajadores de cualquier parte del mundo, sólo lastimaría a la economía del país y finalmente a los trabajadores estadounidenses. "La utilización de ciertas categorías de visados, como el H-1B o el L-1 por parte de compañías transnacionales ha sido un medio efectivo para mantener nuestra ventaja competitiva", escribió Johnson, representante de la cámara de comercio. "A la larga, la expansión del comercio internacional y la inversión en EE.UU. es lo que nos interesa a todos".[54]

"A menos que EE.UU. y las compañías extranjeras tengan la capacidad de traer personal clave a sus operaciones estadounidenses, las compañías estadounidenses experimenten una desventaja competitiva y es probable que las compañías extranjeras no se establezcan o expandan su presencia en nuestro país", declaró ante el comité Harris N. Miller, presidente de Information Technology Association of America. La inversión extranjera "significa más fábricas, oficinas y trabajos en EE.UU., y el programa L-1 facilita estas inversiones".

Otra medida, introducida por los senadores John Kerry, demócrata de Massachusetts — el candidato que actualmente lleva la delantera en la nominación presidencial demócrata — y Tom Daschle, demócrata de Dakota del Sur, intenta conseguir que los estadounidenses entiendan qué tan extendido está el fenómeno de contratación en el extranjero al obligar a los empleados de los centros de llamadas de compañías estadounidenses localizados en el extranjero a revelar la emplazamiento geográfico de su centro.

El 23 de enero, el presidente Bush firmó como ley una medida para prevenir que las empresas estadounidenses subcontraten empleos gubernamentales a compañías fuera de EE.UU. Esta prohibición, originalmente patrocinada por los senadores George Voinovich, republicano por Ohio y Craig Thomas, republicano por Wyoming, fue incluida en la asignación del presupuesto general de 2004. La administración de Bush ha acelerado el paso de la contratación externa de trabajos federales, y el número de empleos actualmente destinados a ser otorgados a las mejores propuestas de licitación es de 102,000. Hasta la fecha, se ignora cuántos de los 1.8 millones de civiles que trabajan para el gobierno federal serán afectados; sin embargo, esta nueva prohibición podría afectar a más de 400,000 empleos federales.[55]

Algunos de los estados que han sido perjudicados con mayor severidad por la contratación externa de profesionales en informática están considerando prohibir que se contrate a personas que no son ciudadanos para ocupar empleos gubernamentales o impedir que los empresarios obliguen a que sus empleados a punto de ser liquidados capaciten a sus reemplazos extranjeros. Según Justin Marks, analista del National Conference of State Legislatures (NCSL), varios proyectos

de ley en contra de la contratación externa están pendientes de revisión por parte de las legislaturas y hasta 20 de ellos podrían ser considerados antes de que termine el periodo legislativo. Además, dijo que el año pasado ocho estados debatieron leyes parecidas pero no las aprobaron principalmente debido a la oposición de los republicanos.[56]

Hasta California, hogar de las compañías del Silicon Valley que han sido grandes usuarios de la contratación externa y patrocinadores de visas H-1B, está considerando una legislación en contra de éstas. El proyecto de ley presentado por la asambleísta Carol Liu, demócrata por Pasadena, prevendría la utilización de centros extranjeros de llamadas para servicios estatales de asistencia pública y cupones de alimentos. "Hay una gran ironía en decirles a quienes reciben asistencia pública que busquen empleos, cuando la mayoría de los trabajos que pueden realizar se los han llevado", declara Richard Jonson, asistente legislativo de Liu.[57]

Se espera que al menos uno de los proyectos de ley presentados en California incida sobre las empresas privadas a cargo del manejo de información confidencial del cliente. En los últimos meses han surgido controversias en todo el país, cuando los pacientes se han dado cuenta que las aseguradoras médicas contratan a compañías en el extranjero para la trascripción de sus expedientes médicos confidenciales, donde no rigen las leyes de privacidad y confidencialidad médica de EE.UU. En el transcurso de una disputa de empleo en octubre, un contratista de Pakistán cuya responsabilidad era el manejo de información médica confidencial proveniente de California, amenazó con divulgar dicha información.[58]

Marks opina que este año algunos estados han comenzado a aumentar la presión política para aprobar las medidas contra la contratación de servicios en el exterior. "De cualquier manera, yo creo que veremos un efecto de marejada en la legislación", además abundó "uno con mayores esfuerzos para la creación de trabajos locales en los lugares que han sido más afectados por la contratación extranjera".[59]

Marks afirma que la transferencia al extranjero de los trabajos del sector público podría a la larga no ahorrar el dinero de los contribuyentes, debido a que, a largo plazo, los costos podrían superar los ahorros de corto plazo de éstos. "Si usted compara los ahorros con la pérdida en los

ingresos gravables (debido a las liquidaciones de trabajadores locales como resultado de la exportación de sus
trabajos) con los costos estatales del pago de los beneficios de desempleo (para aquellos que han sido despedidos), es posible que los estados no estén ahorrando
mucho dinero", declara Mark.[60]

El economista Paul E. Harrington de Northeastern
University advierte de otro costo oculto a largo plazo:
la erosión del sustento de la clase media del estado. Los
estados que valúan como una característica importante
y esencial a los "empleos de tiempo completo, las perspectivas de ascenso laboral y contar con una clase media
sólida" para sus propias economías, debieran advertir a
sus compañías que "piensen dos veces acerca del tema
de la exportación de trabajos", señala Harrington.[61]

Los voceros del sector empresarial dicen que las
medidas en contra de la contratación en el extranjero se
suman al proteccionismo y sólo lastimarán a los trabajadores estadounidenses. "Por el contrario, el énfasis
debería ser asegurarse de que los estadounidenses permanezcan ágiles, altamente educados, con mentalidad
de vanguardia y con una presencia económica innovadora, no con una economía que se aferra a ciertas cosas
mientras que el mundo a su alrededor cambia", declara
Daigle, representante de Evaluaserve. "Esa estrategia
sólo los eliminará del mercado".

No obstante, Bauman explica que los trabajadores en
informática desplazados dependen de las leyes contra la
contratación extranjera. Y finaliza: "Si no vemos pronto
una solución a este problema, podemos despedirnos para
siempre de nuestras carreras como profesionales".

El plan de amnistía de Bush

El 7 de enero, el presidente Bush anunció una iniciativa
para permitir que los ocho millones de inmigrantes ilegales que se estima ya están en el país permanezcan en
EE.UU. por un período de seis años, siempre y cuando
tengan un empleo. Los trabajadores indocumentados
podrían recibir tarjetas de identificación que les permi-
tan viajar entre EE.UU. y sus países de origen.

"Debemos hacer que nuestras leyes migratorias sean
más racionales y más humanas", declaró Bush, "Yo creo
que lo podemos lograr sin poner en riesgo la subsisten-
cia los ciudadanos estadounidenses.[62]

Los críticos opinan que la propuesta empeoraría las
condiciones laborales de los empleados estadounidenses al igual que ya lo hace el programa de visas, al vin-
cular el estatus legal del trabajador con un empleo
estable con un solo patrón. "Una de las formas en que
usted logra la ventaja en el mercado laboral estadounidense es al lograr que los empleadores pujen por sus
servicios, y no parece que los extranjeros vayan a tener
tal habilidad", dice Biven del Economic Policy Institute. Si los patrones pueden contratar inmigrantes con
bajos salarios para llenar sus vacantes — dice él, no
tendrán incentivo alguno para contratar trabajadores
estadounidenses quienes demandan salarios más altos.
"Realmente no proporciona una gran mejoría del
statu quo de los indocumentados y es una manera más
de subvertir el poder de negociación de otros trabajadores locales".

Los grupos empresariales respaldan la propuesta,
diciendo que los inmigrantes ocuparían vacantes que
los estadounidenses no quieren y no aquellas en oficinas o en la industria.

"Los obreros del sector manufacturero tienden a ser
trabajadores más sofisticados, de alto nivel", dice Cox
de NAM. "Estos individuos no vienen de Guatemala ni
de México y llegan a trabajar en este sector. Se necesita
saber demasiadas cosas de alta tecnología".

Sin embargo, los críticos dicen que esfuerzos similares
en otros países industriales ofrecen pocos fundamentos
para animarnos. "Los sistemas de invitación de trabajadores no han funcionado en ninguna parte del mundo
debido a que las personas sencillamente no regresan a sus
países de origen", explica Thurow del MIT.

El programa laboral de Suiza sí funciona, explica
Thurow, debido a que cada trabajador debe regresar a
su país de origen cada año y por cierto periodo, y le
está prohibido traer a sus familiares. "La única manera
en que se puede deportar trabajadores temporales es la
manera en que lo hace Suiza, y realmente son feroces".

Pocos observadores esperan que el Congreso tome
en cuenta este año el plan de inmigración de Bush.
Muchos republicanos se oponen a cualquier iniciativa
migratoria que premie a los inmigrantes ilegales que
han violado las leyes, mientras que muchos demócratas
dicen que el plan no es suficiente para ayudarles a que
obtengan la ciudadanía estadounidense.

Una alternativa de ambos partidos, presentada el 21 de enero por los senadores Daschle y Chuck Hagel, republicano por Nebraska, propone que sólo aquellos inmigrantes ilegales que cumplen una serie de requisitos puedan lograr obtener la ciudadanía y que anualmente se admitan a no más de 350,000 trabajadores temporales.[63]

PERSPECTIVAS
El debate electoral

A medida que se intensifica la retórica de la campaña presidencial, muchos observadores esperan que el tema de la exportación de trabajos estadounidenses comience a cobrar importancia en el debate entre los contendientes para las elecciones del próximo noviembre; especialmente si la contratación en el extranjero continúa amenazando los trabajos administrativos.

"Si yo fuera el presidente Bush, la contratación de profesionales de alto nivel me provocaría pesadillas", opina Thurow. "Cuando una fábrica se traslada a China o la India afecta a la clase obrera; quienes de cualquier modo votan por el partido demócrata, pero ¿la exportación de ejecutivos? Son votos de los republicanos".

Sin embargo la administración federal muestra muy poca preocupación más allá de los intereses políticos en juego. N. Gregory Mankiw, presidente del consejo de consultores en economía de la Casa Blanca, pasmó tanto a los demócratas como a los republicanos cuando recientemente denominó a la contratación en el extranjero como "tan sólo una nueva manera de hacer comercio internacional".[64]

El vocero de la cámara de representantes J. Dennis Hastert, republicano por Illinois, envió una severa contestación a sus contrapartes republicanos. "Entiendo que el Sr. Mankiw es un brillante economista teórico, pero esta teoría reprueba un examen elemental de economía real", escribió Hastert en su declaración. "Una economía sufre cuando desaparecen los trabajos. La contratación en el extranjero puede ser un problema para los trabajadores estadounidenses y para la economía de nuestro país. No podemos contar con una economía sana a menos que tengamos más trabajos aquí en Estados Unidos".[65]

Mankiw posteriormente modificó su declaración. "Es lamentable que alguien pierda su trabajo", escribió, "al mismo tiempo tenemos que reconocer que cualquier cambio económico, ya sea resultado del comercio o la tecnología, puede provocar dislocaciones dolorosas para algunos trabajadores y sus familias. La meta de las políticas debe ser ayudar a que los trabajadores se preparen para la economía global del futuro".

Sin embargo, la confianza básica de la política de Bush con respecto a la contratación en el extranjero permanece, como lo reflejó en su informe económico anual: "La novedad principal de los servicios de contratación externa es la forma en que se entregan las compras extranjeras. Mientras que los bienes importados pueden llegar por barco, los servicios contratados en el exterior a menudo son entregados utilizando vías telefónicas o Internet. Las fuerzas económicas básicas detrás de las transacciones son las mismas; sin embargo, cuando un bien o servicio es producido con menos costo en el extranjero, tiene más sentido importarlo que hacerlo o brindarlo nacionalmente".[66]

Las aseveraciones del presidente Bush sobre la reducción de los impuestos sobre los ingresos, que su administración dice representará un total de 1.3 billones a lo largo de 10 años, son la clave para acelerar la recuperación y estimular el aumento de empleos. "Los estadounidenses tomaron esos dólares y los pusieron a trabajar, impulsando nuestra economía", dijo Bush durante su informe presidencial.

El presidente pidió que el Congreso patrocine nuevos programas para mejorar la educación en ciencias y matemáticas en los niveles medio y superior, y ayudar a que los institutos universitarios "capaciten trabajadores para las industrias que crean más trabajos".

El tema de la exportación de trabajos está expandiéndose al del debate sobre los impuestos. Los candidatos demócratas han vapuleado a las excepciones tributarias que permiten que las corporaciones eviten pagar impuestos estadounidenses sobre las ganancias obtenidas en el extranjero y que ya han sido gravadas por los gobiernos de tales países.

"George Bush continúa luchando para lograr incentivos que exhorten a compañías como Benedict Arnold a enviar trabajos al extranjero al mismo tiempo que elimina la capacitación laboral de nuestros trabajadores y reduce la ayuda para que la microindustria cree trabajos internos", atacó Kerry.[67]

Sin embargo, las oratorias políticas de las campañas electorales no impresionan a Bauman, presidente de T.O.R.A.W., ni a otros estadounidenses quienes han perdido su trabajo y se han visto reemplazados por extranjeros.

"Ningún lado está afrontando el problema de manera adecuada", dice Bauman. "Algunos de los candidatos han hecho mención de que harían algo, pero nadie ha tomado la palabra para decir exactamente que hará para detener la contratación en el extranjero. No quiero esperar hasta noviembre, quiero verlos actuar ahora".

"El problema va a ser exagerado y manipulado por ambos participantes del debate político", predijo Dean Davison, analista del Meta Group, una firma de investigación y consultoría tecnológica con sede en Stamford, Connecticut.[68]

Hills, ex representante de comercio, advierte: "En realidad debemos ser muy cautelosos, podríamos tomar una decisión comercial equivocada, aún cuando en la política es muy atractivo seguir los lemas".[69]

NOTAS

1. Saritha Rai, "Indians Fearing Repercussions Of U.S. Technology Outsourcing," *The New York Times*, 9 de febrero, 2004, p. C4.

2. Vea Nelson D. Schwartz, "Will 'Made in USA' Fade Away?" *Fortune*, 24 de noviembre, 2003, p. 98, y "Employees on Nonfarm Payrolls by Major Industry Sector, 1954 to Date," Bureau of Labor Statistics.

3. See Karl Schoenberger, "Kerry, Dean Compete to Stress Hot Issue," *San Jose Mercury News*, 30 de enero, 2004.

4. Commerce Department, 30 de enero, 2004.

5. Vea Nell Henderson, "Growth Again, but Slower," *The Washington Post*, 31 de enero, 2004.

6. "Unemployment Rate Falls; Few Jobs Added," The Associated Press, 9 de enero, 2004.

7. Christopher Caldwell, "A chill wind from offshore," *Financial Times*, 7 de febrero, 2004.

8. *Ibid.*

9. "Global Offshore Call Center Outsourcing: Who Will Be the Next India?" *Datamonitor*, 8 de enero, 2004.

10. Erica L. Groshen and Simon Potter, "Has Structural Change Contributed to a Jobless Recovery?" *Current Issues in Economics and Finance*, Federal Reserve Bank of New York, agosto 2003.

11. Census Bureau, 2002. Vea Andrew Hacker, "The Underworld of Work," *The New York Review of Books*, 12 de febrero, 2004, pp. 38-40.

12. *Ibid.*

13. U.S. Census Bureau, "Historical Income Tables — Income Equality," Table IE-3, www.census. gov. Vea Mary H. Cooper, "Income Inequality," *The CQ Researcher*, 17 de abril, 1998, pp. 337-360.

14. ABC-TV, "This Week," 15 de febrero, 2004.

15. *Ibid.*

16. *Ibid.*

17. *Ibid.*

18. Steve Lohr, "Many New Causes for Old Problem of Jobs Lost Abroad," *The New York Times*, 15 de febrero, 2004, p. A17.

19. ABC News, *op. cit.*

20. www.mckinsey.com/knowledge/mgi/offshore/.

21. Caldwell, *op. cit.*

22. El presidente Bush, 20 de enero, 2004.

23. See Peter D. Syverson, "Coping with Conflicting Data: The Employment Status of Recent Science and Engineering Ph.D.s," Council of Graduate Schools, 1997.

24. Vea, por ejemplo, Committee for Economic Development, "Reforming Immigration: Helping Meet America's Need for a Skilled Workforce," 2001.

25. *Ibid.*

26. See Eric Chabrow, "The Programmer's Future," *InformationWeek*, 17 de noviembre, 2003, pp. 40-52.

27. For background, see Kathy Koch, "High-Tech Labor Shortage," *The CQ Researcher*, 24 de abril, 1998, pp. 361-384

28. U.S. Citizenship and Immigration Services Fact Sheet, "H-1B Petitions Received and Approved in FY 2003," 22 de octubre, 2003.

29. Vea ZaZona.com.

30. Duffy habló en el Senate Judiciary Committee, 16 de septiembre, 2003.

31. De una carta a Rep. Donald A. Manzullo, R-Ill., 18 de junio, 2003.

32. Norman Matloff, "Needed Reform for the H-1B and L-1 Work Visas: Major Points," 5 de febrero, 2003, http://heather.cs.ucdavis.edu/itaa.html.

33. Vea "The Impact of Global Sourcing on the US Economy, 2003-2010," Evalueserve, 2003.

34. Vea Jane Tanner, "Future Job Market," *The CQ Researcher*, 11 de enero, 2002, p. 14.

35. Vea Mack McLarty, "Trade Paves Path to U.S. Prosperity," *Los Angeles Times*, 1 de febrero, 2004, p. M2.

36. Schwartz, *op. cit.*

37. Hacker, *op. cit.*

38. See Steve Lohr, "Questioning the Age of Wal-Mart," *The New York Times*, 28 de diciembre, 2003.

39. Ashok Deo Bardhan and Cynthia A. Kroll, "The New Wave of Outsourcing," Research Report, Fisher Center for Real Estate and Urban Economics, University of California, Berkeley, otoño de 2003.

40. Koch, *op. cit.*

41. Vea Kathy Koch, "Y2K Dilemma," *The CQ Researcher*, 19 de febrero, 1999, pp. 137-160.

42. Vea Bureau of Economic Analysis, Commerce Department, "Growth Moderates in Fourth Quarter but Is Up for the Year," 30 de enero, 2004.

43. Bureau of Labor Statistics, Department of Labor, "Employment Situation Summary," 9 de enero, 2004. También vea Jonathan Krim, "Grove Says U.S. Is Losing Edge in Tech Sector," *Forbes.com*, 10 de octubre, 2003.

44. Robert B. Reich, "Nice Work If You Can Get It," *The Wall Street Journal*, 26 de diciembre, 2003, p. A10.

45. *Ibid.*

46. Information Technology Association of America, "2003 IT Workforce Survey," 5 de mayo, 2003.

47. John C. McCarthy *et al.*, "3.3 Million U.S. Services Jobs to Go Offshore," *Forrester Tech Strategy Brief*, 11 de noviembre, 2002.

48. Andrew Tilton, "Offshoring: Where Have All the Jobs Gone?" Goldman, Sachs & Co., *U.S. Economics Analyst*, 19 de septiembre, 2003.

49. Bardhan, *op. cit.*

50. ABC, *op. cit.*

51. Robert Reich, "High-Tech Jobs Are Going Abroad! But That's Okay," *The Washington Post*, 2 de noviembre, 2003, p. B3.

52. Vea Jim Hu and Evan Hansen, "AOL Takes Passage to India," *CNET News.com*, 22 de diciembre, 2003.

53. Vea William M. Bulkeley, "IBM to Export Highly Paid Jobs to India, China," *The Wall Street Journal*, 15 de diciembre, 2003, p. B1.

54. Johnson, *op. cit.*

55. Andrew Mollison, "GOP Ban on 'Offshoring' Federal Jobs Angers Business Groups," Cox News Service, 29 de enero, 2004.

56. Karl Schoenberger, "Legislator wants to keep jobs in state, limits sought on overseas contracts," *San Jose Mercury News*, 5 de febrero, 2004.

57. *Ibid.*

58. *Ibid.*

59. *Ibid.*

60. "Marketplace," National Public Radio, 16 de febrero, 2004.

61. *Ibid.*

62. Mike Allen, "Bush Proposes Legal Status for Immigrant Labor," *The Washington Post*, 8 de enero, 2004, p. A1. Vea David Masci, "Debate Over Immigration," *The CQ Researcher*, 14 de julio, 2000, pp. 569-592.

63. Vea Helen Dewar, "2 Senators Counter Bush on Immigrants," *The Washington Post*, 22 de enero, 2004, p. A4.

64. Mankiw habló el 9 de febrero, 2004.

65. Mike Allen, "Hastert Rebukes Bush Adviser," *The Washington Post*, 12 de febrero, 2004, p. A17.

66. "Economic Report of the President, 2004," Capítulo 12.

67. Johnkerry.com, 3 de febrero, 2004.

68. Citado en Karl Schoenberger, "Offshore Job Losses on Voters' Agendas," *San Jose Mercury News*, 30 de enero, 2004.

69. ABC News, *op. cit.*

BIBLIOGRAFÍA

Libros

Bardhan, Ashok Deo, *et al., Globalization and a High-Tech Economy,* **Kluwer Academic Publishers, 2003.** Según el economista y varios colegas de la University of California en Berkeley, las empresas de alta tecnología están transfiriendo sus empleos administrativos hacia el extranjero.

Thurow, Lester C., *Fortune Favors the Bold: What We Must Do to Build a New and Lasting Global Prosperity,* **HarperBusiness, 2003.** El rector de la facultad de negocios del MIT pide que los legisladores tomen medidas para reducir la amenaza de los problemas que podrían surgir debido a una globalización acelerada.

Artículos

Cullen, Lisa Takeuchi, "Now Hiring!" *Time,* **24 de noviembre, 2003, p. 48.** El estancado mercado laboral estadounidense está mejorando lentamente, no obstante, la búsqueda promedio de trabajo toma entre cuatro y seis meses.

Fox, Justin, "Where Your Job Is Going", *Fortune,* **10 de noviembre, 2003, p. 84.** Bangalore, India, se ha convertido en la sede más grande de centros de llamadas y servicios informáticos para las empresas estadounidenses.

Hacker, Andrew, "The Underworld of Work", *The New York Review of Books,* **12 de febrero, 2004, pp. 38-40.** Tres libros recientemente publicados tratan sobre las tendencias del empleo en EE.UU. durante los últimos 20 años y describen la transición de los trabajos de elevados salarios del sector manufacturero a los trabajos con bajos ingresos del área de servicios.

Irwin, Douglas A., " 'Outsourcing' Is Good for America", *The Wall Street Journal,* **28 de enero, 2004, p. A16.** La contratación en el extranjero resulta en precios más bajos para los consumidores y ganancias más altas para los empresarios, quienes a su vez pueden crear trabajos especializados en EE.UU.

Krugman, Paul, "For Richer", *The New York Times Magazine,* **20 de octubre, 2003, pp. 62-142.** Las políticas tributarias que favorecen a los estadounidenses más ricos amplían la brecha salarial al mismo tiempo que empeoran el nivel de vida de los obreros estadounidenses.

Lind, Michael, "Are We Still a Middle-Class Nation?" *The Atlantic Monthly,* **enero-febrero 2004, pp. 120-128.** A medida que se reduce el número de trabajos bien remunerados, aumentan los trabajos con bajos salarios en el área de servicios; sin embargo, el costo de vida para los obreros de clase media va en aumento.

Risen, Clay, "Missed Target: Is Outsourcing Really So Bad?" *The New Republic,* **2 de febrero, 2004, p. 10.** En lugar de prohibir la contratación en el extranjero, el Congreso debiera crear un nuevo programa para recapacitar a los obreros desplazados del sector manufacturero y ayudar a que los empleados administrativos encuentren trabajos alternos.

Informes y estudios

Bernstein, Jared, y Lawrence Mishel, "Labor Market Left Behind", Briefing Paper, Economic Policy Institute, agosto 2003. La recuperación actual ha producido menos trabajos que cualquier otra después de la era de la Segunda Guerra Mundial.

Information Technology Association of America, "2003 IT Workforce Survey", 5 de mayo, 2003. El 12 por ciento de las empresas estadounidenses de informática contratan trabajos en el extranjero, principalmente aquellos en el área de programación.

Matloff, Norman, "On the Need for Reform of the H-1B Non-Immigrant Work Visa in Computer-Related Occupations", *University of Michigan Journal of Law Reform,* **12 de diciembre, 2003.** En una publicación especial sobre temas de migración, el experto en el programa de visas H-1B de la University of California explica cómo las empresas han abusado de dicho programa para importar programadores y otros profesionales quienes reciben salarios bajos.

U.S. Department of Commerce, Economics and Statistics Administration, "Digital Economy 2003", diciembre 2003. El sector de informática promete continuar con su modesto pero continuo sendero de crecimiento sostenido, en parte gracias a la transferencia de trabajos al extranjero.

Para obtener más información

Bureau of Labor Statistics, U.S. Labor Department, 2 Massachusetts Ave., N.E., Suite 4040, Washington, DC 20212; (202) 691-5200; www.bls.gov.

Department for Professional Employees, AFL-CIO, 1025 Vermont Ave., N.W., Suite 1030, Washington, DC 20005; (202) 638-0320; www.dpeaflcio.org. Este grupo de profesionales apoya las políticas para frenar la exportación de trabajos.

Economic Policy Institute, 1660 L St., N.W., Suite 1200, Washington, DC 20036; (202) 775-8810; www.epinet. org. Este grupo de investigación aduce que la pérdida de trabajos estadounidenses es el resultado de los tratados de libre comercio.

National Association of Manufacturers, 1331 Pennsylvania Ave., N.W., Washington, DC 20004-1790; (202) 637-3000; www.nam.org. La NAM declara que la contratación externa promueve la competitividad de EE.UU.

Organization for the Rights of American Workers, PO Box 2354, Meriden, CT 06450-1454; www.toraw.org. TORAW apoya el establecimiento de límites tanto para la contratación externa como para los programas de visas laborales.

Contribuidores

Thomas J. Colin, director editorial del *CQ Researcher,* ha sido periodista para revistas y periódicos durante más de 25 años. Antes de unirse a Congressional Quarterly en 1991, Colin fue periodista y director de *The Miami Herald* y *National Geographic* y jefe de redacción de la revista *Historic Preservation.* Colin obtuvo sus títulos en el College of William and Mary (en lengua) y la University of Missouri (en periodismo).

Mary H. Cooper se especializa en temas ambientales, de energía y de defensa. Antes de unirse al *CQ Researcher* como parte del equipo de redactores en 1983, fue periodista y corresponsal en Washington para el periódico de Roma *l'Unità.* Cooper es autora de *The Business of Drugs* (CQ Press, 1990). También trabaja como traductora e intérprete del Departamento de Estado de Estados Unidos. Cooper se graduó en legua inglesa en el Hollins College.

Alan Greenblatt forma parte del equipo de escritores de la revista *Governing.* Anteriormente ha hecho reportajes para la revista *CQ Weekly* sobre las elecciones, aspectos de la agricultura y gasto militar que lo han hecho merecedor al premio National Press Club's Sandy Hume Memorial, otorgado al periodismo político. En 1986 se graduó de San Francisco State University y en 1988 obtuvo su maestría en literatura inglesa por parte de la University of Virginia.

Brian Hansen fue reportero del periódico *Colorado Daily* en Boulder y del Environment News Service en Washington, antes de colaborar con *CQ Researcher*. Entre los premios que ha recibido se encuentran el de la Fundación Scripps Howard otorgado a los reportajes de servicio al público. Cuenta con una licenciatura en ciencias políticas y una maestría en educación otorgada por la University of Colorado.

Kenneth Jost, editor asociado del *CQ Researcher,* es graduado del Harvard College y del Georgetown University Law Center, donde se desempeña como profesor adjunto de derecho. Es el autor de la revisión anual de la Corte Suprema y redactor del *Supreme Court A to Z,* publicado por CQ Press.

Patrick Marshall, quien escribe regularmente para *The CQ Researcher,* es crítico de *Federal Computer Week* y columnista sobre tecnología del *Seattle Times;* vive en Bainbridge Island, Washington. Obtuvo una licenciatura en antropología de la University of California, Santa Cruz, y una maestría en relaciones internacionales en la Fletcher School of Law and Diplomacy.

El escritor de planta **David Masci** se especializa en política social, religión y relaciones internacionales. Antes de incorporarse al *CQ Researcher* era periodista en Congressional Quarterly's *Daily Monitor* y *CQ Weekly.* Obtuvo una licenciatura en historia medieval en la Syracuse University y un diploma en derecho en la George Washington University.

Índice

MALDEF. *Consulte* Mexican American Legal Defense and Educational Fund
Malinowski, Tom, 100
The Manhattan Institute for Policy Research, 89
Mankiw, N. Gregory, 233
Manos, Jarid, 180, 181, 200
"Maquiladoras", 224
Maquinaria agrícola, 188
Máquinas tragamonedas, 120
Marie, Rene, 66
Marks, Justin, 231–232
Martin, Kate, 93, 94, 109
Martin, Ricky, 3
Martinez, Jorge, 76, 77
Martínez, Mel, 4
Maryland
  juegos de azar en, 139–140
  perfilamiento racial, 85
Mashantucket Pequot Tribe, 132
Massachusetts
  crianza de niños por parejas homosexuales, 158
  juegos de azar en, 129, 134, 135, 139–140
  matrimonio entre homosexuales, 145, 146, 147, 148, 152, 153, 155, 167, 168
Massachusetts Catholic Conference, matrimonio entre homosexuales y, 154, 159
Massachusetts Family Institute, 176
Matlof, Norman, 32, 37–38
Matrimonio entre homosexuales, 145–176
  cronología, 155
  enmienda constitucional, 171–172
  estadísticas, 146
  grupos de apoyo, 171
  historia, 155, 159–163
  leyes DOMA, 151
  matrimonio entre heterosexuales y, 153–154
  oposición a, 171
  parejas que tienen hijos, 146, 147, 154, 156–159
  reconocimiento religioso, 146–147, 148–149, 154–155
  uniones civiles, 145, 146, 155, 163, 167, 172
Mauer, Mark, 68
McCain, Sen. John, 19
McCarthy, Sen. Joseph R., 108
McClellan, Scott, 99
McConnell, James Michael, 162
McGranahan, David, 204
McIver, Dave, 206
McKenna, Tom, 33, 34
McLarty, Mack, 225

McVeigh, Timothy, 109
McWhorter, John, 58, 62
Medio Oeste, población hispana, 7, 14–15
Meissner, Doris, 45
Men Who Beat the Men Who Love Them (Letellier y Island), 160
Meredith, James, 71
Merson, Sherie, 72
Mexican American Legal Defense and Educational Fund (MALDEF), 27
Mexicanos
  arrestos en la frontera, 31
  trabajadores, 11
México
  exportación de trabajos, 224, 225
  frontera con los EE.UU., 31, 44–45
Mexifornia: A state of Becoming (Hanson), 12
Michigan
  affirmative action, 17, 55, 57–58, 61, 62–63, 77
  juegos de azar en, 129, 135
Miller, Geoffrey, 99, 100
Miller, Harris N., 32, 37, 38, 40, 229, 231
Miller, Russ, 181
Miller, Stafford, 6
Mincberg, Elliott, 93, 98, 99
Minnesota
  hispanos en, 12, 14, 15
  matrimonio entre homosexuales, 162
Misisipí
  adopción por parejas de gays, 157
  juegos de azar en, 135
Missouri, juegos de azar en, 129, 134, 135
Mitchell, Faith, 58, 86
Molica, Tony, 123
Montana, 202
Moore, Joe, 53
Moore, John Norton, 115
Moore, Steven, 29, 30, 32–33, 36, 38, 43, 49
Morgan, Richard, 109
Morial, Marc, 83
Moussaoui, Zacarias, 110
Mújica, Mauro E., 3, 10, 21, 24
Mukasey, Juez Michael, 92, 111
Multi-State Lottery Association, 138
Muñoz, Cecilia, 3, 5, 6–7, 10, 15, 16, 20, 22, 32, 33, 34, 36, 42, 43
Murdoch, Joyce, 169
Murphy, Laura, 96

Understanding Issues That Affect You

Collected Reports from The CQ Researcher en español

Asuntos de educación: Informes del CQ Researcher en español (*Education Issues: Reports from* The CQ Researcher en español), ISBN 1-56802-918-7

Education has never before received more attention in the United States—or provoked more controversy. The debates rage most fiercely over the state of elementary and secondary public schools. Participants express concern over poor teaching, standardized tests and politically driven curricula. The controversy has only intensified with the advent of charter schools, school vouchers and the federal government's No Child Left Behind Act. Higher education also has been marked by tensions over affirmative action and the proliferation of community colleges and online learning services. The education issues explored in this collection of reports from *The CQ Researcher en español* are among the most divisive and complex facing parents, educators and policymakers.

Asuntos de menores: Informes del CQ Researcher en español (*Youth Issues: Reports from* The CQ Researcher en español), ISBN 1-56802-921-7

Youths today cope with a multitude of challenges that test their ethical and physical mettle, including ubiquitous illegal drugs, widespread pressure to cheat in school and dangerous levels of student hazing. Young people must also deal with growing rates of divorce and childhood depression as well as with the onslaught of an American consumer culture bent on marketing its often violent and sexually provocative music and movies to the "youth demographic." The reports from *The CQ Researcher en español* that make up this book will enable young people, their parents, educators and leaders to study the background and debates surrounding the conditions and rights of young Americans and become knowledgeable participants in those debates.

Asuntos de salud: Informes del CQ Researcher en español (*Health Issues: Reports from* The CQ Researcher en español), ISBN 1-56802-920-9

Americans face a number of serious health issues, and epidemiologists say the problems are getting worse. Diabetes and obesity are on the rise, access to medical care is threatened by skyrocketing costs, women's health research is underfunded and hundreds of unnecessary deaths occur annually as a result of a shortage of nurses and donated organs. Making matters worse, most Americans don't exercise or eat properly. Even the health conscious are often confused over the conflicting opinions of medical officials. The issues explored in this collection of reports from *The CQ Researcher en español* are among the most perplexing and divisive facing Americans and those charged with ensuring public health.

Asuntos sociales: Informes del CQ Researcher en español (*Social Issues: Reports from* The CQ Researcher en español), ISBN 1-56802-919-5

Two forces have shaken the United States in recent years: the rise of terrorism and an unprecedented loss of jobs to outsourcing. The resulting war on terrorism and concerns about job security have focused new and intense attention on the nation's immigration policy, civil liberties and fast-growing Latino minority. At the same time, traditional American life is giving way to new lifestyles—same-sex marriage, increasing access to gambling and a continued flight from the agricultural Plains states to the coastal urban centers. The reports from *The CQ Researcher en español* that make up this book will enable students and citizens to study the background and debates surrounding the social issues that transform American life and to become knowledgeable participants in those debates.

See the inside front cover for information on the print and online versions of *The CQ Researcher en español.*